核心素养导向的化学教学实践与探索
（2018—2020）

王　磊　　胡久华

李　川　刘　洋　　主编

魏　锐

中国海洋大学出版社
·青岛·

图书在版编目(CIP)数据

核心素养导向的化学教学实践与探索. 2018—2020 / 王磊等主编. — 青岛：中国海洋大学出版社，2020.10 (2023.4 重印)

ISBN 978-7-5670-2607-0

Ⅰ. ①核… Ⅱ. ①王… Ⅲ. ①中学化学课－课堂教学－教学研究 Ⅳ. ①G633.82

中国版本图书馆 CIP 数据核字(2020)第 198378 号

核心素养导向的化学教学实践与探索(2018—2020)

出版发行	中国海洋大学出版社	
社　　址	青岛市香港东路 23 号	邮政编码　266071
网　　址	http://pub.ouc.edu.cn	
出 版 人	杨立敏	
责任编辑	史　凡　孟显丽	
电　　话	0532－85901092	
电子信箱	1079285664@qq.com	
印　　制	日照报业印刷有限公司	
版　　次	2020 年 10 月第 1 版	
印　　次	2023 年 4 月第 4 次印刷	
成品尺寸	170 mm×240 mm	
印　　张	21.75	
字　　数	362 千	
印　　数	4201～5200	
定　　价	68.00 元	
订购电话	0532-82032573(传真)	

前　言

　　2019 年下半年以来,中共中央和国务院出台《关于深化教育教学改革全面提高义务教育质量的意见》,国务院办公厅发布《关于新时代推进普通高中育人方式改革的指导意见》,教育部连续发布了《关于加强初中学业水平考试命题工作的意见》《关于加强和改进中小学实验教学的意见》《关于加强和改进新时代基础教育教研工作的意见》,为深化新时代背景下的教育教学改革,全面提高基础教育质量和育人水平,指明了方向和思路。

　　按照党中央的决策部署,为进一步优化课程实施,全国普通高中将在 2022 年前全面实施学科核心素养导向的新课程,启用基于 2017 版普通高中课程标准编制的新教材。在深化课堂教学改革方面,将积极探索基于情境、问题导向的互动式、启发式、探究式、体验式等课堂教学,注重加强课题研究、项目设计、研究性学习等跨学科综合性教学,认真开展验证性实验和探究性实验教学;提高作业设计质量,精心设计基础性作业,适当增加探究性、实践性、综合性作业;积极推广应用优秀教学成果,推进信息技术与教育教学深度融合,加强教学研究和指导。在考试评价改革方面,将继续优化考试内容,突出立德树人导向,重点考查学生运用所学知识分析问题和解决问题的能力;创新试题形式,加强情境设计,注重联系社会生活实际,增加综合性、开放性、应用性、探究性试题。加强考试数据分析,认真做好反馈,引导改进教学;要求切实解决初中学业水平考试命题工作存在的试题质量不够高、管理不完善、保障机制不健全等问题,解决部分地区不能开齐、开足、开好国家课程标准规定实验、忽视实验教学等问题,解决教研工作存在的机构体系不完善、教研队伍不健全、教研方式不科学、条件保障不到位等问题。

新时代的教育变革给"化学学科核心素养导向"的化学教育教学实践提出了一系列要求和挑战。面对新课标、新教学、新教材、新评价、新高考的"五新"时代,如何深化化学教育教学改革,成为摆在化学教育研究者和实践者面前的重大课题。

为应对"五新"带来的挑战,在中国化学会的大力支持下,中国化学会化学教育委员会与北京师范大学化学教育研究所分别在 2018 年和 2019 年组织了第十三届、第十四届全国基础教育化学新课程实施成果交流大会。与会者通过专家报告、现场上课、说课、工作坊、分会场论坛、墙报等方式,展示、分享、交流促进化学学科核心素养发展的教育教学实践研究成果。会议具体内容参见本书附录中两个会议报道。

来自全国各个省、市、自治区的 1500 余名中学化学教师、教研员和高校化学教育研究者共同见证了 20 多节现场课、100 多个说课教师的风采展示。这些是从全国 2000 多件中学化学教学录像课中遴选出来的优秀成果。本书在这些优秀成果的基础上,进一步优中选优,筛选出 28 件优秀教学案例,保证了研究素材的高质量。本书按照化学学科核心素养的 5 个要素,结合成果相关内容进行组织和编排,采取授课教师自主阐释课堂教学目标、教学设计意图、教学实施过程的课例研究方式,对"如何深化化学教育教学改革"问题给出解答,可以在一定程度上解答教师如何通过日常教学促进学生化学学科核心素养发展的困惑,为进一步落实化学学科核心素养导向的课堂教学提供较好的借鉴。

编　者

2020 年 4 月

目　录

导论

化学学科核心素养的时代背景和基本内涵

　　化学学科核心素养是对学生发展核心素养的具体化和学科化，也是对化学学科本质的高度概括化。化学学科核心素养旨在贯彻党和国家教育方针，在化学学科教育教学实践过程中，落实立德树人根本任务，培养德智体美全面发展的社会主义建设者和接班人。

第一节 化学学科核心素养的时代背景

十年树木，百年树人。教育的目的是为未来培养人才，但是培养什么样的人，如何培养人，一直是教育研究者和实践者思索的问题，也是党和国家教育的根本问题。

党的十八大以来，党中央要求全面贯彻党的教育方针，坚持教育为社会主义现代化建设服务、为人民服务，把立德树人作为教育的根本任务，培养德智体美全面发展的社会主义建设者和接班人。将"立德树人"的定位置于"全面发展"之上，是对党的全面发展的教育方针的重大发展，是党的教育理论创新的最新成果，揭示了教育的本质，是对教育本质的最新认识。把立德树人作为教育的根本任务，具有鲜明的时代特征（张志勇，2017）。

党的十九大报告进一步明确提出"要全面贯彻党的教育方针，落实立德树人根本任务，发展素质教育，推进教育公平，培养德智体美全面发展的社会主义建设者和接班人"。

基础教育课程承载着党的教育方针和教育思想，规定了教育目标和教育内容，是国家意志在教育领域的直接体现，在立德树人中发挥着关键作用。

为顺应社会发展的新时代要求，进一步落实立德树人根本任务，为党和社会主义事业培养更加合格的接班人，教育部基础教育司委托以北京师范大学林崇德教授为核心的近百名研究人员历经3年集中攻关，于2016年9月正式发布、确定了以"文化基础""自主发展""社会参与"为内核的中国学生发展核心素养。这是对党的教育方针的具体化、细化。

围绕中国学生发展核心素养，由国家教材委员会委员、陕西师范大学原校长房喻教授领衔，华东师范大学王祖浩教授、北京师范大学王磊教授、东北师范大学郑长龙教授、陕西师范大学周青教授等化学课程与教学论研究团队，与各大院校的知名化学学科研究专家共同合作，自2015年开始，逐步完成了教育部组织的2017版全国高中化学课程标准修订工作。

本次课程标准修订根据经济社会发展新变化、科学技术新成果，及时更新教学内容和话语体系,反映新时代中国特色社会主义理论和建设新成就,反映先进的教育思想和理念,关注信息化环境下的教学改革,关注学生个性化、多样化的学习和发展需求,促进人才培养模式的转变,着力发展学生的核心素养。

在本次高中化学课程标准修订过程中,专家团队深入总结进入 21 世纪后我国普通高中课程改革的宝贵经验,充分借鉴国际课程改革的优秀成果。修订工作结合化学学科内涵,充分挖掘化学学科课程教学对全面贯彻党的教育方针、落实立德树人根本任务、发展素质教育的独特育人价值,明确学生在学习高中化学学科课程后应达成的正确价值观念、必备品格和关键能力,对知识与技能、过程与方法、情感态度与价值观三维目标进行整合,基于化学学科本质凝练了具有化学学科特色的化学学科核心素养。

与上一版的高中化学课程标准相比,本次修订工作在课程目标方面,提出化学学科核心素养,为课程内容选取和评价设计提供依据;在课程结构方面,调整必修和选修课程设置,满足学生发展的多元需求;在课程实施方面,构建“素养为本”的实施建议,突出化学学科大概念,建立内容—主题—素养的学业水平标准,强化学生必做实验和主题教学。

第二节　化学学科核心素养的基本内涵

学科核心素养是学科育人价值的集中体现,是学生通过学科学习而逐步形成的正确价值观念、必备品格和关键能力。化学学科核心素养是学生发展核心素养的重要组成部分,是学生综合素质的具体体现,反映了社会主义核心价值观下化学学科育人的基本要求,全面展现了化学课程学习对学生未来发展的重要价值(中华人民共和国教育部,2018)。

从《普通高中化学课程标准(2017 年版)》的内容来看,化学学科核心素养包括“宏观辨识与微观探析”“变化观念与平衡思想”“证据推理与模型认知”“科学探究与创新意识”“科学态度与社会责任”5 个方面。

素养 1　宏观辨识与微观探析

☞ 能从不同层次认识物质的多样性,并对物质进行分析;

☞ 能从元素和原子、分子水平认识物质的组成、结构、性质和变化,形成

"结构决定性质"的观念；

☞ 能从宏观和微观相结合的视角分析与解决实际问题。

素养 2　变化观念与平衡思想

☞ 能认识物质是运动和变化的，知道化学变化需要一定的条件，并遵循一定规律；

☞ 认识化学变化的本质特征是有新物质生成，并伴有能量变化；

☞ 认识化学变化有一定限度、速率，是可以调控的；

☞ 能多角度、动态地分析化学变化；

☞ 运用化学反应原理解决简单的实际问题。

素养 3　证据推理与模型认知

☞ 具有证据意识，能基于证据对物质组成、结构及其变化提出可能的假设，通过分析推理加以证实或证伪；

☞ 建立观点、结论和证据之间的逻辑关系。

☞ 知道可以通过分析、推理等方法认识研究对象的本质特征、构成要素及其相互关系，建立认知模型，并能运用模型解释化学现象，解释现象的本质和规律。

素养 4　科学探究与创新意识

☞ 认识科学探究是进行科学解释和发现、创造和应用的科学实践活动；

☞ 能发现和提出有探究价值的问题；

☞ 能从问题和假设出发，依据探究目的，设计探究方案，运用化学实验、调查等方法进行实验探究；

☞ 勤于实践，善于合作，敢于质疑，勇于创新。

素养 5　科学态度与社会责任

☞ 具有安全意识和严谨求实的科学态度，具有探索未知、崇尚真理的意识；

☞ 深刻认识化学对创造更多物质财富和精神财富、满足人民日益增长的美好生活需要的重大贡献；

☞ 具有节约资源、保护环境的可持续发展意识，从自身做起，形成简约适度、绿色低碳的生活方式；

☞ 能对与化学有关的社会热点问题做出正确的价值判断，能参与有关化学问题的社会实践活动。

上述 5 个方面立足高中学生的化学学习过程，各有侧重，相辅相成。"宏观辨识与微观探析""变化观念与平衡思想""证据推理与模型认知"要求学生形成化学学科的思想和方法；"科学探究与创新意识"从实践层面激励学生勇于创新；"科学态度与社会责任"进一步揭示了化学学习更高层次的价值追求（中华人民共和国教育部，2018）。

化学学科核心素养将化学知识与技能的学习、化学思想观念的建构、科学探究与问题解决能力的发展、创新意识与社会责任感的形成等多方面的要求融为一体，体现了化学课程在帮助学生形成未来发展需要的正确价值观念、必备品格和关键能力中所发挥的重要作用。"宏观辨识与微观探析""变化观念与平衡思想""证据推理和模型认知""科学探究与创新意识""科学态度与社会责任"5个方面，是从正确价值观念、必备品格和关键能力层面对化学学科核心素养内涵的揭示，是学生科学素养在"知识与技能""过程与方法""情感态度与价值观"3个方面得到全面发展的综合表现。

化学学科核心素养构成要素之间具有内在的本质联系。"宏观辨识与微观探析""变化观念与平衡思想""证据推理与模型认知"，分别是从学科观念和思维方式视角对化学科学思维的描述，"科学探究与创新意识"是对化学科学实践的表征，"科学态度与社会责任"是对化学科学价值取向的刻画，是化学学科整体育人功能和价值的具体表现（中华人民共和国教育部，2018）。

（一）化学学科核心素养与三维目标的继承和发展关系

《普通高中化学课程标准（实验）》（旧课标）提出了"知识与技能""过程与方法""情感态度与价值观"三维目标，实现了对"基本知识""基本技能"的双基目标的突破和创新。新课标提出了"宏观辨识与微观探析""变化观念与平衡思想""证据推理与模型认知""科学探究与创新意识""科学态度与社会责任"五维核心素养，体现了对三维目标的继承和发展。

对三维目标的发展体现在以下几方面（王磊，于少华，2018）。

第一，从"知识与技能"到"学科核心素养"，凸显了化学知识的观念价值，更加强调形成大概念、统摄性知识及结构化知识。

第二，使"过程与方法"具体化和明确化，一方面将"过程与方法"从外到内分为探究过程和实践（科学探究与创新意识）、科学思维和认知过程（证据推理与模型认知）；另一方面凸显知识具有"过程与方法"的功能和价值，搭建知识与观念和"过程与方法"的内在关系（宏微结合与变化平衡）。

第三，更加明确"情感态度与价值观"维度的价值取向和立场，突出和聚焦科学态度与社会责任，更加体现科学态度与社会责任和其他核心素养的融合发展要求。

对三维目标的继承则体现在以下两方面：一方面，五维核心素养的内涵归类仍然是三个维度；另一方面，核心素养侧重于培养的结果和方向，而三维目标更侧重于培养的内容要素解构以及培养过程的解构。

核心素养的经验实质是"知识与技能""过程与方法""情感态度与价值观"，核心素养是三维目标具体化、整合化、类化和内化的结果。所以，教学实践者在理解和应用学科核心素养框架和三维目标框架时，可以从知识内容出发到基于知识的过程与方法（三维目标）再到核心素养进行转换，充分彰显知识的素养发展价值；也可以从核心素养出发自上而下解构成三维目标，从外到内进行教学和培养。这两种路径可以在具体设计课时和单元教学目标时，设计和规划章和学期教学目标时灵活综合使用。

例如，设计化学平衡常数课时及单元教学目标时，要考虑到这部分知识（化学平衡常数表达式、浓度商等）具有重要的变化平衡核心素养发展功能，同时需要将平衡思想具体体现在平衡常数的课时单元教学中。这就需要将化学平衡常数知识转化为建立平衡思想的具体过程和方法——即基于 K-Q 关系模型进行分析判断、预测推断、设计调控可逆反应，对化学平衡进行推理和认识。此外，还需要帮助学生建立起化学反应有限度的观念，培养学生在尊重"化学反应有限度"这一规律的前提下主动利用和设计化学平衡的创新精神，培养学生科学合理地调控和改变条件实现最大转化率的科学态度和社会责任。

设计化学平衡常数课时及单元教学目标的另一路径是：要解决生产、生活的实际问题（体现社会责任的要求），需要探究影响产率或反应限度的主要因素，需要调用、反思原有的对可逆反应和化学平衡的认识，建构新的 K-Q 关系模型并应用其分析和解决实际问题，发展化学学科的变化观念和平衡思想。

总括而言，"知识与技能""过程与方法""情感态度与价值观"是学科核心素养的经验基础，学科核心素养是"知识与技能""过程与方法""情感态度与价值观"的类化、内化、功能化和经验化。

（二）分析性解读和综合性理解化学学科核心素养各维度的关系

化学学科核心素养框架和三维目标框架相比，在内化、功能化和融合化方面有升级、发展。但是限于课标文本呈现方式及人们的认识习惯，大家容易要素化地解读和培养核心素养，而忽略各维度核心素养的内在关系，特别是容易忽略整合性的理解和融合性的培养。所以，在解读、理解和落实核心素养时，既要分析性解读，更要综合性理解（王磊，于少华，2018）。

　　首先,化学学科核心素养是学生在面对真实复杂的问题情境时所表现出来的关键能力和必备品格。当学生在探究与创新实践活动过程中遇到问题时,需要调用原有模型,进行假设推理,寻找证据,并基于证据推理发现或建立新的模型。从这个意义上说,证据推理与模型认知是科学探究与创新的思维核心,也是科学探究与创新的方法。这一核心素养的提出对于探究教学实践来说具有重要意义,将促使探究教学从只关注实验活动表面发展到更注重提高思维水平,实现科学思维与科学实践的融合。同时,科学探究与创新活动是培养学生的证据推理与模型认知素养的驱动力及最佳平台和途径。

　　其次,宏微结合与变化平衡是化学学科核心素养的学科特征,具体表现在为证据推理提供角度、路径、前提和判据,而分析和解决化学问题时需要调用和建构的模型,都将基于并发展宏微结合和变化平衡素养。证据推理与模型认知素养的提出,促使我们认识到学习化学知识和建构学科观念的功能价值,换言之,如果学生接受了知识,甚至建立了观念,而不能转化为推理角度、思路和判据,不能自觉主动地应用所建立的模型进行分析解释、推论预测、设计调控,不能主动迁移、建构和发展模型,不能创新应用和发现新知识,就不能说是宏微结合、变化平衡化学学科核心素养表现出了高水平。

　　再次,"科学态度与社会责任"既是化学学科核心素养的价值取向和立场,也是科学探究与创新实践的驱动和需求(即出发点和落脚点)。一方面,高水平的社会责任需要建立在科学态度的基础上,对于社会性科学议题需要坚持科学态度,而这需要基于科学探究过程,特别需要基于证据推理的科学思维;另一方面,高水平的科学态度和科学精神不但体现在严谨求实,而且体现在遵循既有科学规律的同时,创造性地解决问题,更深入地探索事物本质,建构新的宏微结合和变化平衡的理论和技术模型,实现创新实践,从而在更高水平上体现社会责任,为社会发展做出更伟大的贡献。

　　此外,各维核心素养的两类之间构成互为基础和水平进阶关系。例如,宏微结合素养的高水平应该是变化平衡,变化平衡素养的核心和基础应该是宏微结合;证据推理的高水平是建构模型,模型认知需要基于证据推理论证;科学探究的高水平是创新,科学创新则肯定需要以实验探究为基础;高水平的社会责任是需要基于科学态度和精神的,仅仅拥有严谨求实、好奇兴趣等纯粹的科学态度而不关注社会、环境的可持续发展也是低水平的科学态度。

　　总括而言,"科学探究与创新意识"是化学学科核心素养的实践基础,"证据推理与模型认知"是化学学科核心素养的思维核心,"宏微结合与变化平衡"是化学学科核心素养的学科特征,"科学态度与社会责任"是化学学科核心素养的价值立场。

(三) 深刻认识学科核心知识对能力和素养发展的价值

教学活动的开展,需要以知识内容为载体。但并不是所有的知识都能够切实促进学生能力素养的养成与发展。研究表明,只有认识主体针对研究对象,在特定问题驱动下,选取特定认识角度,经历特定推理过程和认识路径所形成的特定认识结果,才更加稳定,更加具有结构化和功能化,更加具有迁移价值,这样的知识才会有素养价值(王磊,魏锐,2018)。那么,如何才能将知识转化为能力和素养呢? 这就需要深刻认识到知识对于能力、素养发展的价值。

首先,知识是学科核心素养的类化经验基础。

学科核心素养虽然分类和名称各不相同,但其实质是学生顺利完成学习理解、应用实践和迁移创新等学科认识活动和问题解决活动后所形成的稳定心理调节机制,是在解决复杂的、具有不确定性的现实问题,即进行迁移创新类活动任务的过程中表现出来的综合品质或能力。这种心理调节机制具体包括定向调节机制和执行调节机制,其中,陈述性知识是定向调节机制的经验基础,程序性知识和策略性知识是执行调节机制的经验基础。所以,学科核心知识是学科能力素养的经验基础。

其次,基于知识的认识方式是学科核心素养的内涵实质。

每个学科有其特定的认识和研究领域,有其特有的认识活动和问题解决任务,需要独特的认识事物以及分析和解决问题的角度、思路和方法,即比较特定的学科认识方式和推理模式,这是学科核心素养的内涵实质。特定领域的认识角度和认识思路与学科知识密切相关,并相互匹配。知识是认识主体针对研究对象,在特定问题驱动下,选取特定认识角度,经历特定推理过程和认识路径,形成的特定认识结果。学科的核心知识具有重要的认识方式功能,提供核心的认识角度,形成重要的认识思路和推理路径。

再次,基于学科能力活动可以较好地实现从知识到认识方式的转化。

学科知识是学科能力和素养的必要经验基础,但并不充分,能否成为学科能力和素养还取决于知识能否转化为学生自觉主动的认识角度、认识思路和相应的认识方式。知识只有变为自觉主动的认识角度和认识思路,才能转化为学科能力和学科素养,知识要经过从陈述性知识到程序性知识,再到观念化乃至自觉主动化的认识方式,才可能转化成学科核心素养,从而外显为能力表现。学科知识需要经过学习和理解、应用和实践、迁移和创新等关键能力活动,才能完成从具体知识到认识方式的外部定向、独立操作和自觉内化,从而形成学科核心素养。

专题1

"宏观辨识与微观探析"素养导向的教学实践

　　"宏观辨识与微观探析"素养要求学生能够从宏观与微观相结合的视角认识物质的组成、结构、性质和变化,形成"结构决定性质"的观念。

　　具体要求是通过观察能辨识一定条件下物质的形态及其变化的宏观现象,初步掌握物质及其变化的分析方法,能运用符号表征物质及其变化;能从物质的微观层面理解其组成、结构和性质的联系,形成"结构决定性质,性质决定应用"的观念;能根据物质的微观结构预测物质在特定条件下可能具有的性质和发生的变化,并解释其原因。

　　"宏观辨识与微观探析"素养的水平要求:

　　水平1——能根据实验现象辨识物质及其反应,能运用化学符号描述常见简单物质及其变化,能从物质的宏观特征入手对物质及其反应进行分类和表征,能联系物质的组成和结构解释宏观现象。

　　水平2——能根据实验现象归纳物质及其反应的类型,能运用微粒结构图式描述物质及其变化的过程,能从物质的微观结构说明同类物质的共性和不同类物质性质差异及其原因,解释同类的不同物质性质变化的规律。

　　水平3——能从原子、分子水平分析常见物质及其反应的微观特征,能运用化学符号和定量计算等手段说明物质的组成及其变化,能分析物质化学变化和伴随发生能量转化与物质微观结构之间的关系。

　　水平4——能依据物质的微观结构,描述或预测物质的性质和在一定条件下可发生的化学变化。能评估某种解释或预测的合理性,能从宏观与微观结合的视角对物质及其变化进行分类和表征。

案例1　化学溶液组成定量表示

北京市通州区潞河中学　任　娟　刘　杉

　　《普通高中化学课程标准(2017年版)》中高中化学学科核心素养包括"宏观辨识与微观探析""变化观念与平衡思想""证据推理与模型认知""科学探究与创新意识""科学精神与社会责任"5个维度。要培养化学学科的核心素养,学生应当注重提升自身的化学学科观念(中华人民共和国教育部,2018)。而化学学科观念主要是指在物质认知、改造以及应用的过程中所形成的思想集合体,其中实验观念、定量观念和价值观念是本课题培养的重点。我们要让学生从这3个角度去认识溶液,并能运用科学精神思考和解决生活中的具体问题,培养学生的社会责任感,加强学生对化学学科观念的领悟,有效提高学生的化学学科核心素养。

　　《溶液组成的定量表示》选自京教版化学下册第9章(胡美玲等,2011),既是《义务教育化学课程标准(2011年版)》一级主题"科学探究"中二级主题"化学基本实验"的内容,要求学生初步学会溶液配制的基本知识和基本技能,将配制一定溶质质量分数的溶液列为必做实验;又是课标中一级主题"身边的化学物质"中的二级主题"水和溶液"的内容,要求学生认识溶质质量分数的含义,并能进行简单计算(中华人民共和国教育部,2011)。本节在定性认识溶液的基础上引入表示溶液浓度大小的量——溶质质量分数,从定量角度认识溶液组成,对计算进行巩固提升,扩展了学生对溶液组成表示方法的认识。

　　通过文献和教学实践调研,不难发现:由于教师没有充分认识到溶液内容的教学功能和价值,在溶液单元教学中缺乏理论指导;教师过于关注溶质质量分数知识本身的教学,忽略了溶质质量分数教学价值的体现和落实,特别是忽略了溶质质量分数内容学习对学生化学学科观念发展的作用。如何才能在教学中真正实现溶质质量分数对身边化学物质学习的指导作用,真正落实学生的化学学科观念发展,这正是本研究所要解决的主要问题。为了达到这样的教学目的,本研究对学生进行了前后测跟踪分析,对教学内容进行了对比教学,采取单元整体教学模式,将盆栽营养液的配制作为核心任务,与溶液单元知识进行整合,并注重运用科学精神思考和解决生活中的具体问题,培养学生的社会责任感,有效提高学生的化学学科核心素养。

一、基于前测的学生情况分析

前测结果表明:

(1) 实验班和控制班学生的基本实验操作表现良好。实验班与控制班在前测中表现差异不大,实验班得分率为88.0%,控制班得分率为86.4%。对于药品取用、称量、量取等基本实验操作掌握的情况良好。

(2) 实验班学生对溶液中溶质、溶剂变化判断不准。实验班与控制班在该部分前测中表现差异较大,实验班得分率为 68.2%,控制班得分率为97.9%,相差29.7%。向溶液中加水后,对溶质的分析,实验班很多学生认为溶质质量变小,反映出学生对于溶液组成的判断缺乏定量意识,分析时没有从溶质和溶剂的质量角度分析溶液。

(3) 实验班和控制班学生对溶液组成的多种定量表示方法几乎不了解。实验班与控制班在该部分前测中表现差异不大,得分率分别为 45.5%、46.8%。该测试题目是一道开放性比较大的题目,题目内容是"请尽可能多地寻找生活中表示溶液组成的量,并试着说明其含义。(提示:可关注标签上所标的相关信息)"。学生能找到一些身边常见的溶液标签上标注的表示溶液组成的量,但是对于其所表示的含义基本上都说不清楚。在多种定量表达方式中,学生不能准确选择溶质、溶剂或溶液对其含量进行表征,学生对溶液的认识没有达到定量水平。另外,学生也比较困惑,为什么身边的溶液组成有如此多的表达方法。

二、基于前测结果修订的教学目标

前测实施前确定的教学目标是:

(1) 通过认识溶质的质量分数的含义,学会配制一定浓度的溶液。

(2) 能进行溶质的质量分数的简单计算。

(3) 认识定量表示溶液组成的重要性,进一步了解浓度意义。

(4) 了解溶液组成表示方法的多样性。

结合教材和学生知识基础,制定合理教学目标是实现核心素养培养的有力保障。结合前测结果,进一步修改后的教学目标如下:

（1）初步学会配制一定溶质质量分数溶液的步骤和技能,培养学生实验操作能力,发展实验观念。

（2）认识溶质质量分数的含义,能进行有关溶质质量分数的简单计算。培养学生比较、观察、分析、推理的思维能力与严谨的科学态度。

（3）了解配制一定浓度溶液在生产、生活中的必要性和溶液组成表示方法的多样性,感受化学知识源于生活并为其服务,体验定量实验对生产、生活和化学研究的意义,树立化学科学价值观。

改进后教学目标更加明确了学生核心素养培养的重点内容,涉及"证据推理""实验探究""科学精神""社会责任"等化学学科核心素养的培养目标。教学重点是认识溶质质量分数的含义,能进行有关溶质质量分数的简单计算;培养学生比较、观察、分析、推理的思维能力与严谨的科学态度。教学难点是了解配制一定浓度溶液在生产、生活中的必要性和溶液组成表示方法的多样性,感受化学知识源于生活并为其服务,体验定量实验对生产、生活和化学研究的意义,树立化学科学价值观。

三、教学设计与实施的改进过程

基于学生的前测表现和发展目标,我们确定了如表 1-1-1 所示的四个阶段的教学安排。

表 1-1-1　化学溶液组成定量表示的单元教学安排设计

课时安排	问题线	知识线
第一课时	营养液的组成是什么？针对盆栽缺乏的元素,如何选择所需营养液的溶质、溶剂	定性认识溶液组成
第二课时	如何配制一定浓度的单一营养物质的营养液(如何定量表征、如何配制)	溶液组成的定量表示、一定质量分数溶液的配制
第三课时	可否配制一瓶更浓的营养液,营养液的浓度是否有限度	饱和溶液与不饱和溶液、溶解度
第四课时	配制一份最大浓度的多营养物质的营养液	溶解度曲线、溶解性比较、浓溶液的配制

本文以第二课时为例,重点阐述溶液组成的定量表示——潞河中学盆栽营养液研究(2)主题学习课例。突出以营养液为主题学习内容,构建多种表示

溶液的方法和培养学生配制溶液的基本实验能力。教学流程设计如图 1-1-1。

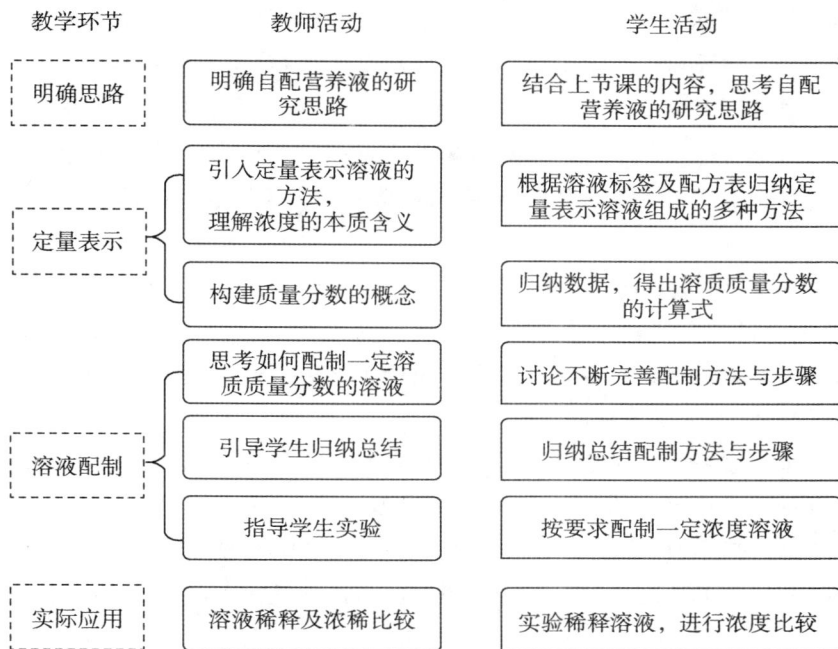

教学环节	教师活动	学生活动
明确思路	明确自配营养液的研究思路	结合上节课的内容，思考自配营养液的研究思路
定量表示	引入定量表示溶液的方法，理解浓度的本质含义	根据溶液标签及配方表归纳定量表示溶液组成的多种方法
定量表示	构建质量分数的概念	归纳数据，得出溶液质量分数的计算式
溶液配制	思考如何配制一定溶质质量分数的溶液	讨论不断完善配制方法与步骤
溶液配制	引导学生归纳总结	归纳总结配制方法与步骤
溶液配制	指导学生实验	按要求配制一定浓度溶液
实际应用	溶液稀释及浓稀比较	实验稀释溶液，进行浓度比较

图 1-1-1　盆栽营养液研究（2）主题教学流程设计

具体的教学实施过程如下。

环节一：情景引入，明确研究思路

【原设计的实施】我们需要配置植物营养液，你知道营养液的浓度如何表示吗？

【改进设计的实施】观察教室内的绿萝，针对其出现的老叶变黄、干燥死亡、叶片呈杂色、出现坏死斑点等情况，思考如果我们配一瓶适合该盆绿植生长的营养液，你的研究思路是什么？

学生思考后，讨论梳理出如图 1-1-2 思路。

01 确定所需营养物质　02 确定营养液浓度　03 确定配制方法

图 1-1-2　自配营养液的研究思路

本节重点研究确定营养液浓度和确定配制方法这两方面。

评析：原活动设计中教师以提问的方式，很多学生不假思索、不费力气就回答出来了，课堂表面很热闹。但很多学生并没有主动思考的过程，而是被动地完成教师的提问。由于这个问题设计跨度过小，学生的学习仅停留在表面而没有进行深层次地挖掘，这是不利于学生思维发展的。改成任务式的问题，学生比较感兴趣，再进行讨论，在解决问题过程中学生充分调动起积极性，通过小组讨论逐步完善研究思路，体会问题解决的真实过程，学生的有序思维能力得到培养。

环节二：溶液组成的定量表示

【原设计的实施】学生提出从营养液标签中找出营养液浓度的表示方法，解析该表示方法的含义。给出几种有色营养液，请同学依据营养液颜色判断溶液的浓稀，并说明判断的依据是什么。

学生观察、思考、讨论，得出第三杯溶液最浓，判断依据是颜色最深，或者说溶剂的质量相等，而第三杯溶质质量最多。

小结：对于有色溶液来说，根据颜色的深浅可以区分溶液的浓稀。但在科研、医药、工农业生产中，我们需要准确地表明一定量的溶液里溶质的含量。

【改进设计的实施】要想确定营养液浓度，需要思考如何表示溶液浓度。学生提出从营养液标签、配方表等找出定量表示溶液的方法。对教师提供的标签资料产生质疑，为何溶液有如此多的表达方式（图1-1-3）？其中"％"表示的是什么？

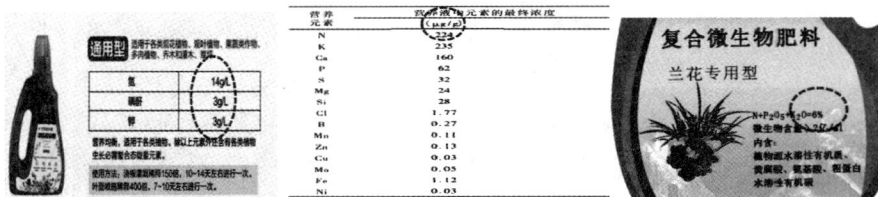

图 1-1-3　营养液标签及配方表

教师再结合学生在前测中提到的红酒、矿泉水等溶液的定量表示方法，解析各种表示方法的优势与劣势。明确"％"表示的是溶液中溶质质量分数。

问题1：请根据营养液的标签及配方表归纳表示溶液组成的多种方法，并说一说对标签中表示溶液组成的数据意义的理解，总结在表1-1-2中。

表 1-1-2　溶液组成的表示方法和含义

表示方法	含义(溶质、溶剂、溶液情况)
酒/V%	
饮料/(μg/mL;mg/mL)	
营养液/(g/L)	
营养液/(μg/g)	
营养液/%	

小结规律:取溶质、溶剂、溶液三个量中的两个,用它们的质量、体积等之比作为溶液组成的表示(不能选择溶质的质量与其体积相比)

问题 2:结合以上分析,请同学们试着给溶质质量分数下个定义,并写出其表达式。

定义:溶质质量与溶液质量之比,通常用百分数表示。

$$溶质的质量分数 = \frac{溶质的质量}{溶液的质量} \times 100\% = \frac{溶质的质量}{溶质的质量 + 溶剂的质量} \times 100\%$$

含义:你从溶质质量分数中可以获得哪些信息? 以 10% 的氯化钠溶液为例说明。

学生讨论从 10% 氯化钠溶液中获得的信息。① 每 100 g 氯化钠溶液中,含有 10 g 氯化钠;② 氯化钠溶液中溶质和溶液的质量比为 1:10;③ 氯化钠溶液中溶质和溶剂的质量比为 1:9。

【**练一练**】

下列关于溶液定量组成的说法中正确的是(　　　)。

A. 溶质质量分数为 5% 的 KNO_3 溶液中,溶质 KNO_3 的质量为 5 g

B. 溶质质量分数为 10% 的 NaOH 溶液,是由 10 g NaOH 和 100 g 水组成的

C. 溶质质量分数 15% 的蔗糖溶液中含有的蔗糖,一定比 10% 的蔗糖溶液中多

D. 溶液的浓度只与溶质和溶剂的量有关,不受温度等外界因素影响

答案:D

评析:原活动设计从营养液浓度表示方式,到有色溶液浓度判断,再直接给出溶质质量分数的概念,整个过程学生会产生一定的疑问,就是为何要用溶质质量分数,而不用质剂比。这两者之间没有建立关联。学生对溶液多种表达方式没有形成本质的认识。因此,改进设计,在溶液的多种表达方式讨论过程中,将营养液的内容以及学生前测题中提到的生活中常见的溶液定量表示方

法结合,将多种表达方式进行填表对比,不但能解决学生之前的疑问——"％"所代表的含义,还能让学生对溶液的定量组成表示方法形成规律性认识。整个过程中,溶液中溶质质量分数这一概念的构建,是学生在解决问题中逐步自主构建起来,这样也能很好地解决溶液与溶剂的混淆问题。

环节三:溶液配制

【原设计的实施】请同学们利用所给仪器配制 40 g 5％的硝酸钾溶液,实验中注意托盘天平和量筒的使用。

教师巡视,指导学生实验。

【改进设计的实施】依据图 1-1-4,回顾植物所缺的营养物质,确定所需营养物质为硝酸钾。硝酸钾的浓度如何确定?

图 1-1-4 植物缺少某种营养物质后的表现

学生依据营养液标签所示数据进行计算。确定硝酸钾质量以及硝酸钾溶液的质量分数如图 1-1-5。

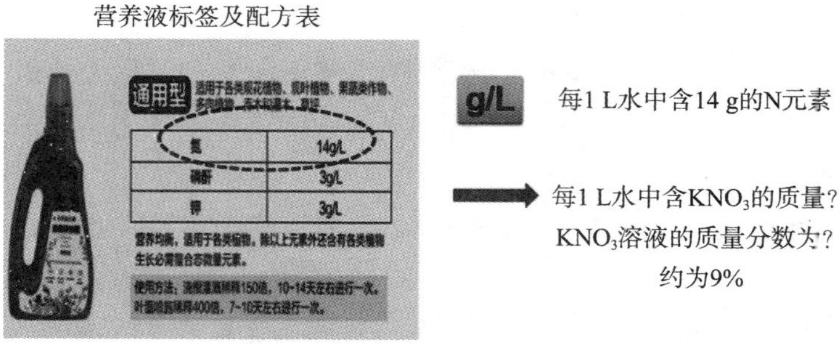

图 1-1-5 营养液标签及配方表

问题 3: 请大家思考配制一定质量分数营养液的方法。为方便配制,思考如何利用硝酸钾固体配制 40 g 5％的浓缩硝酸钾营养液?

以小组游戏挑战的方式,进行选择回答。

1. 配制 40 g 5％的浓缩硝酸钾营养液,计算需要硝酸钾固体和水各多少克? 需水多少毫升? ($\rho=1.0$ g/cm^3)

2. 配制 40 g 5％的浓缩硝酸钾营养液,所需的实验仪器有哪些?

3. 配制 40 g 5％的浓缩硝酸钾营养液,请设计实验操作步骤。

4. 配制 40 g 5％的浓缩硝酸钾营养液,基本操作注意事项有哪些?

小结:配制一定质量分数溶液的步骤与实验用品(图 1-1-6)。

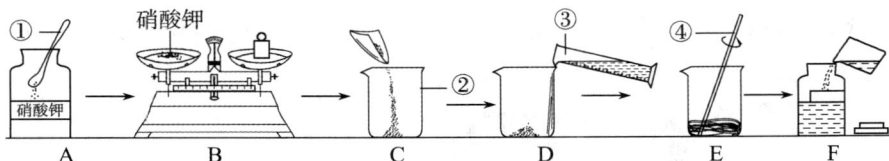
图 1-1-6 配制一定质量分数溶液的步骤与实验用品

配制一定质量分数溶液的步骤是计算、称量、量取、溶解、装瓶、贴签。

实验用品包括托盘天平、药匙(称量)、量筒(量取)、烧杯、玻璃棒(溶解)、试剂瓶、标签。

【学生分组实验:配制 40 g 5％的硝酸钾溶液】教师指导实验,并用手机拍下操作过程。

评析:原活动设计是直接给出配制任务,学生依据数据直接进行计算、称量、量取、溶解等实验过程。改进活动设计从两方面进行了修改,分别是营养液的浓度确定过程和实验的过程。浓度的确定从营养液标签出发,通过计算最终确定了配制溶液的浓度,既复习了化学式计算,又进一步巩固了溶液中溶质质量分数计算。实验过程增加了学生抢答得福袋环节,实验用品、实验操作步骤和注意事项等都由学生自主讨论得出,学生积极性高,实验过程清晰,基本实验操作技能得到了很好的巩固。

环节四:实际应用

【原设计的实施】学生完成实验后,回顾实验过程以及出现的一些典型错误的操作,师生共同讨论,分析可能产生的误差。

可能引起误差的情况:将固体称量后,倒入烧杯时洒出;量取水后转移至烧杯中时洒出;量取操作不当,俯视或仰视;称量操作中将药品与砝码放反了;溶液配制前烧杯里是湿润的,未干燥;固体未完全溶解。

学生用密度计或电导率传感器分别验证自己所配溶液是否存在误差,如图 1-1-7 所示。

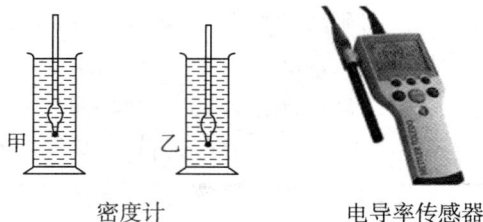

图 1-1-7　密度计和电导率传感器示意图

【改进设计的实施】结合生活实际与使用说明(图 1-1-8),说一说营养液的使用方法。

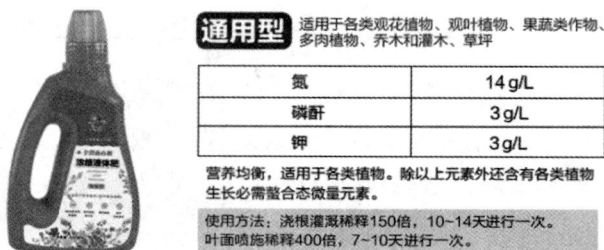

图 1-1-8　通用型营养液的使用方法

问题 4:稀释问题:请同学们再量 40 mL 水,加入刚才配制的溶液中,并完成学案上的表格 1-1-3。

表 1-1-3　硝酸钾溶液加水前后的变化

40 g 5%硝酸钾溶液	加水前	加水后
溶质质量		
溶剂质量		
溶液质量		
溶质的质量分数		
溶液浓度		

依据上表思考溶液稀释前后(加水或蒸发水),什么是不变的?

发现规律:溶质不变,即浓溶液质量×浓溶液浓度=稀溶液质量×稀溶液浓度

【作业】

思考 1:若使用我们自己配制的营养液,需稀释多少倍?

思考 2：如何配制一瓶更浓的浓缩硝酸钾溶液？能不能配制一瓶 35％ 的硝酸钾溶液。

思考 3：回顾自己记录的实验过程，分析是否有不当操作，分析可能产生的误差。

完成智慧学伴上《溶液组成的定量表示》后测试题。

课后，学生完成了营养液的稀释，并浇灌了教室里的绿萝。

评析：原活动设计重点是对实验操作进行反思，进行误差分析。而目前中考化学对于误差分析逐渐弱化，因此我们改进教学设计，将误差分析作为课后思考，增加了溶液稀释问题。进一步解析溶液中溶质、溶剂、溶液的变化规律，并且解决了营养液的实际应用问题。这有助于学生更好地应用所学知识，实现学以致用。

四、基于后测的教学效果与再改进建议

为了探明教学活动设计的效果，研究者通过对比教学实验进行了研究，选取首都师范大学附属中学通州校区朱老师的任教班级作为控制班，控制学生水平、教学时间、教学内容深广度等无关变量。自变量为教学处理思路。研究者对控制班采用常规的教学处理，对实验班采用上述的单元整体教学处理。因变量为基本实验水平发展、学生对基于溶质质量分数解决实际问题情况以及对溶液浓度的认识情况等。

（一）学生基本实验水平发展

为了检测学生在学习了质量分数溶液配制之后，有没有掌握配制溶液的基本过程，分别对 2 个班的学生进行了后测。测试题目如下。

1. 下列配制 20 g 10％ 的氯化钠溶液的操作中不规范的是（　　　）。

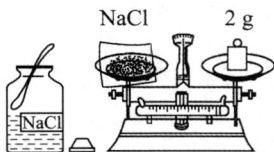 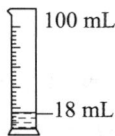  

A．称氯化钠　　　　　　　B．量水　　　　C．溶解　　　　D．装瓶

2. 3％ 的硼酸溶液可用于清洗皮肤的小面积创伤。现配制 300 g 质量分数为 3％ 的硼酸溶液，实验操作如下：

（1）称量硼酸固体的质量：在下图中分别标出所选砝码的质量和游码的示数。

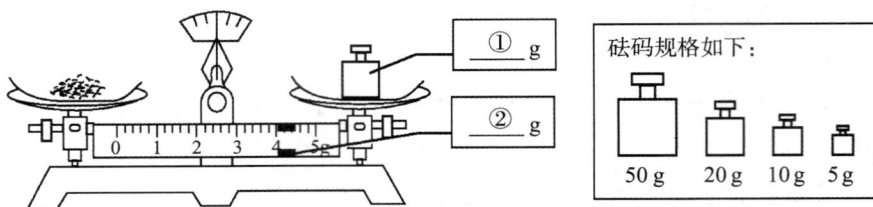

（2）量取水的体积：用量筒量取_____ mL 水（$\rho_水 \approx 1$ g/cm³）。

（3）溶解：用到的玻璃仪器是_____。

（4）装瓶、贴标签：在下图的标签中填上相应的内容。

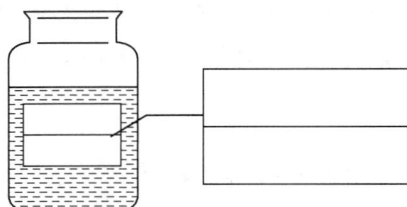

后测结果表明，通过一定质量分数溶液配制的学习，实验班（95.5%）和控制班（89.4%）的绝大部分学生都能够很好地掌握实验操作。对配制过程的考查，控制班和实验班学生对于仪器的选用，都出现了少选、漏选和错选情况，实验班（90.9%）学生略好于控制班（88.94%）。

改进建议：针对学生出现的实验仪器选择不全的问题，反思其原因，一是学生在课堂中对仪器的选择部分体会不够，二是学生对概念的理解不够。基于以上两点，反思现有的教学设计中在仪器选择部分，学生所需的实验仪器都在学生的实验台上，学生没有选择的过程，因此体会不够。在后续的教学中，可以设计学生自助取仪器的环节，如设计不同量程的量筒供学生选择等。学生配制溶液过程中，出现液体流出到桌面的情况，针对这一操作问题，可以进行误差分析，从溶质、溶剂和溶液的质量变化进一步分析质量分数的变化，加深学生对质量分数这一概念的理解。

（二）基于溶质质量分数解决实际问题情况

为了了解学生运用溶质质量分数这一概念解决实际问题情况，研究者选取了智慧学伴平台上两道测查题目进行了后测，题目如下。

请回答关于水净化和海水淡化的相关问题。

（1）利用下图所示装置将一定量的海水暴晒一段时间后，剩余海水中氯化钠的质量分数会_____（填"变大""变小"或"不变"）。

（2）家用反渗透净水器原理如下图所示，请你预测由此产生的废水中，含有的可溶物（盐类等）浓度与自来水相比_____（填"更大""更小"或"相同"）。

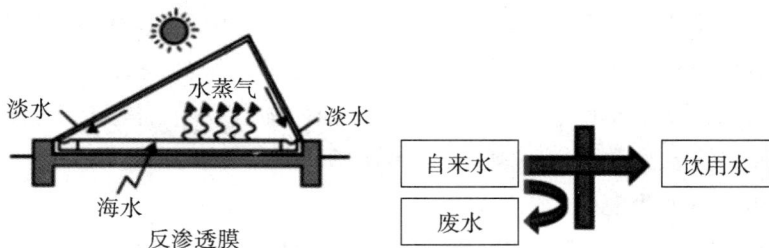

从后测结果来看，学生基于溶质质量分数解决实际问题的情况并不如预期的理想，实验班和控制班学生存在一定差异。实验班学生对于第一问的判断准确率很高，只有 1 位同学判断有误。而第二问出现错误的比较多，实验班有 7 位学生无法做出准确的判断，其中有 3 位认为不变，有 4 位认为变小。控制班学生两道题的得分率差不多。两道题大概共有 10 位学生无法做出准确的判断。说明这部分学生并未真正建立溶质质量分数的概念，也未能掌握根据溶质质量分数对实际问题进行分析的思路方法。

改进建议：对出错的同学，我们进行了访谈，部分访谈记录如下。

T：你为什么认为两道题溶液浓度没有变大？

S1：没有看懂图。

S2：第二问可溶物（盐类等）不知道盐类是什么，想了很久，然后就随便选了。

S3：不知道该怎么判断，没有思路。

T：你认为溶质质量分数变化，应该从哪些量开始分析？

S1：分析溶液中溶质、溶剂的质量是否改变，再确定溶液的变化，再判断质量分数的变化。

S2：第一问是溶剂量变化，第二问不太清楚。

S3：溶质的质量吧。

通过访谈可以看出，出错的学生一部分是因为题目本身存在一定的问题，比如盐的概念学生并没有学过，会给学生造成一定的困难。另外，第二问图片中给出的信息不足，学生无法判断，学生没有看懂。还有一部分学生在实际应用中存在一定的困难，对溶液中溶质质量分数变化的判断没有思路。在后续的练习中，应该进一步加强这部分的训练。另外，后测的题目中，可以把第二问换成带有分离膜说明的题目，并更换图片。

（三）溶液组成定量表示方法的多样性

为了了解学生对溶液浓度的认识情况,研究者专门设计测查题目进行了测查,题目为:

除我们常用的溶质的质量分数之外,生产、生活中还有很多其他定量表示溶液成分的方法,你认为下列哪些方法也可以表示溶液的组成?

① 溶质质量/溶液体积;② 溶质质量/溶质体积;③ 液体溶质的体积/溶剂的体积;④ 溶质质量/溶剂质量;⑤ 溶质质量/溶剂体积

学生对溶液浓度的认识可以分为 3 种水平:全面认识,能选出 4 个;片面认识,能选出 2~3 个;错误认识,只选对 1 个但同时还有错选,或完全没有选对。

从统计结果来看,实验班比控制班明显要好。控制班有 45.45% 的学生选择错误,实验班只有 9.09%。实验班有 77.27% 学生能够全面认识溶液浓度,能够认识多种表达溶液的方式,13.63% 的学生能做出片面选择,其中大多数都能选出 3 个。而控制班能够全面认识溶液浓度,完全选对的同学只有 18.18%。这说明实验班的学生大都认识到溶液中只要选取溶质、溶剂或溶液任意一组量都可以表示溶液浓度,能够很好地认识溶液组成的表示方法的多样性。而控制班还有一大部分学生不能认识这一点,只局限在溶液与溶质的质量上。

改进建议:在教学设计上,可以增加定量表示方法的前后发展路径的设计。教材中,在第 2 章空气这一主题中,空气中氧气含量的表示方法——体积分数,是学生首次接触混合体系中成分的表示方法。可以利用此表示方法作为引入,利用体积与体积之间的比值进行表示。该表达的优点在于,通过空气成分的表示,学生就可以体会百分数的便捷性。如 20% 和 25% 的优势大于 1/4 和 1/5。从而为后续溶液的百分数表达方式与溶质质量分数概念的理解打下基础,如溶质质量分数中 100 g 指的是溶液而非溶剂。在第 5 章元素学习中,学生学习了地壳中元素含量,首次接触混合体系中质量分数这种成分的表达方式。在设计上,可以运用以上内容,逐步帮助学生建立混合体系的定量表示方法的多样性,突破学生的认知难点。

五、教学反思

通过本研究的教学设计与实施,教师和学生有如下几个方面的收获。

（一） 以真实问题解决为主线，实现知识和能力的双向提高

本节内容以校园盆栽营养液配制为明线，通过分析植物生长所需的营养素，选出所需营养物质。学生通过对标签和配料表的分析，计算确定配制营养液的浓度，再通过讨论分析营养液的配制方法，梳理出配制溶液的方法和思路。学生以此真实问题解决作为主线，将知识学习贯穿其中，双线互相交织，实现知识和能力的双向提高。

（二） 初步学会定量角度认识溶液，发展宏观辨识能力

本节内容中关于溶液组成的分析是在定性的水平上上升到了定量的水平。一是学习核心概念——溶质的质量分数，通过对营养液标签及配料表的分析以及对身边常见溶液的标签分析，总结表示溶液定量组成的方法多种多样，扩展了学生对溶液浓度的认识。二是如何配制一定质量分数的溶液，通过游戏挑战的方式，激发学生的积极性，并让学生梳理出配制溶液的方法，形成有序思维能力。三是溶液的稀释问题，让学生能从溶质、溶剂、溶液质量的角度分析溶液的浓度，发展学生对混合物体系的宏观辨识能力。

（三） 发展学生的有序思维能力及实际动手操作能力

本节内容提升学生的基本实验操作水平。学生对于溶液的配制问题，能够从实际问题出发，明确研究思路和配制溶液的方法，通过不断地思考与讨论，层层推进，促进学生面对问题有序分析的思维能力。在充分论证的基础上，进行实际操作，既可以对自己方案的可行性进行评估，又可以从实践中发现新问题。通过动手实验，再次完善自己的方案及注意事项，在提高动手实践能力的同时，再次发展了思维能力。

（四） 促进教师养成多视角解读数据能力和专业成长

课例研究经历了"三实践两反思"的过程，促使教师逐步形成了多元解读数据的习惯。在教学中，我们以前经常试图给某一个教学行为评出是非对错。如在课例讨论中，我们习惯把数据与常识建立对应关系。在课例研究过程中我们和备课组教师、指导教师在一起共同研讨，交流分享，共同解除困惑，逐步改变了这种思维定势。通过对前后测数据的深度剖析，多项思考，多元解读分析，帮助我们客观地认识学生的情况。这是教师做好课例研究的基础，也是本次研究最值得回味的一个方面。

我们在做营养液主题设计时，往往会在素材与核心知识的融合上出现问题。如何做好素材与知识的整合？经过不断地研讨与实践，我渐渐地明白，在

核心素养指导下的教学，教师的教不必过于纠结于是否一步到位给予学生完整的知识体系。核心素养的培养是个系统的、长期的工程，不仅要从单元教学设计层面上进行课时设计，还需要对化学知识进行整体设计、同步实施，形成合力，这是我们需要进一步研究的内容。

（该教学实践成果得到北京市通州区潞河中学杨东清老师的指导，属于"探索促进青年教师专业发展的新路径——充分利用骨干教师优质资源构建研修共同体"、北京师范大学高精尖"教师网络研修模型的研究与实践"项目成果）

案例 2　金属及其化合物

北京市十一学校　彭　了

在教育领域,"深度学习"的概念在 1976 年被教育学家费伦斯·马顿和罗杰·萨尔乔提出,是指学习者加工信息水平相对更加深入的学习方式。近年来,为了进一步落实核心素养,北京师范大学化学学院"深度学习"项目组的胡久华教授提出,当前的深度学习具体是指"在教师引领下,学生围绕着具有挑战性的学习主题,全身心积极参与、体验成功、获得发展的有意义的学习过程"(胡久华等,2017)。在上述思想的指导下,我们对"金属及其化合物"学习单元进行了设计、开发。在这一过程中,"基于标准的学习"和"追求理解的教学设计(Understanding by Design,简称为 UbD)"的思路也对我们有所启发(兰特·威金斯等,2017;余彩芳,2018)。

根据《普通高中化学学科课程标准(2017 年版)》(以下简称新课标),金属及其化合物的单元学习属于必修课程"主题 2 常见无机物及其应用"的内容范畴(中华人民共和国教育部,2018)。因此,我们所设计的金属及其化合物的学习单元以"2.4 金属及其化合物"作为核心内容,同时渗透了"2.1 元素与物质"和"2.6 物质性质及物质转化的价值"等相关内容。

该金属及其化合物的学习单元面向学校直升化学Ⅰ和直升化学Ⅲ的同学开展。在此之前,学生已经通过"氧化还原反应"和"离子反应"的学习,系统地掌握了复分解反应和氧化还原反应的原理基础。结合之前学习的元素周期表、元素周期律和物质结构基础,他们能够从元素在周期表中的位置、物质类别和物质结构,推测和解释元素及其化合物的基本性质,初步理解了"结构决定性质"的基本思想。他们也分别学习了金属的代表元素钠和非金属代表元素氯及其化合物的性质和相互转化,初步了解了元素化合物的学习方法。

一、教学案例分析

在金属及其化合物的传统学习中,将镁、铝、铁、铜四种金属元素分开学习,分别学习每一种金属在元素周期表中的位置,金属及其化合物的物理化学性质这些碎片化的知识点。为了促进学生的深度学习,在单元设计之中,我们从解决真实生活或者工业生产中存在的实际问题的角度切入,通过核心的表现型任务的设计,让学生直接面对要解决的问题,以终为始,真正启动学生的自我学习系统。学生在解决问题的过程中,能够主动完成对金属及其化合物的学习、理解和迁移运用。此外,在学习过程中,注重对不同金属的类比和对比学习,有助于学生形成结构化的知识体系。

进行单元设计的第一步,就是确定学习目标。根据 UbD 的设计标准(兰特·威金斯等,2017;余彩芳,2018),我们从学习迁移、持久理解和核心问题 3个维度确定学习目标,在学习单元设计过程中,通过核心问题的设计引导学生持久的思考和学习。因此,结合新课标,我们将"如何分离提取、分析鉴定、妥善保存和合理使用金属材料"确立为学习的核心问题,该问题包括 4 个维度的学习内容(表 1-2-1)。

表 1-2-1　金属及其化合物单元的课程标准和学习目标

课程标准		能够从物质类别、元素价态的角度,依据复分解反应和氧化还原反应原理,解释熟悉的、预测陌生的金属化合物的性质
学习目标	核心问题	如何分离提取、分析鉴定、妥善保存和合理使用金属材料? (1) 分离提取:不同金属元素化合物的性质差异,金属资源的开发利用 (2) 分析鉴定:金属及其化合物的转化及转化过程中颜色状态变化 (3) 妥善保存:金属的氧化还原性质,金属的腐蚀,金属离子的水解 (4) 合理使用:金属资源对国民生产的重要作用,金属资源的可持续发展和环境保护
	持久理解	结构决定性质,性质衍生功能
	学习迁移	(1) 能够解释熟悉的、预测陌生的化学物质的性质,并通过设计实验初步验证,运用已有化学知识和方法综合分析化学、技术、社会和环境的相互关系 (2) 掌握金属元素及其化合物学习的一般方法,作为元素化合物的学习基础,理解从"个别"到"一般"的归纳法对各个学科认知的重要意义

围绕该核心问题,我们进而确立学习迁移和持久理解的目标如表 1-2-1所示。基于学生已有知识基础,在持久理解的范围内,我们再次强调"元素周期表"和"物质结构"作为化学学习基本工具的重要性,即引导学生建立和强化

"位置—结构—性质"的认知模型。

最后,在钠及其化合物的已有知识基础上,通过镁、铝、铁、铜四种常见金属元素及其化合物的学习,学生能够掌握金属元素及其化合物学习的一般方法,初步形成自己的思维模式,为元素化合物的继续深入学习奠定基础。

在确立单元的核心任务之前,我们一方面通过调查问卷进行了学情分析,在"你最愿意参与的课堂活动"之中,71%和65%的学生分别选择了探究性实验和验证性实验。学生对于实验的热情使得我们决定将综合性的探究性实验作为单元的核心任务,以提高学生的学习兴趣。另一方面,深度学习要求,对单元学习主题,也就是核心表现型任务的确定,需要满足以下条件:① 任务来源于日常生产、生活问题;② 能够激发学生的兴趣;③ 具有一定的可操作性;④ 承载化学学科的核心知识和核心素养。基于深度学习的标准和学情分析,我们在充分讨论的基础之上,将解决实际问题——"矿石中金属元素的检验"作为该单元学习的主题。我们在具体教学中,给学生提供一种未知矿石,该矿石含有若干种金属元素,要通过化学实验的方法将其分离并鉴定。学生拿到矿石,通过观察这种矿石的颜色和状态,产生的第一个问题就是"这种矿石含有哪些金属元素?"自然而然产生的下一个问题就是"如何检验这些金属元素是否存在?"这就进一步涉及"如何把矿石中的金属转化为溶液中的离子?""在转化过程中有哪些注意事项?"等问题。上述思维过程涉及金属在自然界的存在状态、金属矿物的冶炼(湿法冶炼)、常见金属离子的分离(转化)和检验方法等,这都是金属及其化合物单元的核心内容。

根据王磊(2017)教授的《基于学生核心素养的化学学科能力研究》,要完成上述核心任务,需要学生具有"复杂关联"和"系统探究"的能力,这对学生提出了较高的要求。为了成功地完成这一具有挑战性的核心任务,我们在核心任务之前设计了一定的预热任务,作为脚手架为学生提供完成任务所需的基础知识和能力,包括"寻找生活中的金属材料"和"金属资源的开发利用"。我们引导学生从寻找生活中的金属材料开始,在熟悉的生活场景中,利用生活中熟悉、易得的原料,开启对于金属单元学习的思维系统,在比较不同金属单质的物理、化学性质时,引导学生进一步应用之前已经初步形成的"位置—结构—性质—功能"思维模型;在这个任务的基础之上,学生自然会产生的问题就是这些金属资源是从哪来得到的? 我们如何能够从自然界中提取金属资源? 从而引出第二个任务——金属资源的开发利用,在该任务的进行过程之中,落实基础知识,通过对工业流程的熟悉和化学方程式的书写,建构学生自己的思维体系。

(一) 寻找生活中的金属材料

新课标关于金属及其化合物的学习要求"结合真实情境中的应用,了解金属及其化合物的主要类型,了解这些物质在生产、生活中的应用""能说明金属及其化合物对社会发展的价值,对环境的影响"。因此,我们设计的第一个任务即为"寻找生活中的金属材料"(表 1-2-2)。

表 1-2-2 "金属单元学习"核心任务群的设计

任务	任务名称	问题线索	能力任务	教学目标	核心素养
任务1	寻找生活中的金属材料	哪些是金属材料?它们有哪些性质和功能?为什么有这些性质和功能?	【辨识记忆】发现生活中的金属材料并且指认金属成分 【分析解释】利用物质结构和元素周期律分析该种金属的性质和功能	启动学生的自我学习系统,强化"位置—结构—性质—功能"的模型认识	宏观辨识与微观探析,证据推理与模型认知
任务2	金属资源的开发利用	金属资源从何而来?如何获取金属资源?对环境有何影响?	【辨识记忆】阅读金属资源开发文字资料,书写有关方程式 【概括关联】绘制相关流程图	培养分析获取信息的能力;落实知识基础,构建每一种金属转化关系的思维体系	宏观辨识与微观探析,科学态度与社会责任
任务3	矿石中金属元素的检验	如何鉴别金属元素?如何分离金属元素?	【复杂推理】设计实验方案,检验金属矿物中可能存在的金属成分 【系统探究】进行实验,观察实验现象,得出实验结论	探究性实验,引发学生兴趣和思考,在"设计实验,收集证据,分析推理,得出结论"的过程中获得知识和能力	宏观辨识与微观探析,证据推理与模型认知,科学探究与创新意识

金属材料,尤其是合金材料在日常生活和国民经济中占据重要地位,与学生的生活有紧密的联系。在学习过程中从生活中的金属材料入手,体现了化学与工业生产和生活实际的联系。金属单质的性质是金属元素性质的一种体现,也是金属化合物性质的基础,从金属单质的性质开始学习,符合学生的认知规律。这部分知识的学习不仅要求学生寻找和发现金属材料,了解它们的组成和用途,还要求用已有的化学认知模型对其进行解释,强化了"结构决定性质,性质衍生功能"的基本思想。

(二) 金属资源的开发利用

在发现和寻找生活中广泛存在的金属材料的过程中,学生对于金属材料学习的兴趣得到促进,开始自主思考这些金属材料从何而来? 如何从自然界中提取? 从而开启下一个任务"金属资源的开发利用"。

落实化学方程式是元素化合物学习的基础,也是在学习过程中学生相对较为薄弱、需要多次练习的部分。过去的化学方程式的练习往往较为枯燥,不能够吸引学生主动学习的兴趣。考虑到金属化合物单元涉及较多的工业流程,我们向学生提供了镁、铝、铁、铜 4 种金属冶炼工业流程的描述性文字,同时创设情境,假设学生是某金属冶炼工厂的化学工程师,需要向工厂的新员工展示这些金属冶炼的工业流程图,尽可能地找寻在整个工业流程中涉及的化学变化过程,写出它们的化学方程式并进行展示。

该任务需要学生在阅读资料的基础上完成,培养了学生在科普阅读中接收、吸收、分析、整合信息的能力,这些都是新高考所强调的。该任务需要学生在阅读的过程中寻找化学反应和绘制工业流程图,需要学生的主动参与和创作,增加了任务的趣味性。同时我们创设了一定的情境,能够引导学生的自主探究,启动学生的自我系统,并且在此过程中实现基础知识的学习。例如,对于镁和铁的金属资源的获取,我们分别提供了《海水中镁的提取》(部分内容如资料卡片所示)和《铁矿石的冶炼(高炉炼铁)》的文字资料,还穿插了一些问题引发学生的思考。同时,我们也鼓励学生查询自己感兴趣的金属的冶炼工业流程,并绘制对应的流程图。

资料卡片

海水中的镁元素主要以氯化镁和硫酸镁的形式存在。在海水的综合利用中,将海水引入晾晒池,利用太阳能使海水蒸发结晶,即可析出粗盐。向剩余的母液(化学沉淀或结晶过程中分离出沉淀或晶体后残余的饱和溶液)中加入石灰乳(通过向贝壳的煅烧物中加水制得),即可得到主要成分为氢氧化镁的悬浊液。待沉淀完全沉降后取出,经洗涤后得到较为纯净的氢氧化镁。

氢氧化镁的热稳定性较差(很多氢氧化物都有类似的性质),受热后分解生成氧化镁和水。要使氧化镁中的镁离子得到电子而被还原成单质镁,是比较困难的。如果用类似炼铁的方法冶炼镁(使用 CO 等还原剂),需要很高的温度,并且这样得到的镁常含有较多的杂质。因此,工业上常用电解法使镁离子在阴极得到电子,被还原成单质镁。用电解的方法冶炼镁,先要获得含有镁离子的熔融液。在镁的典型化合物氧化镁和氯化镁中,氯化镁一般被选作电解制取镁的原料。

向氢氧化镁的沉淀中注入盐酸,即可将其转化为氯化镁,通过蒸发结晶即可得到六水氯化镁晶体。为了得到无水氯化镁用于电解,需要将六水氯化镁在干燥的氯化氢气流中加热,得到的无水氯化镁最后通过电解转化为纯净的金属镁。

(三) 矿石中金属元素的检验

在"金属资源的开发利用"任务中,学生对金属冶炼的常见原料"矿石"有了基本的认识并且产生了一定的兴趣,但对于不同金属元素的学习仍然是相对独立的。然而,自然界很多矿物中的金属元素常常是伴生的,这就涉及混合物中金属元素的分离和检验问题。因此,我们将"矿石中金属元素的检验"作为本单元学习的核心任务,让学生在主动解决该真实、复杂问题的过程中获取知识和能力。

和常见的验证性实验相比,"矿石中金属元素的检验"是一个结果未知的探究性实验,能够充分引起学生学习和探究的兴趣,从而能够改变以往验证性实验中,学生操作积极性不高的状况。我们从方案的设计,到需要使用的药品,在实验安全允许的情况下尽可能地满足学生,为学生的探究提供坚实的保障。我们鼓励学生对于同一种离子,通过多种不同方法进行鉴别,也鼓励对于多种不同的实验方案进行评价和筛选,培养学生分析、总结、评价实验方案的能力。

因为矿物中多种金属元素伴生,所以该任务的实质是多种混合离子的检验,而不是单一离子的检验。该任务需要学生在检验一种离子的时候能够考虑可能存在的其他离子干扰,有的时候还需要进行分离,考虑实验失败的可能性。这一过程能够有效地在真实的情景中培养学生"排除干扰"和"分离提纯"

的化学观念,也促进了学生对于"取样"这一操作的重要性的认识。

从化学学科核心素养的培养角度(王磊,2017;王磊等,2018),这三个任务几乎涵盖了学科要求的五大核心素养,即宏观辨识与微观辨析、变化观念和平衡思想、证据推理与模型认知、科学探究与创新意识、科学态度与社会责任,重点对宏微结合、模型认识和科学探究三大核心素养进行了培养和提高。从任务的设计上看,三个任务对于基础知识和能力的要求逐步上升,从金属单质的性质到金属化合物的性质,再到混合物中金属的转化和相关离子的检验。从马扎诺目标分类学(黎加厚,2010;吴海萍,2018)的角度,第一个和第二个任务主要涉及知识提取和理解分析,第三个任务主要涉及知识的综合运用,体现了知识和能力的逐级提高。任务的设计环环相扣,每一个任务的结束并不意味着学生学习的结束,而是下一个任务的开始。

(四) 工具和量规

整个单元学习进行的过程中,我们为学生提供了多种资源和相应的量规作为学生学习的脚手架。学习资源主要包括校本教材(高中化学 II《无机化学基础读本(下册)》),参考工具书和实验视频(如硫酸铜与氨水的反应、氢氧化铁的制备和性质),促进学生通过自学自研掌握基础知识。量规包括"实验方案设计量规"和"实验量规",前者更强调实验方案设计的安全性、可行性、简约性和有效性,而后者更强调规范的实验操作、仔细的实验记录和对实验现象的分析。

二、教学效果分析

(一) 寻找生活中的金属材料

在"寻找生活中的金属材料"子任务中,学生通过学生作业寻找到了成分比较明确的铝箔和菜刀。前者通过金属铝较高的熔点(相对于钠和镁而言)解释了其为什么在能够在烤制食物过程中有所应用,也通过其较小的密度和较好的延展性解释了其为什么能够广泛作为食品包装使用。而在菜刀的例子中,学生通过不同金属的性质解释了它们作为添加成分对于菜刀性质的作用。

(二) 金属资源的开发利用

在"金属资源的开发利用"子任务中,学生通过学生作业分别完成了铝土矿冶炼金属铝和火法炼铜的工业流程图的绘制和其中化学反应方程式的书写。在要求的基础之外,学生还绘制了实际的工业流程的装置图,体现了学习兴趣的提高和自我学习系统的启动。

(三)矿石中金属元素的检验

"矿石中金属元素的检验"由三个部分组成,① 学生在自学自研的基础之上,观察矿物,分小组讨论实验方案,在方案讨论过程中教师适当参与,给予一定的指导;② 在确定实验方案的基础上,每个小组拿到个性化的实验药品,小组成员合作完成实验检验和实验报告;③ 学生对实验过程中发生的现象进行分析,对不同小组的不同检验方案进行比较、评价和总结。具体不同离子的实验检验情况如表 1-2-3 所示。

表 1-2-3 "矿石中金属元素的检验"任务中学生对不同金属离子的检验方法

元素	离子	学生检验方法	备注说明
铁	Fe^{3+}	(1) 最常见:加入 SCN^- 生成血红色的 $Fe(SCN)_3$ 配合物; (2) 加入过量氨水与 Fe^{3+} 生成红褐色 $Fe(OH)_3$ 沉淀	方法(2)主要在利用氨水检验 Cu^{2+} 的实验中发现,直接加入 $NaOH$ 会同时生成 $Cu(OH)_2$ 产生干扰
铜	Cu^{2+}	(1) 最常见:加入过量氨水,生成深蓝色的 $[Cu(NH_3)_4]^{2+}$; (2) Cu^{2+} 的焰色反应; (3) 置换反应生成 Cu 单质	只有 Cu^{2+} 时,可以通过生成 $Cu(OH)_2$ 来检验,而本实验中 Fe^{3+} 会对 Cu^{2+} 的检验产生干扰,因此学生转而从配合物、焰色反应或置换反应的角度来进行检验
铝	Al^{3+}	加入过量的 OH^- 将 Al^{3+} 转化为 AlO_2^-,加入适量 H^+ 或通入 CO_2 生成 $Al(OH)_3$ 沉淀	检验 Al^{3+} 之前要排除 Cu^{2+} 和 Fe^{3+} 的干扰,可以通过加入过量的 OH^- 后过滤取上层清液实现

(1) 铁元素的检验:在实验中,大部分学生通过最常见的加入 SCN^- 生成血红色的 $Fe(SCN)_3$ 配合物来检验 Fe^{3+}。在后续检验 Cu^{2+} 的过程中,他们又发现碱如 $NaOH$ 或者氨水也能够与 Fe^{3+} 生成红褐色沉淀,将这一原理也用于铁元素的检验之中,从而在实验的过程中学习掌握了一种元素的多种检验方法。

(2) 铜元素的检验:在铜元素的检验中,主要困难是混合物中可能存在的 Fe^{3+} 也会生成沉淀,从而对 Cu^{2+} 的检验产生干扰。因此,不能通过加入强碱如 $NaOH$ 生成沉淀的方法来检验 Cu^{2+}。学生通过实验和思考另辟蹊径,通过生成有特殊颜色的配位化合物(加入过量氨水生成 $[Cu(NH_3)_4]^{2+}$,此时

Fe^{3+} 和 Fe^{2+} 已沉淀,不干扰配离子颜色的观察),置换反应(生成有特征颜色的金属单质)以及焰色反应等来实现检验。

(3)铝元素的检验:与 Cu^{2+} 类似,在铝元素的检验中,如果直接生成 $Al(OH)_3$ 沉淀,那么 Fe^{3+} 和 Cu^{2+} 的存在都会对实验产生干扰,因此需将 Cu^{2+} 和 Fe^{3+} 分离。此时,大部分学生采用了加入过量氢氧化钠的方法,在生成氢氧化物沉淀之后取上层清液,然后通入过量 CO_2 观察是否生成氢氧化铝的絮状沉淀来检验溶液中是否存在 Al^{3+} 。有一组学生尝试了加入锌通过置换反应除去铁和铜的方法。这种方法虽然能够除去杂质,但是会引入 Zn^{2+} 对 Al^{3+} 的检验产生影响,从而得到错误的实验结果。在实验结束之后通过小组讨论,学生意识到了这种方法的问题,从而加深了他们对于"除杂不引杂"思想的理解。

为了改变以往的实验过程中学生的实验记录习惯较差,如不能够真实细致地记录实验现象,不能够将化学方程式与实验现象的解释结合在一起等情况,我们将本次实验设计成了实验考试,对每一个实验记录和解释进行精确赋分,对每一种离子通过多种方法进行检验的小组给予加分,引导学生培养在实验中仔细观察和忠实记录实验现象、在完成实验之后认真反思、总结的习惯。

在实验结束之后,针对大家不同的实验方案、实验过程中遇到的各种问题和相应的解决方案,学生以小组为单位进行了分享和讨论,对不同的实验方案进行了比较和评价,通过这一过程,学生将本单元学习的金属及其化合物的结构、性质和功能整理成了结构化的知识。

在三个任务结束之后,我们对不同班级的同学分别进行了访谈,了解他们在通过基于深度学习设计的案例进行学习之后的感受和体会,总结如表 1-2-4 所示。

表 1-2-4　学生访谈记录体现出的核心素养的发展

学生评价	核心素养
生 1:化学反应真是很有趣,虽然离子的检验很麻烦,但是通过这个过程我也的确了解和掌握了一些方程式 生 2:化学反应不会立即发生,需要一定的时间,因此作为化学家一定要耐心等待! 对不确定的现象可以多重复几次实验以更好地观察现象	变化观念与平衡思想,证据推理与模型认识,科学探究与创新意识,科学态度与社会责任
生 3:化学反应是一个非常可爱的过程,可爱是需要被呵护的。呵护它的方式就是要通过明显的颜色变化或者生成特定颜色的沉淀的方法来确认一种离子是否存在	宏观辨识与微观探析,证据推理与模型认识,科学探究与创新意识

学生评价	核心素养
生4:最开始我以为这是一个简单的实验,只要按照设计的实验方案进行就不会有问题,直到进行实验之后才发现实际的检验是个很复杂的问题,要考虑很多种因素的干扰	科学探究与创新意识
生5:不同离子都产生有颜色的沉淀的时候,它们的检验可以相互之间产生干扰,一定要记得排除 生6:在检验一种离子加入试剂时候要注意多引入的杂质…… 生7:我们做实验的时候应该将实验现象忠实地记录下来,根据实验现象的分析得到结论,而不是根据自己的常识或者想当然的推测	宏观辨识与微观探析,科学探究与创新意识,科学态度与社会责任

从学生的感想体会可以看出,此次以综合性探究实验为核心的任务群的学习,对于学生五大化学学科核心素养的发展都起到了一定的促进作用。绝大多数同学能够从更加真实、更加动态的角度认识化学反应,化学反应不是书本上的一个个方程式,化学反应有一定的速率,因此需要一定的时间才能够完成;化学反应能否发生以及发生的速率也会受到外界环境的影响,因此我们需要控制反应条件来让化学反应按照希望的方向进行。本单元的学习也为后续开展化学反应原理的学习埋下了伏笔,比如在矿石提取液中加入 Zn 以置换 Cu 和 Fe 的时候,随着 Zn 先和溶液中的 H^+ 发生反应,溶液 pH 的升高会导致 $Fe(OH)_3$ 红褐色沉淀的生成;再比如加入氨水的多少会明显影响生成的 $[Cu(NH_3)_4]^{2+}$ 的颜色深浅,其中涉及水解和平衡的知识都是以后学习反应原理时的重难点,因此提高了实验作为素材的利用效率。此外,此次设计也在真实情境中促进了学生的思考以形成结构化的知识体系,比如对比不同离子的性质寻找不同情况下的最优检验方案,比如理解配位化合物的生成对于物质鉴定和分离的重要意义。

三、教学反思

总之,在金属学习单元的设计和实施中,核心任务群的内容承载了学科的思想方法和学科的核心素养,学习的活动和任务具有一定的挑战性,促进了学生的高度参与和深度思维;设计的任务具有层次,体现了知识能力从信息提取、理解到分析、应用的提高;学习的结果表明,学生能够自主应用学科思想解决问题,也能够自主说出在学科核心素养方面的具体收获,在一定程度上满足了深度学习的要求。但是,通过实施过程中的总结反思以及与学生的访谈,我们也发现了一些问题。对于这些问题,我们提出了以下改进措施,以期在后续的实施过程中取得更好的效果。

(一) 发现生活中的金属材料

在该任务中,学生很容易就能够发现生活中的金属材料,也能够体会金属材料在生活中的广泛应用,但是缺少适当的工具,无法对于金属材料的元素成分进行准确的判断,从而对任务的完成带来了一定的困难。在实际任务的进行过程中,能够明确成分的金属材料较少,大部分金属材料无法准确指出其成分。在解释金属材料的性质时,大部分学生能够联想到的出发点比较少,或者解释不够深入,比如学生在任务中只解释了金属铝能够作为铝箔用于烤制食物是铝的熔点高(相对于钠和镁),但是并不能进一步联想到通过金属晶体中金属键的强度来解释铝的熔点为什么相对较高。

因此,在方案的后续改进中,我们可以提供更多的范例和工具,帮助学生搭建脚手架,以对生活中的金属材料进行指认。另外,也需要向学生提供更多将物质的结构和性质结合在一起的角度,引导学生从元素周期表和元素周期律、物质结构(金属晶体、金属键)、金属氧化物的性质等角度入手进行分析,更好地培养学生形成"结构决定性质,性质衍生功能"的基本思想。

(二) 金属资源的开发利用

我们对该任务使用的文字材料在后续使用过程中可以进行更多的精雕细琢,以实现更准确的描述和提供更加多元的学习机会。我们要对文字描述进行核对或者改写,尽量避免不规范或者语意模糊的描述;要将化学方程式的不同难度标注出来,以满足不同学习程度学生学习的需求。针对学生在书写方程式过程中暴露的问题进行总结,如缺少反应条件,不注意反应环境等,我们要在作业讲评的时候重点强调,引导学生养成全面思考的能力,培养良好的书写方程式的习惯。

(三) 矿石中金属元素的检验

在小组设计实验方案的讨论课中,不同组的学习节奏不一样而造成了课堂资源的浪费。同样的任务对某些组可能时间绰绰有余,而对某些组来讲难度太大而无从下手,同样导致了时间的浪费。为了解决这一问题,在后续的改进中,可以将整个实验方案的设计分解成若干个更容易完成的小任务,比如如何将金属元素转化为离子,如何对 Fe^{3+} 进行检验,如何对 Cu^{2+} 进行检验等,对于每个任务的方案设计讨论设置时间节点,在到达时间节点之后进行适当的总结,如果某些组在某个任务上卡住,可以利用课下的时间进行补充;而对于已经得到一定结果的小组,可以鼓励他们尝试思考多种方法,通过个性化的讨论学习以提高班级的总体学习效率。

总之,深度学习是一种基于理解的学习,在学习的过程中,学习者以解决实际问题为目标,积极主动地、批判性地学习新知识,将其融入原有的知识结构之中并且实现知识的迁移应用。实现学生的深度学习,促进学生的学科核心素养发展是我们进行单元设计的终极目标。

(该教学实践成果得到北京市十一学校吴征辉老师的指导,属于中国化学会"十三五"规划 2018 年度教育学规划课题"基于学生化学学科核心素养发展的 UbD 分层教学设计研究〔课题编号:HJ2018—0034〕"、国家社会科学基金"十三五"规划 2016 年度教育学重点课题"基于学生不同发展需求的中学化学分层课程建设研究〔课题编号:1601060855A〕"项目成果)

案例 3　溶液的酸碱性

广东省深圳市宝安区官田学校　郭艳艳

《普通高中化学课程标准(2017 年版)》将化学学科核心素养分为"宏观辨识与微观探析""变化观念与平衡思想""证据推理与模型认知""科学探究与创新意识""科学态度与社会责任"5 个方面(中华人民共和国教育部,2018)。教学目标也从原来的知识与技能、过程与方法、情感态度与价值观三维目标变成了化学学科核心素养目标,更注重促进学生认识发展为核心的"教、学、评一体化"教学。引导学生认识和探究身边化学物质,是化学启蒙教育的重要内容(中华人民共和国教育部,2012)。教师如何在课堂中对认识和探究身边的化学物质进行有效教学,促进学生认识发展,是本研究探讨的重点。

"溶液的酸碱性"是沪教版九年级化学下册第七章第一节的内容。本节教材分成 3 部分:酸性溶液和碱性溶液、溶液酸碱性的强弱、溶液酸碱性与生命活动的关系。化学课程标准在"科学探究"的"(三)学习基本的实验技能"中要求学生"初步学会用酸碱指示剂、pH 试纸检验溶液的酸碱性";在"身边的化学物质"的"(四)生活中常见的化合物"中要求学生"了解用酸碱指示剂(酚酞、石蕊)和pH 试纸检验溶液酸碱性的方法""知道酸碱性对人体健康和农作物生长的影响"。从课标的这些要求可以看出,了解并检验溶液的酸碱性,测定溶液的酸碱度有重要的意义,教师在本节的教学中应给予学生充足时间进行探究和总结。笔者查阅中国基础教育全文数据库,通过文献综述和案例分析发现,对于"溶液的酸碱性"的教学设计已经有一些研究,如周信军(2011)采用让学生从提供的 4个学习方案中选择 1 种方案进行自学与合作探究的方式进行了教学设计;张功然(2013)从学生已有的生活经验出发,通过化学史、科学探究、微观模拟动画等过程宏微结合认识酸碱的特征进行了教学设计;顾孝志(2016)采用设疑—学生演示实验—观察—思考—总结—应用的教学模式进行了教学设计;周静(2015)采用微课进行翻转课堂的形式进行了教学设计;王晨敏(2015)采用重组教材,创新实验的方法进行了教学设计;沈兆刚(2009)利用化学史情境教学法进行了教学设计;张海波(2016)采用 PBL 教学模式进行了教学设计;吴燕(2018)以情境为依托打造知识建构型化学课堂进行了教学设计。这些教学设计研究从不同的角度对"溶液的酸碱性"进行了教学设计的优化,但是都不能较好地体现将化学知识与技能的学习、化学思想观念的建构、科学探究与问题解决能力的发展等有机融合来促进学生认识发展的教学设计理念。本文尝试以"建构主义理论""教、学、评一体化模式""问题解决理念""情境教学理念""实验教学理念""小组合作教学理念"和"多元评价理念"等现代先进教育理念为支撑,探讨促进学生认识发展的"365"教学模式的教学设计。

一、教学理念与设计

化学教学模式可以分为两种:一种是以化学知识解析为核心的教学,注重化学知识本体的获得;另一种是以促进学生认识发展为核心的教学,注重化学知识的认识功能和学生能力发展(罗滨等,2015)。以化学学科核心素养为目标的新一轮课程改革要求教学要能将化学知识转化为学生的化学认识,是使学生将化学知识内化了的教学,也就是以促进学生认识发展为核心的教学。

"365"教学模式(图 1-3-1)是指,从"在情境中提出问题—在活动中解决问题—在应用中评价问题"3 个模块设计教学,通过"情境线—问题链、活动线—方法链、评价线—方式链"6 条线完成"教、学、评一体化"教学,教学过程被分成 5 个环节,也可视情况被分成 n 个环节。

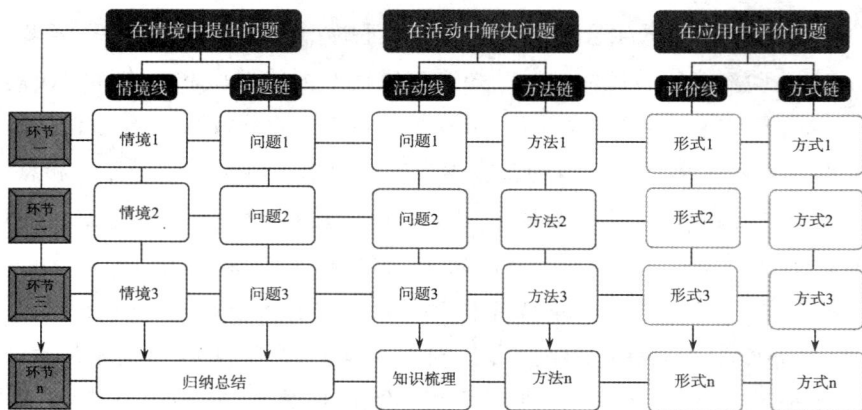

图 1-3-1 "365"教学模式结构图

针对"溶液的酸碱性"教学,本研究设计了如下的教学目标。

(1)知识与技能目标。

1)知道身边的溶液有酸性、中性、碱性之分。

2）会使用酸碱指示剂（紫色石蕊、无色酚酞）检验溶液的酸碱性。

3）会使用 pH 试纸检验溶液的酸碱度。

4）知道酸碱性对人体健康和农作物生长的影响。

5）了解利用酸碱性、酸碱度解决生活中实际问题的方法。

6）积极参与化学实验，具备使用玻璃棒等基本的实验技能。

（2）过程与方法目标。

1）学会正确选择指示剂检测溶液酸碱性的方法。

2）学会正确利用 pH 试纸检测溶液酸碱度的方法。

3）能独立地或与他人合作对观察和测量的结果进行记录，并运用图表等形式加以表述。

4）能在教师的引导下，对获得的事实与证据进行小组讨论，归纳总结得出合理的结论。

（3）情感态度和价值观目标。

1）具有主动利用溶液酸碱性、酸碱度的知识解决生活中问题的意识，发展科学精神与社会责任素养。

2）体会到科学的严谨性，勤于思考，乐于进行科学探究。

3）体会到化学与人类生活紧密相关，关注化学相关社会热点问题。

教学流程如图 1-3-2 所示。

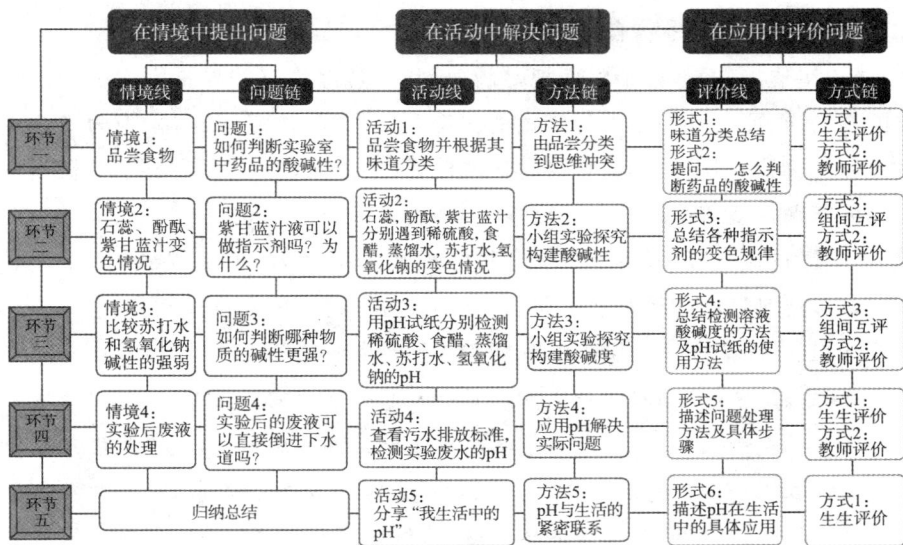

图 1-3-2　"溶液的酸碱性"教学流程图

二、教学实践过程

（一）食物品尝，感受科学概念——"味探"酸碱性

在以促进学生认知发展为本的教学中,创设教学情境的目的是为了激发学生的已有认识,是为了促进新认识的建立,而不仅仅是为了激发学生的学习兴趣,或创设学以致用的问题情境(罗滨等,2015)。本节课环节一为"味探酸碱性",通过创设品尝食物并根据味道将食物分类这一教学情境,激发学生对"酸味"的已有认识,食物有酸味是因为食物中含有酸性物质。然后再通过追问"食物的酸碱性可以通过品尝味道来判断,实验室中药品的酸碱性该如何判断呢？还能品尝吗?"让学生产生认知冲突,进而自然过渡到课堂的下一环节"史寻指示剂"。同时,教师要注意对学生根据味道将食物分类的理解程度进行生生评价与教师评价。

具体教学过程如下。

【情境创设】教师请学生品尝盘子中的食物:① 白醋；② 雪碧；③ 苏打水；④ 百香果；⑤ 皮蛋。

【学生活动】学生分组品尝食物,交流食物味道,唤起原有的生活经验,依据味道将食物进行分类,增加对食物酸碱性的感性认识。

【提出问题】学生品尝食物后,教师提出两个问题:① 它们分别是什么食物？② 怎样根据味道将食物分类？

【边讲边追问】教师请学生把酸的分到一组,食物有酸味是因为食物中含有酸性物质,而另外一组不好描述的味道可以用滑、涩来形容,是因为食物中含有碱性物质。教师提问:食物的酸碱性可以通过品尝味道来判断,实验室中药品的酸碱性该如何判断呢？还能品尝吗？

【酸碱性概念提出】教师根据食物的味道,引出酸性、碱性科学概念。

教师通过提问如何判断实验室中药品的酸碱性,引起认知冲突。

（二）科学探究，建构概念模型——"史寻指示剂"

教师以环节一得到的"食物的酸碱性根据味道分辨"为情境,提问学生怎么判断实验室中药品的酸碱性,使学生产生认知冲突后,通过波义耳发现紫色石蕊使得农民不用再通过品尝泥土来判断土壤酸碱性的故事,促进学生科学认识物质酸碱性;再进行实验活动"总结紫色石蕊的变色规律",使学生直观地观察到紫色石蕊遇到不同溶液后的变色情况,在头脑中形成深刻印象,通过分

析实验现象得出中性和指示剂的概念;再进行实验活动"总结无色酚酞的变色规律",进一步完善初中常见酸碱指示剂的变色规律;最后进行实验活动,探究"紫甘蓝汁能否做酸碱指示剂?为什么?",检验并深化学生对酸碱指示剂概念模型内涵的认识。教师在活动过程中规范学生的实验操作;在活动过程中,还要注意对概念进行总结,对实验规范进行生生评价与教师评价,及时落实教学的效果。

具体教学过程如下。

【情境创设】17 世纪英国的农民为了弄清楚土壤的酸碱性进行适合的播种,不得不去品尝土壤,结果一些农民因此生病住院。英国化学家波义耳打算研究出一种不用吃土就能鉴别土壤酸碱性的方法来帮助农民。

【学生活动】认真观看波义耳发现酸碱指示剂——紫色石蕊的视频。

【边讲边看动画】在之后很长一段时间内,这个问题都没有任何进展,波义耳内心非常苦闷。偶然一次他带了一束紫罗兰到实验室,助手做实验时不小心把盐酸溅到了紫罗兰的花瓣上,花瓣变红了。波义耳特别兴奋,后来又进行了大量实验,终于找到了一种可以检验土壤酸碱性的试剂——紫色石蕊。

【边提出问题边讲解探究实验】请同学们一起探究一下,紫色石蕊试剂遇到不同物质会发生什么变化?在点滴板的空穴内,分别滴入白醋、蒸馏水、苏打水、稀硫酸、食盐水、氢氧化钠溶液,再用滴管分别滴入 1~2 滴紫色石蕊试剂,观察颜色的变化并记录,如图 1-3-3 所示。

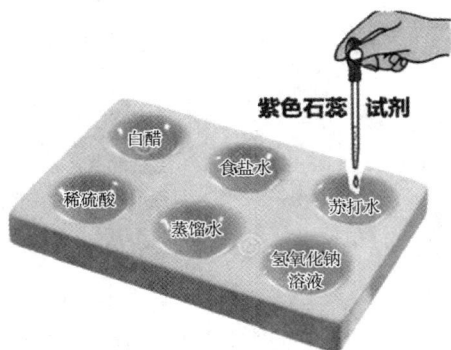

图 1-3-3　紫色石蕊试剂的实验探究示意图

【学生活动】在老师的指导下分小组合作进行实验探究,仔细观察实验现象,并通过讨论填写学习记录单。组内交流,相互纠正实验操作细节,规范实验操作。实验现象展示,组间评价,锻炼学生的观察能力、语言组织能力。

【学生活动】分享紫色石蕊变色情况。

点评其他小组的学习记录单,并对自己小组的学习记录单进行反思与订正。

【提出问题】结合物质的酸碱性,请同学们总结紫色石蕊有什么样的变色规律？酸性的物质能使紫色石蕊试剂变成什么颜色？碱性的物质能使紫色石蕊试剂变成什么颜色？

【学生活动】根据实验现象和结论总结紫色石蕊变色规律,锻炼学生归纳总结的能力。

【总结紫色石蕊变色规律】紫色石蕊遇到酸性溶液呈红色,遇到碱性溶液呈蓝色,遇到中性溶液不变色(呈紫色)。

【中性、指示剂概念提出】根据实验现象进行分析。

中性:蒸馏水、食盐水等溶液不能使紫色石蕊变色,既不具有酸性,也不具有碱性,呈中性。

指示剂:像石蕊这样的能检验溶液酸碱性的试剂,称为酸碱指示剂。酸碱指示剂有多种,酚酞也是常用的酸碱指示剂之一。

【边提出问题边讲解探究实验】请同学们再探究一下,无色酚酞试剂遇到不同物质会发生什么变化？在点滴板的空穴内,分别滴入白醋、蒸馏水、苏打水、稀硫酸、食盐水、氢氧化钠溶液,再用滴管分别滴入1～2滴无色酚酞试剂,观察颜色的变化并记录,如图1-3-4所示。

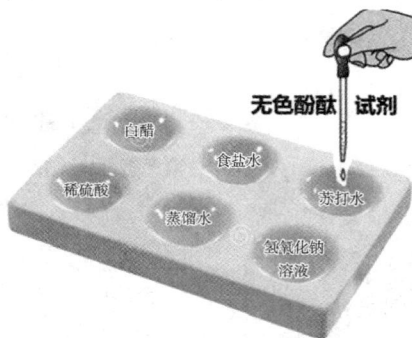

图 1-3-4　无色酚酞试剂的实验探究示意图

【学生活动】在老师的指导下分小组合作进行实验探究,仔细观察实验现象,并通过讨论填写学习记录单。

【学生活动】分享无色酚酞变色情况。

点评其他小组的学习记录单,对自己小组的学习记录单进行反思与订正。

【提出问题】结合物质的酸碱性,请同学们总结无色酚酞有什么样的变色规律?

【学生活动】根据实验现象和结论总结无色酚酞变色规律,锻炼学生归纳总结的能力。

【总结无色酚酞变色规律】无色酚酞试液遇到酸性溶液和中性溶液不变色呈无色,遇到碱性溶液呈红色。

【提出问题】很多植物的花的汁液都能做酸碱指示剂。今天老师给大家带来了自制的紫甘蓝汁,请问紫甘蓝的汁液是否可以做酸碱指示剂? 为什么?

【学生活动】在老师的指引下明确问题的关键为:紫甘蓝汁液遇到酸碱性不同的溶液后颜色是否会发生变化。

【学生活动】根据实验现象和结论思考紫甘蓝的汁液是否可以做酸碱指示剂。学以致用,考察学生是否理解并学会应用酸碱指示剂的概念。

【教师小结】根据实验现象总结指示剂特点。

指示剂特点:遇到不同酸碱性物质可以显示出不同颜色。

(三) 认知冲突,深化概念模型——关联酸碱度

在学生掌握了酸碱指示剂的概念后,教师继续追问:"借助指示剂,同学们已经检测出苏打水和氢氧化钠溶液都显碱性,怎么判断谁的碱性更强呢?"再次让学生产生认知冲突,通过教师进一步介绍酸碱度的概念,促进学生从定性到定量认识物质酸碱性,也就是酸碱度这一新认识的建立。接下来教师采取"教师演示实验",进行实验活动"用 pH 试纸检测雪碧的 pH",向学生呈现实验现象并根据 pH 的大小判断谁的碱性强。学生通过"学生探究实验",进行实验活动"分组检测稀硫酸、食醋、蒸馏水、苏打水、氢氧化钠的 pH",寻找 pH 与溶液酸碱性强弱之间的关系。最后教师对所得结果进行评价。

具体教学过程如下。

【提出问题】通过借助指示剂,同学们已经检测出苏打水和氢氧化钠溶液都显碱性,怎么判断谁的碱性更强呢?

【学生活动】将苏打水和氢氧化钠溶液滴入点滴板后,再分别滴入无色酚酞溶液,发现氢氧化钠溶液使无色酚酞变得更蓝。这说明氢氧化钠溶液的碱性比苏打水的碱性更强。

【学生活动】认真思考,通过实验现象回答问题:可以根据指示剂变色程度来判断物质酸碱性的强弱。

【边讲解边演示】为了更准确地表达溶液的酸碱性的强弱程度,也就是溶液的酸碱度,我们用数字定量表示,即 pH 变化范围为 0～14。测定 pH 较为简便的方法是使用 pH 试纸。

演示用 pH 试纸检测雪碧的 pH:取 pH 试纸放在洁净的白瓷板或玻璃片上,用玻璃棒蘸取溶液滴到 pH 试纸上,把试纸显示的颜色与标准比色卡比较,读出该溶液的 pH。

【探究实验】分组检测稀硫酸、食醋、蒸馏水、苏打水、氢氧化钠的 pH。对比指示剂和 pH 试纸检测氢氧化钠溶液、苏打水谁的碱性更强。

【学生活动】用 pH 试纸检测待测液 pH 的过程。

【寻找规律】寻找 pH 与溶液酸碱性强弱之间的关系。整理实验数据,在数轴上标出待测溶液的 pH,如图 1-3-5 所示。

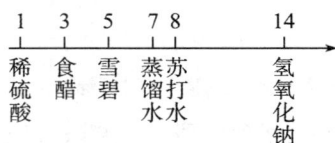

图 1-3-5　待测液的 pH 标记结果

(四) 问题解决,应用概念模型——"设疑"究问题

化学与人们的日常生活也有着非常紧密的联系,可以说人们在生活中处处离不开化学。如何让学生应用所学知识分析和评价社会问题,提升学生的社会责任素养?需要教师在教学中关注和把握 STS 思想。STS 能够促进学生化学素养的提升,它不仅是一种教学理念和方法,更具有公民教育意义。本节课环节四为"设疑究问题",通过创设"怎么处理实验废液"这一教学情境,让学生感受到掌握化学知识并不是学化学的唯一目标,应用所学知识解决社会生活实际问题也同样重要。在学生利用 pH 试纸检测废液 pH,并分享对自己废液缸中废液的处理意见的过程中不断地提升学生的社会责任素养。

具体的教学过程如下。

【情境创设】做完实验的废液,大家准备怎么处理,可以直接倒进下水道吗?

展示中国现行的污水排放标准(表 1-3-1)。

表 1-3-1　污水排放标准

序号	基本控制项目		一级标准		二级标准
			A 标准	B 标准	
1	化学需氧量(COD)(mg/L)		50/60	60	100/120
2	生化需氧量(BOD)(mg/L)		10/20	20	30
3	悬浮物(SS)(mg/L)		10/20	20	30
4	动植物油(mg/L)		1/20	3/20	5/20
5	石油类(mg/L)		1/10	3/10	5/10
6	阴离子表面活性剂(mg/L)		0.5/5	1/5	2/5
7	总氮(以 N 计)(mg/L)		15	20	—
8	氨氮(以 N 计)(mg/L)		5(8)/15	8(15)/15	25(30)/25
9	总磷(以 P 计)(mg/L)	2005 年 12 月 31 日建设的	1	1.5	3
		2006 年 1 月 1 日起建设的	0.5	1	3
10	色度(稀释倍数)		30/50	30/50	40/80
11	pH			6—9	
12	粪大肠菌群数(个/L)		103	104	104

【学生活动】学生思考、小组讨论并分享废液处理思路。

根据中国现行的污水排放标准,要求污水的 pH 必须在 6～9 才能排放,所以在把这些污水倒进下水道之前一定要先考虑其是否会污染环境的问题,比如要考虑污水的 pH。

【提出问题】污水处理要考虑哪些因素?让学生感受到掌握化学知识并不是学化学的唯一目标,应用所学知识解决社会生活实际问题也同样重要。

【学生活动】在老师的指导下分小组检测废液缸内废液的 pH,小组讨论废液的 pH 是否达标,分享检测结果。

第一组:用 pH 试纸检测废液的 pH,发现 pH＝10,所以不能直接将废液倒入下水道,要先将它的 pH 调到 6～9。

第二组:废液 pH＝8,对照污水排放标准是达标的。所以如果只考虑 pH 的影响,我们组的废液可以直接倒入下水道的。

第三组:废液 pH＝4,所以不能直接将废液倒入下水道,要先将它的 pH 调到 6～9。

(五)分享交流,系统概念模型——"应用联实际"

首先学生分享自己生活中的pH。接着教师引导学生从知识、方法和观念多个层对本节课的教学内容与能力素养进行系统梳理,总结本节课学习的知识,以及从感性到定性再到定量认识溶液的酸碱性方法。最后,教师从整体对本节课进行课堂小结,形成"溶液酸碱性"的概念图,如图1-3-6所示。

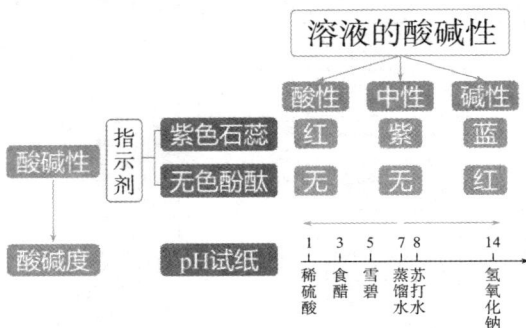

图 1-3-6 溶液酸碱性的概念图

三、教学实践效果

教学完成后,教师通过笔纸测试法评价学习效果,并采用学生问卷调查法,从"知识与技能""过程与方法""情感态度与价值观"三个方面调查了学生对本节课的反馈与评价。

2019年3月,笔者选取深圳市宝安区官田学校初中部42名初三学生作为被试,发放问卷42份,回收率100%。调查问卷共15题,采用李克特式5点量表计分法,选项包括:非常同意、同意、一般、不同意和非常不同意,分别记为5分、4分、3分、2分、1分,从而获得定量的数据。笔者对定量数据采用SPSS19.0进行分析。

本次问卷的信度分析结果表明,问卷的Alpha值为0.837,大于0.8,说明问卷信度好,试题内部各题之间具有很好的一致性,统计结果具有较高的可靠性。具体的结果如表1-3-2所示。

表 1-3-2 溶液的酸碱性教学效果反馈问卷统计

目标	三维目标具体选项	平均分	平均分
知识与技能	1. 我知道身边的溶液能够呈现酸性、中性或碱性	4.86	4.65
	2. 我知道能用酸碱指示剂(无色酚酞或紫色石蕊)检验溶液的酸碱性	4.83	
	3. 我掌握了用pH试纸检验溶液酸碱性的操作方法	4.6	
	4. 我知道酸碱性对人体健康和农作物生长的影响	4.42	

续表

目标	三维目标具体选项	平均分	平均分
过程与方法	5. 我能选择指示剂检测溶液的酸碱性	4.45	4.34
	6. 我能利用 pH 试纸检测溶液的酸碱性	4.2	
	7. 我能根据观察到的实验现象推断出结论,我对实验评价的能力也有所提高	4.24	
情感态度与价值观	8. 我喜欢老师用实验探究和化学史的形式开展教学	4.52	4.78
	9. 我喜欢小组合作交流并展示的方式学习新课	4.76	
	10. 通过本课题的学习,我对溶液的酸碱性学习很有兴趣,期待继续学习和探究	4.74	
	11. 通过本课题的学习,我能初步利用溶液酸碱性的知识解决生活中的问题	4.83	
整节课总体满意度	12. 我对本节课的学习总体满意	4.81	4.81
	13. 我觉得,此次教学过于复杂	1.69	1.72
	14. 我觉得,运用实验探究和化学史教学对本节课的学习造成负担	1.5	
	15. 我觉得,这次教学让我不知道重点在哪里	1.98	

表中 1～12 题为正向问卷,对照教学目标和核心素养目标——测试学生的学习效果和喜好程度,特别是第四部分第 12 题,学生问卷对整节课的总体满意度 4.81,说明本节课取得了良好成效。13～15 题为反向问卷,一方面用于测试学生作答的认真程度,结果显示得分很低,说明学生认真审题、理性作答,没有胡乱应付,证明测试有效。由数据分析可知,学生对教学目标各项的回答指标均值都在 4.2 分以上,对教学成效的达成情况持肯定态度,说明根据"发展学生化学学科核心素养的'365'教学模式"设计的教学方案受学生喜爱,有利于学生高效地理解和吸收课堂的内容,形成科学探究的思维和方法。另一方面也表明本节课利用探究实验、合作交流等教学方法突破难点比较恰当,符合学生的认知水平和兴趣特点,深受学生喜爱。

四、教学反思与建议

（一）促进学生认识发展的教学前提——知识的认识功能价值分析

促进学生认识发展是"365"教学模式的核心理念。促进学生认识发展的最终教学目的是发展学生的能力，而学生能力的形成与发展则是在应用具体知识所形成的认识来解决实际问题的过程中体现的（罗滨，2015）。所以，基于促进学生认识发展的"365"教学模式开展教学的前提是，进行核心知识的认识功能价值分析。对知识进行功能价值分析有三种基本方法：

一是教师要反思自我。教师要思考自己在看待身边化学物质时和学生有什么不同，需要让学生掌握什么样的知识才能产生这样的认识。例如"溶液的酸碱性"这节课，为了让学生在生活中能主动利用酸碱性来判断人体是否健康、某地降雨是否是酸雨、土壤适合种植哪些农作物等实际问题，首先需要让学生掌握溶液酸碱性的检验方法、指示剂变色规律、溶液的酸碱度、pH 试纸检验溶液酸碱性的方法、酸碱性对人体健康和农作物生长的影响等基本知识。

二是教师要分析学生。教师要思考学生在解决问题时为什么不能顺利调取已学过的某些知识，需要让学生产生什么样的新认识才能在解决问题时顺利调取相应的知识。这就要求教师在进行教学之前，先通过问卷等方式了解学生的已有认识，然后在教学中寻找已有认识和新认识之间的联系，促进新认识的建立。例如"溶液的酸碱性"这节课，为了让学生在以后解决实际问题时可以主动调取酸碱性这个概念，教师通过调查发现学生可以通过品尝味道判断食物的酸碱性。之后提问"实验室中药品的酸碱性该如何判断呢？还能品尝吗？"让学生产生思维冲突后，介绍酸碱指示剂检测溶液酸碱性这个新认识。

三是教师要关注化学家的认识角度。教师要思考化学家解决化学问题的认识思路。例如"溶液的酸碱性"这节课，在通过品尝味道判断食物的酸碱性和利用酸碱指示剂检测溶液酸碱性这两个方法之间，需要介绍波义耳在碰到因为品尝土壤酸碱性而生病的农民后所采取的一系列做法，给学生展示化学家解决实际问题时的认识思路。

（二）促进学生认识发展的教学关键——任务和驱动性问题设计

促进学生认识发展的驱动性问题，不是提问知识本身"是什么"，而是提问能够揭示学生已有认识、能够形成认知冲突、使学生对已有认识产生怀疑、形成进一步发展需求的问题。它一般来源于对学生熟悉的生活、生产、社会现象、化学史实、实验现象等的说明、解释、评价等。例如"溶液的酸碱性"这节课的问题链中的四个问题:"食物的酸碱性可以通过品尝味道来判断,实验室中药品的酸碱性该如何判断呢? 还能品尝吗?""紫甘蓝汁能否做酸碱指示剂? 为什么?""通过借助指示剂,同学们已经检测出苏打水和氢氧化钠溶液都显碱性,怎么判断谁的碱性更强呢?""实验后的废液,可以直接倒进下水道吗? 为什么?"这样的问题可以促进学生思维的发展,能够探查学生已有的认识角度,彰显新知识和认识角度的需求,激发学生自主地提出新认识角度,构建新的推理认识思路,并凸显核心知识或概念的功能和价值(罗滨等,2015)。

同时,提出的驱动性问题不是零散的,而是有机串联起来的,串联的线索是学生认识角度的建立和认识思路的形成,串联的目的是促进学生认识发展。这就是促进学生认识发展的"365"教学模式。例如本节课应该先提出食物的酸性,在学生产生思维冲突后给出酸碱指示剂的概念,让学生初步建立起对溶液酸碱性的认识。然后通过探究实验进一步探讨指示剂变色的规律及物质可以作为指示剂的标准,并对指示剂的概念进行应用。当学生对溶液的酸碱性有了更深的认识以后,再利用学生思维冲突提出溶液的酸碱度,并探究酸碱度与 pH 之间的关系,最后分析 pH 与生活的密切联系。其中教学素材选择、合理情境创设、驱动性问题提出是学生任务设计的关键。

(三) 促进学生认识发展的教学环节——教师追问和师生评价

在课堂教学中,为了了解学生是否已经真正理解了本节课的重难点,明确如何应用所学知识解决实际问题的过程与方法。教师的追问、师生对话与评价、生生对话与评价就显得尤为重要。教师只有在适当的环节不断地与学生进行对话或多追问几个"为什么",才有机会发现学生在问题解决中遇到的困难,然后进一步采取类比、启发等教学策略,进行深度对话,帮助学生搭建问题解决的脚手架。在此过程中教师要让学生多表达,例如让学生自己描述问题解决的方案、问题解决的过程、评价问题解决的思路等,从而培养学生的多种化学学科核心素养。

(该教学实践成果属于"基于项目的 STEM 学习模式在初中化学教学中的研究与实践〔课题编号:ybfz18217〕"项目成果)

案例4 盐类的水解

对外经济贸易大学附属中学（北京市第九十四中学） 张 娟

2014年3月，教育部颁发的《关于全面深化课程改革，落实立德树人根本任务的意见》中，将"核心素养"置于深化课程改革、落实立德树人目标的基础地位，提出了将组织研究各学段学生发展的核心素养体系，明确学生应具备的适应终身发展和社会发展需要的必备品格和关键能力，至此核心素养成为新一轮基础教育课程改革的关键因素。

随着核心素养的不断发展，2016年2月，中国教育学会受教育部基础教育二司委托发布了《中国学生发展核心素养（征求意见稿）》，提出了我国学生发展核心素养的九大指标：社会责任、国家认同、国际理解；人文底蕴、科学精神、审美情趣；身心健康、学会学习、实践创新。基于学生核心素养内涵的发展，化学学科的核心素养也在不断明确。以核心素养为出发点和最终价值追求，结合化学学科的本质特征，化学学科核心素养的内涵应当包含"宏观辨识与微观探析""变化观念与平衡思想""证据推理与模型认知""科学探究与创新意识""科学精神与社会责任"，要求通过教学实施帮助学生逐步建立和发展"基于元素认识物质""微粒之间存在相互作用""结构决定性质""化学反应中的守恒与平衡""实验是科学探究的基本过程和方法""化学科学技术促进社会可持续发展（STES）"等化学核心观念（胡先锦等，2016）。

其中模型认知对于化学学习具有十分重要的作用，在探究物质及其变化的过程中常常需要借助模型，依据物质及其变化与模型之间的内在联系，能帮助学生建立解决化学问题的思维框架，建立科学理论与经验之间的联系，揭示解决复杂化学问题的思维路径。

一般地，人们把模型分成物质模型和思想模型（也称思维模型、观念模型）两大类。物质模型是以几何上的相似原理为基础，模仿原型按比例扩大或缩小而制造的物质。思想模型是指人的头脑中经过思考建立起来的非物质的观念性的东西，是为了便于研究而建立的高度抽象的、具有某种极限特征的理想客体（张珍平，2013）。这种模型可以用语言文字表述，也可以用符号、图解、图表等形式体现出来。然而,在实际教学中,实物模型经常用到,对于思想模型运用相对较少,但是思想模型是抽象思维和形象思维的统一,是教学过程中的一个必经环节。为了认识事物的本质,我们应该自觉地运用各种抽象的思想模型(刘传生等,1990)。

一、已有实证研究基础

(一) 对模型认知的程度

在实际的教学中,师生普遍能够认识到模型的重要性,知道模型可以使抽象的物质更加直观、形象,但对于模型内涵实质的理解仍然停留在比较浅的层面,较少涉及思想模型,更多教师在无意识地使用思想模型。笔者通过对多位教师的访谈和课堂实录分析发现,造成上述情况的主要原因是部分教师对于模型的认知以及具体的教学行为存在不足,主要表现在以下三个方面:① 教师对模型方法的重视程度不够,对于模型方法的认知也停留在比较浅的层面,缺乏对模型认知系统全面的理解与运用。教师更多地将模型教学局限于实物模型,但未意识到思想模型的重要性。② 教师往往会忽视教学中可能涉及思想模型的知识点,缺乏思想模型的积累。③ 在实际的教学中部分教师更重视知识和理论的讲授,较少渗透建模方法的教学,学生不具备建构模型、用模型来解释化学现象的能力。

作为教师,我们不仅要给学生传授知识,更重要的是传授获取知识的方法。因此,在教学中渗透科学方法论的教育至关重要,而模型正是常用的科学方法之一。物质模型的作用是显而易见的,教师应把重点放在思想模型上。

(二) 盐类水解的教学困境

"盐类的水解"是人教版高中化学选修 5 第三章"水溶液中的离子平衡"教学的重点和难点,它在前两节的基础上,研究的视角从溶质、溶剂过渡到溶质和溶剂的相互影响,从单一平衡到多重平衡,是化学微粒观念和平衡观念的综合。笔者通过教师访谈发现教师在这部分的教学中缺乏模型建构的意识,认为这部分的教学很难和模型建立联系,教师往往只从定性的角度分析。正是因为只从定性的角度分析,学生对于盐类水解的程度、影响盐类水解的因素存在较多误区,脑海中的知识多呈碎片化,主要表现在以下三个方面。

(1)学生缺乏定量的分析去感知水解能力的大小,而轻易把水解程度夸大化。

(2)较多学生对浓度对盐类水解程度影响的理解存在一定的偏差。

笔者通过试卷测验发现,对于问题 1"向水解显酸性的 NH_4Cl 盐溶液中加入水,水解平衡如何移动,水解程度增大还是减小?"有一半的学生存在错误的想法,集中表现在以下三个方面。

错误想法 1:水作为一种反应物,浓度增大,平衡右移,水解程度增大。

错误想法 2:水电离出 H^+ 和 OH^-,盐溶液中的 H^+,会抑制水的电离,水解程度减小。

错误想法 3:水电离出的 OH^- 与盐溶液中的 H^+ 结合,会促进水的电离,水解程度增大。

对于问题 2"向 NH_4Cl 盐溶液中加入 NH_4Cl 固体,水解平衡如何移动,水解程度增大还是减小?"大部分学生错误地认为"加入 NH_4Cl 固体,$c(NH_4^+)$ 增大,平衡右移,水解程度增大"。

(3) 大部分学生对电离和水解的程度大小分析存在困难。

对于"酸式盐既能电离又能水解,究竟哪个为主,溶液呈现怎样的酸碱性?溶液中离子的浓度大小如何比较?"的问题,笔者通过测试发现很多学生错误地认为"能够水解的盐都会促进水的电离"。

通过以上分析笔者发现学生产生问题的根源在于水解程度。水解程度的不清晰和平衡移动方向判断错误混在一起,让学生感觉这个难点无法逾越。造成这种状况的原因是教材中用的是定性分析,定性分析的初衷是为了降低难度,但学生反而对这种定性分析的规律认识模糊,不能清晰地把握问题的本质。

二、教学设计与实施

为了解决以上教学困境,本次教学使用 pH 计对不同的盐溶液进行定量测定,从数据中总结出定性规律,引用"水解程度(即转化率)"的概念来剖析水解的程度大小,建立了如图 1-4-1 所示的思想模型。

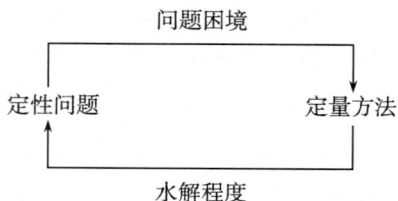

图 1-4-1 水解程度的思想模型

具体的教学思路见图 1-4-2。

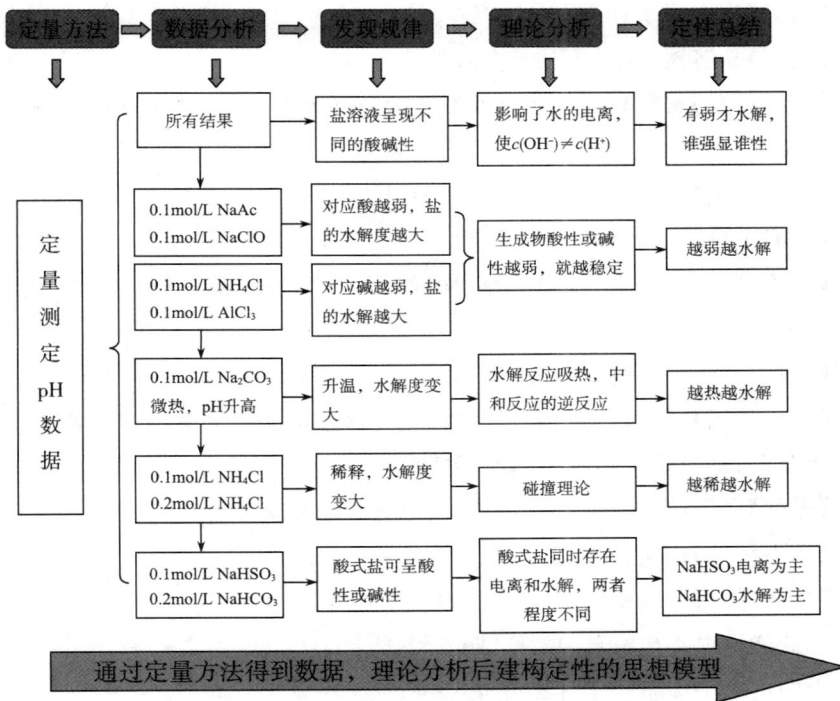

图 1-4-2 "盐类水解"的教学思路

详细教学过程如下。

环节一:实验测定不同盐溶液的 pH

【引入】Na_2CO_3 俗称纯碱。它明明是盐,却为什么又叫作"碱"呢? 其他类似的盐,也是这样吗?

【实验】用 pH 计测定下面浓度为 0.1 mol/L 的盐溶液的 pH。

【学生活动】分组实验,读取数据。

【实验结果】

盐溶液	NaCl	Na_2CO_3	NaAc	NaClO	NH_4Cl	$AlCl_3$	$NaHSO_3$	$NaHCO_3$
pH	7.0	11.6	8.9	10.3	5.1	2.95	4.0	8.3

注:NaAc 为 CH_3COONa 的简写。

【设计意图】建构用定量的方法解决定性问题的思维模型;让学生体会定量方法在化学中的重要地位。

环节二:总结盐类水解的规律

【提问】你发现了什么?

【观察】盐溶液可能呈现酸性、碱性或中性。

【教师活动】按照呈现的酸碱性对正盐进行分类,总结规律,用尽可能简短的话概括。

【学生活动】分类:酸性(NH_4Cl、$AlCl_3$),碱性(Na_2CO_3、$NaAc$、$NaClO$),中性($NaCl$)。

【讨论,归纳出基本规律】强酸弱碱盐呈酸性;强碱弱酸盐呈碱性;强酸强碱盐呈中性。

【概括】有弱才水解,谁强显谁性。

【设计意图】通过定量的数据分析,定性描述出盐类水解的基本规律。

环节三:剖析盐类水解的本质和特点

【提问】以 $NaAc$ 为例,讨论盐溶液呈现不同酸碱性的原因。

【学生活动】小组讨论。

【教师提示】呈现不同酸碱性即 $pH \neq 7$ 的本质是?

正盐能够电离出 OH^- 或 H^+ 吗?

水的电离平衡发生了什么变化?

【讨论结果】$NaAc$ 电离出的 Ac^- 结合了水电离出的 H^+,生成了弱电解质 HAc,促进了水的电离,使 $c(OH^-) > c(H^+)$,溶液显碱性。

【提问】盐类水解的程度有多大?

【展示表格】

盐溶液	pH	电离度/水解度
0.1 mol/L CH_3COOH	3	电离度=1/100
0.1 mol/L CH_3COONa	9	水解度= ?

试计算 0.1 mol/L NaAc 的水解度。

注:水解度与电离度的定义相似,参加水解反应的盐溶液的浓度除以起始盐溶液总浓度。

【定量计算】水解出的 $c(OH^-) = 10^{-5}$ mol/L,因此 NaAc 水解度 $\approx 10^{-5}/0.1 = 1/10\,000$

【总结】水解是微弱的。

【归纳】水解方程式的书写:通常用"$\rightleftharpoons$"表示,同时无沉淀和气体产生。

【设计意图】从微粒作用的角度深入认识水解本质和特点。计算水解度,通过定量数据直观感受盐类水解的程度。

环节四:探究盐类水解的影响因素

【提问】同类正盐的 pH 相同吗?尝试定量计算它们的水解度。发现什么规律?用简短的话进行定性描述。理论解释呈现这种规律的原因。

【发现一】定量计算:

盐溶液	pH	水解度
0.1 mol/L NaAc	8.9	$10^{-4.1}=1/12\ 589$
0.1 mol/L NaClO	10.3	$10^{-2.7}=1/501$

【理论解释】因为 HClO 的酸性更弱,所以 NaClO 电离出的 ClO⁻ 更容易与水电离出 H⁺ 结合,从而对水电离的促进程度更大,水电离出的 OH⁻ 更多,溶液的碱性更强,pH 更大。

【发现二】定量计算:

盐溶液	pH	水解度
0.1 mol/L NH₄Cl	5.1	$10^{-4.1}=1/12\ 589$
0.1 mol/L AlCl₃	2.95	$10^{-1.95}=1/89$

【理论解释】因为 Al(OH)₃ 的酸性更弱,所以 AlCl₃ 电离出的 Al³⁺ 更容易与水电离出的 OH⁻ 结合,从而对水电离的促进程度更大,水电离出的 H⁺ 更多,溶液的酸性更强,pH 更小。

【定性描述】越弱越电离。

【归纳】盐类水解的影响因素:内因——越弱越水解。

【提问】影响平衡移动的还有哪些因素?

【思考】影响水解平衡的因素还有浓度、温度。

【展示】常温下,浓度均为 0.1 mol/L Na₂CO₃ 溶液的 pH = 11.6,微热时 pH 增大。

【提问】温度升高,水解程度如何变化?这说明盐类水解是吸热反应还是放热反应?

【定量计算及理论分析】温度越高,水解程度越大,碱性越强,pH 越大。因此可推出,升温使水解正向进行,盐类的水解是吸热反应。

【结论】盐类的水解是中和反应的逆反应,是吸热反应,升温有利于水解。

【归纳】外因——越热越水解。

【提问】计算两种盐溶液的水解度。发现什么规律?并进行理论解释。

【定性描述】溶液越稀,水解程度越大。

【理论解释】溶液越稀,$c(NH_4^+)$越小,与水电离出的 OH^- 结合的几率越小,水解程度就越大。

【归纳】外因——越稀越水解。

【设计意图】通过控制变量,进行分类,定量计算,得到直观认识,归纳总结,并进行理论解释。全面认识盐类水解的影响因素。

【习题巩固】$NH_4^+ + H_2O \rightleftharpoons NH_3 \cdot H_2O + H^+$

1. 加水,平衡如何移动?水解程度如何?

2. 加入 NH_4Cl 固体,平衡如何移动?水解程度如何?

【学生分析】① 越稀越水解,加水后,平衡右移,水解程度增大。　② 加入 NH_4Cl 固体,$c(NH_4^+)$增大,平衡右移。盐溶液浓度增大,水解程度减小。

【设计意图】形成"平衡移动方向与转化率没有必然联系"的正确认识。

环节五:酸式盐的特点

【提问】已知酸性排序:$CH_3COOH > H_2CO_3 > HCO_3^-$,对应的盐溶液的碱性大小顺序应该是?与我们测得的数据相符吗?

【回答】$CH_3COONa < NaHCO_3 < Na_2CO_3$

【提问】数据不相符,如何解释?水解和电离,谁主要谁次要?水解促进还是抑制了水的电离?

【发现定量规律】

盐溶液	Na_2CO_3	NaAc	$NaHCO_3$
pH	11.6	8.9	8.3

【定性解释】HCO_3^- 同时存在着水解和电离。

【归纳】$NaHCO_3$ 溶液中同时存在水解和电离,以水解为主,促进水的电离。

【展示】

盐溶液	$NaHSO_3$	$NaHCO_3$
pH	4.0	8.3

同样是酸式盐,为什么 $NaHSO_3$ 呈酸性? 它的水解促进还是抑制了水的电离?

【方程式】

水解: $HCO_3^- + H_2O \rightleftharpoons H_2CO_3 + OH^-$

电离: $HCO_3^- \rightleftharpoons H^+ + CO_3^{2-}$

溶液呈碱性,所以水解程度大于电离程度。

【练习】 $NaHSO_3$ 溶液中离子浓度大小顺序。

【自主分析】 $NaHSO_3$ 电离程度大于水解程度,以电离为主,使 $c(H^+) > c(OH^-)$,所以溶液呈酸性,抑制了水的电离。

【设计意图】利用定量方法分析得到定性认识进行合理预测,发现实验数据与预测不符,进行深刻理论分析,修改完善思维模型,形成对酸式盐分析时把握主次要矛盾的认识。

环节六:巩固提高

【教师活动】

常温下,浓度均为 0.1 mol/L 的 6 种溶液 pH 如下:

溶质	Na_2CO_3	$NaHCO_3$	Na_2SiO_3	Na_2SO_3	$NaHSO_3$	$NaClO$
pH	11.6	8.3	12.3	10.0	4.0	10.3

若增大氯水中次氯酸的浓度,可向氯水中加入上表中的物质是(填化学式)
_____,用化学平衡移动的原理解释其原因:_____

_____。

【学生分析】

盐溶液的 pH 顺序: $Na_2SiO_3 > Na_2CO_3 > NaClO > Na_2SO_3 > NaHCO_3 > NaHSO_3$

对应的酸性顺序: $H_2SO_3 > H_2CO_3 > HSO_3^- > HClO > HCO_3^- > H_2SiO_3$

展开分析:加入 $NaHCO_3$(或 $NaClO$), $Cl_2 + H_2O \rightleftharpoons H^+ + Cl^- + HClO$, $NaHCO_3$(或 $NaClO$)消耗 H^+,平衡正向移动,使溶液中次氯酸浓度增大。

【设计意图】对盐类水解的知识进行综合利用。

三、教学反思与建议

笔者通过以上的教学设计与实践，通过"用定量方法解决定性问题"的思维模型来突破盐类水解的教学困境，这也是本节课的精华。

针对困境 1：通过前面的学习，学生已经知道 0.1 mol/L 的 CH_3COOH 电离度在 1% 左右。根据 0.1 mol/L CH_3COONa 的 $pH＝9$，可以计算出水解度 $\approx 10^{-5}/0.1$，约为 10^{-4}，是 CH_3COOH 电离度的 1/100。这样学生能更加清晰准确地感知水解程度的微弱。

针对困境 2：0.1 mol/L 的 NH_4Cl $pH＝5.1$，水解度为 1/12 598，而 0.2 mol/L 的 NH_4Cl $pH＝4.98$，水解度为 1/19 100，越稀越水解。这样有助于学生理解 $NH_4^+ ＋ H_2O \rightleftharpoons NH_3 \cdot H_2O ＋ H^+$，加水后，平衡右移，水解程度增大；加入 NH_4Cl 固体，平衡右移，水解程度减小。

在实际的教学中可根据学生的具体情况，不断渗透用"定量方法解决定性问题"的思维模型，这对于学生深化知识结构，建立知识之间联系等方面具有十分重要的作用。这种思维模型应用得非常广泛，如在化学反应与能量变化中，反应的放热或吸热是定性的，对于一个陌生反应是放热还是吸热呢？可以通过 $\Delta H＝E_{反应物分子化学键总键能} － E_{生成物分子化学键总键能}$ 进行定量计算；在化学平衡、电离平衡和沉淀溶解平衡中，平衡向正向或逆向移动是定性的，当改变条件难以判断移动方向时，可以通过计算浓度商 Q_c 的数值，与平衡常数 K 进行比较，从而判断平衡移动的方向；再如，我们可通过计算 ΔG 的大小来定量判断反应的方向。

定性和定量是化学发展历程中的孪生兄弟，两者既对立又统一，共同推动化学研究的发展。定性是定量的基本前提，没有定性的定量是一种盲目的、毫无价值的定量；定量使定性更加科学、准确，能更深层次的理解定性规律，并促使定性分析得出广泛而深刻的结论。

笔者反思教学实践过程中的收获与感悟，对今后的盐类水解教学提出如下建议。

（一）教师应当总结建立模型的方法，渗透给学生，促进学生有效学习

笔者基于对思想模型教学实践经验的积累，认为思想模型的建立一般经历以下三个环节：

首先，明确目标体系（知识体系内在的逻辑关系和规律）；

其次,利用数轴、坐标、图像、公式、文字、思维导图等呈现方式进行简化和抽象;

再次,实践、调整、优化,形成具有某种极限特征的思维模型。

比如,很多学生认为化学知识很碎,没有数学、物理那么系统,尤其是化学反应没规律。事实上,化学反应规律非常明显,从复分解和氧化还原角度来看,均遵循着斜线模型(强制弱)。

下面以图 1-4-3 中的酸性的强弱来说明。

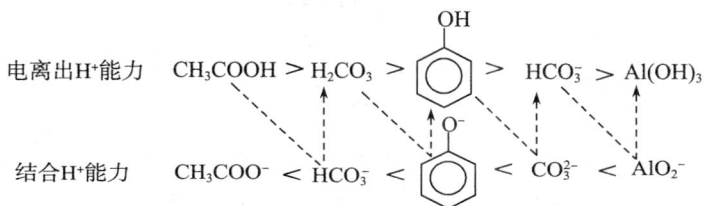

图 1-4-3　强酸制弱酸的斜线模型

图中斜线连接的两物质,一个是强酸,另一个是弱酸所对应的盐,两者可以发生反应,生成箭头所指向的弱酸。学生在学习有机化学时,对于苯酚钠通入少量的二氧化碳生成苯酚容易判断,但另一个产物是碳酸钠还是碳酸氢钠易混乱,通过斜线模型能清晰地看出另一个产物是碳酸氢钠。学生还可以反证,若另一个产物是碳酸钠,由斜线模型可以看到,碳酸钠可以进一步和苯酚反应,生成碳酸氢钠。所以无论是直证,还是反证,最后产物一定是碳酸氢钠。

这是模型的魅力!斜线模型不仅适用于酸性强弱问题,对于所有的强制弱的反应均适用,比如金属、非金属的置换。如果教师能够根据经验总结出相应的思维模型,对于学生理解化学反应具有重要的价值。

(二) 教师应当深化对模型功能和价值的理解

模型的功能是多方面的,它可以让复杂的问题简单化,肤浅的认知深刻化,并呈现出解决问题的思维路径,使思维更具条理性、可操作性。如教师在有机化学教学中运用的球棍模型和比例模型,在原电池的教学中的原电池模型等。思想模型教师们也在使用,但使用得不多,或者是在无意识地使用,没有外显和强化,然而思想模型对于实际的教学具有无法替代的作用,有意识地使用将为我们的教学带来更多的益处。

在化学平衡部分,平衡六大特征之一的"同"是学生的思维难点,它的具体含义是:在相同条件下,对同一可逆反应,不论从正反应方向开始,还是从逆反应方向开始,或从正、逆两个方向同时开始,均能达到同一平衡状态。学生很难理解为什么平衡有这么一个特征?这一特征有什么内在规律?

运用图 1-4-4 的思维模型就可以简单而深刻地理解"同"的含义,纵坐标表示能量,横坐标表示反应历程,反应为 A+B=C+D,无论从曲线上的哪个点反应,都会反应到最低点,因为最低点能量最稳定($\Delta G=0$)。

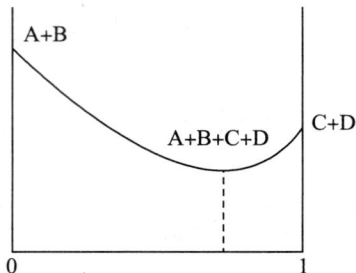

图 1-4-4 化学平衡思维模型

不仅如此,此思维模型还蕴含着规律。以 2010 年江苏高考题为例:在温度、容积相同的 2 个密闭容器中,按不同方式投入反应物,保持恒温、恒容,测得反应达到平衡时的有关数据如下(已知 $N_2(g) + 3H_2(g) \rightleftharpoons 2NH_3(g)$ $\Delta H = -92.4$ kJ/mol)。

容器	甲	乙
反应物投入量	1 mol N_2、3 mol H_2	2 mol NH_3
NH_3 的浓度(mol/L)	c_1	c_2
反应的能量变化	放出 a kJ	吸收 b kJ
体系压强(Pa)	p_1	p_2
反应物转化率	α_1	α_2

根据对"同"的理解,甲和乙的平衡状态是相同的(图 1-4-5),所以从吸放热角度看,$a+b=92.4$ kJ;从转化率的角度看,$\alpha_1+\alpha_2=1$。

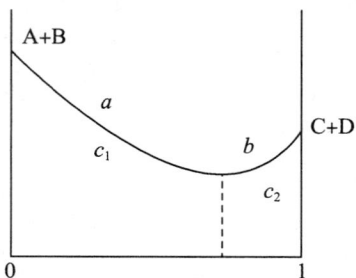

图 1-4-5 化学平衡思维模型的运用

通过数轴建立的"同"的模型使得抽象的问题简单、清晰,方便在复杂的问题中找到简单的解决办法。在课堂的教学中,教师需要透过模型的使用阐明科学的理论;同理,当学生要理解教师呈现给他们的复杂想法时,他们也必须通过心智地运作去形成与使用模型,借以理解复杂的科学知识与概念(邱美虹等,2016)。教师在教学过程中介绍思想模型建立的方法和过程无疑对学生认识能力、思维能力的提升十分有益,这就是模型的价值。

(三)教师应当注重对模型的积累,注重课程的开发和实施

教师充分了解了模型建构的意义、价值以及如何建构模型后,应当有意识地积累,不断地对模型进行优化设计与处理。教师有意识地结合教学内容,不断地挖掘思想模型,注重课程的开发,从而提升课堂的质量。如《化学反应原理》一书的实验设计,基本上就是按照"控制单一变量"的思想模型来展开的,如图 1-4-6 所示:

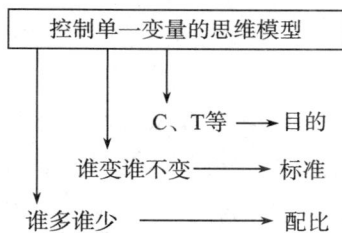

图 1-4-6　控制单一变量的思维模型

以 $2KMnO_4 + 5H_2C_2O_4 + 3H_2SO_4 = K_2SO_4 + 2MnSO_4 + 10CO_2 \uparrow + 8H_2O$ 的反应为例,探究浓度对反应速率的影响。首先,确定变量是浓度,这是实验目的决定的。其次,确定单一变量,这是实验的标准决定的,本实验需要通过 $KMnO_4$ 溶液颜色的变化来判断反应进行快慢,所以高锰酸钾的浓度不能变,草酸浓度变;高锰酸钾的物质的量要少,草酸的物质的量多。再次,控制单一变量,这是化学方程式计量系数的配比决定的。通过以上分析,引导学生逐步建立控制单一变量探究实验的基本思想模型,这样的思想模型训练了学生缜密的思维过程,更重要的是让学生在复杂的关系中迅速设计实验方案并加以实施。

(四)学生应该尝试并学会自主构建

事实上,在思想模型的构建和实施上,学生中蕴含着巨大的能量。思想模型的引入,不仅让学生获得了"感知对象的信息",还激发了学生学习化学的兴趣,激发学生的想象力,促使学生把模型与其他关联的知识有机地结合起来,

并且同化和迁移。在学习其他知识时,学生尝试着建立思想模型来解决问题,这就达到了我们的目的。

比如平衡移动的原理——勒夏特列原理内容为改变影响平衡的条件之一,平衡将向着能够减弱这种改变的方向移动。学生对该原理进行深刻理解时,要强调"减弱这种改变,非消除这种改变"。有的学生就不清楚了,什么叫"非消除这种改变",但有的学生画出了如图 1-4-7 所示的思想模型,提出"果不抵因,物理过程大于化学过程",一切问题就迎刃而解了。

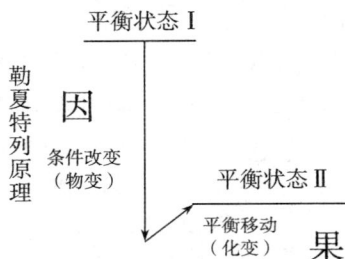

图 1-4-7　勒夏特列原理

由此可见,模型思想的种子早已播撒在教师和学生的心田里,我们需要的是浇水,是引导,是呵护,建模能力的培养是科学教育的目标之一,笔者坚信,随着我们研究的深入,模型思想的种子一定能开花、结果。

(该教学实践成果得到北京市第四中学叶长军老师的指导)

案例 5　科学解密生活中的乙酸

四川省双流棠湖中学　冷　丹

一、乙酸的知识功能与价值分析

化学学科教育的目的在于建立化学学科观念,培养学生自觉运用化学学科观念和化学思维认识事物。

人教版高中《化学》必修 2 教材第三章第三节第二课时"生活中常见的有机物——乙酸",其主要内容包括乙酸概述、乙酸的分子结构特点、乙酸的性质(主要是酸性和酯化)以及乙酸的用途。乙酸是羧酸类物质的代表,既是醇的延续和发展,又是学生学好后续油脂类化合物的基础。众所周知,官能团对有机化学学习有非常重要的意义,是学生建立有机化合物认识框架的重要认知角度。必修 2 教材中的"生活中常见的有机物"期望通过典型有机化合物分子的学习,帮助学生建立官能团这一认识有机化合物分子结构的重要认识角度,形成"结构决定性质"的重要认知方式与认知思路,培养学生"宏观辨识与微观探析"核心素养。如何改变传统教学过于注重知识的传授?如何帮助学生从典型实例认识官能团与性质的关系?如何在必修教材中把握深度、广度,帮助学生建立观察、认识有机化合物的视角,同时还能呈现必修选修之间的螺旋上升关系?

《乙酸》所承担的知识功能与价值绝不是简单的酸性与酯化反应,承上启下的链接点。从知识到能力,再到核心素养,笔者尝试设计能打通它们的教学,促进学生对核心知识的认知方式和认知思路转变。我们深信:只有改变学科认知方式和思路才能将知识转化为能力,转化为核心素养。

二、教学策略设计与实施过程

基于对乙酸知识的功能和价值分析,笔者确定了如下的学习目标。

(1) 通过解密松花皮蛋加醋更加鲜美,知道乙酸的酸性,并能通过实验设计比较醋酸、碳酸、盐酸酸性强弱。

（2）通过解密白酒储存越久越香醇,科学探究乙酸的酯化反应,会书写乙酸酯化的方程式。

（3）通过搭建乙酸球棍模型,结合乙酸性质简单推测羧基在化学反应中断键的位置,认识羧基官能团。

教学实践前,教师需要准备以下主要实验器材:球棍模型,松花皮蛋 2 颗,牙签数根,醋,pH 试纸,1 mol/L HCl,1 mol/L CH_3COOH,镁条,玻璃棒,玻璃片(或表面皿),带导管大试管 1 支,小试管 4 支,酒精灯,带试管夹的铁架台,无水乙醇、无水乙酸和浓硫酸的混合物约 8 mL,饱和碳酸钠溶液,酚酞试剂或石蕊试剂(以上均为一组实验用量,根据实际情况准备)。

本研究的教学活动设计框架如图 1-5-1 所示。

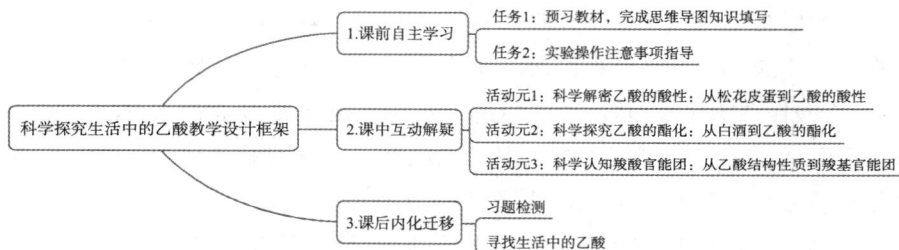

图 1-5-1　科学探究生活中的乙酸教学设计框架

教学活动设计充分利用生活中的乙酸素材,引导学生对乙酸性质的认识从感性发展到理性,从浅层次发展到深层次,利用微项目活动元逐步完成乙酸酸性、乙酸酯化、羧基官能团的学习。三大板块以"微项目活动元"主题驱动教学,素材充满"生活中的化学"气息,让学生有兴趣探究、解密、深入。活动从乙酸的典型性质过渡到微观结构的探析,帮助学生建立从官能团认识有机物结构的认知角度和思路,层层递进,落实核心素养发展,促进学科价值观念的发展。

具体的教学活动过程如下。

活动一:课前自主学习

【教师活动】教师指导学生进行课前预习,并检查课前预习情况,指导学生完成思维导图知识填写,指导学生进行实验操作。

【学生活动】学生自主完成课前学习,完成思维导图(图 1-5-2)知识填写。

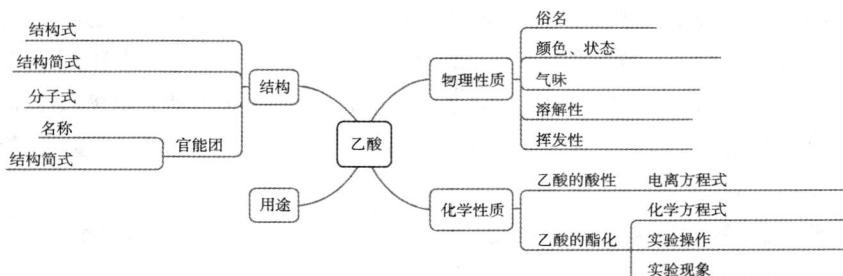

图 1-5-2　乙酸的思维导图(学生版)

【设计意图】学生能通过课前自主预习,完成基础内容学习,培养学生自己解决问题的意识和自我学习的能力,初步培养学生利用思维导图进行知识归纳总结的意识。

活动二:课中互动解疑

【从松花皮蛋到乙酸的酸性】

科学解密:松花皮蛋加醋更加鲜美。

资料卡片:皮蛋粉的主要成分是石灰、纯碱、草木灰(K_2CO_3)、黄泥土。

用化学方程式解密:

(CH_3COOH 与 Na_2CO_3) _____。

科学探究:乙酸的酸性强弱

用给出的实验药品,尝试设计实验,探究乙酸酸性强弱。

实验用品:pH 试纸、1 mol/L HCl、1 mol/L CH_3COOH、镁条;

实验设计:_____。

实验现象:_____。

实验结论:_____。

综上:乙酸的电离方程式

_____。

【学生活动】

1. 学生合理推理乙酸中和松花皮蛋碱性的原因,能书写乙酸与 Na_2CO_3 反应的方程式。

2. 学生能基于科学探究与证据推理,设计实验,完成实验,探究乙酸酸性强弱。

3. 学生正确书写电离方程式,了解乙酸是弱酸。

【设计意图】基于课前基础知识预习,以实现课堂知识的迁移应用,提升解决问题的能力为目标进行教学活动设计。让学生经历从感性认知到理性认知,从宏观认知到微观符号表达,学生由记忆乙酸酸性强弱到设计实验验证乙酸酸性强弱,转变学生对核心知识的认知方式,同时认知思路层层递进,帮助学生了解乙酸的酸性。

活动三:科学探究乙酸的酯化

【从白酒储存到乙酸的酯化】

科学解密:白酒储存越久,越香醇。

科学探究:(分组实验)取沸石1~2粒于大试管,再加入无水乙醇、无水乙酸、浓硫酸的混合物8 mL。小试管中加入1~2 mL饱和碳酸钠溶液,置于导气管末端,如图1-5-3所示。

图1-5-3　乙酸酯化实验示意图

注意:导气管末端接近液面,而不插入液面以下。

实验现象:_____。

化学方程式:_____　反应类型:_____。

小组思考交流下列问题:

1. 白酒中有乙酸吗?

乙醇的转化:_____。

2. 白酒是在浓硫酸作用下变香醇的吗?

浓硫酸的作用:_____。

3. 对比纯净的乙酸乙酯和实验制取的乙酸乙酯,哪份更香醇?为什么?

饱和碳酸钠的作用:_____。

4. 该实验制取的乙酸乙酯,如何分离呢?

物质分离提纯:_____。

【学生活动】

1. 如教师演示实验,学生观察并记录实验;如学生分组实验,学生实施实验操作,记录实验。

2.书写化学方程式。

3.标记有机物分层线,振荡试管,再观察标记分层线的位置。

4.小组讨论、交流。

【设计意图】从白酒储存越久越香醇的感性问题出发,学生进行科学实验,并能基于实验理性分析白酒储存变香醇与乙酸酯化反应的关联,在定性对比、半定量对比中理性认知浓硫酸、碳酸钠试剂的作用。因此,以"白酒储存变香醇"为线索探究酯化反应,避免实验的"刻板"记忆。教学设计基于生活常识、跨学科生物知识,发展学生科学探究、证据推理、分析问题、解决问题的能力,转变酯化反应学习思路。

活动四:科学认知羧基官能团

【从乙酸结构性质到羧基官能团】

组活动:用"球""棍"搭建一个乙酸分子、乙醇分子的球棍模型。

思考交流:结合乙酸的酸性和酯化反应的性质,推测体现不同性质时的键位置,用虚线标出。

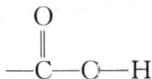

$$-\overset{\overset{\displaystyle O}{\|}}{C}-O-H$$

交流研讨:想一想 CH_3COOH 为什么叫乙酸?

交流展示:尝试搭建一个丙酸分子模型,并写出丙酸的结构简式。

拓展延伸:写出下列方程式

1.丙酸与乙醇反应:_____。

2.乙二酸($\overset{\displaystyle COOH}{\underset{\displaystyle |}{}}$ COOH)与乙醇反应:_____。

【学生活动】

1.搭建分子模型。

2.结合乙酸性质认知乙酸体现不同性质时的断键。

3.能感性认知乙酸的命名。

4.能基于乙酸性质,深入理解有机反应中官能团的变化,写出其他酯化反应。

【设计意图】本环节从宏观到微观,从用"球""棍"搭建模型到分析分子结构模型,让学生加强对官能团的学习,帮助学生从知识回归到能力再到学科核心观念,由知识载体走向思维发展,建立从官能团认识有机物结构与性质的重要认知路径。

【板书设计】

科学解密生活中的乙酸

一、乙酸的酸性　　　　　　　　　　　　　乙醇的转化

$2CH_3COOH+Na_2CO_3=2CH_3COONa+CO_2\uparrow+H_2O$　浓硫酸的作用

$2CH_3COOH+Mg=(CH_3COO)_2Mg+H_2\uparrow$　　　饱和碳酸钠的作用

酸性：$HCl>CH_3COOH>H_2CO_3$　　　　　分离提纯

$CH_3COOH\rightleftharpoons CH_3COO^-+H^+$　　　三、羧基官能团

二、乙酸的酯化

$$CH_3COOH+CH_3CH_2OH\underset{\triangle}{\overset{浓硫酸}{\rightleftharpoons}}CH_3COOCH_2CH_3+H_2O\qquad \begin{matrix} O \\ \parallel \\ -C-O-H \end{matrix}$$

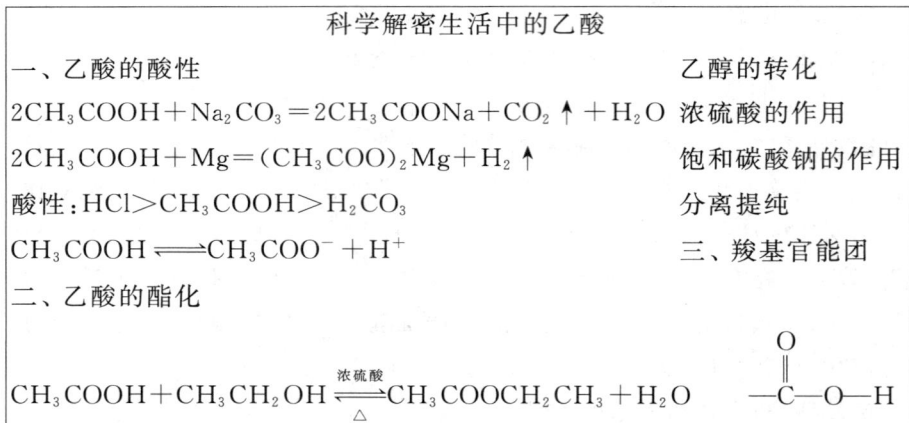

【课后内化迁移】

1. 乙酸在生活中还有哪些应用呢？请继续寻找生活中的乙酸,并收集资料,制作成手抄报。

【设计意图】学生养成日常生活中观察和思考的习惯,通过寻找"生活中的乙酸"感知"生活中的化学",认识化学是一门实用性学科,培养学习化学的兴趣。

2. 教材中习题 2～7:略。

【设计意图】为达成"教学评一致性",选择基础知识过关习题和能力达成较高阶水平的习题相结合,以切合课堂知识应用和问题解决的试题为主。

三、教学反思与改进建议

这一节课是为双流区"明日之星"的赛课准备的。在学校借班上过一次课后,笔者修改了自己的教学设计,确立了三个学习(教学)目标。在保证学习目标可评可测的同时,笔者希望能基于核心素养转变传统教学中"乙酸分子结构—乙酸物理性质—乙酸酸性—乙酸酯化反应"这样过于侧重知识教学的教学方式。同时希望在教学设计上能充分借助生活中的乙酸素材帮助学生从感性到理性学习乙酸,帮助学生从典型有机物分子结构性质实例提升到官能团结构与性质的学习。在前面必修 2 甲烷、乙烯、苯、乙醇等有机知识基础上,结合学校的生源和自己所带班级层次 A(实验班)、B(普通班),尽管 B 班的孩子基础弱一些,在预习时,需要多一些实验操作方法指导,但 A、B 班的学生都可

通过课前自主学习完成对乙酸分子组成与结构以及乙酸物理性质的学习。课堂中将不再单独涉及这部分内容,从而给探究、质疑、验证、推理、模型认知的课堂活动留了足够的时间,便于发展学生的思维能力。

在课堂互动解疑——科学探究乙酸的酸性中,学生通过对松花皮蛋加醋更加鲜美的解密来学习乙酸的酸性性质,并利用科学探究让学生设计并动手完成乙酸酸性强弱比较的实验。学习过程以学生为行为主体,有生活经验、思考、设计、科学探究、证据推理的过程,打破了传统的教学模式。

在课堂互动解疑——科学探究乙酸的酯化中,学生通过解密白酒储存越久越香醇学习乙酸的酯化。A 班是分组实验,学生能顺利完成实验。笔者考虑到教学时间问题,在 B 班用了教师演示实验。通过对比,笔者发现分组实验更加具有优势,也更加有利于学生思考与交流。B 班的学生在实际教学中,因为没有自己动手做实验,很多东西要老师去带、去引,这是这节课做得不够好的地方。但是,这节课的亮点也很足,因为基于一些真实问题的思考:白酒中能产生乙酸吗?白酒是在浓硫酸作用下变香醇的吗?实验制取的乙酸乙酯香醇吗?如何分离实验中的乙酸乙酯呢?教学设计分别将乙醇到乙酸的转化、饱和碳酸钠的作用、浓硫酸的作用、物质分离与提纯等问题融入其中,不再是传统教学中的直问直答。这种策略能有效促进学生从知识到能力,再到核心素养的发展。

在课堂互动解疑——科学认知羧基官能团中,学生通过乙酸的性质来认识乙酸的结构,科学认知羧基官能团。B 班的学生动手能力不如 A 班的学生,但 B 班仍然有学生表现得很好,能快速搭建一个乙酸分子球棍模型。在模型的基础上,结合课堂活动一和课堂活动二,学生再深入理解乙酸的酸性、乙酸酯化反应时官能团的断键位置。在结合实物让思考更形象、更具体的同时,学生能更加深刻地理解官能团在有机化学学习中的重要地位和作用,形成官能团是认识有机物的重要认识角度的观念。

(该教学实践成果得到北京市通州区潞河中学杨东清老师的指导,属于"探索促进青年教师专业发展的新路径——充分利用骨干教师优质资源构建研修共同体"项目成果)

专题2

"变化观念与平衡思想"素养导向的教学实践

　　"变化观念与平衡思想"素养要求学生从物质变化、能量转化、反应条件、反应限度等不同角度动态地认识和分析化学变化以及化学反应的规律。

　　具体要求:认识物质是在不断运动的,物质的变化是有条件的;能从内因和外因、量变与质变等方面比较全面地分析物质的化学变化,关注化学变化中的能量转化;能从不同视角对纷繁复杂的化学变化进行分类研究,逐步揭示各类变化的特征和规律;能用对立统一、联系发展和动态平衡的观点考查化学反应,预测在一定条件下某种物质可能发生的化学变化。

　　"变化观念与平衡思想"素养的水平要求:

　　水平1——能认识到物质运动和变化是永恒的,能归纳物质及其变化的共性和特征;能认识化学变化伴随着能量变化;能根据观察和实验获得的现象和数据概括化学变化发生的条件、特征与规律。

　　水平2——能从原子、分子水平分析化学变化的内因和变化的本质,能理解化学反应中量变和质变的关系;能从质量守恒角度,并运用动态平衡的观点看待和分析化学变化;能运用化学计量单位定量分析化学变化及其伴随发生的能量变化。

　　水平3——形成化学变化是有条件的观念,认识反应条件对化学反应速率和化学平衡的影响,能运用化学反应原理分析影响化学变化的因素,初步学会运用变量控制的方法研究化学反应。

　　水平4——能从不同视角认识化学变化的多样性,能运用对立统一思想和定性定量结合的方式揭示化学变化的本质特征;能对具体物质的性质和化学变化做出解释或预测,能用化学变化的规律分析说明生产、生活中的化学变化。

案例 6　从氮的循环到绿水青山

中国人民大学附属中学朝阳学校　梁德娟

《普通高中化学课程标准(2017)》提出以发展化学学科核心素养为主旨，重视开展"素养为本"的教学，倡导真实问题情境的创设，开展以化学实验为主的多种探究活动，重视教学内容的结构化设计，激发学生学习化学的兴趣，促进学生学习方式的转变，培养创新精神和实践能力(中华人民共和国教育部，2018)。

如何在复习课中开展"素养为本"的教学，改变常规的"基础知识梳理—重难点归纳—习题巩固提升"的三步复习法，让复习课灵动、鲜活，既能实现对知识的整合复习，又能体现能力的提升，同时培养学生的科学素养(于乃佳等，2017)。本研究采用主题式复习策略，以"从氮循环到绿水青山"为主题，在真实问题解决过程中调查与实践并重，研究与反思同行，进行了"化学反应原理"模块复习的教学实践。

一、整体设计思路

"化学反应原理"模块学习结束后，一次覆盖整个模块的复习测验中，学生在简单单一平衡、真实情境平衡、多因素多平衡移动问题得分率如图 2-6-1 所示。

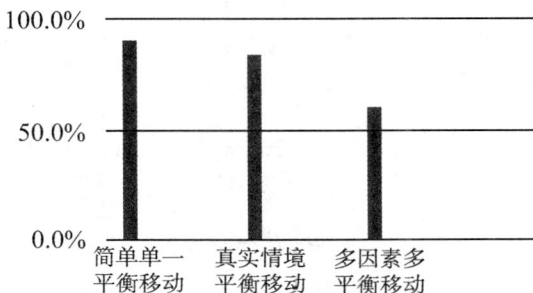

图 2-6-1　"化学反应原理"模块测验得分率统计

统计结果反映出期末复习阶段我们面对的学情是：学生知识关联程度低，化学知识与认知模型的迁移应用能力弱，学生尚未建立解决复杂化学问题的思维框架。

如何进行化学反应原理的复习,使学生头脑中碎片关联,形成一定的思维框架呢? 本研究采用的策略是开展"素养为本"的复习,创设合适的真实、复杂问题情境。选定"从氮的循环到绿水青山"为主题,串联起选修 4 的大部分章节内容,同时打通必修 1 和选修 4 两个模块,以元素化合物为载体完成化学反应原理的复习。

主题式复习课整体设计思路如图 2-6-2 所示。

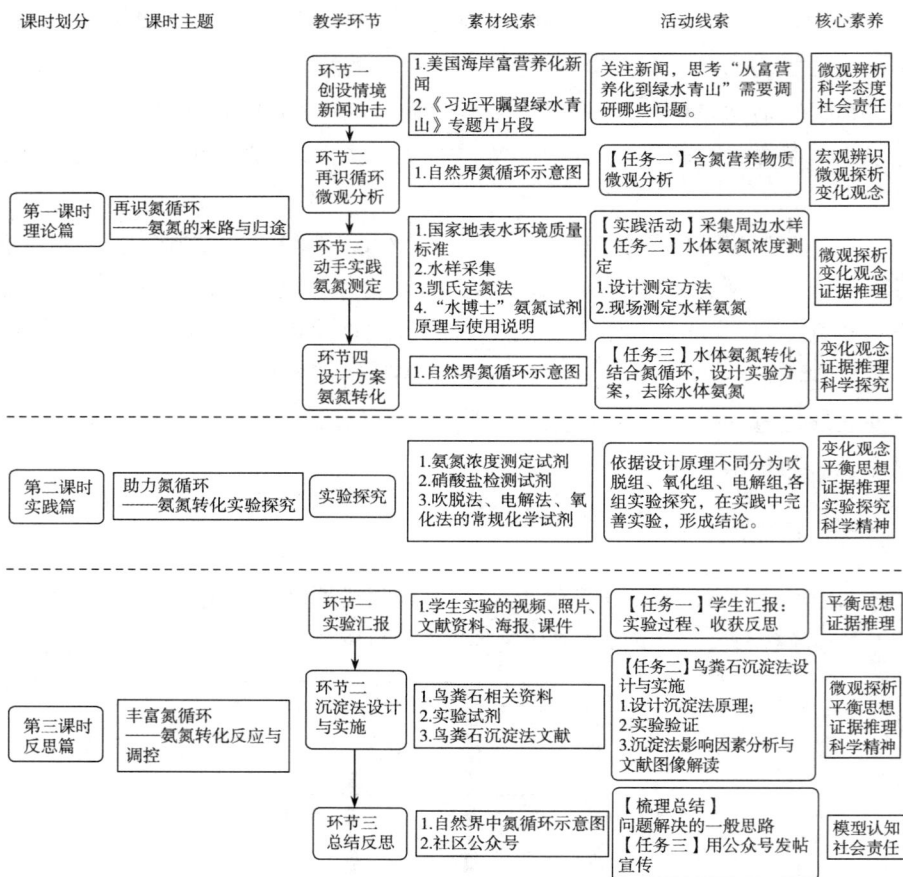

课时划分	课时主题	教学环节	素材线索	活动线索	核心素养
第一课时 理论篇	再识氮循环——氨氮的来路与归途	环节一 创设情境 新闻冲击	1.美国海岸富营养化新闻 2.《习近平瞩望绿水青山》专题片片段	关注新闻,思考"从富营养化到绿水青山"需要调研哪些问题。	微观辨析 科学态度 社会责任
		环节二 再识循环 微观分析	1.自然界氮循环示意图	【任务一】含氮营养物质微观分析	宏观辨识 微观探析 变化观念
		环节三 动手实践 氨氮测定	1.国家地表水环境质量标准 2.水样采集 3.凯氏定氮法 4."水博士"氨氮试剂原理与使用说明	【实践活动】采集周边水样 【任务二】水体氨氮浓度测定 1.设计测定方法 2.现场测定水样氨氮	微观探析 变化观念 证据推理
		环节四 设计方案 氨氮转化	1.自然界氮循环示意图	【任务三】水体氨氮转化结合氮循环,设计实验方案,去除水体氨氮	变化观念 证据推理 科学探究
第二课时 实践篇	助力氮循环——氨氮转化实验探究	实验探究	1.氨氮浓度测定试剂 2.硝酸盐检测试剂 3.吹脱法、电解法、氧化法的常规化学试剂	依据设计原理不同分为吹脱组、氧化组、电解组,各组实验探究,在实践中完善实验,形成结论。	变化观念 平衡思想 证据推理 实验探究 科学精神
第三课时 反思篇	丰富氮循环——氨氮转化反应与调控	环节一 实验汇报	1.学生实验的视频、照片、文献资料、海报、课件	【任务一】学生汇报:实验过程、收获反思	平衡思想 证据推理
		环节二 沉淀法设计与实施	1.鸟粪石相关资料 2.实验试剂 3.鸟粪石沉淀法文献	【任务二】鸟粪石沉淀法设计与实施 1.设计沉淀法原理; 2.实验验证 3.沉淀法影响因素分析与文献图像解读	微观探析 平衡思想 证据推理 科学精神
		环节三 总结反思	1.自然界中氮循环示意图 2.社区公众号	【梳理总结】问题解决的一般思路 【任务三】用公众号发帖宣传	模型认知 社会责任

图 2-6-2 "从氮的循环到绿水青山"的整体设计思路

我们结合《普通高中化学课程标准》与《普通高等学校招生全国统一考试北京卷考试说明》,确定本节课教学目标如下。

(1) 通过结合自然界氮循环示意图分析氮元素转化路径,辨识水体中的含氮微粒,从宏观对富营养化的认识——营养物质的来源,逐步深入分析水体中的含氮微粒与转化。

（2）通过实地采集水样并测定氨氮浓度，调用已有认知模型，基于元素价态与物质类别分析物质转化，设计测定方案。

（3）设计并实验实施氨氮转化方案，通过选择氧化剂种类与用量，应用氧化还原原理；通过控制变量实施吹脱法，应用电离平衡原理调控平衡；通过电解法，复习电解原理并形成间接电解的思维模型。

（4）通过鸟粪石资料，应用沉淀溶解平衡原理分析文献图像，形成调控反应的初步意识。

（5）通过学生谈收获，外显问题解决的思路与方法，建立正确的问题分析解决模型；外显社会责任，利用公众号发帖，科学宣传节能减排与污染物治理。

二、重要教学环节

本主题复习有三个环节学生思维最为活跃，这三个环节以真实情境氨氮转化为载体。学生在活动中完成了模块知识的结构化，建立认知模型与思维框架。本主题教学在落实教学目标的同时，切实发展了学生的核心素养。

第一课时　再识氮循环——氨氮的来路与归途
环节 4：设计方案，氨氮转化

【任务】水体氨氮转化。结合氮循环，设计实验方案，合理去除水体中的氨氮，即水中以游离氨（NH_3）和铵离子（NH_4^+）形式存在的氮。方案需包括分析角度，核心反应，实验装置，关键条件，需要测定的数据。

【学生设计展示】见表 2-6-1。

表 2-6-1　"水体氨氮转化"中的学生设计展示

名称	吹脱法	氧化剂法	电解法
认识 角度	NH_4^+ 的类别通性与 NH_3 的挥发性	\-3 价 N 的还原性	
核心 反应	$NH_4^+ + OH^- \rightleftharpoons NH_3 \cdot H_2O$ $\rightleftharpoons NH_3 + H_2O$	氧化剂 ＋ 氨氮 $\rightleftharpoons N_2$ ＋ 还原 产物	电解池阳极反应：$2NH_4^+ - 6e^- \rightleftharpoons N_2 + 8H^+$

续表

名称	吹脱法	氧化剂法	电解法
实验装置	氨氮废水 / 生石灰 / 稀硫酸	双氧水 / 氨氮废水	石墨 石墨 / 酸化的氨氮废水
关键条件	温度,pH	氧化剂用量	pH,电压
测定数据	使用氨氮试剂,分别测定水样中初始氨氮浓度和实验结束后氨氮浓度		

【设计意图】学生在真实情境中逐步形成问题解决的思路。首先分析物质变化,分别从物质类别和元素价态的视角,设计物质转化路径;而后考虑反应调控,调控平衡移动,调控反应方向(减少副反应发生);最后利用能量转化,提出用电解的方式完成氧化还原反应。而实验装置绘制与测定数据的明确,均为实验实施氨氮转化做好准备,体现了科学研究,理论先行。

第二课时 丰富氮循环——氨氮转化反应与调控

环节1:三个小组实验汇报

【吹脱法组】展示海报,结合 PPT 讲述:我们基于物质类别考虑,$NH_4^+ + OH^- \rightleftharpoons NH_3 \cdot H_2O \rightleftharpoons NH_3 + H_2O$,调控平衡正向移动将 NH_4^+ 尽可能多的转化为 NH_3 逸出。我们内部又分为两个小组,分别控制温度、$c(OH^-)$为变量,探究其对平衡的影响。温度组顺利得出结论:其他条件相同时,温度升高,平衡正移,氨氮吹脱率提高。$c(OH^-)$组实验如表 2-6-2 所示。

表 2-6-2 $c(OH^-)$组实验初设计

	试剂与用量		操作	结论
实验一	30 mL 0.1 mol/L $(NH_4)_2SO_4$ 溶液	20 mL 0.5 mol/L NaOH 溶液	在酒精灯上加热两分钟,以一定频率鼓入空气,冷却后取5 mL溶液,用氨氮试剂检测	吹脱法可降低氨氮浓度
实验二	40 mL 0.1 mol/L $(NH_4)_2SO_4$ 溶液	10 mL 0.5 mol/L NaOH 溶液		$c(OH^-)$减小,平衡逆向移动,氨氮去除率降低

该组学生看似得出了正确结论,然而有组员对实验二提出质疑,认为实验方案错误,因为在 $c(OH^-)$ 浓度减小同时,$c(NH_4^+)$ 增大,没有做到控制变量,也不能得出正确结论。学生重新设计实验三,完成实验并得结论,如表 2-6-3 所示。

表 2-6-3　$c(OH^-)$组实验改进设计

	试剂与用量		操作	结论
实验一	30 mL 0.1 mol/L $(NH_4)_2SO_4$ 溶液	20 mL 0.5 mol/L NaOH 溶液	在酒精灯上加热两分钟,以一定频率鼓入空气,冷却后取 5 mL 溶液用氨氮试剂检测	吹脱法可降低氨氮浓度
实验三	30 mL 0.1 mol/L $(NH_4)_2SO_4$ 溶液	10 mL 0.5 mol/L NaOH 溶液; 10 mL H_2O		$c(OH^-)$减小,平衡逆向移动,氨氮去除率降低

【教师点评】吹脱组同学在实验操作的很多细节上都注意了控制变量,但是在"控制溶液中其他物质浓度不变"的问题上出现了错误,好在他们在实践中及时反思,纠正了错误操作,更是纠正了自己原有对控制变量的错误认识,最终做到了精准控变。这一组的复习重点为电离平衡和控制变量方法。

【氧化剂组】展示海报,结合 PPT 讲述:我们从氮元素价态考虑,通过加入氧化剂将氨氮氧化为 N_2 排出。依据的原理是"氧化剂+还原剂(氨氮)===氧化产物+还原产物",实践过程中我们发现了很多细节问题,需要进一步设计实验获取证据。

问题 1:氧化产物到底是 N_2,还是 NO_2^-、NO_3^- 仍存在于水体中,于是分别用氨氮试剂、硝酸盐试剂、亚硝酸盐试剂来证明 N_2 的生成。

问题 2:氧化剂的选择问题。我们从不同层面进行了比较,H_2O_2 绿色环保;NO_3^- 作为水体中含氮微粒之一,如果作为氧化剂可以一箭双雕,变废为宝;$Ca(ClO)_2$ 成本较低。

问题 3:氧化剂的用量问题。我们通过调整 $Ca(ClO)_2$ 用量分别得到氧化产物为 N_2、NO_2^-、NO_3^- 的结果,得出结论:氧化剂的氧化性强弱、氧化产物价态与氧化剂浓度有关。

问题 4:氧化性强弱问题。我们探究了 Fe^{3+} 能否氧化氨氮,但是遇到一个困难,Fe^{3+} 的黄色与氨氮试剂检验后的颜色接近,会造成干扰。最后我们转换思路,不检验还原剂的减少,转而检验氧化产物的生成,即用 $K_3[Fe(CN)_6]$

检验 Fe^{2+} 的生成,得出结论 0.1 mol/L $FeCl_3$ 溶液未能氧化氨氮。

最后,总结氧化法,我们应该选择成本低的氧化剂,产物无污染,并控制试剂用量,减少副反应发生。

【教师点评】看似简单的氧化还原原理,实践中却有如此多的探究成果。这组同学将氧化还原反应的各个要素逐一探究,包括氧化剂的选择、氧化产物的检验、还原产物的无害化……思路严谨,证据充足。尤其是 Fe^{3+} 能否氧化氨氮的探究,充分体现了他们思维的灵活性与创造性。

【电解组】展示海报,结合 PPT 讲述:我们组同样基于元素价态,用电解的方法强制氧化还原反应的发生,预计在阳极上发生反应:$2NH_4^+ - 6e^- \Longrightarrow N_2 + 8H^+$。但是在真正的实验当中,我们电解一段时间之后检验阳极附近氨氮浓度,发现氨氮浓度反而增大了,重新做了一组实验,仍是同样的结果,于是分析放电顺序,发现 NH_4^+ 放电在 H^+ 之后,所以电解氨氮溶液实际为电解水。直接电解失败,我们采用间接电解的方法,加入 NaCl 溶液,在阳极上生成 Cl_2(用淀粉碘化钾试纸检验),再用生成的 Cl_2 氧化氨氮,获得成功。

【教师点评】直接电解遭遇意外,他们从电解原理入手重新分析放电顺序,调整思路提出间接电解,检验到了 Cl_2 生成与氨氮浓度降低,在真实情境中调用已有认知模型解决实际问题。

【设计意图】学生第一节课理论分析、第二节课实验探究,第三节课汇报,既是对实验过程与结论进行总结与反思,亦是对学科知识与思维方法的复习与提升。学生的汇报,在知识层面覆盖了电离平衡、平衡移动、氧化还原反应原理、电解原理,在思维方法方面体现了控制变量思路、定性定量意识与直接间接思路。通过完整的理论、实验、反思过程,学生初步建立了解决复杂问题的思维框架。

环节 2:沉淀法设计与实施

【教师引导】从物质状态角度分析,为什么同学们都利用气体法而没有借助沉淀法呢?

【学生回答】铵盐易溶,不能沉淀。

【展示资料与现场实验】鸟粪石,主要成分为难溶的 $MgNH_4PO_4 \cdot 6H_2O$($Ksp=3.89 \times 10^{-10} - 7.08 \times 10^{-14}$),辅以实验验证。

【教师提问】

问题 1:你能否提出新的氨氮转化原理?

问题 2：鸟粪石沉淀法有哪些影响因素？

问题 3：结合文献实例，分析氨氮去除率随 pH 变化的图（如图 2-6-3），图中哪些点引起了你的关注，分析这些点出现的原因（白晓凤等，2015）。

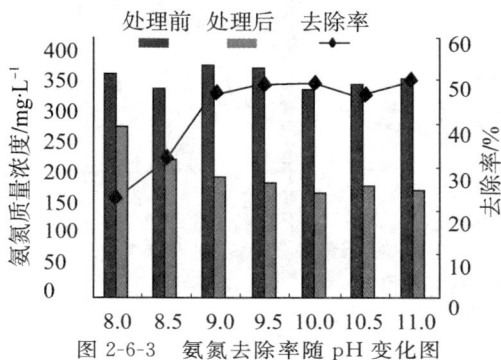

图 2-6-3　氨氮去除率随 pH 变化图

【学生讨论回答】

（1）可以依据沉淀溶解平衡，$Mg^{2+} + NH_4^+ + PO_4^{3-} \rightleftharpoons MgNH_4PO_4(s)$。

（2）考虑沉淀溶解平衡和水解平衡，沉淀法的影响因素有温度、浓度、pH。

（3）pH 为 8～9 时，随 pH 增大，去除率增大，当 pH 为 9 之后去除率变化不大，但是 pH 继续增大为 10.5，去除率反而下降出现拐点，分析原因，因 $c(OH^-)$ 增大，使 $Mg^{2+} + 2OH^- \rightleftharpoons Mg(OH)_2\downarrow$ 平衡正移，使 $c(Mg^{2+})$ 减小，$Mg^{2+} + NH_4^+ + PO_4^{3-} \rightleftharpoons MgNH_4PO_4(s)$ 逆向移动，氨氮去除率降低。而后继续增大 pH，$OH^- + NH_4^+ \rightleftharpoons NH_3 \cdot H_2O$ 平衡正移，实验中的搅拌促进 NH_3 逸出，同样也提高了氨氮去除率。综合各因素考虑，pH 为 9 最合适，节约原料且去除率相对较高。

【设计意图】补充鸟粪石资料，将氨氮以沉淀形式除去，是对自然界中氮的循环的补充与丰富，学生在实际问题中自主进行反应的选择与调控。学生通过对图的分析，在讨论与争辩中对变量转换、主次矛盾变化、平衡移动问题逐渐清晰，最终应用实例分析的方法突破了难点，即竞争反应与多因素影响下的平衡移动问题。

三、教学反思

在现场教学反馈当中，学生初步建立了解决复杂问题的思维框架，体现于后测题目中（得分率如图 2-6-4 所示），学生对水溶液中平衡移动问题三个层次的正答率比前测都有所提高。我们完成了本次的教学目标。

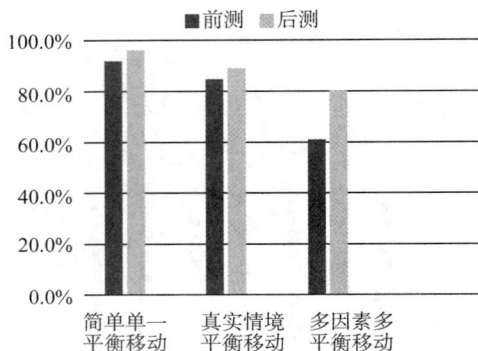

图 2-6-4　教学实践后测得分率统计

　　总结本主题教学特色,可以用四个字概括:真、探、显、变。① 真情境、真实验、真探究、真分享;② 探来源、探转化、探条件、探效果;③ 显思维,显价值,显能力,显创新;④ 变单为多、变听为做,变验证为探究,变学为思。

　　如外显思维,学生梳理问题解决的一般思路如图 2-6-5 所示:

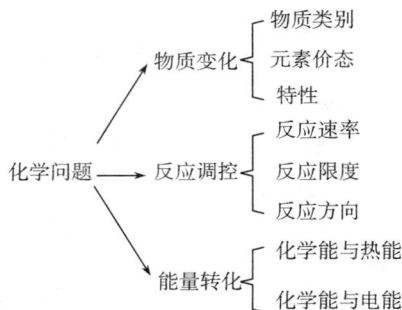

图 2-6-5　学生梳理问题解决的一般思路

　　再如外显价值,学生创造性地在社区公众号上发帖,号召社区居民从身边小事做起为绿水青山做贡献,实现社会价值的外显。

　　变学为思,本主题教学的三节课,在复习课中践行了"素养为本"的教学理念,学生为主体,寻求理论依据、实验证据和文献例证解决真实问题,在此过程中建立认知模型和思维框架,实现学习内容结构化,发展核心素养。这样的学习有趣、有收获,一路上学生一直在思考。最后有学生提出,这样的研究思路,是不是可以迁移? 是的,我们可以继续开展研究"从硫的循环到绿水青山"的主题复习,以真实情境为载体,采用主题式复习变解题为解决问题,开展"素养为本"的复习,突破"化学反应原理"模块的重难点。

　　(该教学实践成果得到北京市第八十中学于乃佳老师的指导,属于北京市教育科学"十三五"规划 2019 年度立项课题"基于发展'科学态度与社会责任'素养的高中化学课堂教学研究〔课题编号:CDDB19201〕"项目成果)

案例 7 化学反应的方向、限度和速率

对外经济贸易大学附属中学(北京市第九十四中学) 丁河玉

核心素养时代,课程发展的着力点在哪里?华东师范大学崔允漷教授认为是"单元学习",这里的"单元"不是传统意义上的内容单位,而是一个学习单位,一个学习单元由素养目标、课时、情境、任务、知识点等组成。单元学习摒弃了以知识点为中心的做法,倡导"大观念""大主题"与"大过程"统领下的教学内容重组和教学结构优化(孙重阳等,2018)。基于大单元的教学设计,改变学科知识的碎片化教学,实现教学设计与素养目标的有效对接,为课堂教学指向学科核心素养提供了有效路径。

"变化观念与平衡思想"是对化学变化的条件、方向、限度和变化规律以及相互关系的基本认识,既是化学学科的重要观念,又是化学问题解决的思维视角。"化学反应的方向、限度和速率"是中学化学的重要理论之一,是"变化观念与平衡思想"这一核心素养的主要载体。

当前对于单元教学设计的研究,主要集中在理论层面上(钟启泉,2015),基于此,本文中笔者结合新课程标准、学科知识的逻辑结构和学生认知发展顺序,将化学反应的方向、限度和速率划分为一个大单元,进行单元整体的教学设计,在设计中凸显大情境主题、核心素养、学习目标和评价目标,以此促进学生在"变化观念与平衡思想"核心素养维度的较好发展,为新课程的有效实施提供实践课例。

一、教学设计的目标定位

(一) 目标导向素养,凸显单元教学设计的价值导向

单元教学目标是大目标,必须与学科核心素养对接,课时目标则是单元目标的进一步具体化。以往教师在进行外界条件对化学平衡状态的影响教学时,侧重于让学生知道温度、压强、浓度对化学平衡的影响规律,而以素养导向为目标的单元教学设计把该单元教学内容作为体现"变化观念与平衡思想"这一核心素养非常好的素材,注重在认识反应条件对化学平衡的影响规律的过程中强化和发展学生的变化观念。本单元教学设计借助探究反应条件改变对化学平衡影响的实验,引导学生通过实验现象和传感器数据的变化说明平衡移动过程中的物质变化及稳定后的平衡,引导学生基于浓度商 Q 和平衡常数

K 的比较分析变化的原因,突出反应条件改变导致平衡移动的变化过程,促进学生形成化学变化观念。这样通过理论定量推理和实验现象的表征能更系统地认识反应中的变化与平衡,引导教师站在课程价值的高度思考为何而教,教什么,怎么教,引导学生思考为何要学,学什么,怎么学,学得怎样。

(二) 目标基于学生发展,促进深度学习

以素养为导向的单元教学设计,其关注的焦点是学生未来发展的必备品格和关键能力,注重教学的整体性、系统性和进阶性(王爱富,2017),有助于其进入深度学习状态。在传统的教学中,"化学反应的方向、限度和速率"模块内容往往被切割成化学反应的速率、化学反应平衡、化学反应方向三个相对孤立的模块,学生只是零散地掌握知识点。而本次以核心素养为导向的单元教学设计,以"如何将工业废气中的二氧化碳合成甲醇"为主题,引导学生开展"如何选择合适的反应将二氧化碳合成甲醇""如何提高合成甲醇的产率""如何提高合成甲醇的速率"和"实际生产中如何选择适宜的生产条件"四个主题探究活动,帮助学生在主题活动引领下,从判断反应方向、调控反应速率、提高反应转化率等方面对化学反应进行多角度研究和深度思考,形成整体认识。

(三) 整体把握大单元目标与小主题目标关系

以素养为导向的单元整体教学设计需要从单元整体出发来分析和处理,把各阶段、各节的课时教学置于整个单元系统中(王云生,2017)。如本单元教学设计,以"如何将工业废气中的二氧化碳合成甲醇"为大主题,围绕如何选择反应、如何提高反应的限度、如何提高反应的速率及实际生产中如何选择适宜条件等方面,以"变化观念"的大观念统筹整个教学内容。因此本单元教学设计在整体目标定位基础上又设计了四个小主题目标,其相互关系见图 2-7-1。

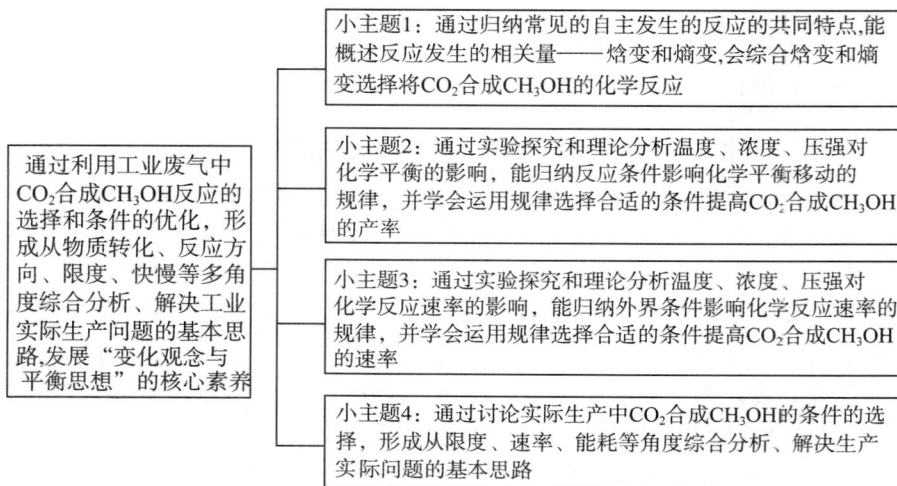

通过利用工业废气中 CO_2 合成 CH_3OH 反应的选择和条件的优化,形成从物质转化、反应方向、限度、快慢等多角度综合分析、解决工业实际生产问题的基本思路,发展"变化观念与平衡思想"的核心素养

小主题1:通过归纳常见的自主发生的反应的共同特点,能概述反应发生的相关量——焓变和熵变,会综合焓变和熵变选择将 CO_2 合成 CH_3OH 的化学反应

小主题2:通过实验探究和理论分析温度、浓度、压强对化学平衡的影响,能归纳反应条件影响化学平衡移动的规律,并学会运用规律选择合适的条件提高 CO_2 合成 CH_3OH 的产率

小主题3:通过实验探究和理论分析温度、浓度、压强对化学反应速率的影响,能归纳外界条件影响化学反应速率的规律,并学会运用规律选择合适的条件提高 CO_2 合成 CH_3OH 的速率

小主题4:通过讨论实际生产中 CO_2 合成 CH_3OH 的条件的选择,形成从限度、速率、能耗等角度综合分析、解决生产实际问题的基本思路

图 2-7-1　大单元目标与小主题目标的关系

二、教学设计的整体构思

（一）学习基于真实的大情境主题，体现情境、内容、素养的有效整合

真实的化学教学情境，其意义不仅在于激发学生学习兴趣，而且在面对未来不确定的、复杂的真实情境时能帮助学生形成以专业的化学视角解决实际问题的能力，帮助学生诊断并发展其不同水平层次的核心素养。传统课堂中的情境设置往往只用于引课，零散且缺乏启发性，学生难以沉浸其中。本文所指的"大情境主题"，除了要符合学生的认知，还应该有内在逻辑的真实情境，并力求让该情境主题贯穿单元教学始终，促进学生学习的连贯性、递进性和系统性，从而有利于发展学生的核心素养。例如，在本单元整体教学中，教师始终围绕"如何将工业废气中二氧化碳合成甲醇"这一社会热点情境主题，二氧化碳是工业废气中的常见物质，甲醇是一种重要的有机化工原料，如果能设计化学反应将废气中二氧化碳合成甲醇，将是一件非常有意义的事情。教师基于此大情境主题，确定了"如何选择合适的反应将二氧化碳合成甲醇""如何提高合成甲醇的产率""如何提高合成甲醇的速率"三个小主题学习情境。

（二）活动突出完整的大过程研究

教学活动是教学内容的主要载体，也是发展学生核心素养的基本途径。散乱串接的教学活动，其指向性不明确，不仅增加了学生学习负担，也无法帮助学生建构完整的知识体系，更难以形成学科观念。大过程研究活动，由不同阶段的小活动有机串联，各活动环节指向一致，便于学生深度思考，从而强化素养发展。本单元教学内容围绕如何将废气中二氧化碳合成甲醇这一大主题活动，开展大过程研究，具体分成了"如何选择反应""如何增大反应限度""如何提高反应速率"一系列的小活动，这三个小活动均指向"如何将工业废气中的二氧化碳合成甲醇"这一大过程研究。

（三）教学过程体现教、学、评的一致性，利于诊断并发展学生的素养水平

在单元整体设计中，围绕情境、知识、评价、素养的整合统一，在情境整体选择上注重单元教学的一致性（俞建峰，2018），自始至终贯穿"如何选择合适的反应将二氧化碳合成甲醇""如何提高合成甲醇的产率""如何提高合成甲醇的速率"这一情境线索展开。在具体的学习环节中，围绕情境性问题链和环节性的评价任务，不断引导学生深入思考，评价学生的学习进程和水平，评价学

生的思考程序和认识方式与角度,从而体现教、学、评的一致性。

三、关键教学环节

基于以上三点认识,本单元整体构想以"如何选择合适的反应将二氧化碳合成甲醇""如何提高合成甲醇的产率""如何提高合成甲醇的速率"为情境线索,贯穿学习化学反应方向的判定、化学平衡常数 K 和反应条件对化学平衡移动的影响规律、外界条件对反应速率的影响规律等关键性知识,以"变化观念与平衡思想"为主要发展观念,结合科学探究、证据推理与模型认知主要核心素养,将本教学单元分解为四个任务主题:如何选择合适的反应将二氧化碳合成甲醇、如何将二氧化碳更多地合成甲醇、如何将二氧化碳更快地合成甲醇、讨论实际生产中二氧化碳合成甲醇的适宜条件选择。

具体解决过程如下。

(一) 如何选择合适的反应将二氧化碳合成甲醇

【情境 1】工业的快速发展带来的环境问题日益严重,二氧化碳是工业废气中常见物质,甲醇是一种重要的化工原料,如果能将二氧化碳合成甲醇,将是十分有意义的。如何将二氧化碳合成甲醇呢?

【活动 1】学生设计将二氧化碳合成甲醇的化学反应,并思考反应发生的可能性。(引入情境 2)

【评价 1】能从元素组成和化合价变化角度分析物质转化。

【目标】通过设计二氧化碳合成甲醇的化学反应,建立物质转化的一般分析思路。

【知识内涵】从元素组成和化合价变化角度分析物质转化。

【情境 2】日常生活、生产中哪些反应能自主发生?

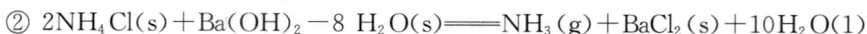

① $2Na(s) + Cl_2(g) \Longrightarrow 2NaCl(s)$ $\Delta H = -822 \text{ kJ/mol}$

$4Fe(s) + 3O_2(g) \Longrightarrow Fe_2O_3(s)$ $\Delta H = -1648 \cdot 4 \text{ kJ/mol}$

$H_2(g) + F_2(g) \Longrightarrow 2HF(g)$ $\Delta H = -546 \cdot 6 \text{ kJ/mol}$

② $2NH_4Cl(s) + Ba(OH)_2 - 8 H_2O(s) \Longrightarrow NH_3(g) + BaCl_2(s) + 10H_2O(1)$

$2N_2O_5(g) \Longrightarrow 4NO_2(g) + O_2(g)$

$(NH_4)_2CO_3(s) \Longrightarrow NH_4HCO_3(s) + NH_3(g)$

【活动 2】讨论①中这些自主发生的反应的共同特点;分析②中这些反应能自主发生的共同特点。

【评价 2】能归纳出反应自主发生的相关量:焓变 ΔH 和熵变 ΔS。

【目标】通过分析能自主发生的反应的特点,归纳判断反应能否自发进行的判据。

【知识内涵】焓变 ΔH 和熵变 ΔS 是判断反应可以发生的判据。

【情境 3】选择合适的反应

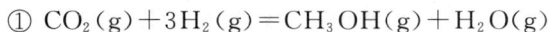

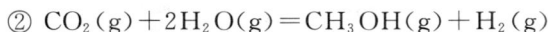

① $CO_2(g) + 3H_2(g) = CH_3OH(g) + H_2O(g)$

② $CO_2(g) + 2H_2O(g) = CH_3OH(g) + H_2(g)$

反应	$\Delta H/(kJ/mol)$	$\Delta S/[J/(k \cdot mol)]$
①	-48.97	-177.16
②	$+676.48$	-43.87

【活动 3】判断二氧化碳合成甲醇的可能性。

【评价 3】能运用 $\Delta H - T\Delta S$ 判断某一反应能否自主发生。

【目标】能运用焓变和熵变,分析判断将二氧化碳合成甲醇的可能性。

【知识内涵】判断反应自主发生的判据:$\Delta H - T\Delta S$。

(二) 如何将二氧化碳更多地合成甲醇

【情境 4】$CO_2(g) + 3H_2(g) \rightleftharpoons CH_3OH(g) + H_2O(g)$,如何知道二氧化碳合成甲醇的反应程度。

$800\ ℃$,$CO_2(g) + 3H_2(g) \rightleftharpoons CH_3OH(g) + H_2O(g)$ 反应在不同投料情况下,各物质初始浓度和平衡浓度数据四组。

【活动 4】小组分析、寻找规律;认识平衡常数 K 表达式及其含义。

【活动 5】转化率是更直观表示物质转化程度的一个物理量,怎么计算二氧化碳的转化率?

【评价 4】能自主归纳、书写平衡常数表达式。

【评价 5】能进行平衡常数 K 与转化率之间的简单计算。

【目标】通过分析、归纳二氧化碳合成甲醇的平衡浓度的数据关系,会书写平衡常数表达式和进行转化率间的计算。

【知识内涵】平衡常数 K 及物质转化率。

【情境 5】能否调控反应条件将更多的二氧化碳转化为甲醇?

实验探究及理论分析反应条件对化学平衡的影响。

温度实验:$2NO_2(g) \rightleftharpoons N_2O_4(g)$。

浓度实验：$Fe^{3+}+3SCN^-\rightleftharpoons Fe(SCN)_3$（药品：0.005 mol/L $FeCl_3$ 溶液、0.01 mol/L KSCN 溶液、0.01 mol/L NaOH 溶液、1 mol/L $FeCl_3$ 溶液、1 mol/L KSCN 溶液、蒸馏水）。

压强实验：用压强传感器测定 $2NO_2(g)\rightleftharpoons N_2O_4(g)$ 反应过程中压强数据。

【活动6】实验探究反应条件$(T、c、P)$对化学平衡的影响，根据反应原理设计实验方案，实施实验，描述实验现象，归纳实验结论。

【活动7】基于浓度商 Q 和化学平衡常数 K 的比较，系统分析反应条件$(T、c、P)$影响化学平衡的理论依据。

【评价6】能用控制变量的思想设计实验方案，记录实验现象，根据实验现象进行推理分析。

【评价7】能利用平衡常数 K 和浓度商 Q 的关系解释反应条件影响化学平衡移动的原因。

【目标】通过实验探究和理论分析反应条件对化学平衡的影响规律，形成基于浓度商和化学平衡常数的比较分析平衡移动问题的基本思路。

【知识内涵】温度、浓度、压强因素对化学平衡移动的影响存在规律；基于浓度商 Q 和化学平衡常数 K 判断反应进行的方向。

【情境6】选择合适条件将二氧化碳更多地合成甲醇。

学生讨论调控浓度时，教师提供关于以下问题的三个情境：工业中二氧化碳浓度的富集问题、产物甲醇的及时分离和处理及氢气和二氧化碳的投料比对甲醇产率的影响。

【活动8】讨论、选择能提高合成甲醇产率的合适条件。

【评价8】能根据反应条件对化学平衡的影响规律讨论生产中化学反应条件的选择。

【目标】小组讨论，能选择合适的反应条件将二氧化碳更多地合成甲醇。

【知识内涵】利用化学平衡移动原理解决实际生产问题。

（三）如何将二氧化碳更快地合成甲醇

【情境7】如何加快二氧化碳合成甲醇的速率。

实验探究外界条件$(T、c、p)$对化学反应速率的影响规律。

实验：$KMnO_4+5H_2C_2O_4+3H_2SO_4\rightleftharpoons K_2SO_4+2MnSO_4+10CO_2\uparrow+8H_2O$。

【活动 9】回顾必修知识中影响化学反应速率的因素;实验探究这些因素对化学反应速率的影响规律;运用有效碰撞理论和活化能理论解释这些因素如何影响反应速率。

【评价 9】能通过实验探究外界条件对化学反应速率的影响,能用一定的理论模型说明外界条件改变对化学反应速率的影响。

【目标】通过实验探究及理论分析,能概述温度、浓度、压强、催化剂对化学反应速率的影响规律及微观影响机理。

【知识内涵】温度、浓度、压强、催化剂对化学反应速率的影响规律。

【情境 8】选择合适的条件提高二氧化碳合成甲醇的反应速率。

【活动 10】小组讨论、选择合适的条件加快二氧化碳合成甲醇的反应速率。

【评价 10】能根据外界条件对化学反应速率的影响规律讨论生产中化学反应条件的选择。

【目标】能运用浓度、温度、催化剂对化学反应速率的影响规律讨论生产中化学反应条件的选择。

【知识内涵】浓度、温度、催化剂对化学反应速率的影响规律。

(四) 讨论实际生产中二氧化碳合成甲醇的适宜条件选择

【情境 9】选择实际生产中二氧化碳合成甲醇的适宜条件。

① $523\ K$, $n(H_2):n(CO_2)=3:1$ 时不同总压对甲醇产率的影响。

② 总压 $5\ MPa$, $n(H_2):n(CO_2)=3:1$ 时不同温度对甲醇产率的影响。

③ 催化剂组成对甲醇产率和选择性的影响。

【活动 11】小组讨论、选择合适的条件将二氧化碳合成甲醇。

【评价 11】从学科价值角度诊断学生运用化学反应速率和化学平衡知识解决实际生产问题的水平,从社会价值角度诊断学生关注环境保护、资源的开发利用等社会问题的水平。

【目标】通过二氧化碳合成甲醇的适宜条件选择,形成从限度、速率等角度综合分析、解决实际生产问题的基本思路。

【知识内涵】综合运用反应条件对化学反应限度和化学反应速率的影响规律,选择合适的生产条件。

上述设计以"变化观念与平衡思想"素养为导向,以"如何设计反应将二氧化碳合成甲醇""如何将二氧化碳更多地转化为甲醇""如何将二氧化碳更快地转化为甲醇""选择适宜的生产条件将二氧化碳合成甲醇"四个递进的主题情境为载体,既能帮助学生有序地学习化学反应方向的判断、化学平衡常数 K及反应条件对化学平衡的影响规律、反应条件对化学反应速率的影响规律及理论模型等核心知识内容,又能帮助学生建立从方向、限度、速率、能耗等角度分析化学反应的认识视角。在设计将二氧化碳合成甲醇的活动中学生会表现出素养水平的差异性,如学生能否从元素组成和化合价变化的角度选择反应物,选择反应物后能否推测产物,教师可以此诊断并发展学生的变化观念素养水平。

评价 2,学生能否从不同的化学反应过程中寻找到变化的共同特点,评价3,学生能否利用变化规律分析二氧化碳合成甲醇的可能性,评价 4,学生能否从变化的数据中找到规律,都是评价学生的变化观念素养,以此实现变化观念素养导向下,素养、情境、知识的教、学、评一致性。评价 6、7、9,通过实验探究、证据推理和系统理论分析学生在设计实验方案时是否有控制变量的科学思想,改变反应条件时是否能判断反应中的变化及能否意识到颜色或压强不变时是新平衡状态的标志,以诊断学生用变化与平衡的观念分析实验现象的素养水平。教师在教学中可通过学生在该评价环节中的不同表现,提供进一步的问题引导,以促进学生"变化观念与平衡思想"及"证据推理"素养的发展。评价任务 8、10、11,从学科价值角度诊断学生运用化学平衡知识解决生产实际问题的水平,从社会价值角度诊断学生关注环境保护、资源的开发利用等社会问题的水平,如是否能分析如何提高废气中二氧化碳的浓度、如何获取氢源、如何及时将甲醇分离等实际生产问题。

素养导向下的本单元教学,教学的关注点不再是按教材单纯地、零散地让学生学习化学反应的方向、化学反应速率与平衡等知识,而是围绕一系列系统的、有内在逻辑关系的活动任务,不断引导学生深入学习与思考,同时检测学生的学习进程和评价学生的知识习得和能力获取,以此深化化学反应速率与平衡知识在培养学生核心素养方面的突出作用。

四、教学设计反思

(一) 单元教学设计的思维——全局视野设计大情境主题

单元教学设计强调大主题的设计思维,教师要以素养发展目标的全局视野思考各课时本身的地位和作用、相互之间的关联和衔接,然后突出有价值的大情境创设,再设计连贯的课时真实情境。若教师总是基于课时的微观视角解读教材或课标,将学科内容分解成孤立的模块,则不利于学生在系统的学科知识、素养环境中成长。而大单元教学设计中教师将相关的知识点组织起来,将所学的知识结构化,有利于帮助学生理解、记忆和迁移,实现教学内容"有意义"。因此单元整体设计要求围绕核心素养目标定位,创设有价值的情境任务,通过设计情境线索、知识线索、活动线索、评价任务,凸显素养、情境与知识的有效整合,体现教、学、评的一致性。

(二) 多维度发展核心素养,凸显单元设计导向的核心素养

化学反应的方向、限度和速率是发展学生"变化观念与平衡思想"非常好的素材,因此本单元教学设计主要以"变化观念与平衡思想"素养为导向,其他素养维度也会有所体现,但是有主次之分。如进行"如何将二氧化碳更多地转化为甲醇"任务时,在学生探究影响化学平衡的反应条件的过程中,教师让学生设计实验、收集实验证据来进行证据推理,显然涉及"证据推理与模型认知"这一核心素养。又如教师在进行整个大任务主题教学"如何将工业废气中的二氧化碳合成甲醇"时,帮助学生树立绿色化学理念,认识到利用化学反应将无用物质转化为有用物质是解决环境问题的重要途径之一,渗透"科学精神与社会责任"这一素养。

(该教学实践成果得到对外经济贸易大学附属中学王艳老师、陈爱民老师、凌鹏老师以及北京市海淀区教师进修学校支瑶老师的指导,属于北京师范大学高端备课项目成果)

案例8 探究反应物平衡转化率

广东省佛山市第一中学 张道年

笔者在教学实践中发现,学生在理解化学学科观念的程度上存在着差异性,这也与化学学科核心素养的五个方面的素养水平分层相符合。以"变化观念与平衡思想"为例,有的学生对变化观念与平衡思想的认识度较低,有的学生学习了可逆反应的化学平衡移动,无法将相关规律"投射"到电离平衡中来,有的学生在意识到化学平衡与电离平衡的相似关系后,自以为融会贯通了,但是还是无法运用到水解平衡中去。与"变化观念与平衡思想"息息相关的平衡观是化学学科的基本观念,学生是否拥有基本观念无法直观看出,但可以通过关键能力的强弱体现出来。关键能力是实实在在的思维方法,而能够将化学平衡的移动"投射"到电离平衡、水解平衡中去也是一种"关键能力",而且是属于需要内化的更高层次的"必备品格"。将平衡观从可逆反应的化学平衡推广到弱电解质的电离平衡、盐类的水解平衡具有重要的现实意义和价值培养的功能。可逆反应的平衡移动是知识基础,学生把"平衡移动"学得扎实了,接下来"CH_3COOH的电离平衡"和"Fe^{3+}的水解平衡"的学习就水到渠成,其实就是学生通过可逆反应的平衡移动的学习,自觉地形成一种内在的能力和素养。化学学科观念对于学生来说只是一种朦胧的感觉,需要基于化学学科观念的学科思维锤炼。例如,可逆反应正向移动一定表示反应物的转化率提高吗?学生常常在平衡移动方向和反应物的转化率变化这两个概念上混淆。化学平衡移动的原因很多,平衡正向移动时反应物的转化率可能增大,也可能减小或不变。学生在能力和素养提升之后才能理解这些应用方面的内容。《普通高中化学课程标准（2017年版）》指出"变化观念与平衡思想"有4级水平,其主要内容和典例如表2-8-1所示（中华人民共和国教育部,2018）。

表 2-8-1　变化思想与平衡观念素养水平表

素养水平	变化观念与平衡思想	典例
1	能认识到物质运动和变化是永恒的,能归纳物质及其变化的共性和特征,能认识化学变化伴随着能量变化;能根据观察和实验获得的现象和数据概括化学变化发生的条件、特征和规律	向 $K_2Cr_2O_7$ 酸性溶液中滴加碱,溶液颜色有变化,可知溶液中存在平衡移动
2	能从原子、分子水平分析化学变化的本质,能理解化学反应中量变和质变的关系;能从质量守恒,并运用动态平衡的观点看待和分析化学变化;能运用化学计量单位定量分析化学变化及其伴随发生的能量转化	反应 $Cr_2O_7^{2-}$(橙色)+ H_2O ⇌ $2CrO_4^{2-}$(黄色)+ $2H^+$,加入 NaOH 消耗 H^+,平衡右移,溶液由橙色转变为黄色
3	形成化学变化是有条件的观念,认识反应条件对化学反应速率和化学平衡的影响,能运用化学反应原理分析影响化学变化的因素,初步学会运用变量控制的方法研究化学反应	向 $Cr_2O_7^{2-}$(橙色)+ H_2O ⇌ $2CrO_4^{2-}$(黄色)+ $2H^+$ 的平衡体系中加入 H^+。$c(H^+)$ 存在着先增大,后减小的变化过程,根据勒夏特列原理,$c(H^+)$ 最终还是比原来大
4	能从不同视角认识化学变化的多样性,能运用对立统一思想和定性、定量结合的方式揭示化学变化的本质特征;能对具体物质的性质和化学变化做出解释或预测,能运用化学变化的规律分析说明实际生产、生活中的化学变化	可逆反应化学平衡移动的变化规律可以迁移到弱电解质的电离平衡或盐类水解的水解平衡中来

为了简洁地描述变化观念与平衡思想,参考相关文献(何银华,2018)将素养层级概括为表 2-8-2。

表 2-8-2　平衡观水平层级简表

水平	证据类型	水平表现
1	从宏观看平衡	能从宏观角度定性判断存在平衡移动
2	从微观看平衡	能从微观角度解构平衡移动的过程
3	控制变量法研究平衡移动	认识到平衡移动是有条件的, 能够判断外界条件的变化引起平衡的移动
4	对平衡移动变式的应用	将平衡移动的思想从基本化学变化 延伸至其他反应类型

一、从宏观现象角度初步了解变化观念与平衡思想

平衡观在本质上就是"量变引起质变"的一种体现,由于物质的量发生了变化,平衡发生了移动,自然而然化学现象也会有所变化,例如颜色变化,出现气泡、沉淀等。

问题 1:向 $Cr_2O_7^{2-}$ 溶液中加强碱溶液,现象将会发生怎样的变化,为什么?

铬酸根和重铬酸根离子存在平衡:$Cr_2O_7^{2-}$(橙色)$+H_2O \rightleftharpoons 2CrO_4^{2-}$(黄色)$+2H^+$,分别向两支小试管中加入 4 mL 0.1 mol/L $K_2Cr_2O_7$ 溶液,记为①和②。向①中滴加 3 滴蒸馏水,溶液仍显橙色,以 $K_2Cr_2O_7$ 为主,作为对比;向②中滴加 3 滴 6.0 mol/L NaOH 溶液,溶液显黄色,以 K_2CrO_4 为主。

实验揭示了由于外界条件的改变,正逆反应速率不相等,所以化学平衡状态发生变化(图 2-8-1)。

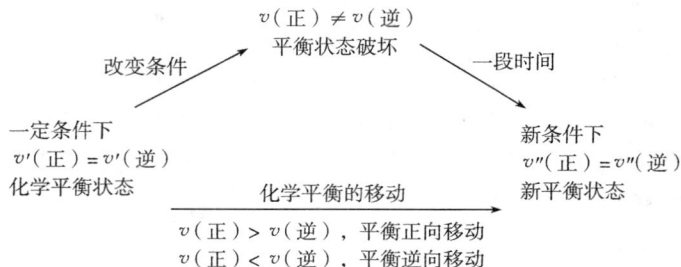

图 2-8-1　"化学平衡移动"的认知模型

在新授课中,学生对于平衡观的理解始于观察到的现象和观察现象后得出的结论。通过宏观现象发生的变化,学生形成了一种平衡移动的意识。化

学的学习始于化学实验和化学实验现象,实验现象可以激发学生的学习热情。

二、从微观角度用微粒的运动看平衡限度

学生在学习初期难以形成平衡观,不易懂得平衡的移动是如何发生的。例如在 1 L 0.1 mol/L 的 CH_3COOH 溶液中电离出来的自由移动的 H^+ 物质的量是 0.005 mol,部分学生只看到自由移动的那部分 H^+,认为 CH_3COOH 在与 NaOH 溶液反应时,NaOH 只消耗 0.005 mol,暂时还不能理解 CH_3COOH 还能继续电离出更多的 H^+。因此让学生从宏观角度了解平衡是可以移动的这一事实之后,还要从微观角度继续深化平衡移动原理。于是笔者设计了下列问题去落实学生的平衡移动思维方式,从微观角度去看待化学平衡的移动,属于素养水平 2 的要求。从这一层面的观察和分析有利于学生进一步学习平衡移动的相关内容,是学习化学的一种视角,即化学学科核心素养的学科观念之微粒观的角度。

问题 2:$Cr_2O_7^{2-}$(橙色)$+H_2O \rightleftharpoons 2CrO_4^{2-}$(黄色)$+2H^+$,$K_2Cr_2O_7$ 溶液中主要含有哪些离子?

问题 3:为什么向 $Cr_2O_7^{2-}$(橙色)$+H_2O \rightleftharpoons 2CrO_4^{2-}$(黄色)$+2H^+$ 的溶液中滴加 NaOH 溶液后颜色会变成黄色?

问题 4:为什么装有 NO_2、N_2O_4 混合气体的平衡球,$2NO_2(g) \rightleftharpoons N_2O_4(g)$,$\Delta H < 0$,一端浸入到热水中,一端浸入到冰水中,本来一样颜色的混合气体,热水那一端颜色变深,冰水那一端颜色变浅?

问题 5:向充入 $2NO_2$(g,红棕色)$\rightleftharpoons N_2O_4$(g,无色)体系容器中加压,为什么气体的颜色先变深后变浅?

问题 6:如果向 $Cr_2O_7^{2-}$(橙色)$+H_2O \rightleftharpoons 2CrO_4^{2-}$(黄色)$+2H^+$ 体系中加水稀释,为什么平衡向正反应方向移动?

$K_2Cr_2O_7$ 溶液中存在可逆反应 $Cr_2O_7^{2-}$(橙色)$+H_2O \rightleftharpoons 2CrO_4^{2-}$(黄色)$+2H^+$,因此有 K^+、$Cr_2O_7^{2-}$、CrO_4^{2-}、H^+ 和极少量的 OH^- 等离子。加碱后 OH^- 将会与 H^+ 反应生成水,H^+ 浓度减小,根据平衡移动原理,平衡将会向正反应方向移动,所以溶液将呈 CrO_4^{2-} 离子的黄色,这是浓度这一影响因素造成的。而反应 $2NO_2(g) \rightleftharpoons N_2O_4(g) \Delta H < 0$,可以从温度和压强两个角度来分析平衡移动的方向问题。除此之外,还可以从整体观的角度来看待可逆反应的移动方向问题,例如向 $Cr_2O_7^{2-}$(橙色)$+H_2O \rightleftharpoons 2CrO_4^{2-}$(黄色)$+$

$2H^+$ 体系中加水稀释,总的离子浓度将会下降,根据勒夏特列原理,只有当平衡正向移动才能使得离子的总浓度增加。笔者通过设计的几个问题巩固了学生从微粒观角度看化学平衡移动的能力,从而可以很好地提升学生对平衡限度的认识。

三、用变量控制法和虚拟容器法解析平衡转化率,提升学生的关键能力

关键能力不能局限于对简单的平衡移动能够正确地认识和分析,而是要能够提升学生在面对复杂情况时准确分析的能力。学生面对化学平衡移动的影响因素从一种变为多种时,可以使用"变量控制法"和"虚拟容器法"相结合的方式,这一内涵属于素养水平 3 的要求。

问题 7:向容器甲中加入 $N_2O_4(g)$ 会部分分解为 $NO_2(g)$,$N_2O_4(g) \rightleftharpoons 2NO_2(g)$。平衡时分解的 N_2O_4 与原有的 N_2O_4 之比即为 N_2O_4 的平衡转化率。当再向容器甲中加入一倍量的 N_2O_4 后,N_2O_4 的平衡转化率将如何变化?

平衡观念必定涉及到平衡的移动,而平衡移动也是平衡观念的体现。要比较前后两次的平衡转化率变化的情况,必定要知道"该平衡向哪个方向移动"和"与原来相比移动的程度如何变化"这两个问题。学生面对外界条件改变下的平衡移动,可运用"变量控制法"和"虚拟容器法"对平衡移动过程进行"拆解"。

第 1 步:如图 2-8-2 所示,容器甲中存在可逆反应 $N_2O_4(g) \rightleftharpoons 2NO_2(g)$,容器乙(Ⅰ)与容器甲一样,放一样多的 $N_2O_4(g)$ 气体,并形成了化学平衡状态。容器乙(Ⅰ)上面有一个虚拟的容器乙(Ⅱ),体积与容器乙(Ⅰ)一样,并放入与容器乙(Ⅰ)一样多的 N_2O_4 气体。一段时间后形成新的平衡,如容器丙(Ⅱ)所示。

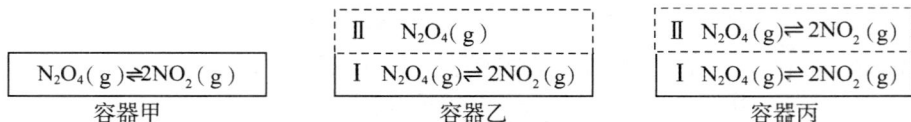
图 2-8-2　虚拟容器法过程 1

第 2 步:当容器丙(Ⅱ)中形成平衡之后,再将 $N_2O_4(g) \rightleftharpoons 2NO_2(g)$ 混合气体全部压入到下面的容器丙(Ⅰ)中。如图 2-8-3 所示。

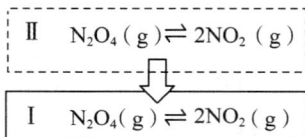
图 2-8-3　容器丙中压缩过程 1

　　第 1 步只涉及浓度变化引起的平衡移动,由于 N_2O_4 增多,根据勒夏特列原理 N_2O_4 必定要分解,所以容器乙(Ⅱ)中的平衡正向移动,直至与容器乙(Ⅰ)中的一模一样为止,第 1 步中 N_2O_4 的平衡转化率与容器甲中的相同,没有发生变化。第 2 步中容器丙上、下两个容器中的物质类型和物质的量是完全一样的,将上面容器中气体压入下面的容器中相当于加压,涉及压强变化引起的平衡移动。由于系数左边<右边,即 1<2,所以压强增大,平衡必定会向逆反应方向移动,所以 N_2O_4 的平衡转化率会减小。由于该反应左右两边物质的系数不同,所以原平衡和新平衡在移动的程度上也不相同,这一点就体现在反应物的转化率上,这一点更难理解,即知识的层次不同,学生若能够理解甚至能够灵活应用就说明学生的思维层次提高了。当然第 1 步和第 2 步的平衡移动在真实情境下是不分先后的,应是同时进行的,只是在本研究中人为地分割成两个阶段而已。

　　【教师】容器乙(Ⅱ)中的 N_2O_4 气体发生反应 $N_2O_4(g) \rightleftharpoons 2NO_2(g)$,该平衡正向移动的影响因素是哪一种类型?

　　【学生】浓度。

　　【教师】将容器丙(Ⅱ)中的气体全部压入到容器丙(Ⅰ)后,$N_2O_4(g) \rightleftharpoons 2NO_2(g)$ 平衡逆向移动,该变化的影响因素是什么?

　　【学生】压强。

　　【教师】最终容器丙(Ⅰ)中 N_2O_4 的平衡转化率与容器甲中 N_2O_4 的平衡转化率相比如何变化?

　　【学生】由于相对于容器甲而言,平衡逆向移动了一点,所以再增加 N_2O_4 后其平衡转化率会减小。

　　一般学生的理解程度都可以落在第 1 步的层次中,这里只涉及一个变化因素,相对较为简单。由于增加了反应物 N_2O_4 的浓度,所以平衡肯定是要向正向移动的。但是由于 1<2,所以平衡虽然是在向正反应方向移动,但是总是有一股向左的力量在牵制着平衡向右移动,表现为平衡转化率会比以前的降低一些,显然对这一点的理解素养水平层次显得更高一些。

四、关键能力升华为必备品格的过程就是素养水平升级的过程

　　在塑造学生关键能力的过程中,通过控制变量法和虚拟容器法,人为地拆分为两个阶段来分析平衡移动变化过程,在面对很多现实问题中这种方法可

以运用到很多方面,因此可以将其进行扩展研究,深化为学生的必备品格。采用变式的方式,对学生的思维层级进行提升。

问题 8:向容器甲中加入的 $NO_2(g)$ 会部分二聚为 $N_2O_4(g)$,$2NO_2(g) \rightleftharpoons N_2O_4(g)$。转化为 N_2O_4 的 NO_2 与原有的 NO_2 之比即为 NO_2 的平衡转化率。当再向容器甲中加入一倍物质的量的 NO_2 后,NO_2 的平衡转化率如何变化?

把反应 $N_2O_4(g) \rightleftharpoons 2NO_2(g)$ 换成 $2NO_2(g) \rightleftharpoons N_2O_4(g)$ 后,在第 1 步变量控制法的分析中是没有任何区别的,都是在分析浓度因素,平衡向正反应方向移动,见图 2-8-4 容器丙(Ⅱ)。

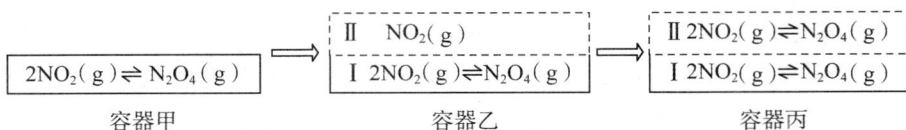

图 2-8-4　虚拟容器法过程 2

而在第 2 步中存在本质上的区别,那就是将容器丙(Ⅱ)中的所有气体都压入到容器丙(Ⅰ)后,平衡是向正反应方向移动的,即反应物 NO_2 的平衡转化率与前面相比是增大的,如图 2-8-5 所示。

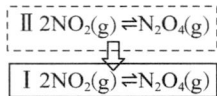

图 2-8-5　容器丙中压缩过程 2

在这个变式问题中,最大的区别就在于反应前后的系数不同,学生可以得出在变量控制法中第 2 步平衡移动的方向。这虽然仍然属于学生的关键能力,但是是在前者的基础上进行的深化,在素养水平上属于更高的层级。

【教师】将容器丙(Ⅱ)中的气体全部压入到容器丙(Ⅰ)后,$2NO_2(g) \rightleftharpoons N_2O_4(g)$ 平衡正向移动,该变化的影响因素是影响化学平衡移动影响因素中的哪一种?

【学生】压强。

【教师】最终容器丙(Ⅰ)中 NO_2 的平衡转化率与容器甲中 NO_2 的平衡转化率相比如何变化?

【学生】由于相对于容器甲而言,平衡正向移动了一点,所以再增加 NO_2 后其平衡转化率会增大。

问题 9:在容器甲中放入一定量的 N_2O_4 气体,发生反应 $N_2O_4(g) \rightleftharpoons 2NO_2(g)$。$N_2O_4$ 的平衡转化率指分解为 NO_2 的 N_2O_4 与原有的 N_2O_4 的比

值。现在将 N_2O_4 的物质的量减少一半,则 N_2O_4 的平衡转化率如何变化?

问题 9 正好与问题 8 相反,将"增大浓度"变成"减小浓度",此时还是可以运用虚拟容器法,分阶段地解决问题。第 1 步是将反应物的浓度减少一半;第 2 步是将剩下的一半的反应物放入原来那么大的容器中,推理出平衡移动的方向,如图 2-8-6 所示。

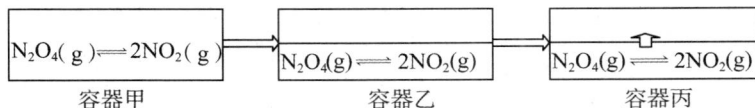

图 2-8-6　虚拟容器法过程 3

本题采用的也是虚拟容器法,即将减少一半 $N_2O_4(g)$ 之后直至达到新的平衡状态的过程拆分为两个阶段,每个阶段只考虑一个因素,降低思维的复杂程度。其实本题就是在上一个题的基础之上展开的,采取的是类比的思维方式,如果学生对问题 8 思路清晰,问题 9 就可以解决。

【教师】容器乙刚开始与容器甲中气体的状态完全一样,后来将容器乙分成体积相等的两部分,再将容器乙上半部分的混合气体全部取出。如容器丙所示,将下半部分的混合气体扩散到整个容器中,此时 $N_2O_4(g) \rightleftharpoons 2NO_2(g)$ 的平衡向正反应方向移动的原因是什么?

【学生】该过程相当于降低压强,所以平衡向体积扩大的方向移动。

【教师】最终容器丙中 N_2O_4 的平衡转化率与容器甲中 N_2O_4 的平衡转化率相比如何变化?

【学生】增大。

问题 10:增大 CH_3COOH(或含有 Fe^{3+} 的)溶液的浓度,则 CH_3COOH(或含有 Fe^{3+} 的)的电离程度(或水解程度)如何变化?

从可逆反应到弱电解质的电离或盐的水解反应,虽然反应体系变了,但本质没变,还是要观察反应前后系数的大小关系。从微粒观出发寻找可逆反应 $N_2O_4(g) \rightleftharpoons 2NO_2(g)$ 与弱电解质的电离平衡 $CH_3COOH(aq) \rightleftharpoons CH_3COO^-(aq) + H^+(aq)$、盐的水解平衡 $Fe^{3+}(aq) + 3H_2O(l) \rightleftharpoons Fe(OH)_3$(胶体)$+ 3H^+(aq)$ 的相似之处。反应 $N_2O_4(g) \rightleftharpoons 2NO_2(g)$ 是微粒数 $1 \rightarrow 2$ 的变化,而 $CH_3COOH(aq) \rightleftharpoons CH_3COO^-(aq) + H^+(aq)$ 和 $Fe^{3+}(aq) + 3H_2O(l) \rightleftharpoons Fe(OH)_3$(胶体)$+ 3H^+(aq)$ 分别是微粒数 $1 \rightarrow 2$ 和 $1 \rightarrow 4$ 的变化过程。此处不需要运用"变量控制法"和"虚拟容器法",只需要使用问题 7 的

结论就可以了,如图 2-8-7 所示。

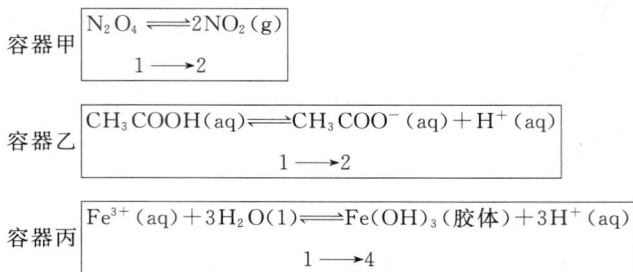

$$容器甲 \quad \boxed{\begin{array}{c} N_2O_4 \rightleftharpoons 2NO_2(g) \\ 1 \longrightarrow 2 \end{array}}$$

$$容器乙 \quad \boxed{\begin{array}{c} CH_3COOH(aq) \rightleftharpoons CH_3COO^-(aq) + H^+(aq) \\ 1 \longrightarrow 2 \end{array}}$$

$$容器丙 \quad \boxed{\begin{array}{c} Fe^{3+}(aq) + 3H_2O(1) \rightleftharpoons Fe(OH)_3(胶体) + 3H^+(aq) \\ 1 \longrightarrow 4 \end{array}}$$

图 2-8-7 类比推导的过程

【教师】$N_2O_4(g) \rightleftharpoons 2NO_2(g)$ 与 CH_3COOH 电离平衡 $CH_3COOH(aq) \rightleftharpoons CH_3COO^-(aq) + H^+(aq)$ 或 Fe^{3+} 的水解平衡 $Fe^{3+}(aq) + 3H_2O(1) \rightleftharpoons Fe(OH)_3(胶体) + 3H^+(aq)$,在微粒个数变化的形式上有什么相同之处?

【学生】都是由 1 个微粒变为多个微粒的过程。

【教师】向乙酸溶液中加冰醋酸,即提高乙酸的浓度,则乙酸的电离程度如何变化?

【学生】类似于向 $N_2O_4 \rightleftharpoons 2NO_2$ 中提高 N_2O_4 的浓度,N_2O_4 的转化率降低。按照上述的结论,向乙酸溶液中加冰醋酸,乙酸的电离程度降低。

【学生】以此类推,提高 Fe^{3+} 的浓度,则 Fe^{3+} 的水解程度降低。

根据《普通高中化学课程标准(2017 年版)》,"变化观念与平衡思想"的素养是划分为 4 个水平层级的。

从学生的个别访谈(表 2-8-1)来看,学生从宏观现象出发或从微观角度分析平衡移动是较为轻松的,但是一旦面临的情境素材从一种因素变成多个因素时,例如"增加反应物 N_2O_4 的浓度后平衡向哪里移动? N_2O_4 的转化率如何变化",再让学生去落实勒夏特列原理就变得困难起来,归根到底是由于学生的关键能力和必备品格的培养并不到位。在学习"化学反应速率"时老师已经强调过"变量控制法",因此适时地将增加 N_2O_4 后的变化过程予以拆分,第 1 步是增加 N_2O_4 的浓度,第 2 步是增加体系的压强,这样的处理使得条理更加清晰,也属于"变量控制法"的应用,是学生关键能力的一种体现。但是接下来才是对学生真正的考验,一是将反应 $N_2O_4 \rightleftharpoons 2NO_2$ 改变为 $2NO_2 \rightleftharpoons N_2O_4$ 后平衡将向哪里移动,N_2O_4 的平衡转化率如何变化;二是不再增加反应 $N_2O_4 \rightleftharpoons 2NO_2$ 的反应物 N_2O_4 的浓度,而是降低反应物 N_2O_4 的浓度,则平衡如何移动,反应物的转化率如何变化;三是将反应的范围扩大,弱电解质的电离平衡和盐类的水解平衡从微粒观的角度来看与 $N_2O_4 \rightleftharpoons 2NO_2$ 的变化是没有区别的,因此弱电解质的电离程度和盐类的水解程度的变化状况就成了检验学生必备品格的素材。

表 2-8-3 学生素养水平分层在平衡转化率内容部分的典型分析过程

水平	证据类型	典型分析
1	宏观现象	通过实验证明可逆反应,当外界条件发生变化时,可逆反应的确发生了移动,这是一种客观存在的化学现象
2	微观现象	可以在勒夏特列原理的支持下,用微粒观分析平衡移动的原因,帮助学生形成从宏观到微观的变化
3	关键能力	"增大反应物浓度平衡如何移动"可以拆解为两个过程,即"增大反应物浓度"和"增大体系压强",体现分析和解决平衡移动的关键能力
4	必备品格	"改变反应物和生成物的系数""增大浓度变成减小浓度""从化学平衡移动到弱电解质的电离和盐的水解"等变化都可以类比增大可逆反应反应物的浓度

(该教学实践成果属于广东省教育科研"十三五"规划 2018 年度课题"基于提升高中学生化学学科核心素养的教学课例研究〔课题编号:2018YQJK131〕"项目成果)

专题3

"证据推理与模型认知"素养导向的教学实践

　　"证据推理与模型认知"素养要求学生基于证据提出可能的假设,通过分析推理加以证实或证伪;运用模型解释化学现象,揭示现象的本质和规律。

　　具体要求:初步学会收集各种证据,对物质的性质及其变化提出可能的假设;基于证据进行分析推理,证实或证伪假设;能解释证据与结论之间的关系,确定形成科学结论所需要的证据和寻找证据的途径;能认识化学现象与模型之间的联系,能运用多种认知模型来描述和解释物质的结构、性质和变化,预测物质及其变化的可能结果;能依据物质及其变化的信息建构模型,建立解决复杂化学问题的思维框架。

　　"证据推理和模型认知"素养的水平要求:

　　水平1——能从物质及其变化的事实中提取证据,对有关的化学问题提出假设,能依据证据证明或证伪假设;能识别化学中常见的物质模型和化学反应的理论模型,能将化学事实和理论模型之间进行关联和合理匹配。

　　水平2——能从宏观和微观结合上收集证据,能依据证据从不同视角分析问题,推出合理的结论;能理解、描述和表示化学中常见的认知模型,指出模型表示的具体含义,并运用于理论解释或推测物质的组成、结构、性质与变化。

　　水平3——能从定性与定量结合上收集证据,能通过定性分析和定量计算推出合理的结论;能认识物质及其变化的理论模型和研究对象之间的异同,能对模型和原型的关系进行评价以改进模型,能说明模型使用的条件和适用范围。

　　水平4——能依据各类物质及其反应的不同特征寻找充分的证据,能解释证据与结论之间的关系,能对复杂的化学问题情境中的关键要素进行分析以建构相应的模型,能选择不同模型综合解释或解决复杂的化学问题;能指出所建模型的局限性,探寻模型优化需要的证据。

案例 9　溶质质量分数

广东省深圳市宝安区文汇学校　张妮娜

　　化学概念是对生活现象和化学事实进行分析、概括得出的理性知识,是一种抽象的高级思维形式。在学习初中化学时如果学生开始没有清楚地、准确地理解和掌握化学基本概念,那么随着知识的不断增加和深化,势必造成学生概念越来越模糊,学习负担越来越重。因此在义务教育化学教学中必须重视基本概念的教学。如何在实际课堂中对化学基本概念进行有效教学,是本研究探讨的重点。

　　本研究的知识载体"溶质质量分数",是初中化学课程中的核心概念之一,根据重要性,它在 100 个化学学科关键词中排名 26,可见其重要程度(钱扬义,2015)。通过对概念内涵进行深层挖掘发现,学生对"溶质质量分数"的理解过程,实质是对"溶质质量分数"概念模型的认知和建构过程,而模型的外在表征为"溶质质量与溶液质量之比"这一数学公式(倪娟,2014)。"溶质质量分数"概念模型的建构,以学生对"溶液""不饱和溶液""饱和溶液""溶解度"等概念的理解为基础,是"溶液"概念模型的定量发展和延伸(罗滨等,2015)。根据中国基础教育全文数据库的资料,对于"溶质质量分数"的教学研究,大多数为与"溶质质量分数"计算相关的研究,缺乏"溶质质量分数"概念建构的相关研究(罗月旺,2017;张云丽,2009)。笔者目前尚未发现围绕"模型认知与建构"设计和开展教学的案例,因此该研究具有一定的研究价值。

　　本教学案例主要采用建模教学的教学模式,以期解决传统的"讲授—示范"教学中存在的问题,例如,知识之间的割裂、学生的被动性以及学生对自己朴素观念的坚持等,促进学生对科学概念的深刻理解,实现概念的有效教学。

一、教学理念与设计

　　本研究在综合考虑教学内容特点、学生能力特点和有效教学策略的基础上,以 1 个概念模型——"溶质质量分数"为模型建构的载体,1 种教学模式——"建模教学"为主要教学模式,4 种教学方法——"情境创设教学法""情境驱动式计算""半开放性实验探究""联系生活法"为主要建构方法。具体思路为首先通过创设真实生活情境提出问题,引入概念模型解决问题;然后通过情境驱动计算,进行概念的深度辨析,丰富模型的内涵;接下来通过设计实验方案,落实模型的应用;再进行模型应用拓展,最后进行概念总结归纳,如图3-9-1 所示。

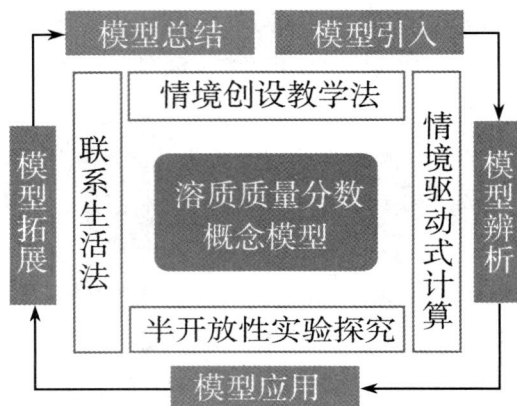

图 3-9-1　溶质质量分数概念模型教学设计思路

在明确教学设计思路的基础上,笔者确定了如下的教学目标。

知识与技能目标:认识溶质质量分数的定义;能说出标签中质量分数表示的实际意义;能进行溶质质量分数的简单计算;能描述并掌握配制一定溶质质量分数的溶液的实验过程。

过程与方法目标:通过配制一定溶质质量分数溶液的实验,提升实验方案的设计与实施操作能力,形成良好的学科语言组织与表达能力;通过溶质质量分数的相关计算,能够从定量的角度分析溶液的组成,掌握定量调控的方法。

情感态度与价值观目标:通过小组合作探究,培养团队意识,学会倾听和思考,发现实验探究的乐趣;通过真实情境与实验探究中的定量计算体验,初步建构溶液体系中的定量观;形成"化学源于生活、用于社会"的理念。

教学流程如图 3-9-2 所示。

图 3-9-2　溶质质量分数的教学流程

二、教学设计与解决实施

（一）自主设置情境，提出本质问题

化学概念通常具有枯燥、抽象、难于理解等特点。笔者通过对一线初中化学教师的访谈发现，在化学概念课教学中，教师一般采取"简单介绍概念，习题巩固概念"的教学方式。这不仅会让学生感觉课堂乏味，也不能使学生深入理解概念。学生对概念的理解过程，是其主动参与、积极思考的过程。没有深层次的思维活动，学生不可能完成对概念模型的认知与建构。因此，化学概念的教学必须将对核心概念的理解转化为高水平问题，以问题为主线来创设真实、生动的学习情境和多种形式的探究活动，从而引领学生主动地思考。

"溶质质量分数"与大部分的化学概念一样，具有一定的抽象性，单凭讲解难以使学生真正体会概念的本质。因此本节课采用情境创设教学法，联系生活实际，以"绿萝异生长"这一学生熟悉的生活情境来贯穿本课教学，使抽象问题具体化、生活化、简单化。这不仅激发了学生的学习兴趣，使学生的学习由被动接受转变为主动探究，也符合学生对该内容的认知顺序，促进学生思维的发展，把学生的认知活动和情感活动紧密结合起来。

（二）概念模型引入，解决本质问题

教师在概念教学中，应该直接给出概念，再进行辨析和应用，还是应该通过探究引入？这是一个在概念教学中非常值得探讨的问题。利用何种方式引入更为合适？首先要考虑本课核心概念"溶质质量分数"的特点。"溶质质量分数"是用于表示溶液的浓度的一种方式，是人类约定俗成的表示方式。对于其定义的方式和原因，难以通过探究来总结得出。同时，教师通过教学实践发现，经过探究来引入新概念耗费时间较长，却没有收到预期的教学效果，而一节课的时间非常有限，如果在概念探究上耗费太多的时间，无法对新学的概念进行进一步的辨析和应用，就无法达到既定的教学目标，显然降低了教学的有效性。

因此，对于"溶质质量分数"这一特定概念来说，直接给出定义和公式，再对概念进行辨析和应用，显然是更为有效的教学策略。本节课在具体生活情境的铺垫下，直接引入"溶质质量分数"核心概念，解决情境中的本质问题。再让学生初步对模型进行简单应用，使学生对模型具备一种感性认识。

（三）概念深度辨析，丰富模型内涵

由于缺乏对概念的深入辨析，学生往往只是记住了概念的定义，无法深刻地认识概念的内涵。在给出"溶质质量分数"概念之后，教师常规的处理方式是给出一定数量陌生情境的练习，使学生能够依据表达式进行各种计算，目的是让学生巩固对表达式的记忆。无可否认，这种通过计算巩固概念的处理方式在一定程度上发展了学生的定量思维。但教师往往忽略了非常重要的一点，学生对于这种机械的计算是被动进行的，因此学生对概念模型也不是主动建构的。同时，部分教师在进行教学时，对学生在解决实际问题时所表现出来的障碍点认识不清。经过传统的教学后，学生的能力往往停留在利用"溶质质量分数"公式进行简单计算上，而没有对"溶质质量分数"是一个比例量的内涵形成深刻认识，缺乏应用"溶质质量分数"的比例关系进行溶液浓度的定量调控的能力。

为了弥补这些缺陷，教师可在学生获得概念定义后，继续利用具体生活情境，设计相关的变式计算，以情境驱动学生对概念进行深度辨析，丰富模型的内涵。以"溶质质量分数"核心概念为例，核心概念主要体现溶质质量、溶剂质量与溶液质量三者之间的定量与比例关系。因此,本节课通过"重新配置绿萝营养液"的情境,引发学生对核心概念的模型变式进行应用,并且通过对不同配置方案数据的比较和观察,总结发现"在配制一定质量分数的溶液时,溶质的量、溶剂的量都可以调控,只需保证溶质与溶液的质量比是定值"这一规律,加深学生对概念的关键特征的认识,完善和丰富模型的内涵。

(四) 实验方案设计,落实模型应用

有效的概念教学,应注重将概念落实到具体情境的运用中。如何对"溶质质量分数"概念模型进行综合运用? 实验是有效的教学手段。为了及时检测教学效果,落实概念模型的应用,本节课设置了"配制 5% 的硝酸钾溶液"这一探究活动。基于学生缺少比例意识,难以运用概念进行定量调控的现象,教师预先设置三类半开放性实验方案,如图 3-9-3 所示。

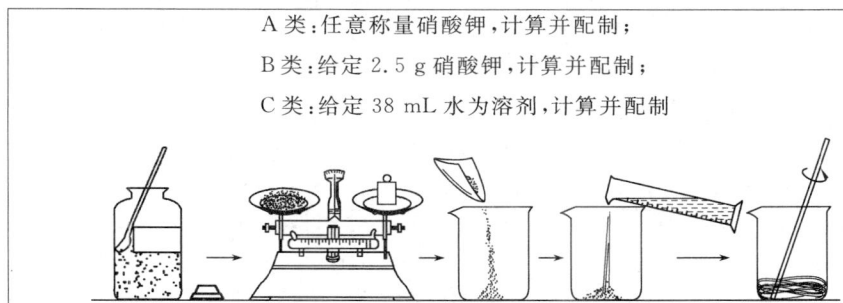

图 3-9-3　溶质质量分数的半开放性实验方案

学生根据教师提供的仪器和药品,以小组合作的形式进行实验方案的设计与实施,体会定量实验与定性实验的不同,在探究中逐步修正对质量分数的理解和认识,学会应用质量分数的比例关系进行溶液浓度的定量调控。探究实验与计算两条线相辅相成,学生能够基于对溶质质量分数比例关系的理解,灵活调控溶液各组分变量,定量配制各种浓度的水溶液,从而有效实现学生对溶液在定量层面的认识发展,落实概念模型的应用。

(五) 拓展模型应用,系统模型认知

学习概念的目的之一是应用概念的模型去解决生活中的问题,这是学生学习化学概念的价值取向。同时,初中学生以经验型的逻辑思维为主,理解抽象的化学概念往往需要借助生动、直观的形象和已有生活经验的支持。因此,在学生对"溶质质量分数"概念模型进行系统建构以后,教师利用联系生活法,进一步拓展概念模型的生活应用。这有助于学生对概念模型进行反思。最后

教师引导学生从知识、能力与观念等多角度对本节课的收获进行总结,对"溶质质量分数"模型形成系统的认知。

三、教学效果分析

教学完成后,笔者采用问卷调查法调查学生对本节课教学目标的完成情况,收集学生的反馈与评价。调查问卷共 18 题,采用李克特式 5 点量表计分法,选项包括:非常同意、同意、一般、不同意和非常不同意,分别记为 5、4、3、2、1 分。2018 年 11 月,笔者选取上海市某初中 55 名初三学生作为被试,发放问卷 55 份,收回问卷 55 份,回收率 100%,从而获得定量的数据进行分析。

问卷的设计和结果如表 3-9-1 所示。

表 3-9-1　溶质质量分数教学效果反馈问卷统计

维度	具体内容	平均分	维度平均分
知识与技能	1. 通过本节课的学习,我深刻理解了溶质质量分数的定义和内涵	4.88	4.82
	2. 通过本节课的学习,我能说出标签中质量分数表示的实际意义	4.86	
	3. 通过本节课的学习,我能进行溶质质量分数的简单计算	4.75	
	4. 通过本节课的学习,我能描述配制一定溶质质量分数溶液实验的具体步骤	4.70	
	5. 通过本节课的学习,我掌握了配制一定溶质质量分数溶液的实验操作	4.90	
过程与方法	6. 通过本节课的学习,我感受到实验方案的设计能力得到了提高	4.73	4.66
	7. 通过本节课的学习,我感受到实验操作能力得到了提高	4.60	
	8. 通过本节课的学习,我感受到语言组织与表达能力得到了提高	4.57	
	9. 通过本节课的学习,我能够从定量的角度分析溶液的组成	4.72	
	10. 通过本节课的学习,我能够对溶液的浓度进行定量调控	4.66	

续表

维度	具体内容	平均分	维度平均分
情感态度与价值观	11. 通过本节课的学习,我感受到化学实验、仪器的美妙之处	4.75	4.64
	12. 通过本节课的学习,我感受到小组讨论、合作学习的乐趣	4.50	
	13. 通过本节课的学习,我具备了主动从定量角度分析溶液体系的想法	4.43	
	14. 通过本节课的学习,我对"化学源于生活、用于社会"的理念有了进一步认识	4.89	
	15. 本节课比平时的概念课更轻松,更有趣	4.92	4.94
	16. 我对本节课的学习总体满意	4.95	
	17. 我觉得,此次教学过于复杂,学习负担很重(本题反向计分)	1.42	1.42
	18. 我听不懂这节课,感到老师讲解得不够清楚(本题反向计分)	1.33	1.33

表中 1～16 题为正向计分题,根据教学目标和整体评价来测试学生的学习效果和喜好情况,各维度平均分都在 4.6 以上,其中第 16 题测试学生对本节课的满意程度,平均分达到 4.95,证明本节课取得了良好的成效。表中 17、18 题为反向计分题,测试结果首先可以表明学生认真对待此次问卷,认真答题,理性选择,证明测试结果有效;测试结果更加证明了本节课利用情境创设、驱动计算、实验探究、联系生活等教学方法符合学生的认知水平和兴趣特点,使学生的学习过程轻松、有效。下面分别从三个维度对教学目标的达成的成效进行分析。

(1)知识与技能维度:第 1、2 题得分分别为 4.88 和 4.86,说明学生对溶质质量分数概念有比较深刻的认知,建立起了概念模型。第 3 题得分 4.75,说明学生掌握一定的计算技能,但有部分学生可能在计算上仍有一些障碍,需要加强。第 4 题得分 4.70,在此维度中最低,说明部分学生对于化学语言的组织和表达不够熟练,需要引起教师的重视。第 5 题得分为 4.90,在此维度中最高,说明学生对于化学实验具体操作比较熟悉,具备一定的化学实验技能。

(2)过程与方法维度:第 6 题得分为 4.73,在此维度中最高,说明通过半开放性的实验探究活动,学生对实验方案的设计有了一定的思路,这方面能力得到了加强。第 7、8 题得分分别为 4.60、4.57,得分不高,说明部分学生在探究过程中操作能力和语言表达能力没有得到很大提升,这可能是由于在小组合作中,教师没有考虑到每一位学生的参与程度,因此在教学中应该加强关注小组合作探究效果的最大化问题。第 9 题得分 4.72,得分较高,说明学生对于溶液体系的定量分析思维得到一定的发展。第 10 题得分 4.66,得分中等,说明部分学生对于溶液体系的定量调控能力还需要进一步加强。

（3）情感态度和价值观维度:第 11 题得分 4.75,说明学生热衷于动手实验,这与学生的年龄阶段有一定联系。第 12 题得分 4.50,得分相对较低,说明小组合作在本节课中没有充分调动课堂气氛,发挥小组合作的功能和效果。第 13 题得分 4.43,得分在本维度中最低,说明化学基本观念的形成是需要时间的,不是一次就能完成的,需要在课堂中不断地激发和巩固。第 14 题得分为 4.89,得分较高,说明本节课有效地让学生体会到"化学与生活"之间的联系,发展了学生"学好化学、用好化学"的思想。

为了实现"以教带研,以研促教",进一步优化课堂教学,提高课堂教学水平,18 位深圳宝安区初中化学骨干教师在对本节课进行观摩后,进行了深刻的评价和反思。下面笔者采用多重频次分析,对同行的评价进行统计,在此展示频次超过 50% 的统计结果,见图 3-9-4。

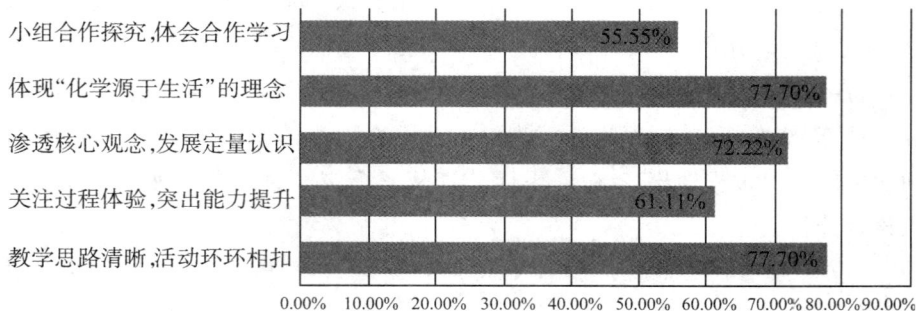

图 3-9-4　溶质质量分数教学实践同行评价结果统计

图中的数据表明,77.7% 的同行认为本节课的教学思路清晰,首先建构概念模型,然后对模型进行初步应用和辨析,再应用模型解决问题,教学活动环环相扣,并且同意对于"溶质质量分数"的教学,重点应该放在对概念模型进行辨析和应用上。61.11% 的同行提到本节课采用了实验探究与计算相结合,关注过程体验,突出能力提升,多角度、多方法地解决本节课教学重难点。

72.22％的同行认为整节课定量观贯穿其中,以学生需求为首,在教学过程中落实核心素养。77.70％的同行认为整节课都围绕"配置合适的花肥溶液"这一真实情景,从生活现象引出问题,继而认识问题的化学内涵,在解决教学问题的同时渗透学科价值,体现了"从生活走向化学"的理念。55.55％的同行认为在教学组织形式上采用了实验探究、小组合作的方式,体会合作式探究,培养团队意识。总体来说,同行对本节课的教学思路、教学方法、教学组织形式、教学观念渗透等方面都给予了高度的赞同,认为此次概念教学是有效的。

四、教学反思与建议

(一) 创设真实问题情境,谨防常见设置错误

由于概念思维模型具有抽象性,学生无法具体感知,因此在概念教学中,教师通常采取设置生活情境或实验情境的方法来激发学生的学习兴趣,让学生对新概念的引入具备感性的认识(张晋等,2007)。对于教学情境的设置,常见的错误是教学情境与概念没有直接的联系。不当的情境将给学生的认识造成干扰,无法顺利引出新概念。因此,情境一定要与教学内容直接挂钩。要在情境中提出问题,通过引入新概念解决问题,然后对概念进行进一步的辨析和应用。另一常见的错误是,部分教师容易把现象直接当作问题,把情境当作问题。但情境和现象都不是问题,现象背后的本质才是问题。例如在本案例中,"花蔫了"是一种现象,一种情境,但不是问题。而"花蔫了,是因为背后营养液的浓度高还是低?"才是问题。在教师创设情境进行教学时要倍加注意,谨防出现上述错误,提高概念教学的有效性。

(二) 直接引入概念模型,关注学生过程体验

在"素养为本"的教学背景下,教师应该尽量避免将概念以要点式、结论式的方式直接灌输给学生,然后再机械地通过习题进行巩固(卢姗姗等,2018)。这种做法显然忽略了学生学习的过程体验,忽视了对学生核心素养的发展,不符合新课标对化学概念教学的要求。但是如何才能通过概念教学发展学生的思维,发展学生的化学学科的核心素养呢?依然没有一种统一的说法。在概念教学中,有些教师会利用大量的时间通过探究引入概念模型,有的教师则通过情境直接给出概念,再通过辨析和应用建构概念模型。显然,教学有法,教无定法。无法片面地判断哪一种教学方法更合适,但每一种教学方法的采用,都要从课程知识、教学观念、学生情况等多方面出发综合考虑。对于本案例而

言,"溶质质量分数"显然是生活中定义的用来表示溶液的浓度的一种方式,学生对其定义比较容易理解,应该先直接引入概念,让学生有一个感性的认识,再将更多的时间放在对概念的辨析与应用上,丰富概念模型的内涵,发展学生对溶液体系的定量认识,学会利用概念模型对溶液的浓度进行定量的调控。

(三)重视概念模型辨析,注重相关概念群关系

化学概念并非单独存在。在科学教育领域中,"理解概念"通常与"记忆事实"对立(杨磊,2015)。事实是零散的,概念是系统的,概念理解体现在概念之间的相互联系。考虑到概念理解的系统性,在概念教学的辨析环节中,教师不仅要注重对于核心概念本体内涵的辨析,还应注重与核心概念相关的其他概念的辨析,使学生建立起核心概念与其他相关概念之间的联系,对事实进行综合地、总体地掌握。以"溶质质量分数"核心概念为例进行分析,核心概念主要体现溶质质量、溶剂质量与溶液质量三者之间的定量与比例关系,通过对核心概念的变式应用,能强化学生对核心概念本质的理解。而核心概念的相关概念有不饱和溶液、饱和溶液以及溶解度等。它们之间又具有什么联系呢?显然,在特定情境下,溶质质量分数是有一定限度的。当溶液是不饱和溶液时,随着溶质的增加,溶质质量分数不断增大。但溶质在溶剂中有一定的溶解度,当溶液达到饱和后,随着溶质的增加,溶质质量分数不能继续增大。因此,教师在进行概念教学时,要注重相关概念群的辨析,具备单元整体备课的意识,促进学生对相关概念的认识和理解。

(四)落实概念模型应用,细化实验探究方案

通过亲历实验探究的过程来落实概念模型的应用,学生的学习体验是更直接的、更丰富的。本案例以"配制一定溶质质量分数的溶液"为实验情境,通过小组合作探究的组织形式,对实验方案进行设计和实施,在实验中检验对溶质质量分数概念的认识,并提升学生对实验方案的设计与实施操作能力,形成良好的学科语言组织与表达能力。但在实施实验探究教学时,教师应该注重实验探究方案的细化与完整(刘瑞东,2004)。教师在实验方案设计前,应通过学案清楚地交代实验设计的具体事项,给出流程图或表格等清晰明确的设计支架;在实验方案设计后,应该邀请不同小组,利用小白板或者同屏技术对实验方案进行展示,师生共同对实验方案进行评价,让学生对错误的方案进行调整,以正确的方案来进行实验的实施;在实验方案实施之前,应该介绍实验的具体流程,

强调实验的相关注意事项,随后让学生分小组实施实验方案;在实验方案实施后,要对学生的实验实施过程进行必要的总结,并且展示学生的实验成果。只有把实验探究的每一个步骤落到实处,才能发挥这种教学策略最大的价值。

(五) 灵活运用教材素材,合理调整教学安排

现代教材观提倡的是"用教材教",而不是"教教材"(毕华林,1996)。我们应该根据教学目标,灵活地运用教材中的素材,合理调整教学的安排。在课程标准中,"一定溶质质量分数的氯化钠溶液的配制"是学生必须完成的实验活动。在教材中,"溶质质量分数"的概念教学与"一定溶质质量分数的氯化钠溶液的配制"应用实践分为两个课时教学。本节课以概念的引入、辨析、应用为教学流程,将"溶质质量分数"的概念教学与"一定溶质质量分数的氯化钠溶液的配制"应用实践进行整合,进行概念建构与应用一体化教学,通过调整教材内容顺序,大大提高了教学的有效性。

(六) 探讨有形模型应用,促进学生模型认知

化学概念是在化学科学研究过程中建立起来的,是化学现象和化学事实的概括化和抽象化的思维方式,能反映同类事物的化学运动规律和本质属性。化学概念相当于从现实生活中抽象出来的思维模型。因此,对于概念教学,需要深入探讨概念的模型认知问题。

"溶质质量分数"是一个抽象的模型,其公式为溶质质量与溶液质量之比。虽然定义非常简单,但学生对于抽象模型无法直接感知,需要借助生活中的一些具象模型来间接感知和建立。在日常教学中,教师常用"饼状图模型(如图3-9-5 所示)"这种形象的、有形的模型来表达溶质质量和溶液质量之间的比例关系。也有教师通过"烧杯模型"来建立这种比例关系,具体操作为在一定温度下,先往烧杯中加 100 g 水作为溶剂,再逐渐加入氯化钠固体作为溶质,过程中溶质质量分数不断增大。但当溶质加入到一定量后,溶液达到饱和,溶质不再溶解,溶质质量分数不再增大。

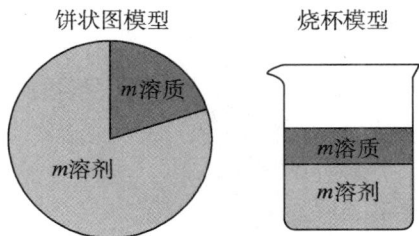

图 3-9-5 "溶质质量分数"有形模型

　　比较两种模型,二者都能够具体地表达溶质质量和溶液质量的定量比例关系。但比起"烧杯模型","饼状图模型"有一个严重的缺陷。在"饼状图模型"中,质量分数能无限增大,而在实际生活中,在一定条件下,特定溶质在溶剂中是有一定溶解度的,溶质的质量分数不能无限增大,"饼状图模型"的使用不当可能会导致学生形成错误概念。而"烧杯模型"更好地表达出这种限度的思想,更有利于学生对"溶质质量分数"这一思维模型的学习和建构。因此,在具体的教学实践中,教师应该利用合适的有形模型,促进学生对抽象模型的认知与建构。

　　(该教学实践成果得到华南师范大学钱扬义教授、深圳市宝安区教育科学研究院唐云波老师的指导)

案例 10　金属活动性顺序

四川省双流中学　徐　聪

胡久华(2019)指出,为了实现学生的深度学习,教师在教学设计时要思考教学内容的组织与安排。《普通高中化学课程标准(2017 年版)》也指出,开展基于学生化学学科核心素养发展的课堂教学,要求教师进一步增进化学学科理解,是教师对化学学科知识及其思维方式和方法的一种本原性、结构化的认识(中华人民共和国教育部,2018)。这就要求教师在教学过程中,深度挖掘、整合教材等教学资源中的素材,在进行重难点知识教学时,研究它在教材、高考、学科知识体系和学生能力培养中的地位和作用。本研究系统梳理了初中化学、高中化学必修和选修等学习过程中关于金属活动性顺序的认识发展情况,以期对中学化学中有关金属活动性深度学习的教学提供参考。

1812 年,瑞典化学家贝采尼乌斯根据实验现象最先提出了金属活动性顺序的概念。后来,结合大量的实验事实,科学家确定了图 3-10-1 所示的金属在水溶液中的还原能力顺序,即金属活动性顺序。该表在化学学习的各个阶段都有丰富的内涵。

$$K \quad Ca \quad Na \quad Mg \quad Al \quad Zn \quad Fe \quad Sn \quad Pb \quad (H) \quad Cu \quad Hg \quad Ag \quad Pt \quad Au \longrightarrow$$

金属活动性由强逐渐减弱

图 3-10-1　贝采尼乌斯总结的金属活动性顺序表

一、初步判断金属置换酸中氢元素以及盐溶液中另一种金属的可能性

初中化学阶段,学生学习完《金属的化学性质》以后,认识到氢前金属可以从盐酸和稀硫酸中置换出氢元素,活动性排在前面的金属单质可以将排在后面的金属从其盐溶液中置换出来。例如,反应 $Zn + 2HCl = ZnCl_2 + H_2 \uparrow$,$Fe + H_2SO_4 = FeSO_4 + H_2 \uparrow$,$Fe + Cu^{2+} = Fe^{2+} + Cu$,$Cu + 2Ag^+ = Cu^{2+} + 2Ag$ 可以发生;而反应 $Cu + H_2SO_4 = CuSO_4 + H_2 \uparrow$,$Cu + Mg^{2+} = Cu^{2+} + Mg$ 则不能发生。这是金属活动性顺序最常见、最简单的应用。需要注意的是金属置换酸中氢元素时用的是盐酸或稀硫酸,并不是任意一种酸,而且金属越活泼,从酸中置换出氢气的可能性越大;金属从盐溶液中置换

另一金属时盐溶液不能是沉淀，例如反应 $Cu + 2AgCl \xlongequal{\quad} CuCl_2 - 2Ag$ 不能发生。

二、初步感受金属单质还原性顺序，深入理解金属置换酸中氢元素以及盐溶液中另一种金属的条件

化学必修 1 阶段，学生学完《氧化还原反应》后，初步感受到金属单质是常见的还原剂，具有还原性，按照金属活动性顺序，从左往右，金属单质的还原性逐渐减弱。例如，Fe 比 Cu 的还原性更强，反应 $Fe + 2Fe^{3+} \xlongequal{\quad} 3Fe^{2+}$ 比 $Cu + 2Fe^{3+} \xlongequal{\quad} Cu^{2+} + 2Fe^{2+}$ 更容易发生。

学习《金属的化学性质》后，学生认识到"活动性排在前面的金属单质可以将排在后面的金属从其盐溶液中置换出来"这句话中，除了是活动性强的置换活动性弱的和金属盐溶液不能是沉淀这两个限定条件外，活动性排在前面的金属活动性还不能太强。比如，反应 $2Na + Cu^{2+} \xlongequal{\quad} 2Na^+ + Cu$ 并不能发生，因为活泼金属 Na、K、Ca、Ba 等在溶液中首先要与水反应，所以实际发生的反应为 $2Na + Cu^{2+} + 2H_2O \xlongequal{\quad} 2Na^+ + Cu(OH)_2 \downarrow + H_2 \uparrow$。

学习《硝酸 硫酸》后，学生进一步认识到氢前金属从酸中置换出氢元素时，所用的酸只能是非氧化性的盐酸或者稀硫酸，使用氧化性的浓硫酸或者硝酸时不产生氢气。例如，$Zn + 2H_2SO_4（浓）\xlongequal{\triangle} ZnSO_4 + SO_2 \uparrow + 2H_2O，Zn + 4HNO_3$（浓）$\xlongequal{\quad} Zn(NO_3)_2 + 2NO_2 \uparrow + 2H_2O$。Al、Fe 等遇到冷的浓硫酸或浓硝酸时会钝化，生成致密的氧化膜而阻止反应进一步进行。氢后金属也能与具有氧化性的浓硫酸或者硝酸反应，只是不产生氢气，如 $Cu + 2H_2SO_4（浓）\xlongequal{\triangle} CuSO_4 + SO_2 \uparrow + 2H_2O，3Cu + 8HNO_3（稀）\xlongequal{\quad} 3Cu(NO_3)_2 + 2NO \uparrow + 4H_2O$。

三、判断金属性强弱相关问题及金属冶炼方法

化学必修 2 中的《元素周期律》让学生认识到，金属性是指金属元素失去电子的能力，按照金属活动性顺序表从左往右，金属性逐渐减弱，金属单质的还原性减弱，金属阳离子的氧化性增强，金属单质与水反应越来越困难，金属最高价氧化物对应的水化物的碱性逐渐减弱。例如，在金属活动性顺序表中 Na 位于 Mg 的前面，因而 Na 的金属性比 Mg 强，Na 的还原性比 Mg 强，Na^+ 的氧化性比 Mg^{2+} 弱，反应 $2Na + 2H_2O \xlongequal{\quad} 2NaOH + H_2 \uparrow$ 比 $Mg + 2H_2O \xlongequal{\quad} Mg(OH)_2 + H_2 \uparrow$ 更容易进行，NaOH 的碱性强于 $Mg(OH)_2$。

《金属矿物的开发利用》让学生认识到,金属的冶炼是将化合态的金属还原到游离态,按照金属活动性顺序表,不同金属有不同的冶炼方法。

(1)Pt、Au 等极不活泼金属,自然界中就有游离态,对其采用物理富集法,比如淘沙金。

(2)Hg、Ag 等较为不活泼金属,采用热分解法。如 $2HgO \xrightarrow{\triangle} 2Hg + O_2\uparrow$。

(3)Zn、Cu 等较活泼金属,采用热还原法,高温下用 C、H_2、CO、铝热剂等还原剂将金属从其化合物中还原出来。如 $H_2 + CuO \xrightarrow{\triangle} Cu + H_2O$,$3CO + Fe_2O_3 \xrightarrow{\triangle} 2Fe + 3CO_2$,$2Al + Fe_2O_3 \xrightarrow{\triangle} 2Fe + Al_2O_3$。

(4)K、Al 等活泼金属,还原性太强,一般还原剂很难将其还原出来,故采用电解法,如 $2NaCl(熔融) \xrightarrow{电解} 2Na + Cl_2\uparrow$。

四、综合解决水溶液和电化学的复杂问题

选修 4《化学反应原理》中的"水溶液中的离子平衡"与"原电池""电解池"等内容,涉及金属活动性顺序表的综合应用。"盐类的水解"中有个规律是"越弱越水解",对于弱碱阳离子来说,就是其对应碱的碱性越弱则该阳离子的水解程度越大。而对碱性强弱的判断,除了依据元素周期律和电离常数外,也可依据上文提到的金属活动性顺序表。例如,按照金属活动性顺序,Na>Mg>Al,则碱性 $NaOH > Mg(OH)_2 > Al(OH)_3$,所以水解能力 $Al^{3+} > Mg^{2+} > Na^+$,浓度相同时 pH 大小顺序为 $AlCl_3 < MgCl_2 < NaCl$。

"难溶电解质的溶解平衡"中有个规律是"难溶的沉淀可以转化为更难溶的沉淀"。金属阳离子常见的沉淀是硫化物和氢氧化物,观察课本所给数据可以发现,金属活动性越弱的金属的阳离子所对应的硫化物或氢氧化物往往更难溶。比如,活动性 Mg>Pb>Cu,而溶度积 $CuS(6.3\times10^{-36}) < PbS(8\times10^{-28})$,$Cu(OH)_2(2.2\times10^{-20}) < Mg(OH)_2(1.8\times10^{-11})$。

当两种金属与非氧化性的盐酸或稀硫酸构成原电池时,活动性更强的金属作负极,质量减少,失去电子;活动性较弱的金属作正极,产生氢气,得到电子。比如,将 Fe、Cu 放入稀硫酸中构成原电池时,活动性强的 Fe 作负极,发生反应 $Fe - 2e^- \rightleftharpoons Fe^{2+}$,质量减少;活动性弱的 Cu 作正极,发生反应 $2H^+ + 2e^- \rightleftharpoons H_2$。但若是 Fe、Cu 放入硝酸中,则 Cu 作负极,Mg、Al 放入氢氧化钠中 Al 作负极,这些两种金属与氧化性酸或特殊电解质溶液反应时,要根据氧化还原反应来确定正负极。

在电解池中,阳离子移向阴极得到电子发生还原反应,因此氧化性强的阳离子先放电得电子,即活动性排在后面的金属其阳离子更容易放电,阳离子得到电子(放电)顺序为:$Ag^+ > Hg^{2+} > Fe^{3+} > Cu^{2+} > H^+ > Pb^{2+} > Fe^{2+} > Zn^{2+} > Al^{3+} > Mg^{2+} > Na^+ > Ca^{2+} > K^+$。在水溶液中,由于 H^+ 的存在,一般是氢后金属的阳离子放电。需要注意的是 $Fe^{3+} > Cu^{2+}$,因为反应 $Cu + 2Fe^{3+} = Cu^{2+} + 2Fe^{2+}$ 可以发生。

五、深入认识金属活动性顺序的本质与使用范围

如果学生继续进行化学专业相关学习,对金属活动性顺序的本质和使用范围还会有更深的认识。

(一) 金属活动性顺序的本质

金属活动性顺序表虽说是化学家根据金属间的置换反应、金属与水和酸反应的现象总结的规律,但从本质上来说是热力学问题。金属活动性的强弱是由金属在水溶液中形成低价水合离子的标准电极电势大小来衡量的,即标准状况下($0\ ℃$,$101\ KPa$,离子浓度为 $1\ mol/L$)反应 $M^{n+} + ne^- = M(s)$ 的电极电势,常见金属的标准电极电势如表 3-10-1 所示。

表 3-10-1　常见金属的标准电极电势

电对	Li^+/Li	K^+/K	Ba^{2+}/Ba	Ca^{2+}/Ca	Na^+/Na	Mg^{2+}/Mg
φ^o/V	−3.040	−2.930	−2.910	−2.890	−2.710	−2.370
电对	Al^{3+}/Al	Mn^{2+}/Mn	Zn^{2+}/Zn	Fe^{2+}/Fe	Sn^{2+}/Sn	Pb^{2+}/Pb
φ^o/V	−1.710	−1.190	−0.762	−0.440	−0.138	−0.126
电对	H^+/H_2	Cu^{2+}/Cu	Hg^{2+}/Hg	Ag^+/Ag	Pt^{2+}/Pt	Au^{3+}/Au
φ^o/V	0.000	0.345	0.797	0.799	1.200	1.500

电极电势仅从热力学角度指出了一定条件下进行氧化还原反应的趋势和可能性,因为恒温恒压条件下,$\Delta G = -nFE$,而 $E = \varphi_正 - \varphi_负$。$\Delta G < 0$,该反应自发;$\Delta G > 0$,该反应不自发。

（二）金属活动性顺序的使用范围

（1）元素的金属性与金属的活动性的关系。如表 3-10-2 所示，元素的金属性和金属的活动性存在一定联系，都反映了金属失去电子的能力，但又有所区别，因为金属所处的环境不同。因此，二者可能出现不一致的地方。例如，金属性是 K＞Na＞Li，但活动性确是 Li＞K＞Na，因为 Li 形成水合离子时放热较多（1 mol Li 原子形成水合离子时放热520 kJ，1 mol Na 放热 405 kJ）。

表 3-10-2　金属性与金属活动性的比较

金属性	金属活动性
金属性是金属原子在气态时的活泼性，通常是以元素的第一电离能作为衡量标准，表征了气态原子失去电子变成气态阳离子的能力。也就是说反应 $M(g)-ne^-=M^{n+}$ 进行的趋势，主要与原子的基态电子层结构的稳定性有关	金属活动性是金属在水溶液中的活泼性，是金属单质失去电子形成低价水合阳离子的能力，与金属的原子化热、金属离子的水合能力有关

（2）金属活动性顺序适用于标准状况下水溶液中生成低价阳离子的情况。金属活动性是在标准状况下（0 ℃，101 KPa，离子浓度为 1 mol/L）测得的，若离子浓度有改变，根据能斯特公式 $\phi=\phi^o+\dfrac{0.0592}{n}\lg c(M^{n+})$，电极电势也会有所改变。例如，按照活动性顺序能发生反应 $Sn+Pb^{2+}\!=\!=\!=\!Pb+Sn^{2+}$，但当 Sn^{2+} 浓度为 3 mol/L 时，能发生反应 $Pb+Sn^{2+}\!=\!=\!=\!Sn+Pb^{2+}$。Cu 能从浓盐酸中置换出氢，$2Cu+4HCl\xrightarrow{\triangle}2H[CuCl_2]+H_2\!\uparrow$。Ag 加热时也能从浓 HI 中置换出氢，$2Ag+2HI\xrightarrow{\triangle}2AgI+H_2\!\uparrow$。电解 $ZnCl_2$ 溶液时，假设 $c(Zn^{2+})\!=\!=\!=\!1.0$ mol/L、$c(H^+)\!=\!=\!=\!10^{-7}$ mol/L，理论上讲阴极是 H^+ 得电子，但由于氢气在锌表面析出的超电势为 0.75 V，使 Zn^{2+} 得电子析出锌单质。

金属活动性是在水溶液中测得的，若是固相非水环境中可能不适用。例如，高温时能发生反应 $Na+KCl\!=\!=\!=\!NaCl+K$ 和 $H_2+ZnO\!=\!=\!=\!Zn+H_2O$。Na 能置换 K 是因为二者熔沸点有差异。

金属活动性是当金属生成低价金属阳离子时的规律，对生成高价离子或与氧化性酸的反应可能不适用。

（3）金属活动性顺序并不能判断反应速率。金属活动性顺序本质上是热力学问题，只能给出反应的趋势和可能性，实际反应的速率还受其他因素影响。例如，按照活动性顺序 $Ca>Na$，Ca 与水反应应该比 Na 剧烈，但实际上 Na 与水的反应要剧烈得多，因为微溶的 $Ca(OH)_2$ 覆盖在 Ca 表面减缓了反应速率。活动性 $Zn>Fe$，但相同条件下，Fe 与稀硫酸反应要比 Zn 剧烈，因为 H 在 Zn 表面的超电势要比 Fe 大得多。因此，中学用金属与水或酸反应的剧烈程度来表征金属活动性是值得商榷的。

综上，金属活动性顺序有着丰富的内涵，学生在不同学习阶段有不同的认识，教师进行教学时要把控学习进阶，结合理论和实验事实促进学生认识的发展，引导学生理解金属活动性顺序的内涵，体会背后蕴含的学科思想，更好地为学生的学和教师的教服务。

（该教学实践成果属于 2019 年度成都市教育科研课题"中学化学课堂中引导学生深度学习的策略研究〔课题编号：CY2019ZM41〕"项目成果）

案例 11 铁及其化合物

武汉大学附属中学 李 鼎
湖北省武汉市洪山高中 江 薇

一、教学主题内容分析

本节课内容为人教版高中化学必修 1 第三章"金属及其化合物"第二节"几种重要的金属化合物"第三课时(宋心琦,2007)。该部分内容是对必修课程中物质分类及其转化、离子反应及氧化还原反应等概念原理的巩固应用,同时也为后面氮、硫等变价元素及元素周期律等知识的学习奠定基础。本节教材按氧化物、氢氧化物、盐的顺序,分别对铁及其化合物的性质和它们之间的转化进行了介绍。教材编排联系生产和生活,从物质类别、元素价态两个角度介绍含铁物质的性质及其之间的转化。学生通过本节课的学习,初步建立基于物质类别、元素价态,预测和检验物质性质及其转化的元素化合物认知模型,提升证据推理与模型认知等学科核心素养。铁及其化合物内容可安排两课时的单元整体教学设计,学习铁及其化合物的性质及它们之间的相互转化,本节课是在前两课时学习的基础上进行归纳提升、知识应用的复习课。

北师大王磊教授提出了由研究对象、认识角度、化学问题、任务类型 4 个维度(王磊等,2015)组成的金属及其化合物的认识模型(图 3-11-1)。基于该模型,教师在教学过程中通过一系列的学习任务引导学生发现原有的"铁三角"模型的不足,进而对原有的"铁三角"模型进行改进,建构铁元素价类二维图模型,最后运用模型解决实际问题,从而内化模型,实现学生"证据推理与模型认知"这一化学学科核心素养的提升。

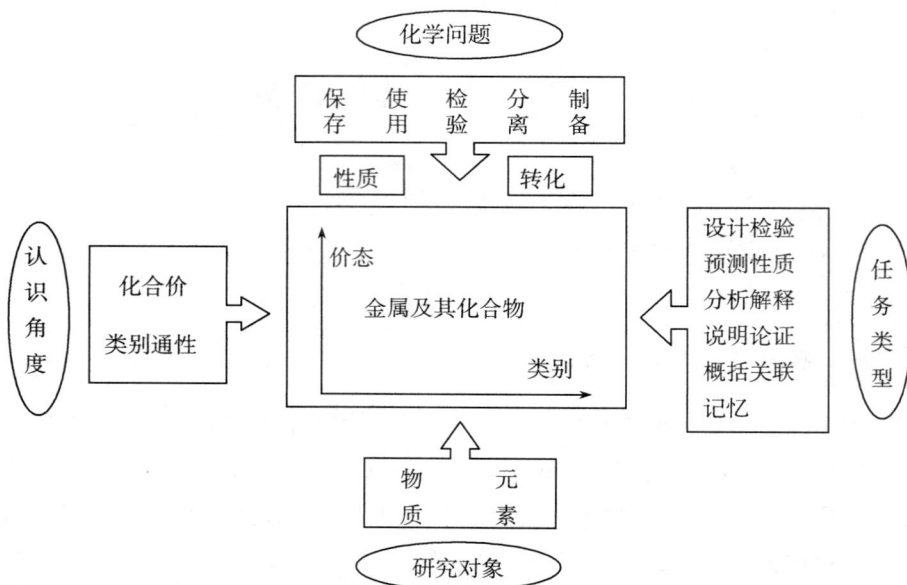

图 3-11-1　金属及其化合物的认知模型(王磊等,2015)

针对补铁药"速力菲"中铁元素的存在形式的探究问题,学生根据资料提出假设,设计并完成检验方案,基于实验现象进行分析并得出结论,并交流自己的探究成果,最后结合药品说明书中的成分表,分析实验中的"异常"现象并对自己得出的结论进行反思总结。整个学习过程中学生"科学探究与创新意识"等化学学科核心素养实现不同水平的进阶。

基于以上分析,本研究确定了如下的教学目标。

(1)通过对含铁物质之间转化关系的归纳,建立物质性质与物质用途的关联。

(2)通过对含铁元素物质的汇总,建立含铁物质的价类二维图,初步建立基于物质类别、元素价态对物质的性质进行预测、总结和检验的认知模型。

(3)通过设计定性的方法检验补铁药中铁元素,感受化学物质及其变化的价值,进一步增强合理使用化学药品的意识,培养用化学知识解决实际问题的能力。

(4)通过元素化合物的认知模型——价类二维图的建构、食品和药品中铁元素的检验等活动,提升证据推理与模型认知、科学探究与创新意识等化学学科核心素养。

二、教学设计与实施

本案例的教学流程见表 3-11-1。

表 3-11-1 "铁及其化合物"教学流程

教学环节	学生活动	设计目的
课前学习	观看微课视频、完成导学任务	结合微课资源支持学习任务
知识梳理	学生汇报: (1) 从物质类别的角度,归纳含铁化合物的重要性质; (2) 画出 Fe、Fe^{2+}、Fe^{3+} 之间("铁三角")的相互转化	归纳铁的化合物的化学性质 认识到原有的"铁三角"模型的局限性
模型建构	建构含铁物质的价类二维图	归纳含铁物质之间的转化 对原有的模型进行改进,建构价类二维图模型
问题解决	(1) 预测并设计实验定性检验补铁药"速力菲"中铁元素存在形式; (2) 小组实验并汇报实验现象及结论; (3) 分析实验"异常"现象的原因; (4) 探讨补铁药"速力菲"和什么药一起使用效果会更好; (5) 检验菠菜中铁元素的实验方案的评价	复习 Fe^{2+}、Fe^{3+} 的检验 运用价类二维图模型解决实际问题,发展学生科学探究与创新意识等化学学科核心素养
课后延伸	补铁药"速力菲"中铁元素的定量检验方案的设计与评价	发展从定性到定量角度解决问题的思维能力

环节一:知识梳理

【引入】前段时间,有位学生经常感到头晕、身体乏力,去医院做了血常规检查和体内微量元素检查,医生诊断为缺铁性贫血,给她开了补铁药"速力菲",建议她多吃蔬菜。这些食物和药品是否能够补充体内所需的铁元素呢?想解决这个问题,我们首先复习前面所学的铁及其化合物的内容。

【教师】首先我们请第一小组给大家分享他们小组从物质类别的角度归纳的铁的化合物的性质。

【学生】含铁化合物主要分为氧化物、碱、盐三类。铁的氧化物属于金属氧化物,可以与酸反应,生成对应价态的盐和水;铁的氢氧化物属于碱,可以与酸反应生成对应价态的盐和水,氢氧化亚铁可以被氧气氧化,白色沉淀变为灰绿色,最终变为红褐色,生成氢氧化铁;铁的盐溶液主要分为铁盐和亚铁盐,它们都可以与碱反应生成对应价态的碱。亚铁离子可以与过氧化氢、高锰酸钾等氧化剂反应,生成铁离子,同时还可与锌单质发生置换反应;铁离子可以与铁、铜反应生成亚铁离子,可以与硫氰化钾溶液反应生成血红色物质,因此也常用硫氰化钾溶液检验铁离子。

【教师】接下来我们请第二小组给大家分享他们小组从氧化还原的角度画出的"铁三角"。

【学生】铁单质要转化为+2价的亚铁离子,铁元素化合价升高,需要加入氧化剂,如强酸、铜离子等;+2价的亚铁离子转化为铁单质,铁元素化合价降低,需要加入还原剂,如锌、镁等;铁单质要转化为+3价的铁离子,铁元素化合价升高,需要加入氧化剂,如氯气等;+3价的铁离子转化为铁单质,铁元素化合价降低,需要加入还原剂,如木炭高温还原氧化铁等;+2价的亚铁离子要转化为+3价的铁离子,铁元素化合价升高,需要加入氧化剂,如过氧化氢、高锰酸钾等;+3价的铁离子转化为+2价的亚铁离子,铁元素化合价降低,需要加入还原剂,如铜等。

【设计意图】引导学生学会从基于经验事实总结到基于物质类别、元素价态多角度认识物质性质,熟悉物质类别及价态之间的转化关系。

环节二:模型建构

【教师】研究无机物时,我们通常从物质类别和化合价两个角度来研究物质的化学性质。从物质类别的角度,我们可以分析物质的通性;从化合价的角度,我们可以分析物质的氧化性和还原性。大家能说说"铁三角"模型的局限性吗?

【学生】"铁三角"模型只能从化合价的角度研究无机物的化学性质,不能从物质类别的角度研究无机物的化学性质。

【教师】小组之间相互讨论,如何才能把物质类别和化合价两个研究角度放在同一个模型中呢?

【学生】可以建立坐标系,分别以物质类别和化合价为 x 轴和 y 轴。

【教师】在物质类别上含铁物质主要有单质、氧化物、碱、盐等,铁元素的化合价有 0 价、+2 价和 +3 价等。我们以物质类别为横坐标,物质核心元素的化合价为纵坐标建立二维直角坐标系,并将含有同一元素的这些物质在坐标系中相应位置标出,就可以从物质类别和化合价两个角度同时分析物质的化学性质。我们把这样的研究元素化合物性质的模型图称为价类二维图。请大家在学案上补全铁的价类二维图模型,并画出这些物质之间的转化。

【设计意图】学生认识到"铁三角"模型认识视角单一的局限性。教师引导学生对模型进行完善,让学生通过含铁物质的价类二维图认知模型的建立,发展证据推理与模型认知的核心素养。

环节三:问题解决

(一) 补铁药"速力菲"中铁元素的定性检验

【教师】医生给患者开了补铁药"速力菲",现在我们以该药品为例,检验其中铁元素的存在形式。请大家根据资料,预测铁元素的存在形式。

【学生】药品中可能含有铁盐或亚铁盐,还有可能既有铁盐又有亚铁盐。

【教师】根据所提供的实验药品,设计实验方案检验药片中铁元素的存在形式,可选用多种方案。

【学生】以"学习小组"为单位,根据自己组的预测,设计实验定性检验"速力菲"中铁元素的存在形式。

实验药品:"速力菲"药片、稀硫酸、H_2O_2 溶液、KSCN 溶液、酸性 $KMnO_4$ 溶液、NaOH 溶液、铁氰化钾溶液、亚铁氰化钾溶液。

实验仪器:烧杯、玻璃棒、塑料胶头滴管、点滴板。

步骤一:将一片"速力菲"药片研碎,倒入 50 mL 烧杯,加入 20 mL 稀硫酸充分溶解。

步骤二:用胶头滴管吸取少量样品溶液于点滴板上,并加入试剂检验。

【学生】学生设计的实验方案和现象如表 3-11-2 所示。小组代表汇报实验现象(用平板将实验现象图片分享至教室电子白板)并得出结论:该药品中既含有 Fe^{2+} 又含有 Fe^{3+}。

表 3-11-2 "速力菲"中铁元素的定性检验实验方案

方案	实验加入试剂	实验现象	实验结论
①	NaOH 溶液	有白色沉淀生成,后变为红褐色	有 Fe^{2+}

方案	实验加入试剂	实验现象	实验结论
②	KSCN 溶液	有血红色物质生成	有 Fe^{3+}
③	KSCN 溶液＋H_2O_2 溶液	有血红色物质生成，加入少许过氧化氢后，红色加深	有 Fe^{3+}、Fe^{2+}
④	酸性 $KMnO_4$ 溶液	酸性高锰酸钾褪色	有 Fe^{2+}
⑤	铁氰化钾溶液	有蓝色沉淀生成	有 Fe^{2+}
⑥	亚铁氰化钾溶液	有蓝色沉淀生成	有 Fe^{3+}
…			

【设计意图】让学生通过检验"速力菲"中铁元素存在形式的实验方案的设计、实施，加强对含铁化合物之间转化的理解；培养科学探究与创新意识、证据推理与模型认知等化学学科核心素养。

【教师】事实真的如我们实验得出的结论那样吗？

教师用平板电脑推送药品说明书（图 3-11-2）。

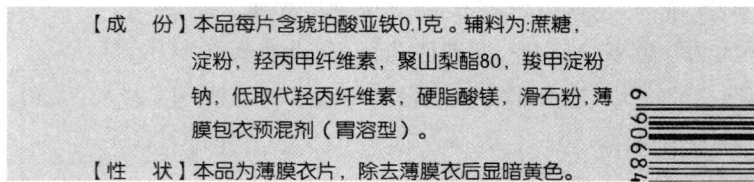

【成　份】本品每片含琥珀酸亚铁0.1克。辅料为:蔗糖，淀粉，羟丙甲纤维素，聚山梨酯80，羧甲淀粉钠，低取代羟丙纤维素，硬脂酸镁，滑石粉，薄膜包衣预混剂（胃溶型）。

【性　状】本品为薄膜衣片，除去薄膜衣后显暗黄色。

图 3-11-2　"速力菲"药品说明书

【教师】请分析实验中这种"异常"现象产生的原因？

【学生】可能在实验的过程中（研磨、溶解、检测等），药片中的 Fe^{2+} 被空气中的氧气氧化为 Fe^{3+}。

【设计意图】设计认知冲突，让学生能够运用价类二维图模型对实验中的"异常"现象进行解释，同时也是对亚铁离子和铁离子之间转化的进一步强化。

【教师】用平板推送资料卡片1:补铁的原理，如图 3-11-3 所示。

—— 资料卡片1 ——

食物中的铁有两种可供利用的形式:血红素铁(有机铁)和非血红素铁(无机铁)。

血红素铁主要以二价的形式复合在动物血红蛋白的血红素中,如肉类、海鲜等食物,血红素铁由亚铁血红素携带蛋白1转运进入小肠吸收细胞内,然后再被亚铁血红素加氧酶降解为 Fe^{2+}。

非血红素铁主要来源于红茶、干果等植物性食物,非血红素铁中的 Fe^{3+} 先被十二指肠细胞色素 b 还原成 Fe^{2+},再由小肠吸收细胞游离端胞膜上二价的金属离子转运体转运入细胞内(毛宇等,2017)。

血红蛋白运载氧主要靠血红素中的 Fe^{2+}。

图 3-11-3 "铁及其化合物"资料卡片 1——补铁的原理

【教师】如果你是一名医生,还会搭配什么药和补铁药"速力菲"一起使用,效果会更好?

【学生】补铁药与有还原性(维生素 C)的药品一起使用效果会更好。

【教师】用平板电脑推送资料卡片 2:维生素 C 在补铁过程中的作用(图 3-11-4)。

—— 资料卡片2 ——

一般认为 Fe^{2+} 比元素铁和 Fe^{3+} 易吸收,但其化学性质很活泼,极易化成 Fe^{3+} 盐而不易被机体吸收。

维生素 C 的强还原性可提高 Fe^{2+} 的稳定性,将维生素 C 与硫酸亚铁并用,铁的吸收率可由 2.6％提高至 11.5％。英国首先将以维生素 C 为稳定剂的硫酸亚铁合剂收入药典(展筱林等,2008)。

图 3-11-4 "铁及其化合物"资料卡片 2——维生素 C 在补铁过程中的作用

【设计意图】创设生活中的真实情景,科普补铁的原理,学生利用价类二维图模型解决实际问题,体会学科价值。

(二)菠菜中铁元素的检验方案的评价

【教师】某学习小组想检验菠菜中的铁元素,该小组查阅资料得知菠菜中含铁物质主要是难溶于水的草酸亚铁(FeC_2O_4)。该小组向新鲜的菠菜酸浸液中加入少量酸性高锰酸钾,发现酸性高锰酸钾溶液紫色褪去,于是得出结论菠菜中含有 Fe^{2+},该小组的实验合理吗?

【学生】不合理。高锰酸钾溶液褪色可能是因为菠菜中的其他物质使高锰酸钾褪色。

【教师追问】还可能是什么物质使高锰酸钾溶液褪色?

【学生】草酸根中碳元素的化合价为+3价,处于碳元素的价态体系中的中间价态,可能具有还原性而使高锰酸钾溶液褪色。

【设计意图】引导学生将 FeC_2O_4 在价类二维图中相应位置标出,并利用模型预测陌生物质 FeC_2O_4 的化学性质,将铁元素的价类二维图模型迁移至碳元素的价类二维图模型,从而内化模型。

【小结】这节课我们通过实验,探究了药品中铁元素的存在形式;建立了含铁物质的价类二维图模型,并借助该模型,解决了生活中的实际问题。我们也可以利用价类二维图模型,学习其他元素化合物。希望在今后的生活学习过程中,大家能够善于发现问题,用化学知识解决问题,让化学服务于我们的生活!

【教师】在线平台发布检测(图 3-11-5)。

1. 除去 $FeCl_2$ 溶液混有的 Fe^{3+},可选用的试剂是(　　　)。

    A. Cu　　　　　　B. Fe　　　　　　C. H_2O_2　　　　　　D. NaOH

2. 检验某 $FeCl_3$ 溶液中是否混有 Fe^{2+},可以选用的试剂是(　　　)。

    A. KSCN　　　　B. $KMnO_4$　　　C. 铁氰化钾溶液　　D. H_2O_2

3. 化学与生产、生活息息相关,下列对应关系错误的是(　　　)。

    A. $FeCl_3$ 溶液具有氧化性,可用作铜制线路板的蚀刻剂

    B. 维生素 C 具有还原性,能帮助人体将 Fe^{3+} 转化为易吸收的 Fe^{2+}

    C. Fe^{2+} 具有氧化性,在配置 $FeCl_2$ 溶液时加入少量的铁粉

图 3-11-5 "铁及其化合物"在线检测习题

【学生】在平板电脑上完成在线检测习题。

【设计意图】设计课上在线检测习题,通过平台反馈的实时数据,有效地诊断并评价学生学习的效果。

环节四:课后延伸

课后设计关于定量检验"速力菲"中铁元素的拓展练习(图 3-11-6)。

【补铁药"速力菲"中铁元素的定量检验】

某学习兴趣小组想检验每片"速力菲"补铁药中铁元素的含量,进行了如下的实验。

(1) 请你帮助该小组设计合理方案,检验每片"速力菲"药片中 Fe^{2+} 的含量。

设计方案一:_____

_____。

设计方案二:_____

_____。

(2) 某小组按下图所示实验方案进行实验。

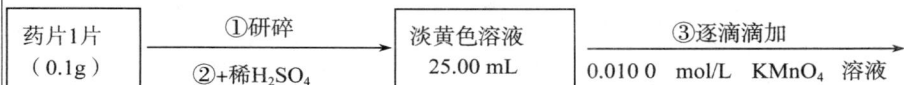

| 药片1片
（0.1g） | ①研碎
②+稀H_2SO_4 | 淡黄色溶液
25.00 mL | ③逐滴滴加
0.010 0 mol/L KMnO₄ 溶液 |

a. 实验结果及数据处理

当滴入最后一滴高锰酸钾溶液时,红色不褪去,此时消耗该高锰酸钾溶液 7.00 mL。计算该药片中铁元素的质量分数为_____。

b. 误差分析

该小组的测出的"速力菲"中铁元素的含量比实际值偏低,请你分析可能的原因:_____。

图 3-11-6 "铁及其化合物"课后拓展练习

【设计意图】课后通过设计关于补铁药"速力菲"中铁元素的定量检验方案的设计与评价的课后练习,发展学生从定量的角度解决实际问题的能力水平。

三、教学效果与反思

本节课注重信息技术与课堂的深度融合。课前教师通过在线学习平台推送学习资源、发布学习任务,学生在线观看微课、自主学习、提交展示作品;课中学生在遇到学习障碍时,教师利用平台在线推送相关文件支持学习任务;在实验环节,学生利用平板电脑将实验过程"直播"到教室白板,实现小组之间相互学习与评价;实验结束后,各小组上传实验现象的图片,分享实验结果。课程结束,教师通过在线检测平台,利用"大数据"快速分析出学习问题并及时解决,适时地进行学习评价。

教师通过创设一系列真实问题的情境,激发学生的学习兴趣与探究欲望。

学生在完成任务、经历活动的过程中发展证据推理与模型认知、科学探究与创新意识、宏观辨识与微观探析等化学学科核心素养。学生在学习铁及其化合物的知识的同时,获得学习元素化合物的一般思路和方法,特别是在建构了铁元素的价类二维图后,当遇到一些陌生复杂的情境时,能利用价类二维图模型解决问题。

案例 12　探究不锈钢的防腐蚀机理

北京市陈经纶中学　姚晨曦

一、电化学主题教学内容及现状分析

电化学是高中化学的核心内容,在教材必修 1 和选修 4 中都有电化学知识,必修 2 中主要内容为化学能转化成电能,要求学生掌握原电池的基本概念和原理,建立原电池模型。选修 4 中包含了电能和化学能相互转化的内容,要求学生能够灵活运用原电池模型原理,理解各类型化学电源的工作原理;掌握电解池模型,理解电解的原理及其应用;理解金属的电化学腐蚀及防护。电化学既是体现能量转化的经典模型,又是对氧化还反应的拓展延伸,是在教学中能够充分落实核心素养并且包含丰富素材的重要内容。但是由于电化学知识的概念原理抽象而集中,使得学生学习这部分知识时会出现障碍和困难,突出表现为对电化学的理解粗浅和零散,思考电化学问题没有角度,遇到真实复杂的问题更是无从下手。因此学生对电化学模块知识往往会产生畏惧感,教师在教学过程中也会出现很难推进的无力感。

目前对于高中电化学的教学研究已经比较成熟,教学理念主要突出观念构建,重视对微观本质的理解,关注模型认知和证据推理。在教学方法上更多突出情境教学、实验探究、证据推理、翻转课堂和 HPS 等方法(张丽华等,2019)。这些教学方法可以从不同角度帮助学生认识和理解电化学知识。但是由于电化学知识考查形式的多样性和综合性,学生即使对电化学知识有了一定的认识,在面对复杂的电化学问题时也往往会陷入困境。因此一线教师在新授课中努力促进学生深入认识和掌握电化学模型的同时,还要利用复习课来帮助学生巩固强化。许多学者也对电化学复习课进行了相关研究。王磊等(2014)从电化学的本体维度、认识维度和问题维度,构建了高中电化学认识模型,在高三原电池复习教学中进行了应用,针对分析型任务和设计型任务进行对比性教学实验。艾涛等(2015)以微粒观为统领构建电化学问题分析模型,帮助学生形成解决相关问题的思路和方法;黄毓展等(2018)结合微粒观和模型认知两个角度分析电化学装置和工作原理,展开电化学专题复习课。还有较多的学者在复习课中采用以经典高考题和模拟题为载体,具体分析电化学装置和原理,通过归类和总结使学生掌握解决一类问题的方法(游泓等,2014)。近些年随着新课改的到来,一些教师在开展电化学复习课时更加注重培养学生解决实际问题的能力,提高学生的证据推理意识和模型应用的能力。张青杨老师(2018)围绕"车用电池"主题,采用任务驱动的互动课堂教学模式,开展电化学主题式复习,促进学生核心素养的培养。目前许多电化学复习课中的素材和情境仍然比较传统和固定,探究实验主要是围绕教材和高考题展开,因此学生在这类复习课中往往很被动并且缺少探究欲望,很难自发地深入学习,即使在解决问题和完成任务之后,学生较难有自我反思和知识转化过程。

因此本研究设计了一节基于真实问题解决的电化学复习课,通过探究不锈钢的化学性质和防腐蚀机理、检测不锈钢中的元素等环节使学生在驱动问题的引领下和实验探究中能够深入学习电化学知识,有效复习原电池模型,同时落实核心素养,培养自己的综合能力。

二、教学设计与实践

通过对电化学主题的教学内容和教学现状的已有研究分析,本研究确定了如下的教学目标。

(1)通过设计探究不锈钢性质的实验,能够从价态和类别两个角度选择反应原理研究物质的化学性质。

(2)通过设计双液电池验证不锈钢的防腐蚀原理,建立用原电池处理氧化还原反应问题的角度,能够解释说明双液电池的工作原理和装置要素,加深理解原电池模型。

(3)通过运用电解原理检验不锈钢中的镍元素,能够解释说明电解池的工作原理和装置要素,加深理解电解池模型。

(4)能够根据实验目的选择实验原理、设计实验,能够分析异常实验现象并改进实验,科学分析数据并得出实验结论。

(5)通过应用化学知识认识物质和解决实际问题,增强对化学的热爱,对化学在人类生活中的重要作用产生认同。

本研究设计了如图 3-12-1 所示的教学流程。

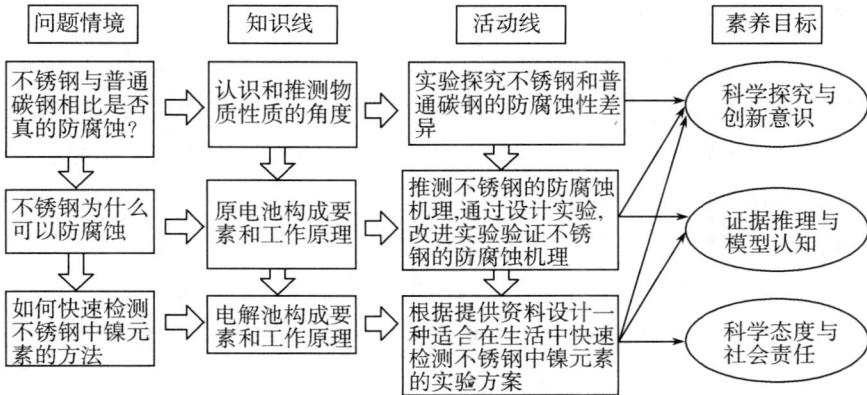

图 3-12-1 "探究不锈钢的防腐蚀机理"教学流程

具体的教学过程如下。

环节一：不锈钢真的防腐蚀吗？

教师创设情境，导入课题。

【真实情境】教师用多媒体呈现校园中不锈钢制品（楼梯栏杆、雕塑、垃圾桶和不锈钢字体）的图片。

【教师提问】生活中的不锈钢制品能否用普通碳素钢代替？为什么？

【学生活动】根据生活体验和所学知识初步分析、推测不锈钢和普通碳素钢的性质差异。

实验探究不锈钢真的防腐蚀吗？

【驱动问题】不锈钢不能用普通碳素钢代替，说明它们的化学性质可能有差异，如何用实验来比较和验证？

【学生活动】分组讨论实验方案并进行实验，实验方案如表 3-12-1 所示。

表 3-12-1 "探究不锈钢的防腐蚀机理"各小组实验方案

	汇报组			
	第一组	第二组	第三组	第四组
实验方案	分别在洁净的不锈钢和普通碳素钢片上滴加一滴0.2 mol/L稀盐酸	分别在洁净的不锈钢和普通碳素钢片上滴加一滴0.2 mol/L稀盐酸，再分别滴加一滴$K_3[Fe(CN)_6]$溶液	分别在洁净的不锈钢和普通碳素钢片上滴加一滴0.2 mol/L $CuSO_4$溶液	用导线分别将不锈钢片和普通碳素钢片与电流表两极连接，将两电极片同时放入0.2 mol/L稀盐酸溶液中，观察电流表指针偏转情况

【教师提问】实验时根据什么选择反应原理?

【学生总结】依照物质的类别通性选择了相应的反应原理进行实验,不锈钢和普通碳素钢属于铁的合金,所以选择了金属和酸、金属和盐的反应原理。

【教师提问】大家觉得第四组用原电池来完成实验这个想法好不好啊?

【学生回答】好! 没有想到这个方法!

【教师提问】大家觉得用原电池完成这个实验的原理和本质是什么呢?

【学生思考回答】从物质的氧化还原反应角度选择原电池方法。

【阶段小结】可以从物质类别和价态两个角度探究物质性质,同时在研究氧化还原反应的相关问题时,可以考虑应用电化学知识解决问题。

【设计意图】通过真实问题引发学生思考和探究,一方面可以运用所学化学知识解释和证实生活中的现象,同时也促进学生多角度认识和研究物质的化学性质,另外也打开学生运用电化学方法解决问题的思路。

环节二:实验探究不锈钢为什么可以防腐蚀

学生进行信息解读、理论推测。

【投影展示】资料 1. 表格展示某种型号不锈钢和普通碳素钢的元素组成;

资料 2. 不锈钢中必须含有 Cr 元素且其含量在 12% 以上的不锈钢材具有防腐蚀性能,金属活动性顺序 Cr>Fe;

资料 3. 不锈钢保温杯合理使用的注意事项:不要用金属刷等硬质洗具清洗不锈钢内胆。

【学生讨论并推测】推测不锈钢能够防腐蚀的原因是 Cr 元素在不锈钢表面形成了防腐蚀的膜。

【设计意图】培养学生的信息解读能力和分析推理能力,并且为后面验证不锈钢防腐蚀机理做铺垫。

学生进行实验验证,证据推理。

【提出问题】通过什么实验来验证不锈钢表面有防腐蚀的膜?

【学生回答】用砂纸打磨不锈钢表面,比较打磨前后相同条件下的反应现象,进而比较反应速率,如果打磨后反应速率加快则证明推测正确。

【演示实验】教师按照学生设计的实验进行演示实验,将不锈钢片的一半用砂纸打磨,分别在打磨和未打磨的部分滴加一滴 0.2 mol/L 稀盐酸溶液和一滴铁氰化钾溶液,观察到打磨后的部分迅速出现蓝色沉淀,而未打磨的部分现象不明显。

【学生活动】十分高兴,认为实验成功验证了推测是正确的。

【投影展示】图片展示砂纸摩擦前后不锈钢表面的形貌特征。

【教师补充】光滑的不锈钢片打磨后表面变得凹凸不平,使反应物的表面积变大,从而增大反应速率,所以该实验并不能证明推测结果正确。

【设计意图】培养学生对实验方案的反思能力和对数据的科学分析能力,同时考查学生在性质对比实验中对控制变量法的理解和应用。

学生深入思考,改进实验。

【教师引导】为了对比打磨前后不锈钢的化学性质是否有改变,我们所设计的实验就要免除表面积的改变对反应速率的影响,同学们再思考讨论出一个更好的实验方法并完成实验。

【学生活动】讨论实验方法,进行实验,得出结论,画出实验原理图,进行汇报展示。实验装置如图 3-12-2 所示。

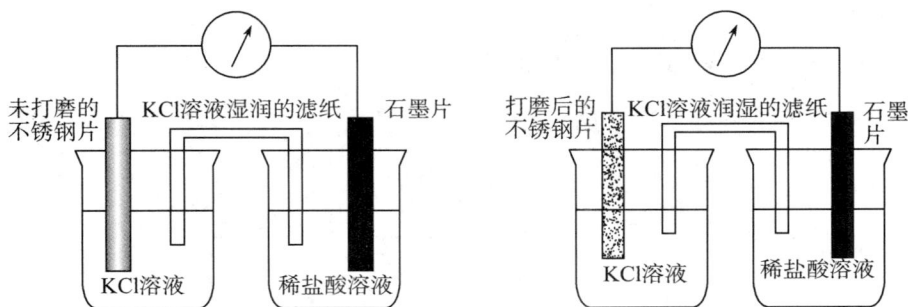

图 3-12-2 验证不锈钢防腐蚀原理的实验装置图示

【情境提问】

(1) 如何想到用双液电池进行实验?

(2) 如何确定双液电池的各部分装置和作用?

(3) 原电池的工作原理是什么?写出电极反应。

(4) 什么实验现象能够证明预期推测?

【设计意图】培养学生从实验原理本质思考实验的改进方法,通过自主设计双液电池,从原电池的模型原理和构成要素上解释说明设计原电池的原理和意义,加深对原电池模型的理解。这一问题解决比较有难度,既可以考查学生是否具备运用原电池解决氧化还原反应问题的角度,也能通过实验装置的组装来考查学生对原电池模型是否理解到位,同时在说明实验现象与结论的关系的过程中,可以提高学生的综合能力和高阶思维。

【教学过渡】在学生验证了推测正确的基础上,教师投影补充展示不锈钢的防腐蚀机理:① 铬元素在不锈钢表面能够形成一层致密的氧化膜,这层氧化膜能阻止不锈钢基体与外界腐蚀环境接触,从而减缓了金属基体的溶解;② 由于镍等元素的加入,不锈钢的晶体结构也会发生改变,可以提高钝化膜的稳定性,提高不锈钢的热力学稳定性和防腐蚀性。

环节三:检验不锈钢中的镍

教师提出真实问题。

【真实情境】向不锈钢中增加一定量的镍元素可以提高防腐蚀性能,但是有些商家会用不含镍的不锈钢以次充好,如何设计一种能够在生活中快速检测不锈钢是否含镍的方法呢?

【提供资料】已知:丁二肟酮 + Ni^{2+} ——→红色络合物沉淀。

【学生活动】设计实验来检测不锈钢中镍元素,将实验过程和实验原理画在大白纸上。

【小组汇报 1】实验设计流程如图 3-12-3 所示。

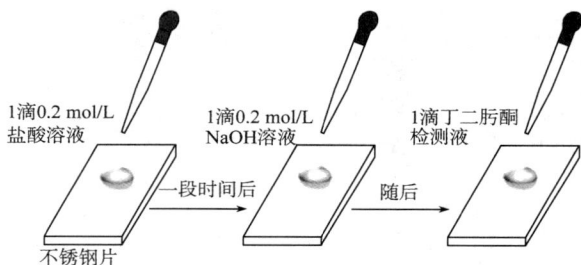

图 3-12-3　第 1 小组展示酸溶法检测不锈钢中的镍的实验流程

【实验展示】教师表示自己也想到了和学生相同的实验思路,在课前就对一种含镍的不锈钢进行了实验。教师将打磨后的不锈钢片用酸溶法进行实验的结果向学生展示。

【教师评价】结果表明这种实验方法不能在短时间内得到实验现象,即使把反应物的浓度适当增大现象也不明显,因此这种实验方法不能快速检测不锈钢中的镍元素。

【小组汇报 2】将不锈钢与盐酸的反应设计成原电池加快反应速率,然后再调节溶液 pH 进行检测。

【教师引导】其实我们在刚才的环节中已经做过这个原电池实验,大家回忆一下实验现象,这个反应很快吗?

【学生回答】现象不是很明显,反应速率也不是很快。

【教师引导】镍是一种活性金属,要想将 Ni 转化成 Ni^{2+},除了选择加入氧化剂之外,还可以用什么方法来实现快速转化呢?

【小组汇报 3】应用电解原理将不锈钢片作为电解池阳极,在电流作用下阳极不断溶解,电极反应为 $Ni-2e^-=Ni^{2+}$,实验装置如图 3-12-4 所示。

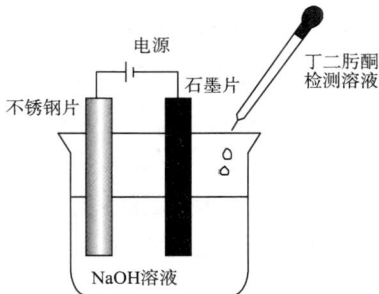

图 3-12-4　应用电解池检测不锈钢中的镍的实验流程

【情境提问】

(1)如何想到用电解池来完成这个实验?

(2)应用电解池进行检测有哪些优点?

(3)如何确定电解池各部分的装置和作用?

(4)说明电解池的工作原理,预期现象和电极反应是什么?

【设计意图】在解决实际问题时要选择合适的实验原理,在同一实验原理中又可以有多种实验路径,因此通过此环节增强学生的实验探究、实验反思和实验改进能力。在多次实验改进后最终选择应用电解原理解决问题,突出了电解池的本质和优势,加深了学生对电解池本质的理解和电解应用的感悟,让学生熟练应用电解池模型设计实验装置。

环节四:基于真实情境的改进和创新

【教师追问】我们最终的目的是实现一种可以在生活中快速检测的方法,刚才同学们设计的实验装置只有在实验室中才能实现。现在同学们开动脑筋,把实验方案改进成适用于生活中检测的方案。

【汇报展示】在待测不锈钢表面滴加含有丁二肟酮的碱性液滴,将连接电池负极的金属导线伸入到液滴中且不接触钢片表面,将连接电池正极的金属导线与不锈钢表面的其余部分接触,如图 3-12-5 所示。

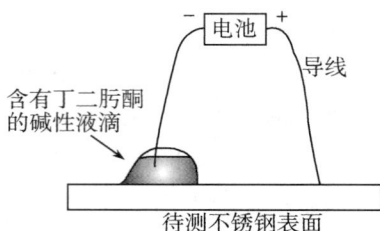

图 3-12-5　检测不锈钢中的镍的实验改进

【学生实验】使用老师提供的实验器材和试剂进行实验,快速检测不锈钢中的镍元素。

【教师提问】同学们在实验中观察到了什么现象?与理论推测是否一致?

【学生回答】实验现象是深入到检测液滴中的阴极导线周围迅速产生大量气泡,同时检测液中迅速出现红色浑浊,证明待检测的不锈钢中含镍,与理论推测一致。

【设计意图】将化学理论知识和实验过程与生活实际相联系,将知识落实在真实生活中,激发学生的创新欲望,让学生赞赏和认同化学对社会和生活的重要贡献,增强学习化学的动力和热情。

【教师总结】这节课我们利用原电池装置证明了不锈钢的防腐蚀机理,通过电解原理快速检测了不锈钢中的镍元素。通过这节复习课希望同学们能够建立应用电化学装置研究氧化还原反应的思路方法,熟练掌握原电池模型和电解池模型,会应用电化学模型设计实验装置,加深理解不同情境下电化学装置的构造和工作原理。

三、教学反思

本节课是一节基于真实问题的主题式复习课,在解决问题的过程中充分发挥学生的主体作用,激发学生的探究兴趣,让学生深入学习学科知识,有效提高学生的学科核心素养。笔者从学生的课堂表现和课后访谈都能够感受到学生很喜欢本节课的学习内容和学习方式,并且对电化学知识的理解更加深入。

(一) 复习课应充分且合理地使用素材

通过本节课的教学,笔者认为根据学科知识精心挖掘素材,合理设计驱动问题和学生活动,将驱动任务与学科知识紧密相连对复习课的有效落实有重要作用。如何才能发现和应用素材呢?教师首先要根据学科本体知识确定主题,然后要充分了解学情,掌握学生已知、未知和想知的,也可让学生自己提出探究问题。教师首先要在课前对探究问题进行深入思考和实践。在查阅资料和进行实验时,教师往往会生成新的问题和想法,在这一过程中会积累很多素材。但是并不是所有的素材都要拿到课堂中,要对素材进行合理设计。有些素材可以通过文字或图片直接给学生,有些素材可以转化为讨论的问题,有些素材可以设计成探究实验,还有些素材可以改编成习题。好的素材加上合理地运用会使课堂更加生动、高效。

(二) 驱动任务应与学科知识紧密相连

本节课是围绕着认识不锈钢的三个驱动问题展开的,学生在回答这三个驱动问题时都会经过一轮或者几轮的思考、验证、反思、再验证和得出结论的过程。这种解决问题的过程实际上是学生对所学知识的调用、实践和解释说明的过程,是对理论知识的深入理解和应用,因此这种基于问题解决的学习模式适合应用在单元或者模块知识复习课中。

(三) 重视实验在复习课中的重要作用

化学学习离不开化学实验,通过本节课的学习学生对化学实验有了进一步的理解和体会。在本节课的实验探究部分,学生的表现大致可分两类,一类学生是老师让做什么实验就做什么实验,实验时只注意到老师给的实验用品,根据所给试剂进行实验,只关注理论上应该出现的实验现象。另一类学生是根据实验目的选定实验原理后挑选实验试剂和实验用品,有些学生甚至会向老师索要实验台上没有准备的实验用品,然后在实验过程中多角度地观察实验现象,获取证据,得出科学的结论。这两类学生代表了大部分学生对化学实验的理解,第一类学生并没有真正把化学实验作为解决问题的方法和工具,认为化学实验是用来看现象、看结果的,因此这类学生在解决实际问题时往往不知从何入手。这种基于问题解决的实验探究课程,能够让这一类学生对化学实验重新建立正确的认识。

(四) 强化学生对电化学模型的理解和应用

学生在本节课中会反复使用电化学模型解决实际问题,不但要思考用电化学解决问题的原理,而且要用电化学模型来组装实验装置,同时更要用相关实验现象来解释说明实验结论。每一个环节其实都是对电化学模型的反复调用、解释和说明。当学生真正用电化学原理解决了本节课的问题时,本节复习课也就真正发挥了价值和作用。

(该教学实践成果得到北京师范大学王磊教授的指导,属于北京市陈经纶中学与北京师范大学合作项目"基于集团一体化办学的学科建设和教师专业成长"项目成果)

案例 13　　化学能与电能

山西省太原市第五中学校　　李嘉琪

作为一名教师,我常常思考,我应该教什么? 我能教什么? 我认为,在保证知识学习的同时,教师应该关注方法的引导及情感的培养。在贯穿学科知识的真实情境中,学生只有经历包含着知识学习、方法引导、情感培养的教学过程才能渐渐地获得正确的价值观念、必备品格、关键能力,最终促进学科核心素养落地开花(中华人民共和国教育部,2018)。放眼于本学科,我们应当引导学生通过科学探究的手段在宏观和微观多个层面上探索物质变化,逐步形成基于证据推理和模型认知的学科思维,帮助学生养成正确的科学态度与社会责任。

一、化学能与电能知识的功能与价值分析

积极开展素养为本的课堂教学实践是发展学生化学学科核心素养的关键。设计素养为本的课堂教学,首要的是要分层级明确各教学子系统的素养发展价值。本节课知识所承载的功能与价值非常丰富。首先,化学能与电能相关知识满足了学科和社会发展的需要,如发展新能源的需要、研发新型电池的需要,化学科学发展的需要。其次,化学能与电能的知识对学生的发展具有不可替代的功能与价值。第一,对原电池相关知识的学习可以促进学生"氧化还原反应"这一核心概念的发展,详见图 3-13-1。以人教版高中教材的编排体系为例,在必修 1 第二章,学生从概念原理的角度认识了氧化还原反应,知道了氧化还原反应的特征是元素化合价的升降,本质是有电子的转移。在第三章、第四章当中,学生从氧化性与还原性的角度切入,基于氧化还原反应的概念原理研究物质变化,描述、解释、归纳、预测物质的化学性质,从而对核心概念进行了巩固。而必修 2 中化学能与电能的相关知识可以帮助学生从能量转化的角度达到应用核心概念的水平。第二,对本节课知识的学习可以促进核心观念的形成,促进核心素养的发展。在教学过程中,学生基于原电池体验化学能向电能的转化,设计方案探究原电池的构成要素,从原理及装置两个角度

认识原电池概念模型,促进其能量观、变化观、微粒观的进一步形成,同时促进其"证据推理""科学探究""宏微结合""模型认知"等学科核心素养的发展。

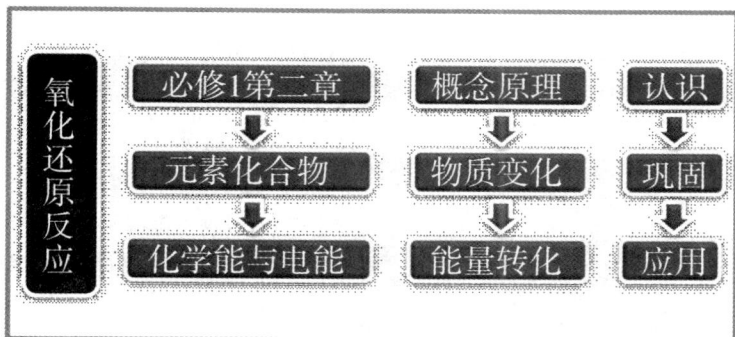

图 3-13-1 "氧化还原反应"核心概念的发展

二、素养导向的教学与评价目标建构

素养为本的教学要求我们以素养为导向建构教学与评价目标。我按照学段梳理"原电池"这一概念的学习进阶,详见图 3-13-2,从而确定学生的思维障碍点及自然生长点,确定学生在学习之后所能达到的预设水平。具体来讲,学生在学习之后可以认识到原电池可基于自发的氧化还原反应将化学能直接转化为电能,同时能知晓原电池的构成要素。

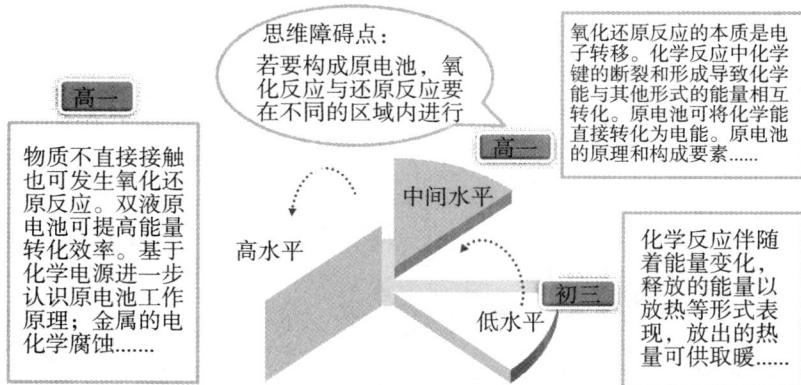

图 3-13-2 "原电池"学习进阶

笔者基于上述分析,建构本节课的教学目标,在落实双基的同时侧重发展核心素养,同时匹配相应的评价目标,具体见表 3-13-1。

表 3-13-1 "化学能与电能"教学与评价目标

教学目标	评价目标
(1)以柠檬电池及铜锌原电池为例,认识化学能可以转化为电能,并认同其意义,发展能量观及社会责任感	(1)通过"柠檬电池 DIY"活动的交流和点评,诊断并发展学生的能量观及其对化学价值的认识水平(社会价值视角)
(2)通过方案设计、实验探究、分析推理,认识并能识别原电池的构成要素,初步认识简单原电池的工作原理,发展宏微结合、证据推理、科学探究等化学学科核心素养	(2)通过化学能转化为电能方案的设计及实验探究活动,诊断并发展学生科学探究的水平,通过课堂提问及结论归纳诊断学生证据推理的水平(求证意识、逻辑意识视角)
(3)基于铜锌原电池初步认识并理解简化的原电池认知模型,能应用模型设计简单电池,发展模型认知素养	(3)通过"设计一枚原电池"的任务诊断并发展学生的模型认知水平(认识、匹配、理解、应用视角)

三、主要教学流程设计及意图

本节课的教学重点为原电池的概念、构成要素、原理及其中的能量转化关系,发展"证据推理与模型认知"的化学学科核心素养。教学难点为原电池构成要素的探究、原电池的工作原理、原电池概念认知模型的建构。本节课的教学策略主要为 POE 教学策略(预测—观察—解释)、基于真实问题情境促进观念建构(PBL),教学方法为讲授、实验、合作、探究等,基于丰富的探究活动发展核心素养。

本节课的教学环节主要依托发展证据推理与模型认知的教学结构进行设计,见图 3-13-3。

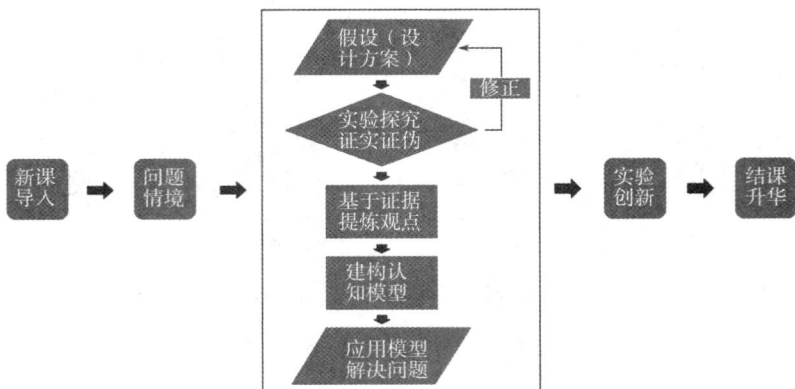

图 3-13-3 发展证据推理与模型认知的教学结构

本节课所设计的具体教学环节如下。

（一）新课导入，创设问题情境

【教师活动】讲解柠檬电池的制作方法及注意事项，组织学生开展活动。应提前帮学生切好柠檬，插好两极，准备好足够的导线，发放发光二极管并讲解其单向导电性。在趣味实验的基础上提出核心问题：如何将化学能转化为电能？

【学生活动】依照教师的讲解分小组制作柠檬电池，利用二极管检验电流。

【设计意图】通过"柠檬电池 DIY"活动让学生直观感受化学能向电能的转化，激发其学习兴趣，从而导入新课并创设问题情境。

（二）探究实现化学能向电能转化的方案

【教师活动】问题启发：若想将化学反应的化学能转化为电能，此化学反应需具备哪些特征？相应的反应装置应具备哪些构成要素？

【演示实验1】教师把锌片插入稀硫酸中。

【引导】基于锌与稀硫酸的反应，从得、失电子物质、场所，电子转移的实现等方面引导学生分析如何改进实验从而实现电荷定向移动（将氧化还原反应拆开），让学生画出设计方案。

【学生活动】观察实验现象，思考、讨论教师提出的若干问题。在教师的问题启发下从原理和装置两个维度思考如何将化学能转化为电能，并将想法用草图的形式呈现在草稿纸上，详见图 3-13-4。

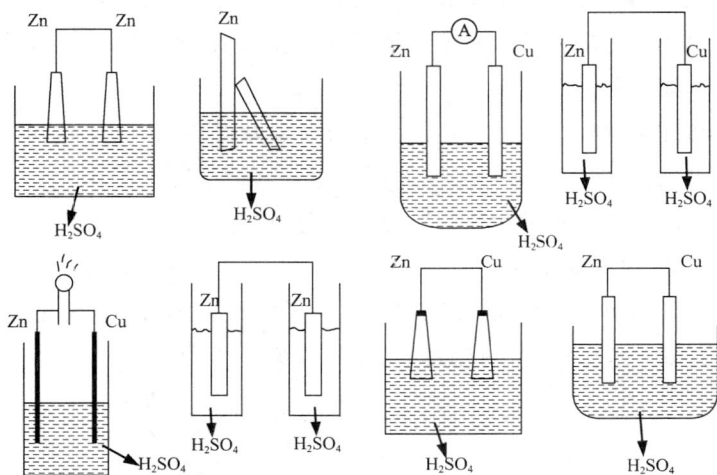

图 3-13-4 学生利用锌片与稀硫酸设计原电池的部分方案

【设计意图】通过思考及交流构建原电池中的能量转化关系,帮助学生从学习伊始就正确把握原电池的两大认识角度。通过方案设计培养学生的高阶思维。

【教师活动】演示实验2:将两个锌片平行插入稀硫酸并用电流表检测是否产生电流。

【演示实验3】将锌片与铜片平行插入稀硫酸并用导线相连。

【演示实验4】将锌片与铜片平行插入稀硫酸并用电流表检测是否产生电流。

【演示实验5】将锌片与铜片平行插入葡萄糖溶液并用电流表检测是否产生电流。

【演示实验6】将锌片与铜片分别插入稀硫酸(分装在两个烧杯),并用电流表检测是否产生电流。

【学生活动】观察实验现象,完成实验记录表,并与自己的方案做比较。

【设计意图】引导学生开展系列的实验探究,培养学生的观察、比较能力,发展科学探究的核心素养。

(三) 基于证据提炼观点

【教师活动】归纳实验4的现象并进行表征,分析其中的物质与能量变化,得出原电池的概念。引导学生将实验2、5、6分别与实验4进行对比,得出结论,归纳原电池的构成条件。

【学生活动】对比分析实验装置及实验现象,认识原电池,分析原电池的构成要素有哪些。初步分析原电池工作原理,基于此补充原电池的构成要素,并讨论各要素间的关系。

【设计意图】建构原电池的概念。通过实验及对比探究引导学生归纳出原电池的构成条件,在落实知识目标的同时进一步培养学生比较、科学探究、归纳等思维。进一步提升学生科学探究、证据推理等核心素养。

(四) 建构认知模型

【教师活动】引导学生从装置和原理两个维度归纳原电池的构成条件,得出原电池认知二维图模型(王维臻等,2014),见图3-13-5。

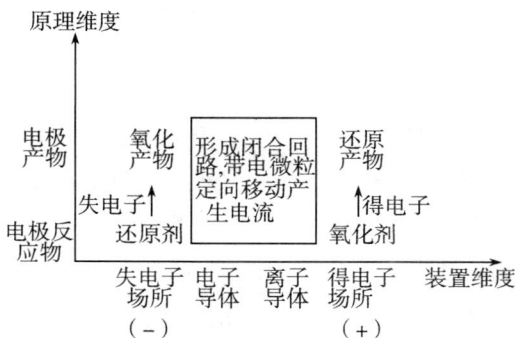

图 3-13-5 原电池认知模型

【学生活动】做笔记。通过二维图模型理解原电池的构成条件及各要素在实现化学能向电能转化时所体现的作用。理解二维图所反映的内涵。

【设计意图】通过二维图进行表征,直观、形象地总结原电池的构成条件,提升学生模型认知的核心素养。

（五） 模型应用

【教师活动】布置任务:① 尝试解释柠檬电池的原理;② 设计一枚原电池,将反应 $Zn + CuSO_4 = Cu + ZnSO_4$ 设计成原电池。选学生代表将设计草图画在黑板上并标明基本要素。组织学生分组进行实验验证。

【学生活动】小组讨论并汇报,画出设计方案,通过实验验证。

【设计意图】以原电池的设计任务进一步落实原电池的构成条件,基于学生的口头汇报评价其模型应用水平。

（六） 实验创新

【教师活动】引导学生改进设计微型化、绿色化的装置。

【学生活动】用胶头滴管吸取 $CuSO_4$ 溶液将一支粉笔充分润湿,夹在接有电流表的铜、锌两极之间,观察。

【设计意图】通过改进实验装置体现绿色化、微型化的实验思想,发展创新意识。

（七） 结课升华

【教师活动】总结本节课的知识脉络,布置作业。与火力发电做比较,讲述原电池直接将化学能转化成电能对于提高能源利用效率的重大意义。

【学生活动】梳理知识,了解火电站工作原理,认同原电池的意义。

【设计意图】通过梳理构建知识框架以及原电池意义的分析提升学生对化

学学科的认同感及公民社会责任感。

四、教学反思

化学科学实践－化学科学认识－化学科学应用是本学科认识世界的一般过程,化学学科核心素养相互联系的五个维度实际上分属于这三个不同的范畴(郑长龙,2018)。"科学探究与创新意识"属于实践范畴,"科学态度与社会责任"属于应用范畴,其余属于认识范畴。正是在科学探究的过程中,发展出了"宏微结合""证据推理""变化观念"等化学思维方法及基本观念,之后基于化学认识进行再实践。本节课的学习即是这样的过程,在不断探究中提出将化学能直接转化为电能的方法,进一步形成原电池这一基本模型,培养了学生的化学思维方法,落实了化学基本观念;在此基础上进行原电池的设计,模拟真实问题的解决,培养了学生的社会责任感。

(一) 主要优点及创新性

首先,以学生为本,注重学生的真实体验。"柠檬电池 DIY"活动作为先行组织者材料导入新课,兼具趣味性与时效性。本节课的一个教学重点是基于原电池这一装置认识化学能向电能的直接转化,学生的认知起点则为直观认识化学能确实可转化为电能进而对外做电功。教育家杜威提倡在做中学,再直观的教学素材都比不上身临其境的体验,这样的体验才是全方位的。动手制作简单的柠檬电池可以帮助学生切实体验到化学能确实可以向电能转化,在趣味活动中达成第一个认知目标,并与后续原电池概念的学习产生意义连接。其次,设计了原电池微型实验装置。在保证实验现象明显的前提下,为了实现实验装置的一体化、微型化、绿色化,选用了原电池一体装置(含锌片、铜片及一个焊接在两电极之间的微型电流计)进行实验,同时用被 $CuSO_4$ 溶液充分浸湿的粉笔代替用烧杯盛放 $CuSO_4$ 溶液。通过对实验装置的再设计体现了节约意识与创新精神。再次,引导学生初步建构了原电池认知模型,发展了学生的核心素养。本节课的设计重点体现了"证据推理与模型认知""宏观辨识与微观探析""科学探究与创新意识"等化学学科核心素养的落实与发展。通过从原理与装置两个维度构建原电池二维图认知模型帮助学生初步形成原电池的认知模型,着重发展模型认知这一核心素养;通过原电池构成条件的实验探究、原电池设计方案的实验检验等环节着重发展科学探究、证据推理等核心素养;通过实验装置的改进落实创新精神。

（二）不足及改进策略

首先,原电池认知模型的建构缺乏完整性。原电池的概念、构成条件(装置)及工作原理是原电池的三个核心知识点,三者相辅相成。本节课将概念及构成条件作为教学重点,引导学生从原理和装置角度设计并归纳了原电池的认知模型。受到课时及学生认知负荷的限制,本节课并未深入到微观层面学习原电池的工作原理,故造成了原电池认知模型的第一层面不完整。在构建的二维图原电池认知模型中,在装置维度上将原电池的构成分为了失电子场所(负极)、得电子场所(正极)、电子导体及离子导体,在原理维度上列出了电极反应物与电极产物。这样看来,失电子的电极反应物(还原剂)与失电子场所是分离的,在燃料电池中即是此情况。但是,在最简单的铜锌单液原电池中,此二要素是重合的。受到学生学习阶段的影响,学生对原电池的构成要素的认识必然缺乏完整性,这也造成原电池认知模型的第二层面不完整。因此,探究完整、连续的基于学习进阶的原电池主题教学设计是可以努力的方向。其次,本节课的初衷是帮助学生在实验探究的活动中通过讨论、对比归纳等得出原电池的构成条件。其中一个条件是具有离子导体(电解质溶液),而此条件是通过比较 $Zn|H_2SO_4|Cu$ 电池与 $Zn|$ 葡萄糖溶液 $|Cu$ 电池的指针偏转情况得出的。但是,锌片本身不与葡萄糖反应,此时氧化还原反应条件已经不具备了。因此,如何创新设计探究原电池构成要素的实验方案仍值得思考与突破。再次,评价方式较为单一,应探索更加多元的评价方式。

(该教学实践成果得到山西省太原市第五中学校段云博老师的指导)

案例 14　难溶电解质的溶解平衡

北京市东城区教师研修中心　贾同改

北京市广渠门中学　左金鑫　刘　臣

　　"难溶电解质的溶解平衡"是人教版选修 4《化学反应原理》第三章"水溶液中的离子平衡"第四节的内容。《化学反应原理》模块的教学内容分为三个主题:化学反应与能量,化学反应的方向、限度与速率,水溶液中的离子反应与平衡。教材引导学生通过对这些内容的学习,进一步认识化学变化所遵循的基本原理,初步形成关于物质变化的科学观念。"难溶电解质的溶解平衡"作为化学反应原理在溶液体系中应用的最后一部分内容,起着提升学生迁移应用的作用。如何突破固有思维模式、利用实验素材引导学生深入学习、促进其认识发展是我们研究的问题,以下是我们所做的实践研究。

一、教学内容的功能和价值分析

　　《普通高中化学课程标准(2017 年版)》指出:学科核心素养是学生通过学科学习逐步形成的正确的价值观念、必备品格和关键能力(中华人民共和国教育部,2018)。结合"难溶电解质的溶解平衡"部分的教学,我们认为可以主要培养和发展学生以下学科核心素养。

素养 1　宏观辨识与微观探析

　　☞能从不同层次认识物质的多样性,并对物质进行分类;能从元素和原子、分子水平认识物质的组成、结构、性质和变化,形成"结构决定性质"的观念。能从宏观和微观相结合的视角分析与解决实际问题。

素养 2　变化观念与平衡思想

　　☞能认识物质是运动和变化的,知道化学变化需要一定的条件,并遵循一定规律;认识化学变化有一定限度、速率,是可以调控的。能多角度、动态地分析化学变化,运用化学反应原理解决简单的实际问题。

素养 3　证据推理与模型认知

　　☞具有证据意识,能基于证据对物质组成、结构及其变化提出可能的假设,通过分析推理加以证实或证伪;建立观点、结论和证据之间的逻辑关系。

知道可以通过分析、推理等方法认识研究对象的本质特征、构成要素及其相互关系,建立认知模型,并能运用模型解释化学现象,揭示现象的本质和规律。

素养 4　科学探究与创新意识

☞认识科学探究是进行科学解释和发现、创造和应用的科学实践活动;能发现和提出有探究价值的问题;能从问题和假设出发,依据探究目的,设计探究方案,运用化学实验、调查等方法进行实验探究;勤于实践,善于合作,敢于质疑,勇于创新。

通过本单元的教学,发展学生的微粒观、平衡观和守恒观,引导学生形成认识沉淀溶解平衡的基本思路,通过实验前的预测和对实验现象的分析解释使学生在不断质疑、不断思考中逐渐形成分析问题、解决问题的思维模型,培养学生系统思维能力,促进化学学科核心素养的发展(房喻等,2018)。

(一) 2017 版课程标准的要求及建议

"难溶电解质的溶解平衡"包括难溶电解质溶解平衡的形成、特征及其受外界条件的影响而发生的平衡移动,具体为沉淀的生成、溶解与转化等。以下是 2017 版课标关于"难溶电解质的溶解平衡"的内容要求、学业要求、学习活动要求及情境素材建议(中华人民共和国教育部,2018)。

【内容要求】认识难溶电解质在水溶液中存在沉淀溶解平衡,了解沉淀的生成、溶解与转化。

【学业要求】

1. 能用化学用语正确表示水溶液中离子反应与平衡,能通过实验证明水溶液中存在的离子平衡,能举例说明离子反应与平衡在生产、生活中的应用。

2. 能从电离、离子反应、化学平衡的角度分析溶液的性质,如酸碱性、导电性等。

3. 能综合运用离子反应、化学平衡原理,分析和解决生产、生活中有关电解质溶液的实际问题。

【学习活动建议】

1. 实验及探究活动:沉淀的转化。

2. 调查与交流讨论:查阅资料并讨论含氟牙膏预防龋齿的化学原理,提出牙膏加氟需要注意的问题。

【情境素材建议】

1. 碘化铅悬浊液静置后上层清液中碘离子的检验;氯化银与碘化银、硫化锌与硫化铜、氢氧化镁与氢氧化铁沉淀的转化;钡盐中毒与解毒。

2. 溶洞和珊瑚礁的形成;可溶性钡盐的工业生产。

(二) 本单元的教学价值

如图 3-14-1 所示,本单元是在学生学习了化学平衡理论、弱电解质的电离平衡、水的电离和溶液的酸碱性、盐类水解平衡之后,进一步学习的沉淀溶解平衡,从学生认识发展的角度看其主要教学价值如下:① 使学生形成对难溶物在水中存在溶解平衡的认识,发展对化学平衡(电离平衡、水解平衡和溶解平衡)的认识,改进对复杂平衡体系的分析思路和方法。② 使学生从平衡角度重新并深刻认识复分解型离子反应发生的条件,更为透彻地理解在溶液中发生离子反应的原理,丰富学生认识化学反应的视角(王磊,2018)。

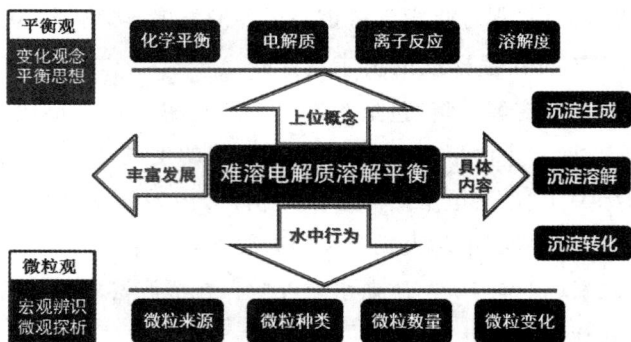

图 3-14-1 难溶电解质溶解平衡的知识框架

(三) 单元整体教学建议

学情调研发现学生往往孤立、片面地看待物质的溶解、沉淀、反应等问题,学习中主要的思维障碍主要有:

(1) 学生已学习了溶解度的概念及常见物质的溶解性,会辨认不同颜色的沉淀,但学生形成了固有认识,习惯把沉淀当作不溶物处理,认为能产生沉淀的离子一定不能共存。例如:学生认为氯化银难溶于水,因此氯化银与水的混合物中没有 Cl^-、Ag^+。在认识沉淀的生成时,大多数学生认为只要加入沉淀剂一定能够生成沉淀,且沉淀完全后溶液中不可能含有难溶电解质的相应离子。例如:当学生被问到过量的氯化钠与硝酸银反应后溶液中是否存在银离子时,学生认为沉淀反应是完全的,溶液中不可能存在银离子。

(2) 基于以前的学习,学生知道"碱和盐""盐和盐"的复分解反应中的反应物必须是可溶的,因此对于 $AgCl(s)$ 和 $I^-(aq)$ 的反应学生往往认为是不能发生的;在认识沉淀的转化时,学生通常认为只有难溶物转化为更难溶物的反应才可能发生,无法建立溶解能力相近的难溶电解质可以实现相互转化的认识。例如,学生难以理解 $BaSO_4$ 转化为 $BaCO_3$ 的事实,认为 $AgI(s)$ 和 Cl^-(aq)的反应也不能发生。

(3) 尽管学生知道 $CaCO_3$ 等难溶性碳酸盐可与盐酸发生化学反应,学生也接触到 $Fe(OH)_3$、$CaSO_4$ 等其他难溶物与酸的反应,但学生并不能从离子平衡的角度深刻认识其反应的本质。

(4) 人教版教科书中提供的素材是 $AgCl$ 转化为 AgI,再转化为 Ag_2S、$Mg(OH)_2$ 转化为 $Fe(OH)_3$ 等,化学味道浓厚、缺乏生活气息,学生面对生产、生活中的沉淀溶解平衡问题,常表现出无从下手。

学生的认知障碍主要源于先前所学知识的局限性、认识事物的方式和角度单一等问题。因此,教学需要关注学生已有知识,从学生熟知的生活事实和实验中提供感性材料,通过旧知识引出新知识,这样才能更好地使学生实现概念转变和认识发展。

基于以上思考,本单元的教学策略是关注学生的认识发展,创设真实的任务情境,组织学生开展实验探究活动,引导学生经历观察、比较、分析、综合、抽象、概括等思维过程,促使其形成分析沉淀溶解平衡问题的基本思路,使学生在实验设计、实验观察、实验分析中发展"宏观辨识与微观探析""变化观念与平衡思想""证据推理与模型认知"等化学学科核心素养,提升系统思维能力。

二、整体教学设计及实践研究

本单元的教学以学生探究活动为主,分两课时完成。

第一课时的教学目标如下。

(1) 能用化学平衡理论描述难溶电解质的溶解平衡并解释沉淀生成、溶解和转化的本质。

(2) 通过宏观辨识与微观探析,建立认识难溶电解质溶解平衡的分析思路,并能用平衡理论解释肾结石生成、溶解和转化的过程。

(3) 通过对难溶电解质的分析,发展对变化观念与平衡思想的认识。

(4) 体会化学知识的形成过程,感受运用化学知识分析、解决实际问题的快乐。

教学流程图如图 3-14-2 所示。

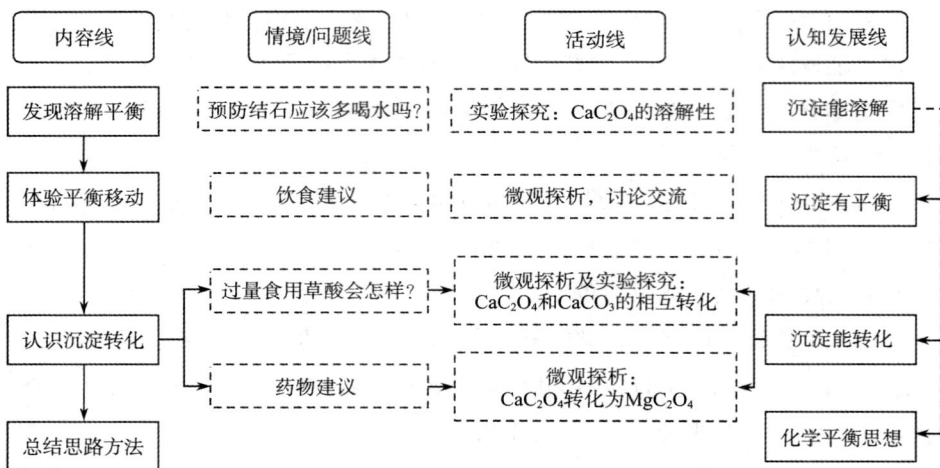

图 3-14-2 难溶电解质的溶解平衡(第一课时)教学流程

第二课时的教学目标如下。

(1) 综合运用沉淀溶解平衡、氧化还原反应原理、原电池等化学核心概念,研究物质的溶解性大小与沉淀转化方向之间的关系。

(2) 在实验探究活动中,能依据物质的性质对物质发生的化学反应进行宏观预测,能够对实验方案、实验结论进行完整论证。

教学流程如图 3-14-3 所示。

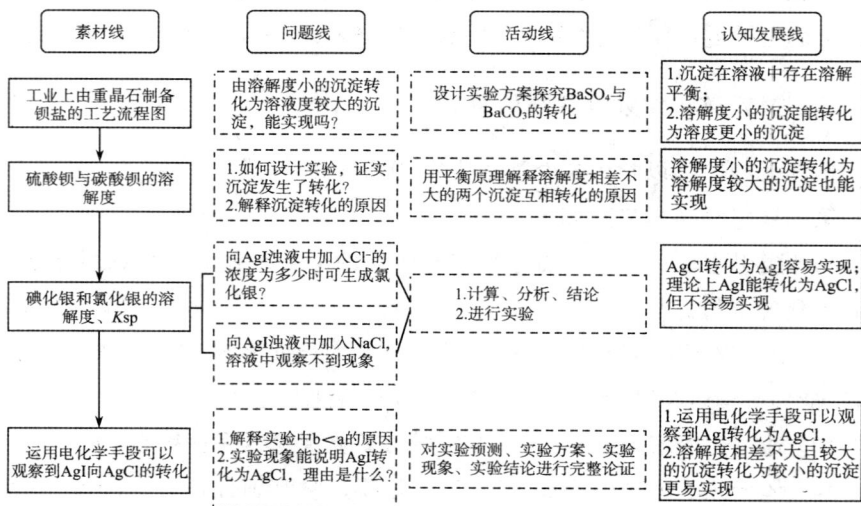

图 3-14-3 难溶电解质的溶解平衡(第二课时)教学流程

三、教学效果及反思

教学实践后,本研究设计了如下的纸笔测验。

(1)将 AgCl 溶于水后,请描述溶解平衡的建立过程及建立特征。

(2)向 $Mg(OH)_2$ 的浊液中加入酚酞,溶液变红,请从微观的角度进行解释。

(3)锅炉水垢的主要成分为 $CaCO_3$、$Mg(OH)_2$、$CaSO_4$,如何清除?请应用平衡的知识,从微观上解释过程。

通过数据统计,95%的学生能利用沉淀溶解平衡模型进行微观解释,但是用化学用语表达这一过程有待提高,需要在后续课程学习中进一步加强。

统计结果表明全班 39 人中,100%的学生能够用化学用语准确地表述某一难溶电解质的溶解平衡的过程和特征,92.3%的学生能够用平衡移动的思想解释诸如"难溶电解质 FeS、$Al(OH)_3$、$Cu(OH)_2$ 可溶解于强酸""锅炉除水垢"等实际问题,74.3%的学生可以详细表述出碳酸钙固体与稀盐酸的反应实质是溶解平衡的移动过程。在课后的访谈中,学生感觉本节课容量较大,也略有难度;课堂上通过对一个个连续性问题的深入思考与解决,收获也很大;很多学生对于难溶电解质溶解平衡的建立过程印象深刻,通过核心引导性问题逐层深入,抽丝剥茧,自主建构并完善概念,学生感觉课堂学习是充实而高效的。学生对离子反应发生条件的再认识,也是从不同角度对化学变化的再认识过程,从多个角度(宏观、微观、物质、原理、能量等)认识化学反应,使自己对化学反应的理解更加多元和理性。

笔者反思整个教学实践过程,提炼出如下几点的教学策略。

(一)真实的生活问题引发深入思考

将生活实际问题"预防结石为什么多喝水—饮食建议—药物建议"与难溶电解质的溶解平衡的模型建立及应用的相关知识进行整合,促使学生展开分析解释、方案设计等活动,加深了对水溶液中的离子反应与平衡知识在生产、生活和社会发展中作用的认识。学生在课后开始相互提醒该喝水了,边喝还边打趣:"沉淀溶解平衡开始正移,小心结石!"这种充满积极思考的课堂更加具有活力,使学生意识到化学与生活的密切联系。在课后学生在医生的指导下自制宣传手册,走进社区宣传,达到学以致用的目的。

(二)鲜明的实验现象揭示微观反应本质

肾结石中草酸钙是难溶物,但也可溶于水,如何让学生直接或间接观察到这一事实呢？教师引入了大学分析化学中用到的钙试剂，通过其对钙离子较为灵敏的显色反应，将草酸钙（CaC_2O_4）上层清液中存在钙离子（Ca^{2+}）这一事实较为直观地呈现出来。在此基础上，说明将草酸钙（CaC_2O_4）加入水中形成的浊液是一个 Ca^{2+}、$C_2O_4^{2-}$ 和 CaC_2O_4 共存的平衡体系。在后续研究沉淀转化的实验中，学生也借助钙试剂指示溶液中钙离子浓度的变化。钙试剂的引入，将钙离子浓度的微小变化转化为可视化的实验现象，通过宏微结合，有助于学生深入理解难溶电解质的溶解平衡及其移动的微观本质，丰富和发展学生对化学平衡的认知。

（三）综合实验探究活动培养系统思维能力

实验教学可以创设真实的问题情境，引发学生对问题的强烈探究欲望，带给学生更深层次的学习体验，使学生成为独立研究者。碳酸钡与硫酸钡是两个溶解度相差不大的白色沉淀，学生熟悉 CO_3^{2-} 和 SO_4^{2-} 的检验方法和实验技能，但对二者的相互转化却是需要学生细致地观察、认真设计和收集证据并对实验现象进行合理的分析、解释的。AgCl 是白色沉淀，AgI 是黄色沉淀，用试管实验可以实现 AgCl 向 AgI 的转化，而且现象十分明显；但 AgI 的溶解度远小于 AgCl 的溶解度，所以转化程度很小，而且 AgI 的黄色会遮盖白色的AgCl，所以学生只能通过理论分析推知 AgI 可以实现向 AgCl 的转化。

为了让学生真实地感受到 AgI 向 AgCl 转化，教师进行如下表 3-14-1 所示的实验演示。

表 3-14-1　AgI 向 AgCl 转化的演示实验设计

装置	步骤	电压表读数
	Ⅰ. 如图连接装置并加入试剂，闭合 K	a
	Ⅱ. 向 B 中滴入 $AgNO_3$(aq)，至沉淀完全	b＜a
	Ⅲ. 再向 B 中投入一定量 NaCl(s)	c
	Ⅳ. 重复Ⅰ，再向 B 中加入与Ⅲ等量 NaCl(s)	a

教师引导学生对该实验方案、实验现象和实验结论进行完整的论证，发展学生的"宏观辨识与微观探析""变化观念与平衡思想""证据推理与模型认知"

等化学学科核心素养,培养学生的系统思维能力。

四、研究启示

传统的概念原理类知识的教学注重事实和概念的辨识,主要讲现象、讲定义等而忽视知识间的联系及其运用,学生的学习常浮于表面,即使辅以大量习题,也只是机械式练习和强化,学生难以实现知识的理解和迁移。

实验教学通过展现真实的问题情境,引导学生从化学的视角分析生产、生活中的实际问题,并探查事物变化的微观本质,能促进学生自主建构对概念、原理的认知,形成基于微观、动态、平衡视角的分析思路和科学简明的表达方法,能基于认知模型分析解决具体问题。这既是聚焦学科本质、攻克学习难点的需要,也是促进学生认识发展的需要。

但实验教学对教师的专业素养要求很高,它不仅要求教师正确理解化学知识,还要求教师对化学史以及具有化学学科特质的思维方式和方法有正确的理解,同时还需要教师精心设计实验活动,能将其有机融合在一起,能提出有层次和价值的问题启迪学生的科学思维。

案例15 电离能及其变化规律

山东省青岛第九中学 陈莎莎

新课标（2017年版）指出，要重视开展以素养为本的教学，使学科素养成为学生终身发展的重要基础（中华人民共和国教育部，2018）。这就要求教师要及时转变教学思想，把为了知识的教育转化为通过活动获得知识的教育。认识方式是学科核心素养的主要载体，学科活动是提高核心素养的主要途径（王磊等，2018）。

一、教学目标的确定

（一）教材分析

"电离能及其变化规律"是鲁科版化学《物质结构与性质》（选修）第一章第三节的第一课时。新课标（2017）要求，认识元素的第一电离能等元素性质的周期性变化，知道原子核外电子排布呈现周期性变化是导致元素性质周期性变化的原因（中华人民共和国教育部，2018）。教材中本节建立在学生学习了《化学2》（必修）知识以及第一章前两节的内容的基础上，引入电离能概念，定量地描述元素原子失电子的能力；教材从微观角度引导学生认识元素的电离能这一宏观性质，观察、分析其变化规律，从而加深对元素周期律的认识，并能够丰富"位—构—性"认知模型。

（二）学情分析

学生已有《化学2》（必修）的基础知识，能够从原子结构的角度，结合元素周期表定性地判断元素原子得失电子的难易程度。在教学中要利用好学生必修阶段的知识；但学生根据已有知识只能定性地判断元素原子得失电子的难易程度，无法判断不同周期、不同主族的元素性质，因此，以此为问题的起点，逐步延伸到本节课电离能概念的学习。

（三）教学目标

基于对教材和学情的分析，确定了如下的教学目标。

（1）引导学生通过建构电离能概念及内涵，定量认识元素性质。

（2）通过探究元素电离能的变化趋势，认识元素性质的周期性变化规律，加深认识元素"位一构一性"关系，培养宏观辨识与微观探析的素养。

（3）通过分析电离能变化规律和化合价等的关系，应用元素电离能说明元素的某些性质，提高处理数据和思维分析的能力，发展证据推理与模型认知素养。

教学重点是探究电离能变化规律并从原子结构角度进行微观解释，教学的难点是进行微观角度的解释。

二、教学过程及解析

（一）教学环节 1——创设情境，激趣设疑

【情境导入】播放碱金属元素单质与水反应的实验视频。

【提问】如何定量描述原子失电子能力大小？

【学生活动】结合元素的原子半径和价电子数，分析主族元素的原子得失电子能力的变化规律，尝试分析下面几组元素的原子失电子能力的强弱：① Rb和Na；② S和Cl；③ Li和Mg。

【引入概念】体现规范化的概念，学生自主分析概念要点。

【设计意图】以问题为核心的知识建构，重视学生对概念的认知起点。创设真实情境，激发学生学习兴趣（王伟等，2018）。教师通过播放实验视频创设情境，引导学生形成元素失电子能力的感性认识。学生回顾必修知识定性分析问题，从必修知识顺利判断出前两组同周期、同主族元素性质，但无法判断第三组元素性质。教师及时捕捉学生的知识生长点，由定性知识的不足而产生认知发展需求——定量角度，从而提出核心问题，电离能概念应需而生。

（二）教学环节 2——问题驱动，活动探究

【问题素材】元素的电离能有何变化规律？

【探究一】同一元素的不同电离能变化规律。

子问题 1：观察铍原子三级电离能比较柱状图，你看到了什么？由此想到了什么？

子问题 2：结合规律观察 Li 和 Ca 元素的电离能数据，分析为什么 Li 元素易形成 Li^+，而不易形成 Li^{2+}；Ca 元素易形成 Ca^{2+}，而不易形成 Ca^{3+}？

【探究二】不同元素第一电离能的变化规律。

子问题 1：比较 Na、Mg 元素的第一电离能大小？

子问题 2：分析第 3 周期以及 V A 族元素第一电离能的变化趋势，你还发现了哪些规律？

子问题 3：进一步分析其他周期、其他主族元素的第一电离能示意图，你又发现了哪些新规律？

【设计意图】通过引导学生观察电离能图片、数据，从两个维度上由小及大分别进行探究——"同一元素的不同电离能变化规律"和"不同元素的第一电离能在周期表中的变化规律"，进行有意义的电离能概念建构。

在探究中全面培养学生的核心素养。这种探究通过多种数据呈现方式——柱状图、表格、折线图，引导学生学会多角度读图、识图，认识同一元素的不同电离能变化规律，并学会简单分析电离能与常见化合价的关系；引导学生从个别元素（Na、Mg）原子失电子能力与电离能大小建立对应关系，推广到典型周期、典型主族，以此作为证据进一步分析 1—36 号元素包含的多个周期、族；引导学生通过科学的演绎来推测变化趋势，扩大格局，在发现新问题中总结新规律，得到统一的、普遍的电离能变化规律，发展证据推理与模型认知的核心素养。

学生由个别——典型——一般元素找出数据变化规律，在讨论中得出电离能变化宏观规律，并在多个小组思维碰撞中发现特殊元素如 Mg 和 P，从微观角度——原子半径与核外电子排布进行解释，培养宏观辨识与微观探析的核心素养。

（三）教学环节 3——思维发散，学以致用

【问题素材】电离能及其变化规律的知识能帮助我们解决哪些问题？

【教学活动】

（1）回扣课前疑问，解决 Li 和 Mg 失电子能力的问题。

（2）课堂练习：比较铬元素的第二电离能与锰元素的第二电离能大小。

（3）学生观察教师给出的五种元素电离能数据（单位：kJ/mol），组内合作、出题，组间提问、评价。

（4）课堂总结，丰富"位—构—性"认知模型，深入认识元素周期律，致敬门捷列夫。

【设计意图】课堂以学生为主体，教师将开放性问题留给学生，给予学生发散思维、展现自我的空间。学生从命题者的角度出发，将概念知识化为分析问题和解决问题的工具，组内自由讨论、提出问题，组间交流、互相提问，课堂在学生思维碰撞中产生新的火花并得以升华。这样的民主式课堂教学不仅培养了学生交流合作的能力,还给予学生自我评价、生生评价的平台,给学生提供大胆说话的机会,真正将学生思维外显,实现"教、学、评"一体化。

三、教学反思

化学学科核心素养的实现必须以化学知识教学为媒介,以化学活动的开展为载体。本节概念课注重以问题为核心的知识建构过程,创设丰富的情境,引导学生从感性到定性,再到定量角度认识元素的宏观性质(电离能、化合价等),从微观角度结合原子结构、微粒半径进行解释,深刻认识元素周期律(王磊等,2018)。学生在课堂探究获得知识的过程中,主动建构概念,并在环节 3 碰撞出思维火花,跳出"主族""第一电离能"等知识点局限,用发散思维解决了铬、锰元素第二电离能大小问题,实现知识、活动、能力、素养的综合,建立了基于"位—构—性"关系的系统思维框架,提高了分析和解决问题的能力。

高中化学教学更应通过科学探究帮助学生形成自主学习、合作探究的意识,提高依据目标设计方案、给予证据分析做出推理判断和解决实际化学问题的能力。学生在课堂环节 2 中,通过探究同一元素的不同电离能变化规律,已经具有了良好的探究电离能规律的程序和方法,课堂教学中小组自主设计方案探究不同元素第一电离能的变化规律,呈现出严谨且有序的思维过程,探究活动达到高潮。

化学学科核心素养导向的课堂教学是体现化学学科价值的必由之路。在新课改的形势下,教师应当转变教学观念,以学生核心素养提升为目标,创设真实丰富的情境,以有探究价值的问题带动学生思考,合理选择教学内容,改革教学方法和过程,在课堂培养学生的化学学科核心素养。

(该教学实践成果得到山东省青岛第九中学官福荣老师、宋立坤老师的指导)

案例 16　金属晶体的原子堆积模型

山西省太原市第五中学校　李嘉琪

　　教育是有目的地培养人的社会活动。教育目的究竟何在？这是教育工作者经常思索的问题。党的十九大明确提出,"要全面贯彻党的教育方针,落实立德树人根本任务,发展素质教育,推进教育公平,培养德智体美全面发展的社会主义建设者和接班人"。这回答了培养什么样的人的问题。教育应当立德树人,着眼于学生的全面发展,促进学生核心素养的发展。放眼于本学科,我们应当帮助学生养成正确的科学态度与社会责任,引导学生通过科学探究的手段在宏观和微观等多个层面上探索物质变化,逐步形成基于证据推理和模型认知的思维核心。素养为本为我们进一步思考如何培养人提供了依据。基础性、时代性、结构化、情境化的要求应贯穿于课程内容从选取到组织再到设计的过程。教学活动应当基于真实的问题情境,要包含丰富的探究环节。知识是素养的载体,素养需依托教学过程具体化。学生只有经历融合了知识学习、方法引导和情感培养的教学过程,才能慢慢地实现从学习理解到应用实践再到迁移创新的层层进阶,最终促进核心素养落地开花。

一、金属晶体相关知识的功能与价值挖掘

　　本节知识之于学生具有层层促进的价值,见图 3-16-1。

图 3-16-1　金属晶体相关知识的功能与价值

　　首先,本节知识可以丰富、完善学生对物质结构与性质的认识,形成结构化的知识关联,同时帮助学生从方法论角度建构描述、研究晶体结构与性质的结构化的认识思路。其次,学习内容的结构化可以进一步促进学生核心概念的发展。微粒、作用力、空间结构是物质结构与性质主题下的三个核心概念。对金属晶体相关知识的学习可以从微观层面完善学生对微粒间作用力的认识,同时从宏观层面发展学生对空间结构的认识,丰富概念的内涵和外延。再次,核心概念的发展进一步促进核心观念的形成。具体来讲,学生基于金属晶

体微粒的种类、金属键、堆积方式可进一步形成微粒观,基于典型金属晶体结构与性质相关联的探究活动进一步深化结构观,从多角度、多层面对晶体进行分类进一步形成分类观(周惠忠,2017)。最后,知识的学习过程也将核心素养具体化。在本节课的教学中,学生可以通过动手制作典型的金属晶体结构模型培养创新精神,基于真实情境中的问题解决过程发展证据推理的素养,基于典型金属晶体堆积方式及性质的探索发展宏微结合和模型认知的学科核心素养。

二、素养导向的教学与评价目标建构

新的课程标准重视以学科大概念为核心,重视开展素养为本的教学,倡导基于化学学科核心素养的教、学、评一体化。在深度挖掘教学内容功能与价值的基础之上,素养为本就成为建构教学目标的导向。学生是教学的主体,基于学情所建构的目标才是有效的教学目标。

笔者通过按学段梳理"物质结构与性质"这一学科大概念的学习进阶(童文昭,2015),确定了学生在学习结束后的预期水平,详见图 3-16-2。

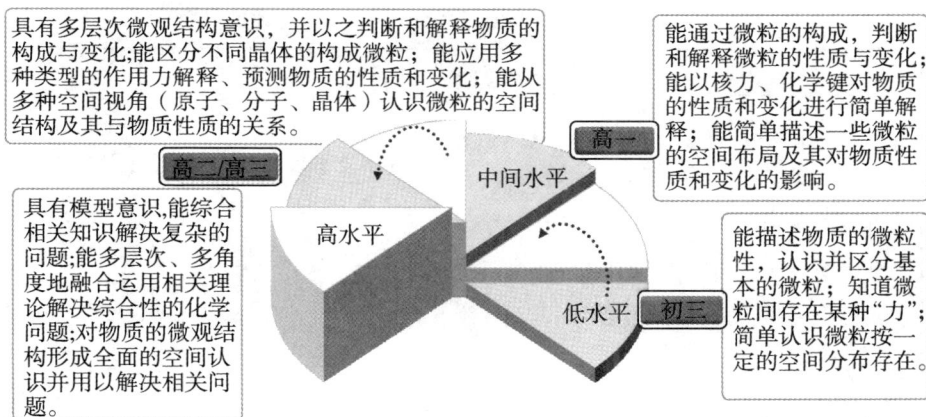

图 3-16-2 "物质结构与性质"学习进阶

同时,笔者结合课程标准中的学业质量水平综合预设了学生在教学结束后的学科核心素养表现水平,详见图 3-16-3。

能从物质的构成微粒和微粒间作用力等视角对物质进行分类;能说明物质的组成和微粒间作用力的差异对物质性质的影响;能采用模型对物质的结构及其变化进行表征。 3

能从不同视角对典型的物质及其主要变化进行分类;能从原子结构视角说明元素的性质递变规律;能从构成物质的微粒、化学键、官能团等方面说明常见物质的主要性质。 2

中间水平

高水平

能根据物质的类别、组成、微粒的结构、微粒间作用力等说明或预测物质的性质,评估所做说明或预测的合理性。 4

低水平 1

能根据组成和性质对物质进行分类,形成物质是由元素组成和化学变化中元素不变的观点;能运用原子结构模型说明典型金属和非金属元素的性质;能对常见物质及其变化进行符号表征。

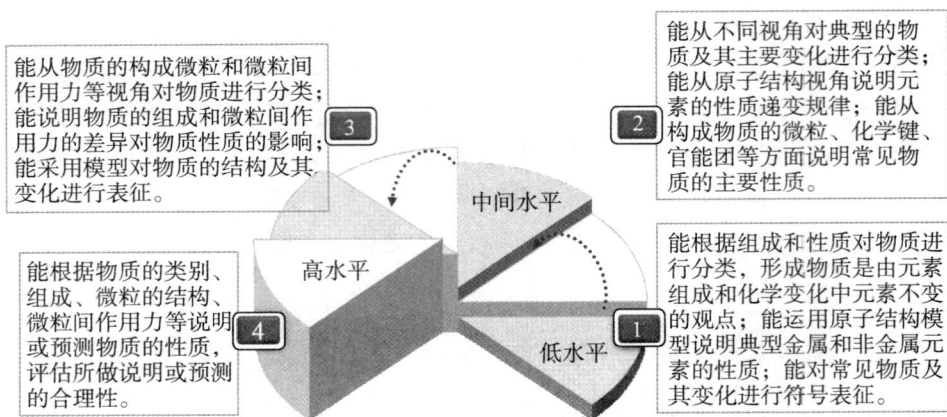

图 3-16-3 "物质结构与性质"学业质量水平

结合学生实际,本节课将学习进阶水平预设为高二/高三的水平,少数学生能达到最高水平,即形成模型意识。将学业质量预设为水平 3 和水平 4 中"说明"的程度,少数学生能达到预测和评估的水平(中华人民共和国教育部,2018)。

基于上述分析,确定本节课的教学目标,并匹配相应的评价目标,具体见表 3-16-1。

表 3-16-1 "金属晶体的原子堆积模型"教学与评价目标

教学目标	评价目标
(1)基于物质(实物/计算机模拟)模型的制作过程建构金属晶体的等径圆球三维堆积模型(理论模型),并能将化学事实与理论模型之间进行关联	(1)基于模型展示诊断:描述 4 种堆积方式的特点,说出 4 种堆积模型的配位数、晶胞特征、空间利用率及典型代表物,并基于微粒与原子/分子晶体对比(定性水平、定量水平)
(2)基于化学问题的解决过程促进对模型的理解,进一步形成应用模型解释物质结构与性质的思路,培养问题意识和证据意识	(2)通过探究金属钠与镁密度差异成因的活动诊断并发展学生证据推理的水平(求证意识、逻辑意识视角)和模型认知水平(描述/应用/意识视角)

续表

教学目标	评价目标
（3）基于复杂问题的思考与迁移进一步建立微粒间作用力的特征和微粒的空间结构与物质性质之间的关联，进一步形成基于结构差异预测性质差异的思路，促进"结构与性质相关联"核心观念的结构化	（3）通过解释镁和铝延展性的差异及预测离子晶体与金属晶体延展性的差异，诊断并提高学生对"结构决定性质"核心观念的结构化水平和认识思路的结构化水平（视角水平、内涵水平）

三、主要教学流程设计及意图

我们基于上述前端分析，确定本节课的教学重点为掌握金属晶体四种堆积方式的特征及晶胞的特点，并能从定量角度比较；促进描述、研究晶体结构与性质认识思路的结构化。教学难点为微观抽象、空间想象；晶胞的抽取过程；空间利用率的计算；基于结构差异预测物质性质的差异。因此，本节课的教学策略主要为基于真实体验，巧用任务驱动，激发学习兴趣，降低抽象难度。教学方法主要为基于学案指导进行前置学习与诊断、模型建构（实物模型制作、计算机软件模拟、动画演示）、讲授等。

具体教学环节如下。

（一）课前自学

【教师活动】制作导学案，利用微课讲解六方最密堆积空间利用率的计算，引导学生进行课前自学。根据收回的导学案诊断学生的自学情况。

【学生活动】阅读教材，认识金属键及其特征。在核心问题的驱动下，学习并归纳 4 种典型堆积方式的堆积特点、配位数、晶胞特征及实例，完成导学案。开动脑筋，利用身边的材料（如海洋球、超轻黏土、磁力球等）制作金属晶体的堆积模型。在此基础上选择性地学习各种堆积方式中原子半径 r 与晶胞棱长 a 之间的关系及空间利用率的计算。

【设计意图】导学并诊断，在此基础上进行新授课的学习。通过"堆积模型DIY"的活动激发学生的创造力。

（二）情境导入

【教师活动】引导学生回忆并比较金属钠和镁与水反应时所体现出的化学性质的差异，同时引出物理性质的差异。利用表格呈现 Na 和 Mg 的密度、摩尔质量、原子半径等科学数据，引导学生思考二者密度差异的成因，并组织学生进行讨论,从而导入新课。

【学生活动】观察表中数据,从密度的计算公式出发,思考金属钠和镁密度差异的成因,提出自己的见解。

【设计意图】通过金属钠与镁的密度差异创设问题情境。基于问题引导学生观察表格数据,在分析问题的过程中导入新课,培养学生的问题意识,提高比较、观察等思维方法的水平。

（三）原型分析

【教师活动】问学生金属键的特征是什么。基于图形介绍等径圆球的理想模型和密堆积的理论模型,引导学生认识密置列、非密置层和密置层。

【学生活动】基于金属键没有方向性和饱和性的特征认识等径圆球的密堆积模型,从一维密置列到二维密置层逐步认识到金属晶体可视为等径圆球在三维空间的密堆积。

【设计意图】基于金属键的特点,借助等径圆球堆积的理想模型和理论模型进行原型分析,为金属晶体堆积模型的建构打下理论基础。

（四）模型建构

【教师活动】组织学生代表归纳简单立方堆积和体心立方堆积的堆积方式及特点。借助动画演示两种堆积方式的堆积过程,借助 VESTA 软件模拟、演示 Po 和 Na 的超胞。板书,将代表物晶胞粘贴至黑板。

【学生活动】归纳简单立方堆积和体心立方堆积的堆积方式及特点。观察 Po 和 Na 的超胞,基于此认识两种堆积方式的配位数,并通过寻找重复单元的过程抽取出简单立方堆积和体心立方堆积的晶胞。指明两种堆积方式中一个晶胞含有的平均原子数、a 与 r 的关系,计算空间利用率。

【设计意图】通过组织学生代表分享简单立方和体心立方堆积方式的特点及配位数,帮助学生归纳整理,同时抽查了预习情况。借助 VESTA 软件演示超胞,降低配位数的认知难度。通过 VESTA 软件演示两种堆积方式最小重复单元(晶胞)的抽取过程,形象、直观。引导学生分享 a 与 r 的关系,并基于此进一步认识堆积特征(相切关系),同时计算空间利用率。

【教师活动】组织学生进行汇报与展示。

【学生活动】学生代表展示自己所做的六方最密堆积和面心立方最密堆积的实物模型,并比较讲解两种模型堆积方式的特点及差异。

【设计意图】学生通过分享自己动手制作的实物模型,并以此讲解密置层间两种最密堆积方式的活动,对比学习六方最密堆积及面心立方最密堆积的特征及配位数,提高合作能力。

【教师活动】利用动画演示密置层间的最密堆积形式,归纳六方最密堆积与面心立方最密堆积的堆积特点(空隙填充情况和重复周期)。借助 VESTA 软件展示 Mg 和 Cu 的超胞,引导学生认识配位数并抽取晶胞。用 VESTA 演示 Cu 的单胞,标记一个晶面,展示一个面心立方最密堆积重复单元的堆积情况(1-6-6-1),如图 3-16-4、图 3-16-5 所示。

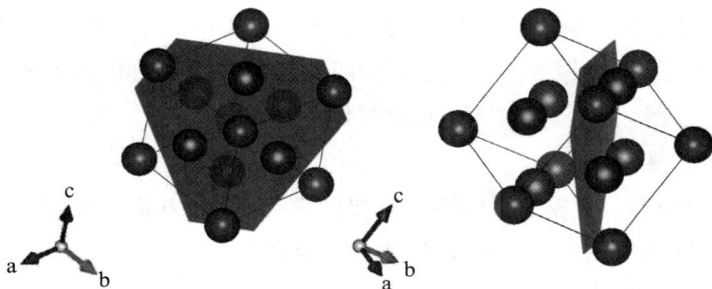

图 3-16-4 铜晶胞的球棍模型

图 3-16-5 铜晶胞的比例模型

【学生活动】通过观察动画归纳密置层间密堆积方式的特点,通过观察 Mg 和 Cu 的超胞认识六方最密堆积与面心立方最密堆积的配位数,抽取晶胞并归纳其特征(定性、定量角度)。重点认识一个面心立方最密堆积重复单元的堆积情况(1-6-6-1)。在 a 与 r 关系的探索的基础上进一步深化对两者堆积特征的认识,了解空间利用率的计算。

【设计意图】利用动画进一步巩固 ABAB 及 ABCABC 的重复周期认识。借助计算机软件演示六方最密堆积和面心立方最密堆积最小重复单元的抽取过程,帮助学生了解二者晶胞的特点。通过 VESTA 软件展示 Cu 的单胞将抽象问题形象化,帮助学生攻克"1-6-6-1"这一认知难点,在这一过程中进一步培养学生观察、抽象的思维能力,发展模型认知的核心素养。

（五） 模型应用

【教师活动】提出问题:① 从晶体结构出发,如何解释金属钠与镁密度的差异? ② 金属 Zn 晶体的堆积方式为六方最密堆积,六棱柱底边边长为 a cm,高为 c cm,阿伏伽德罗常数的值为 N_A,Zn 的密度为多少? (列出计算式)评价学生的回答并总结。

【学生活动】作答。

【设计意图】回到课堂开始的问题,引导学生在问题解决的过程中进一步认识金属原子的堆积方式,从而达到应用模型解释问题的目标水平。让学生从结构角度理解金属 Na 与 Mg 密度差异的成因。

（六） 课堂小结

【教师活动】从非密置层间的堆积和密置层间的堆积两角度切入,从晶胞、配位数、空间利用率等总结各种堆积方式的特征。

【学生活动】列表归纳。

【设计意图】通过课堂小结帮助学生梳理本节课的核心知识及收获。

（七） 课外拓展

【教师活动】布置任务:① 尝试学习 VESTA 软件的操作,自己建立典型晶体的晶胞。② 基于课前的科学数据计算并比较金属钠和镁的密度。选做:③ 基于结构差异,试比较金属银和镁的延展性。④ 基于结构,试预测并解释离子晶体(如氯化钠)的延展性。

【学生活动】分层完成教师所布置的课后拓展任务。

【设计意图】通过分层作业进一步巩固学生的学习成果,进一步促进学生的模型认知水平向更高水平(预测、评价等)发展。

四、教学反思

（一） 主要优点及创新性

一是先学后教,以学定教,精准高效。传统教学往往更多地重视教师的教而忽略学生的学,因此,教师对学情的把握往往是根据教学经验,或是根据滞后的课后检测。为了改善这一问题,本着"先学后教,以学定教"的基本思路,本节课采取了前置性学习的教学模式,以期实现精准而高效的教学。二是着力发展学生的化学学科核心素养。素养为本的教学应落脚在化学学科核心素养的认识和发展上。本节课的设计重点体现了模型认知这一化学学科核心素养的落实与发展。以多种金属的堆积实例为载体,以多样的实物模型为辅助,实现了从原型分析到理论模型建构,再到模型应用与拓展的完整的建模过程,发展了学生模型认知的核心素养。三是教学内容情境化、直观化。本节课以核心问题导入,创设问题情境贯穿整节课。金属钠和镁是活泼金属的代表,性质既相似又有递变。二者的摩尔质量接近(即一个原子的质量接近),半径接近(即原子的大小接近),且二者的晶胞均是平均占有两个原子。但是,二者的密度却相差近两倍,因此,堆积方式的差异(空间利用率不同)就成为了主要因素。利用二者的密度差异进行导入能够与学生的知识结构及将要学习的知识产生有意义的连接,自然引出金属的微粒堆积方式(结构)的探究,基于金属的实例建立模型后又可以应用模型解决这一问题。这样,这一核心问题情境可以贯穿整个建模的过程,使知识更为系统化、结构化,利于学生高效地深度学习。教师运用各种模型尤其是直观的 VESTA 软件建模降低了学生的认知难度,将晶胞抽取过程动态化、直观化。四是合理组织教学内容,促进学生认识思路与核心观念的结构化。本节课基于问题情境认识并归纳了研究晶体性质的一般思路,加深了学生对结构与性质相关联的认识,深化了学生的结构观。

(二) 改进策略

一是需要完善前置性学习的评价方案。在前置性学习中,教师通过对前置学习的有效诊断与评价精准把握学生的学情显得尤为重要。但是,如何间接而多元地测查学生的学习效果难度较大。例如,本节课的前置学习诊断无法精准测出学生对堆积方式特点的理解程度及个体间的差异性,仍需完善。二是问题情境仍然与生活、生产实际不够贴合。若能从生活实际出发引出对金属晶体结构与性质关系的探索,则情境会更加有效。三是需要探索更加多元的评价方式。其实,学生核心素养的发展水平很多时候是隐性的,如何通过多元的方式进行评价显得尤为重要。

案例 17　杂化轨道理论

海南省海口市第四中学　覃小芳

一、学习进阶理论与认知模型

（一）学习进阶的概念与应用

学习进阶的概念最早由 Smith 等人（2006）提出，指的是"在某一核心概念学习的过程中所遵循的逐渐复杂化的思维路径"。继其之后，学习进阶的研究日益丰富，是用以描述学生对某一领域知识不断复杂化的学习过程的假设模型。

本研究认为高中化学学习中的学习进阶是学生在化学学科核心活动经验的探索过程中对某一核心知识或者核心概念建构由简单到复杂的螺旋上升、逐级递进的思维认知路径的综合描述。依据学生的学习表现可划分不同的成就水平（王桂桃，2007）。

基于学习进阶的教学可以较好地揭示学生的思维路径和认知过程（Kobrin，2016）。通过分析课标教材，明确核心知识的认识发展层级水平，再依据学生的具体学情，预设认知发展的路径，构建认知模型，引导学生在收获核心知识的同时享受认知历程中的进阶发展。

（二）化学学科核心素养与认知模型

化学学科核心素养包含的五要素之间具有内在的本质联系："宏观辨识与微观探析""变化观念与平衡思想""证据推理与模型认知"反映学科观念和思维方式，"科学探究与创新意识"是对化学科学实践的表征，"科学精神与社会责任"是对化学科学价值取向的追求，是化学学科"立德树人"功能价值的具体体现。这五个要素是化学科学素养在"知识与技能""过程与方法""情感态度与价值观"三个维度全面发展的综合表现。

认知是人类对物质世界认识的过程，包括感知注意、知识表示、记忆学习、语言表征、问题求解、推理演绎等方面的内容。建立认知模型的过程称为建模，其旨在养成人的信息处理机制，培养科学、系统的思维方法（王新鹏，

2007)。2017 版新课标中对"证据推理与模型认知"这一核心素养的内涵进行明确阐释:"具有证据意识,能基于证据对物质组成、结构及其变化提出可能的假设,通过分析推理加以证实或证伪;建立观点、结论和证据之间的逻辑关系。知道可以通过分析、推理等方法认识研究对象的本质特征、构成要素及其相互关系,建立认知模型,并能运用模型解释化学现象,揭示现象的本质和规律。"

《普通高中化学课程标准(2017 年版)》明确指出化学学科核心素养的发展水平层级内容,每个核心素养的发展都被划分为四个水平层级,各个水平呈逐级递进的方向纵深掘进,各个水平的学习表现的具化为教师设置各个进阶学习阶段的教学目标和评价目标提供抓手与参照。显而易见,化学学科核心素养的发展水平的层次性与学习进阶理论的循序渐进、螺旋上升、梯度发展的认知理念如出一辙,密不可分。

遵从新课标中对于化学学科核心素养的水平层级划分方式,本研究将化学学科核心素养发展的四个水平层级对应为学生认知过程中拟达到的四个进阶水平。运用学习进阶理论指导教学的首要任务是明确各个"阶"的具体内涵,本研究认为各个"阶"的内涵要素应当包括"进阶层次""进阶目标""素养水平""核心知识"。基于学习进阶理论分析学生的杂化轨道理论认知发展层级要素分解如表 3-17-1 所示。

表 3-17-1　基于学习进阶理论分析学生的杂化轨道理论认知发展层级要素

学习进阶	核心知识	学生认知发展	"模型认知"素养水平
水平 1	杂化轨道理论要点	基于理论学说的认识	能识别化学中常见的物质模型和化学反应的理论模型,能将化学事实和理论模型之间进行关联和合理匹配
水平 2	① 杂化分析:单个中心原子的等性杂化; ② 认识对象:CH_4、BF_3、$BeCl_2$	基于模型构建的认识	能理解、描述和表示化学中常见的认知模型,指出模型表示的具体含义,并运用理论模型解释或推测物质的组成、结构、性质与变化

学习进阶	核心知识	学生认知发展	"模型认知"素养水平
水平3	① 杂化分析:两个中心原子的等性杂化; ② 认识对象:CH_2＝CH_2、$CH≡CH$	基于模型应用的认识	能认识物质及其变化的理论模型和研究对象之间的异同,能对模型和原型的关系进行评价以改进模型;能说明模型使用的条件和适用范围
水平4	① 杂化分析:多个中心原子的等性杂化,单个中心原子的不等性杂化; ② 认识对象:![苯环]、NH_3、NH_4^+、H_2O	基于模型优化的认识	能对复杂的化学问题情境中的关键要素进行分析以建构相应的模型,能选择不同模型综合解释或解决复杂的化学问题;能指出所建模型的局限性,探寻模型优化需要的证据

二、基于学习进阶的模型认知核心素养培育的教学实践

化学学科核心素养的培育重在学科特质思想方法的渗透、认知模型的建构、知识技能的运用、问题解决的迁移。本文将以人教版化学选修 3 第二章第二节第二课时"杂化轨道理论"的内容为例,构建基于学习进阶的认知模型核心素养培育的教学思路,具体如图 3-17-1 所示。

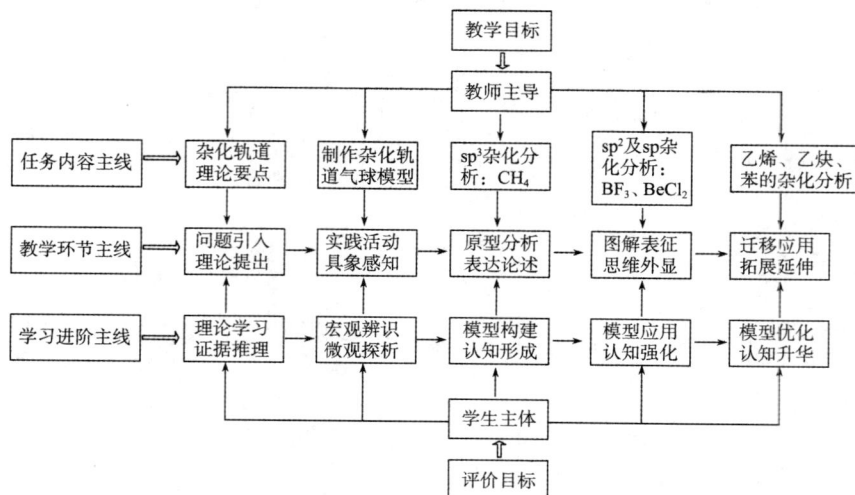

图 3-17-1　基于学习进阶的认知模型核心素养培育的教学思路

　　《普通高中化学课程标准(2017年版)》选择性必修模块《物质结构与性质》中"主题2:微粒间的相互作用与物质的性质"指出"2.3分子的空间构型"的内容要求:结合实例了解共价分子具有特定的空间结构,并可用相关理论和模型进行解释和预测。知道分子的结构可以通过波谱、晶体 X 射线衍射等技术进行测定。此外,这部分内容的学习要求明确为"能根据给定的信息分析常见简单分子的空间结构,能利用相关理论解释简单共价分子的空间结构"。

　　本节内容选自高中化学人教版(新课标)选修3第二章"分子与结构"第二节第二课时。杂化轨道理论位于共价键和价层电子对互斥理论之后,对价键理论进行了完善和丰富,很好地解释了多原子分子的空间构型,并且形象地解释了原子之间的成键过程、有关物质的空间结构及其稳定性。同时也为后续配合物和晶胞的学习奠定了空间想象基础。因此杂化轨道理论在本模块的学习中起着承上启下的作用。

　　学生在此之前已经学习了原子的结构与性质,价键理论和价层电子对互斥理论,学会了运用价层电子对互斥理论来判断简单分子的空间构型。高二学生思维敏捷,好奇心强,动手能力强,但空间想象力弱,而本节对学生空间想象力和抽象思维能力要求较高。学生对于杂化轨道理论的认知增长点体现在运用归纳的学习方法概括杂化轨道理论的要点,应用对比、类比等学习方法利用杂化轨道理论分析常见简单分子的立体构型。在学习过程中,学生可能遇到这样的障碍:如果对原子结构和价层电子对互斥理论掌握得不好,空间想象能力欠缺,将会影响到对本部分内容的学习。

　　基于对课标、教材、学情的分析,本研究确定了如下的教学目标。

　　(1)通过学习杂化轨道理论的提出背景,感悟提出假设的科学探究精神,通过学习杂化轨道理论的基本要点,掌握 sp、sp^2、sp^3 三种主要杂化轨道类型。

　　(2)结合实例,根据给定的信息分析常见简单分子的空间结构,通过比较、讨论的方法学习新知识,培养分析、归纳能力和空间想象能力。

　　(3)建构用杂化轨道理论解释分子立体构型的认知模型,能用杂化轨道理论解释常见分子的成键情况与空间构型,进一步了解化合物中原子的成键特征。

　　(4)通过杂化轨道理论的学习,激发学习兴趣,提高学生对探究物质结构的兴趣,感受物质结构与性质的奇妙。

教学重点是建构杂化轨道理论解释分子立体构型的认知模型;用杂化轨道原理解释常见分子的成键情况与空间构型。教学难点是中心原子杂化类型的确定。

教学过程中,运用到的主要教学方法有多媒体辅助教学法、问题驱动法、启发引导法;学习方法有合作学习、实验探究、类比学习、对比学习、自主分析。

具体的教学过程如下。

(一) 温故知新

布置课前预习学案(表 3-17-2),为新课的学习奠定基础。

表 3-17-2　ABn 型分子的 VSEPR 模型和立体结构

价层电子对数	VSEPR 模型	成键电子对数	孤对电子对数	分子类型	电子对的排布模型	立体结构	实例
2	直线形	2	0	AB_2		直线形	$BeCl_2$
3	平面三角形	3	0	AB_3		平面三角形	BF_3
		2	1	AB_2		V 形	SO_2
4	正四面体形	4	0	AB_4		正四面体	CH_4
		3	1	AB_3		三角锥	NH_3
		2	2	AB_2		V 形	H_2O

（二）情境导入

自然界中存在许多宏观物质,它们拥有怎样的微观结构呢? 为了探究微观分子的立体结构,科学家们做出许多努力,一方面尝试实验测定,另一方面尝试建构成熟的理论加以分析。

实验测定主要依赖红外光谱、核磁共振氢谱、X－射线晶体衍射等仪器分析手段实现。

理论分析在高中阶段主要介绍可以用于预测分子构型的价层电子对互斥理论和可以进行成键解释的杂化轨道理论。

（三）问题提出

甲烷是日常生活中很常见的物质,其分子式为 CH_4。

（1）写出碳原子的价电子排布图,依据共价键的饱和性,其分子组成应为 CH_2,这与实际是否相同?

（2）用价电子对互斥理论预测,甲烷分子的空间构型如何? 键角为多少?

（3）按照已学过的价健理论能否解释正四面体构型甲烷分子? 为什么?

（四）理论提出

为了解释甲烷的分子组成和分子的立体构型,美国化学家鲍林提出杂化轨道理论。

【理论简介与问题解决】鲍林认为基态碳原子的 2s 轨道上的一个电子在外界影响下会激发到 2p 轨道,能量接近的 2s 和 3 个 2p 轨道重新组合形成 4 个能量相同的 sp^3 杂化轨道,这 4 个轨道中分别有一个单电子,当它们与 4 个氢原子化合时即可构成组成为 CH_4 的分子,由于这 4 对成键电子对在空间中倾向于以最大的夹角排列,便形成空间正四面体结构。

任务一:杂化轨道理论要点梳理

阅读教材第 39～41 页相关内容,归纳以下问题:

（1）轨道杂化后在数目、形状、能量上是否发生变化?

（2）杂化轨道的构型与分子的立体构型有何联系?

【重难点突破策略】通过动画演示杂化轨道的数目关系、形状变化、伸展方向,让学生总结归纳,如图 3-17-2 所示。

任务一：杂化轨道理论要点梳理

能量关系： 同一原子中能量相近的原子轨道可重新组合，形成新的能量相同的杂化轨道，杂化之后体系总能量降低

数目关系： 杂化前后轨道数目不变

形状变化： 杂化轨道的形状发生了变化，更有利于有效地重叠，成键能力更强

伸展方向： 杂化轨道的伸展方向发生变化，杂化轨道在空间力求最大夹角以达排斥力最小

图 3-17-2　造化轨道理论要点梳理

【实践活动】小组合作，利用气球制作简易的 sp^3、sp^2、sp 杂化轨道模型。

通过动手实践，感受杂化轨道的立体构型，通过气球间的斥力体会中心原子价电子对的斥力。

任务二：sp^3 杂化分析

结合下图，小组讨论，用简要的语言描述甲烷空间构型形成过程。

（1）C 原子的杂化轨道形成过程：

C 原子的外围电子排布式：_____

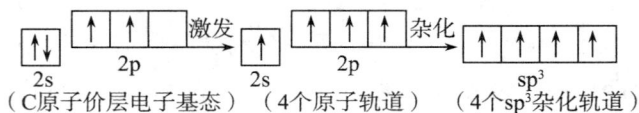

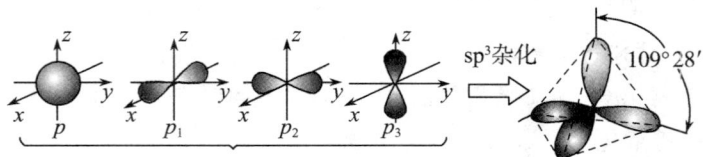

（2）CH_4 分子中原子的成键过程：

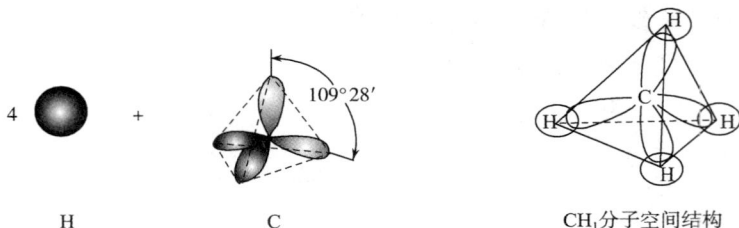

H　　　　C　　　　CH_4分子空间结构

【引导展示】小组代表上台解说图示,利用杂化轨道理论解释 CH_4 的立体构型。

【及时矫正】针对学生讲解存在的问题展开相应的点评与矫正。

【模型构建】教师结合学生的解说,板书重点,引导学生梳理利用杂化轨道理论解释分子构型的一般认知模型,如图 3-17-3 所示。

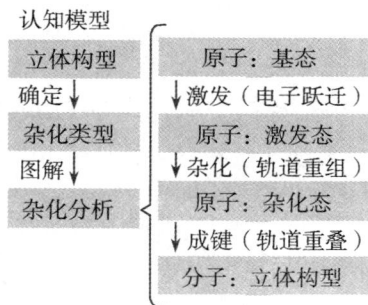

图 3-17-3　杂化轨道理论解释分子构型的一般认知模型

任务三:sp^2 与 sp 杂化分析

【构型预测】请用价层电子对互斥理论预测 BF_3 与 $BeCl_2$ 分子的空间构型如何?键角为多少?

【信息链接】

(1) BF_3 是平面正三角形构型,分子中键角均为 120°。

(2) 气态 $BeCl_2$ 是直线型分子构型,分子中的键角为 180°。

【类比分析】请依据以上信息,类比 CH_4 空间构型的形成过程,用图示表达 BF_3 与 $BeCl_2$ 的空间结构形成过程。

【引导展示】请小组代表展示,上台板演并解说。

(五) 模型应用

【认知模型】引导学生利用分析甲烷时构建的杂化轨道理论解释分子立体构型的认知模型,用标准化的语言有逻辑地进行表述。

【实物模型】引导学生利用实践活动时制作的气球模型模拟分子中各个原子的成键过程。

【播放】在学生解说时,教师同步播放课件动画,更加生动形象地展示杂化过程与成键过程。

(六) 迁移应用

小组合作探究乙烯、乙炔分子中共价键的形成及分子空间构型。小组讨论如下问题并请小组代表总结发言。

（1）画出分子的结构式，指出其空间构型及键角。

（2）由分子构型确定碳原子的杂化方式，利用图示表达碳原子的杂化过程。

（3）结合图示描述两个分子中各个键的形成过程。

【引导展示】请小组代表上台解说论证对于乙烯、乙炔分子中共价键的形成及分子空间构型的理解。

【评价反馈】针对学生的解说论证进行点评、修正、补充。

【动画播放】同步播放动画，展示乙烯、乙炔分子中共价键的形成过程。

【启发引导】请学生谈本节课的收获并归纳认识分子立体构型的一般方法和思路。

三、教学效果分析

（一）教学目标的达成

本节课的教学目标的设置紧扣教材，以最新修订的《普通高中化学课程标准（2017）》为依据，以教学活动为载体逐一落实。教学目标的设置体现全面性、基础性、针对性、可操作性四大特点。制订具体目标时，综合考虑，四者兼顾，有所侧重，达成有度。研究者所任教的班级化学基础较为薄弱，鉴于实际学情，为了降低学习难度，本研究采取理论学习先行，实践操作感受，达成本节的教学目标。本研究重视教学内容的结构化设计，将核心知识与情境、活动和问题解决融为一体，凸显教学目标的素养发展功能，激发学生学习化学的兴趣，促进学生学习方式的转变，基本达成本节课设置的相关教学目标。

（二）教学重难点的突破

本节课的教学重点是建构杂化轨道理论解释分子立体构型的认知模型。为了突破教学重点，本研究基于模型认知的教学设计环环相扣，循循善诱，利用思维导图建立知识构架，让学生在探究中养成利用杂化轨道理论分析物质立体构型的认知模型，学科素养的培育自然渗透，贯穿始终。在实际教学过程中，研究者遵从《海口市课堂观察指导意见》的指示，限时讲授，先学后教，问题导学，合作学习，积极展示，及时矫正。

本节课的教学重点是中心原子杂化类型的确定。为了突破教学难点，本研究在预学案中设置了 ABn 型分子的 VSEPR 模型和立体结构分析的知识概括与总结这一环节。在杂化轨道理论的要点学习环节，本研究通过阅读教材、动画演示，引导学生归纳在杂化过程中原子轨道的能量关系、数目关系、形状变化、伸展方向这四个方面的变化。利用气球搭建 sp^3、sp^3、sp 杂化轨道模型的实践环节让学生直观地感受杂化轨道与分子构型的关联,借此启发学生认识到可以利用分子的构型确定中心原子的杂化类型这一观点。动手实践可以很好地使抽象的概念具体化、形象化。必须承认的是,在本节的教学实施过程中,由于教师对课堂节奏把握不当,整个探究活动的开放度有限,课堂结构前松后紧,稍显遗憾。

四、教学反思

本节课的教学设计注重认识思路的结构化和显性化。认识思路的结构化是实现知识向素养转化的有效途径。本研究以甲烷的中心原子碳的 sp^3 杂化分析以及分子中各原子的成键过程为个例,帮助学生养成用杂化轨道理论分析常见物质立体构型的一般思路和方法,明确分析此类问题的认知模型。物质的立体构型涉及微观层面的探究,抽象虚化,晦涩难懂,学生难以理解及掌握,因此构建分析问题的认知模型具有重要意义。学会学习,学生才能举一反三,触类旁通。

新课改倡导以构建"学生为主体"的课堂教学模式,采取"自主、合作、探究"的学习方式,所以要求教师发言一定要简明扼要,具有启发性,引导性,总结性。在认真备课和磨课的过程中,研究者逐渐转变观念,从填鸭式教学转变为探究式教学,把课堂学习的主动性还给学生,凸显学生的主体地位,体现教师的引导作用。学生只有通过观察、思考、练习和应用才能将知识内化。学生学习的目的是将所学的知识运用、更新、改造,进而推动学生个体的发展。在合作学习的过程中,本研究设置了三大任务:任务一是杂化轨道理论要点梳理;任务二是 sp^3 杂化分析——以甲烷为例;任务三是 sp^2 和 sp 杂化分析——以 BF_3、$BeCl_2$ 为例。本研究将学习任务分解为具体问题,把思考的空间留给学生,让学生动脑思考,小组讨论,引导学生主动构建,力图使学生变"被学"为"会学"。而大量的探究和动画模拟等教学方式的运用,则是力图实现教学的多样化,将抽象枯燥的理论结合图片和动画具体化。

学然后知不足,教然后知困。知不足,然后能自反也;知困,然后能自强也。故曰教学相长也。路漫漫兮其修养,吾将上下而求索。

案例 18　元素周期律高三复习

山东省昌乐第一中学　　刘宁宁

　　元素周期律是中学化学重要的基础理论知识，也是整个化学领域研究的重要基石，反映了元素之间的内在联系，将物质归于系统之中，是科学研究的有效工具。在中学化学元素化合物知识的学习中，元素周期律是学生有效学习元素化合物性质的理论基础，它所承载的学科思想能帮助学生有效建构化学知识体系。

　　基于上述分析，在高三一轮复习教学中，教师应该将学生停留在识记层面的基础知识加以整合，运用元素"位—构—性"模型建立学生认识元素的角度；帮助学生在头脑中建立起认识、比较物质性质的一般思路和方法；让学生从元素视角看物质，明确物质性质的不同根本原因在于原子结构的不同；帮助学生建立起基于元素周期律的元素化合物认识模型。

一、教学内容分析

　　本研究将高中化学鲁科版必修 2 第一章"原子结构与元素周期律"第一节"原子结构"、第二节"元素周期律和元素周期表"和第三节"元素周期表的应用"的内容相整合进行高三一轮复习，从而建立基于元素的"位—构—性"和"结构—性质—用途"的系统认知思路。

　　本课时的主要内容：

　　（1）通过复习元素周期律（表）的基本内容，掌握元素"位置—结构—性质"之间的关系，并能构建物质"位置—结构—性质"三者关系的认知模型。

　　（2）应用认知模型预测陌生元素及物质的性质，从而建立元素与物质的系统认识模型，如图 3-18-1 所示。

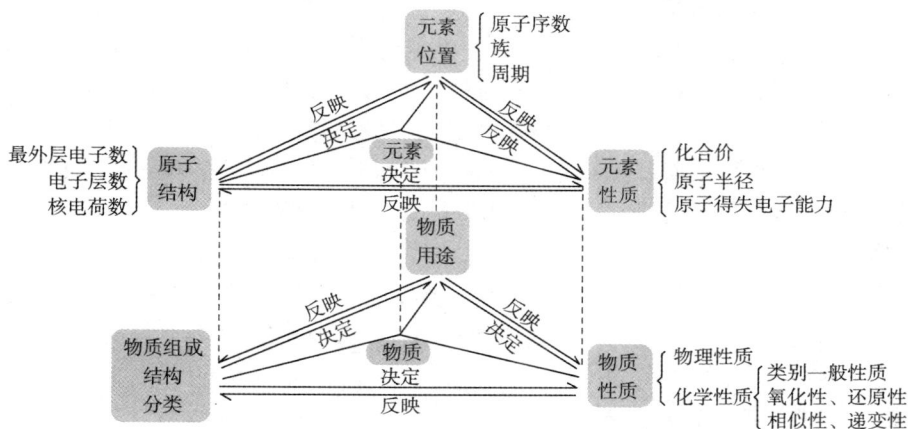

图 3-18-1　元素周期律(表)认识模型(王婉洋等,2018)

元素周期律(表)是中学化学学习的重要工具,是整个元素世界的浓缩。唐有祺院士曾经多次指出:"化学家的主要工作就是耕耘元素周期表。"高三复习课旨在学会熟练利用元素周期律的工具性教学功能,帮助学生建立化学知识体系,帮助学生建立分析元素化合物的认识角度。

(一) 教学内容的价值分析

元素周期律的教学价值主要体现在以下四方面。

(1)元素周期律揭示了不同元素性质之间的内在联系,学生搞清楚内在联系,可以使元素化合物知识的复习变得系统而有规律。

(2)元素周期律的学习过程,帮助学生了解认识物质的角度除了化合价、类别这两个角度外,还有相似性与递变性;能够培养学生通过实验现象和实验事实进行分析、归纳得出规律,并应用规律解释实验现象的能力;让学生对物质的认识从宏观现象进入到微观解释层面,进一步理解"结构决定性质"的化学学科思想。

(3)元素周期律丰富了学生认识物质性质的角度和方法,发展了学生对于元素观的认识,即认识到"物质是由元素构成的",通过分析核心元素的性质可以推断物质性质。

(4)元素周期律指导探索物质性质的研究,预言新元素、新材料的发现,是学习化学的一种重要工具。

预期目标:掌握元素周期律的本质及元素周期律的应用,建立元素"位置—结构—性质"与物质"性质—结构—用途"立体模型;利用模型学会认识和预测元素化合物的相关性质,建立认识物质"结构—性质—用途"的系统认知思路。

(二) 常规教学现状分析

在必修 2 模块教学中,个别老师注重结论和规律的总结,并直接罗列,用死记硬背的教学方式进行教学。还有些老师注重知识的形成过程,比如"结构决定性质",建立"位—构—性"关系模型,但仅注重观念的讲解,缺乏应用,注重结论总结,但缺乏规律的形成过程。最大的问题就是"位—构—性"模型应用不广泛,其功能没有被好好地挖掘和应用。另外某些核心概念比如元素的金属性、非金属性,物质的氧化性、还原性,总是张冠李戴,概念的内涵不清,指向模型建构的活动品质有待提升。比如概括关联,说明论证,分析解释,推论预测类任务。"位—构—性"模型二级角度不够明确,有二级角度推理路径,但外显不够。

(三) 学生学情分析

本节课是高三复习课,但是学生遗忘比较严重。学生虽然通过必修 1 学习了元素化合物的相关知识,通过必修 2 学习了元素周期律,但通过元素周期律认识和预测元素化合物,揭示不同元素间的内在联系,这种思想观念还没有真正内化,元素周期律的功能价值没有完全发挥;学生初步接触了从化合价类别二维角度认识元素化合物,但应用不够灵活,价类二维意识不够深入。另外元素化合物知识零散庞杂,所以可以利用元素周期律寻找不同元素间的内在联系。为此在必修 2 学习过物质结构、元素周期律一章后,我们对学生的认知情况进行了问卷调查。问卷内容主要涉及元素性质的比较、物质性质的比较及对陌生物质的性质预测,结果反映出学生存在以下问题:

(1) 学生对于元素周期律知识的认知更多地停留在简单识记层面,在解释具体问题时较少从结构角度入手探讨元素及其化合物性质递变规律。

(2) 有一些学生将元素周期律知识中几组概念弄混,如元素的金属性与单质的还原性,非金属性与单质的氧化性混同。

(3) 预测陌生物质的性质时缺少分析问题的角度。

(四) 建立及使用模型的必要性

在《必修 1》模块中,学生获得的大量具体元素化合物的性质大多依靠于实验的感性认知,由于缺乏原子结构、元素周期律的知识,学生不能从原子结构出发对物质的性质加以解释和预测。学习时间一长,很多知识开始在头脑里"打结"。不少学生对这部分知识的感觉是学起来容易,但真正记住、能运用却很难,导致在处理实际问题时缺乏解决问题的基本思路。所以帮助学生建立分析问题的基本思路和角度,外显二级认识角度和认识思路就至关重要。建立对元素认识和对物质认识的关联,形成对元素物质认识的立体模型,关键是让学生形成认识元素的角度,能利用周期律的相似性和递变性,再借助于化合价、类别角度,形成认识元素化合物的基本思路,由以前的"学会"变为真正的"会学",真正地做到"授人以渔"。

二、教学思想与创新点

高三复习课注重内容整合整体规划,基于学生认知发展进行教学设计,注重问题设计的进阶。教学环节注重活动型任务设计。最主要的教学思想是重点讲思维过程,讲生成过程,并且把学生的思维模型在纸面上直观地展现出来。

教师关注学生在必修阶段对原子结构、元素性质和元素周期律(表)的已有认识,让学生自主画出"位—构—位"的关系模型,并用白纸展示出来,并利用模型分析和解释一些常见元素的性质。教师注重帮助学生建立基于"位—构—位"关系的系统思维框架,提高学生分析和解决问题的能力,注重组织学生开展概括关联、比较说明、推论预测、设计、论证等活动,发挥模型的应用价值,帮助学生形成分析问题的基本角度,形成基本观念。

本节课利用昌乐一中翻转课堂的"二段四步十环节"(图 3-18-2)进行教学。

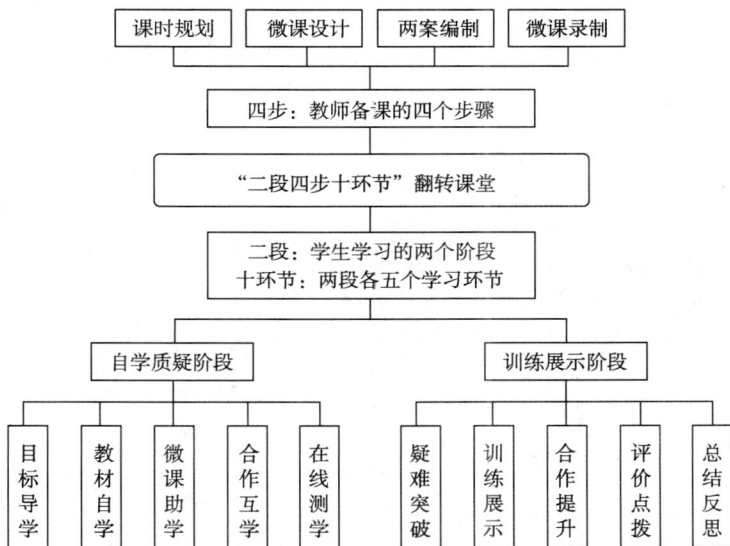

图 3-18-2　昌乐一中翻转课堂 3.0 模式

在自学质疑课上,学生首先根据学案进行自主复习,在学习中遇到不懂的问题可以看老师提前上传的微课进行微误助学,也可以上网搜索各种学习资源。学生再有不懂的,进行小组内部讨论,合作互学。自学质疑课的效果如何,通过在线测学就可以检测出来。在训练展示课上,教师首先对学生的疑难点进行重点讲解。然后学生进行训练展示,同学之间相互评价。最后教师总结反思整堂课的内容。

三、整体教学设计

通过对教学内容的分析,本研究确定了如下的教学目标。

(1)通过复习元素周期律(表)的基本内容,构建认知位、构、性三者关系的认知模型。

(2)应用认知模型预测陌生元素及物质的性质,从而建立元素与物质的系统认识模型。

教学重难点是基于元素的"位—构—性",形成认识物质"结构—性质—用途"的系统认知思路。

具体的教学课时安排如表 3-18-1 所示。

表 3-18-1　元素周期律高三复习的课时内容及设计意图

	第 1 课时(自学质疑课)	第 2 课时(训练展示课)
课时主题	梳理并自主建立元素"位—构—性"模型,利用模型进行元素及物质的性质预测,从而建立元素"位—构—性"与物质"物—构—性"的关联,形成物质认识的思维模型	基于元素"位—构—性"模型与"化合价—类别二维图",形成物质认识的思维模型,应用思维模型解决与元素化合物性质有关的综合问题
核心内容	画出周期表结构,将核心元素(S、Cl、Na、Al 等)放回元素周期表,体会"位—构—性"关系,并用进阶式的问题引出位、构、性的二级角度,分析二级角度的变化规律,并以 Cl 为例分析推理路径,从而形成"位—构—性"模型的雏形;利用模型进行元素及物质的性质预测,从而建立元素"位—构—性"与物质"物—构—性"的关联	利用元素"位—构—性"模型预测 Se 的化学性质,并结化合价、类别等角度认识物质性质,引领学生形成基于元素周期律进行化合物性质分析的思路;通过 S 与 Br 等元素性质比较与实验方案的评价,建立元素"位—构—性"关系与物质性质之间的关联,并能深刻体会"结构决定性质"
设计意图	通过问题引导帮助学生回顾元素周期律(表)的相关内容,掌握元素的认识角度,建立元素观,并能从元素观认识物质性质,发展学生预测元素性质的角度,完善元素观,完善物质性质研究的一般思路和方法	"用活"元素"位—构—性",深层理解原子结构对元素性质的影响,建立元素周期律与具体物质性质比较的深层次联系,理解"结构决定性质"的化学思想方法,发展学生比较、解释、预测、评价的能力,最终形成基于元素"位—构—性"认识物质"物—构—性"的系统认知模型

第 1 课时,自学质疑。上课形式主要是发挥学生主观能动性,借助于微课进行自主学习和合作学习。内容是将核心元素放回周期表,体会"位—构—性"关系,从元素到所构成物质,用类别通性和化合价进行物质转化的复习巩固。

第 2 课时,针对自学质疑中的问题进行疑难突破,是复习课的核心。通过两张二维图的比较,教师引领学生基于元素周期律进行元素性质比较,建立元素周期律与具体物质性质比较的深层次联系。

第 3 课时,应用基于元素周期律认识元素化合物性质的一般思路和方法处理综合实际问题。最终达成的目标是学生在三节课过后能够基于元素周期律建立对元素化合物的整体认识思路。

教学流程如图 3-18-3 所示。

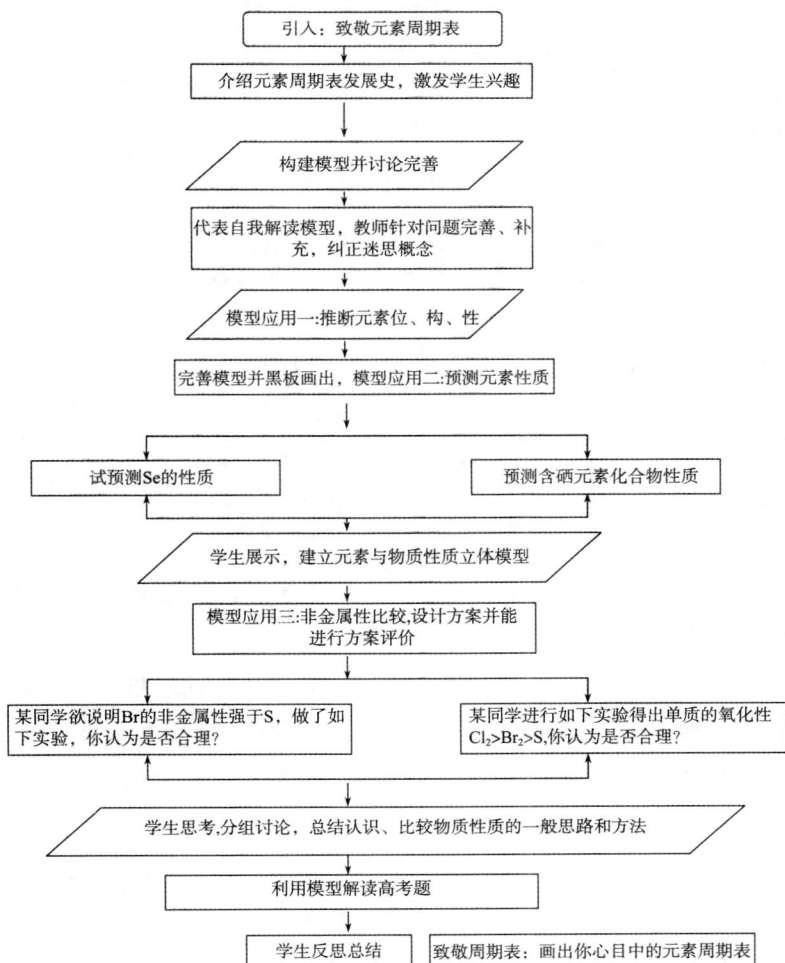

图 3-18-3　元素周期律高三复习教学流程

四、教学实录

第一课时——自学质疑阶段

【课堂引入】用 PPT 展示有关元素周期表的化学发展史，主要内容如下：150 年前，门捷列夫发布了元素周期表。这是一批科学家与门捷列夫的重要创新，找到自变量即原子量，修正原子量并预留空位，预言了 11 种尚未发现的元素，并在以后的科学发展中被证实。

【提出问题】明确本节课的主要任务：① 你知道他是如何做出如此准确的预测的吗？科学依据是什么？② 元素周期表中元素性质之间存在着怎样的内在联系呢？带着这些问题，进入元素周期律表的深度复习。

【设计意图】2019 是元素周期表建立 150 周年，为致敬元素周期表，同时为本课的主题内容做铺垫。

环节一：元素"位—构—性"模型构建

【任务要求】请同学们画出元素周期表的框架，标明周期、族序数。

【进阶式问题】

（1）画出 Na、Al、S、Cl 原子结构示意图，并将元素放回周期表中，体会结构与位置之间的关系。

（2）以 Cl 元素为例，推理论证元素"位—构—性"的关系。

（3）对以下描述元素的角度分类：周期数、族数、电子层数、最外层电子数、原子半径、化合价、金属性或非金属性、得失电子能力。

（4）以第三周期为例，说明同周期元素的递变规律，并从原子结构角度进行解释。

（5）以第ⅦA 族元素为例说明同主族元素性质的相似性和递变性，并从原子结构角度解释。

【学生答题情况反馈】学生知道位置、结构、性质这几个概念，但不清楚三者间关系，有的学生甚至没意识到这是认识元素的三个角度。周期数、族数、电子层数、最外层电子数、原子半径、化合价、金属性或非金属性、得失电子能力等二级角度学生不清楚，有些认识不全面。

【解决措施】根据在自学质疑课上的观察和学生作业批阅情况，将需要解决的问题放在训练展示课的疑难突破环节解决。

【尝试建立模型】根据以上分析内容，建立元素"位—构—性"的关系，并指明分别包含哪些角度,分别怎样变化。引导学生引出建立元素"位—构—性"的二级角度,并能建立合理推理路径,先独立完成,再小组合作。

【学生模型展示】学生代表展示各小组构建的初始模型。

【教师点评】整体不错,充分发挥了学生的主观能动性和创造性,形式丰富多彩,但也存在一些问题。

(1) 元素的三个角度都能找到,但元素的二级角度不全面或不准确。

(2) 原子结构在学生心中没有功能化,原子结构的决定性作用没能利用好,各要素间关系没有真正建立。

(3) 学生对元素性质、内涵不清,元素性质与物质性质不分,存在迷思概念,比如分不清楚元素的金属性、非金属性与物质的氧化性、还原性。

【解决措施】对这些生成性问题,在训练展示课中,通过学生自我解读所画模型和教师引导进行纠正。

【设计意图】学生观看老师录制的模型建立过程,结合自己在建构过程中的想法,加深对模型的理解。

环节二:模型应用,预测元素及其化合物性质

【情境素材】借助富硒食品的保健功能和电影中用含硒元素的物质消灭外星人的两个素材,激发学生兴趣。

【进阶式问题】

(1) 下图是硒元素在元素周期表中的某些信息。谈一下对 Se 元素的认识,并说明依据。

(2) 含硒元素的物质有哪些?请你尝试写出含硒的物质的化学式。

(3) 分析化合物 SeO_2 中元素价态,并说明依据。

(4) 预测一种感兴趣的含硒单质或化合物的相关性质,并说明依据。试写出其中的两个化学反应。

【学生问题反馈】学生对元素认识二级角度不全面,对含硒物质思考没有规律。教师通过追问发现有些学生头脑中没有价类二维角度,有些是有但不能灵活运用,导致预测含硒物质性质时,不全面且混乱。

【解决措施】借助微课,教师用录制的视频,点拨学生的思路,再让学生完善学案。

通过微课讲解时,先讲平面的元素"位—物—性"与物质"物—构—性"模型(图 3-18-4),再过渡到立体的空间模型。

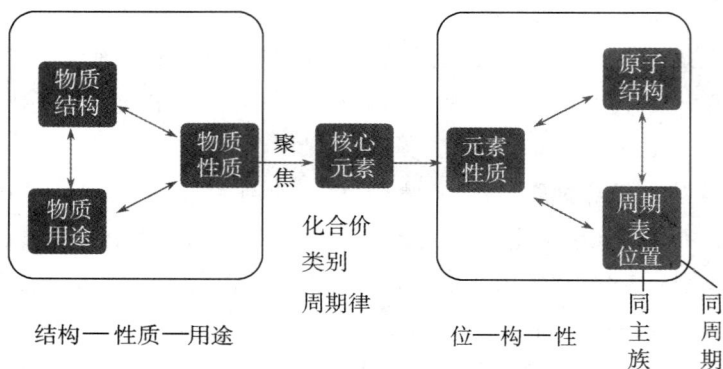

图 3-18-4　平面的元素"位—构—性"与物质"物—构—性"模型

【设计意图】先引导学生建立平面模型,熟悉掌握各角度后,再过渡到立体模型。

第二课时:训练展示阶段

环节一:模型展示,探查原有认识

【任务】学生展示元素"位—构—性"模型。

【任务类型】A1 观察记忆,A2 概括关联。

【设计意图】检测学生自学质疑效果,看学生对基本问题的分析思路是否存在问题。将零散知识整合,初步将周期数、核电荷数、得失电子能力分别与位置、结构、性质三个一级角度建立关联以及推理关系。

【模型完善】模型简单应用。

【任务】① 第三周期哪个简单离子半径最小? ② 未发现的第 120 元素位于周期表哪个位置? 如何推断的?

【任务类型】B1 分析解释,B2 推论预测。

【设计意图】在学生思考且未解决的问题基础上,给学生一个完整的分析思路,帮助学生利用模型分析解决陌生问题。

环节二:"位一构一性"模型应用,分析陌生元素形成物质性质认识模型

【情境素材】借助富硒食品的保健功能和电影中用含硒元素物质消灭外星人的两个素材,激发学生兴趣。

【进阶式问题】

(1)下图是硒元素周期表中的某些信息,谈一下对 Se 元素的认识,并说明依据。

(2)含硒元素的物质有哪些?请你尝试写出含硒的物质的化学式。

(3)分析化合物 SeO_2 中元素价态,并说明依据。

(4)预测一种感兴趣的含硒单质或化合物的相关性质,并说明依据。试写出其中的两个化学反应。

【任务类型】B2 推论预测,C2 系统探究,C3 创新思维,C1 综合复杂问题解决。

【设计意图】引导学生利用位置角度分析相似性和递变性,分析陌生元素。寻找元素代表物的角度:类别、化合价、周期律(相似性)。明确利用核心元素性质认识物质性质的思路,整合认识角度形成物质性质认识模型。

环节三:"位一构一性"模型应用,方案设计及评价

【任务】某同学欲说明 Br 的非金属性强于 S,他将 HBr 加入到 Na_2S 溶液中,你认为是否合理?

【分组讨论】以反应类型与非金属性作为判断依据进行解释,比较 Br 与 S 非金属性强弱。

【任务】有同学进行如下实验得出单质的氧化性 $Cl_2 > Br_2 > S$,你认为合理吗?如何改进?

实验方案:向氯水中加入 NaBr 溶液,观察到溶液颜色加深;再加入 Na_2S 溶液,观察到溶液颜色退去,有沉淀产生。

【任务类型】B3 简单设计,C2 系统探究,C3 创新思维。

【设计意图】体会元素"位一构一性"模型与物质"物一构一性"模型的功能价值,应用特定物质的性质反推元素性质,实验设计及评价中渗透定量、控制变量的思想。

环节四:课堂小结,学生反思

【小结】将前两课时内容进行小结。

【反思】你对本章题目的解题思路有何新认识?

【设计意图】让学生理顺思路,分析自己的得失,加深对课堂知识的理解,起到画龙点睛的作用。

环节五:致敬周期表,回扣主题

【任务】根据你对元素周期表和周期律的理解,画出你心目中的元素周期表,值此元素周期表问世 150 周年之际,向伟大的科学家们致敬!

【设计意图】回扣课堂引入情境,培养学生的科学创新精神,体会周期表背后科学家们的艰辛。

通过两个课时的教学,逐步形成如图 3-18-5 所示的板书。

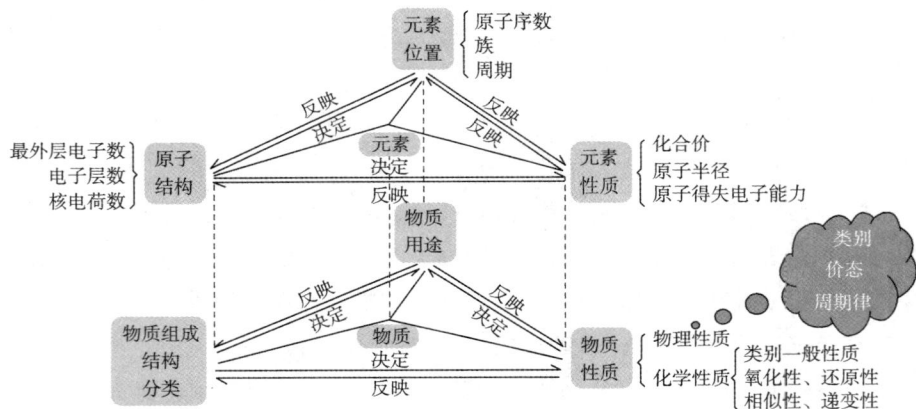

图 3-18-5　元素周期律高三复习板书设计

五、开展模型教学的成效与意义

(一) 学生的改变与收获——由"学会"变为"会学"

经过模型的建立与使用,学生对纷繁复杂的元素化合物题目有了分析思路,知道针对元素有位、构、性的角度,并且知道分别包括哪些二级角度,树立了元素观,知道抓住核心元素,从价类二维加周期律角度认识陌生物质。

高三学生在面对高考题时,无论是做题速度还是做题准确率都有了很大程度的提升,并发现出题者出题角度都是依据模型设问,再复杂的题目无非就是推理路径长些,转的弯多些而已,感觉到"万变不离其宗",甚至现在学生也能自主出高考题,感觉很有成就感。

　　学生在本课后对元素化合物、元素周期律很多零散的知识进行了有效的整合,对知识运用更加得心应手,对理论解释更加有理有据,对流程题目中的陌生物质也有了分析思路。

（二）教师的改变与收获——由解题到解决问题

　　对于一名教师,不断提升、不断创新才是进步的源泉。笔者主要从以下几方面得到了较大的提升。

　　在教学理念方面,以前上课,笔者采用的是传统的上课模式,对学生出现的问题经常是焦头烂额,一遍遍改正、一遍遍重复。自从用了模型后,感觉元素周期律部分更好讲了,帮助学生建立了较完善的元素周期律的知识体系,并在此基础上帮助学生建立起认识元素化合物的系统认知思路。学生能更好地理解和接受,知识间也有了更好的关联,更成体系了。

　　整体能力方面,在高备组专家的指导下,笔者对学案、微课、训练展示等环节都进行了很大的修改。学案编制颠覆了以往的模式,注重学生的认知规律,注意问题的微进阶。利用模型对元素化合物进行了系统分析,形成了系统认识思路,设计的问题更具有开放性,逐级提升要求,最大限度地发掘学生的潜能。

　　（该教学实践成果得到北京市海淀区教师进修学校支瑶老师的指导,属于北京师范大学"高端备课"项目成果）

案例 19　理解化工生产中"pH 调节"的目的

广东省广州市第八十六中学　刘惠茹

一、教学内容及现状分析

（一）教学内容分析

本节课是针对高三一轮复习中对高考"化工流程题"的难点突破课例。

本节课设计了以下环节：① 课前测试,聚焦化工流程题中的难点——pH 调节。② 设计"分离 $FeCl_3$、$AlCl_3$ 混合溶液中的 $FeCl_3$、$AlCl_3$"流程,回顾基础。③ 改变角色：作为化学工程师,如何细化、改进上述流程图。④ 将流程图中物质遮住,转变为化工题目中常见的"滤渣""滤液",反思如何分析出物质的成分。⑤ 归纳、提升化工生产中"调节 pH"目的分析一般思路模型。课后反思应用思路模型解决问题。

（二）教学现状分析

笔者查阅近年有关"化工流程题"教学策略的相关文献后,发现现有研究主要针对"化工流程题"的内容如考查素材、知识点呈现等进行梳理,并从教学者的角度给出答题策略建议(张辉,2017;郭腾飞,2015;郑少绵等,2014;吴娟琦,2014);对于如何突破学生学习此类题目的具体难点、解决学生迷思没有明确的建议。

化工流程题是高考难点,为了真正了解学生的迷思,笔者进行了课前测试,题目如下。

下面是从锂辉石($Li_2O \cdot Al_2O_3 \cdot SiO_2$)中提取锂的工业流程示意图。

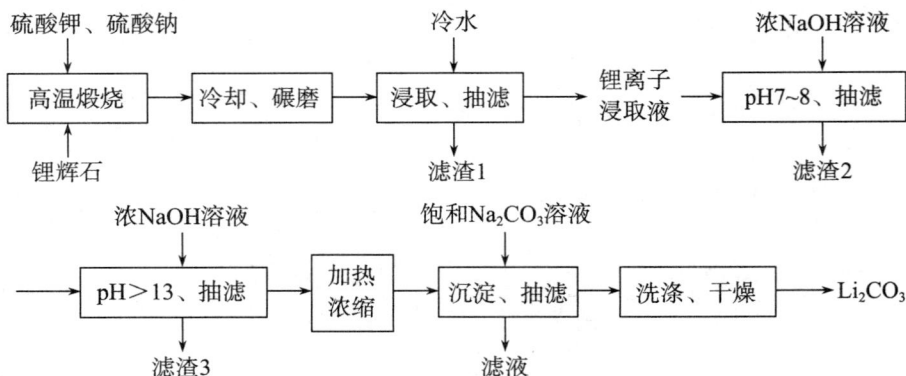

（1）高温煅烧时的反应原理为：

$Li_2O \cdot Al_2O_3 \cdot SiO_2 + K_2SO_4 =\!=\!= K_2O \cdot Al_2O_3 \cdot SiO_2 + Li_2SO_4$

$Li_2O \cdot Al_2O_3 \cdot SiO_2 + Na_2SO_4 =\!=\!= Na_2O \cdot Al_2O_3 \cdot SiO_2 + Li_2SO_4$

（2）锂离子浸取液中含有的金属离子为：K^+、Na^+、Li^+、Fe^{3+}、Fe^{2+}、Al^{3+}、Mn^{2+}。

（3）几种金属离子沉淀完全的 pH 如下。

金属离子	$Al(OH)_3$	$Fe(OH)_2$	$Fe(OH)_3$	$Mn(OH)_2$
沉淀完全的 pH	4.7	9.0	3.2	10.1

请回答下列问题：

（1）滤渣 2 的主要成分为_____。

（2）流程中分 2 次调节 pH（pH7～8 和 pH＞13）。有研究者尝试只加一次浓 NaOH 溶液使 pH＞13，结果发现在加饱和碳酸钠溶液沉淀后，随着放置时间延长，白色沉淀增加，最后得到的 Li_2CO_3 产品中杂质增多，Li_2CO_3 产品中杂质可能是_____，用离子方程式表示其产生的原因_____。

对课前测试进行结果分析发现不理解"两次调节 pH 目的"占全体样本的 70%。在难点调查中，学生的主要困惑及归因分析如表 3-19-1。

表 3-19-1　学生的主要困惑及归因分析

编号	学生困惑内容	归因分析
1	不明白流程各步骤中会产生什么沉淀	学生意识到化工流程中将物质转化为沉淀，过滤分离，但是无法分析具体物质的成分
2	不知道流程中各步骤中溶液成分是什么	
3	调节 pH 的目的	学生对于 pH 调节的目的不理解，也不知道将溶液调至酸性还是碱性
4	为什么要分多次调节 pH	
5	加入什么物质可以调节 pH	
6	无从下手，怎样从题中提取有用的信息	学生不能获取、利用题目中的有效信息，原因在于对 pH 调节的目的不理解
7	给出的 K_{sp} 如何利用	

根据表 3-19-1，出现"pH 调节"问题时，学生的困惑对正确分析整个化工流程带来很大的困扰。学生产生困惑是因为对具体化工流程中"pH 调节目的"不理解，其深层次的原因是学生没有理解在真实化工生产中"pH 调节"的意义，对流程分析没有思路。

2017 版《普通高中化学课程标准》中明确提出："以真实的化工生产过程为研究对象，借助相关资料对化工生产的原理、流程进行复原和模拟。了解溶液中 pH 的调控在工农业生产和科学研究中的应用（中华人民共和国教育部，2018）。"改变溶液 pH，就是改变溶液中 H^+ 或者 OH^- 的浓度，从而达到物质转化的目的。通过"调节 pH",改变物质状态(转化为沉淀),利用过滤方法分离混合物,恰恰是工业生产实际中简单易行、降低成本的普遍方法。

所以,如果学生能够在分析化工流程中"pH 调节"问题时,理解真实化工生产中"pH 调节"的意义,主动结合流程寻找"pH 调节"的目的,对于分析流程中各部分物质成分、pH 调节范围等问题,都会有明确的思路。

二、教学思想与创新点

(一) 教学内容是小落点,易深入,有大应用

"pH 调节"是化工流程题中"物质分离"考点中的一个方面,"pH 调节目的"又是其中一个小问题,落点很小,容易将问题研究深入。学生真正理解了"pH 调节"的目的,就可以自主关注到物质成分及物质状态的变化过程,从而突破整个化工流程分析难点,小落点却有大应用。

(二) 关注学生如何学,用常见流程的变化解决学生迷思的教学设计

(1)本节课以学生较熟悉的"分离 $FeCl_3$、$AlCl_3$ 混合溶液中的 $FeCl_3$、$AlCl_3$"入手,通过让学生设计分离方法,复习元素化合物基本知识,使学生了解物质分离时需要考虑的两方面:物质转化及物质状态的变化。

预设分离路线如图 3-19-1 所示。

图 3-19-1　分离 $FeCl_3$、$AlCl_3$ 混合溶液中的 $FeCl_3$、$AlCl_3$ 预设分离路线

(2)通过让学生改进化工流程图,让学生体验真实化工生产中需要面对的现实问题,从根本上理解"pH 调节"的意义。给出已知条件:$Al(OH)_3$ 在碱性条件下开始溶解的 pH 值为 7.8,完全溶解时的 pH 为 10.8。$Al(OH)_3$ 在酸性条件开始沉淀时 pH 值为 3.3,沉淀完全时的 pH 为 4.0(张雷等,2007)。

预设学生改进化工流程如图 3-19-2 所示。

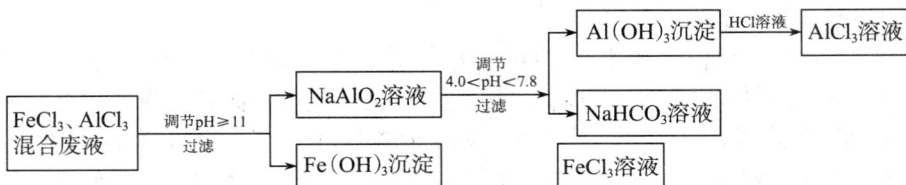

图 3-19-2　学生细化改进化工流程图

（3）通过将上述化工流程图改编为考试常见化工流程题，促使学生反思面对化工流程题目，该如何分析。

常见化工流程题目见图 3-19-3。

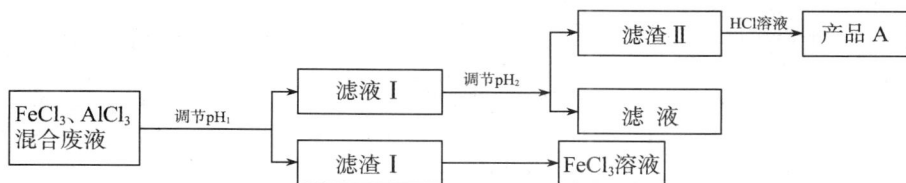

图 3-19-3　改编化工流程题

（三）强调真实情境理解的教学设计

学生觉得化工题目难，一个重要原因就是化工生产与学生的生活常识距离遥远。单凭书本上的知识，很难真正理解真实化工生产需要考虑的问题。本节课设计让学生做设计工程师，目的在于改变学生看待化工生产问题的角度，从而理解真实的化工生产过程。

（四）注重分析模型的归纳，应用小模型解决大问题

学生对"pH 调节"在整个化工流程中的作用理解透彻了，但并不能直接应用于其他题目。换一个化工情境，如何分析"pH 调节"目的对于学生来说又是一个新困难。因此只有提炼出简洁有效的解题模型，建构、应用小分析模型，解决大问题。既然"pH 调节"在整个化工流程中的目的就是"从哪些混合物中分离某种物质"，如果能在审题时能够自觉寻找混合物和某物质的成分，"pH 调节"问题就都能迎刃而解。"从哪些混合物中分离某种物质"就是解决该问题的分析模型。

本节课让学生分组讨论，建构并呈现这个分析模型，得到了更加意想不到的效果。学生对化工题的分析方法也有了许多有价值的体会。在小组展示环节，各组提出很多解决化工题有用的办法。

三、教学设计与实践

本课题的教学目标如下。

（1）通过分析 $FeCl_3$、$AlCl_3$ 混合溶液的分离，梳理基本知识，建构物质分离基本模型。

（2）通过改编化工流程图，理解真实情境下化工生产"pH 调节"的目的。

（3）通过改编成常见化工题目，反思解决方法，形成分析在流程图中"pH 调节"目的思维模型，并能应用。

教学流程设计如图 3-19-4 所示。

教学环境 → 教师、学生活动 → 设计意图

一、课前测试凸显主题
- 限时训练
- 反思难点
- 统计学生问题

突出难点，发现学生问题。

二、回顾基础初涉流程
- 学生设计分离$FeCl_3$、$AlCl_3$混合溶液。
- 小组讨论、展示、评价。

复习基础知识，利用Fe^{3+}、Al^{3+}化学性质，探讨分离混合物需要考虑的物质成分及状态问题。

三、转变角色，体验真实化工
- 转变为化学工程师改进化工流程图。
- 小组讨论、展示、评价。

转换思考的角度，体验真实化工生产中需要分析的原理、成本、装置、操作、环保等实际问题。

- 教师提问："在化工生产中如何做到加入过量NaOH溶液？"
- 小组讨论、交流。

深度思考，体会"pH调节"在化工生产中的实际意义。

四、转变流程反思题目
- 教师改编原有流程为常见题目形式。
- 学生反思如何分析出物质的成分。

通过转变流程，引导学生反思做题思路。

五、归纳反思，建构模型
- 教师组织小组学生讨论、归纳、展示：化工生产中"调节pH"目的的分析一般思路。
- 小组讨论、交流，展示。

通过讨论、交流，形成分析化工流程中"调节pH"目的的一般思路。

课后反思，应用模型解决前测题目，第二节课由学生讲解题目。

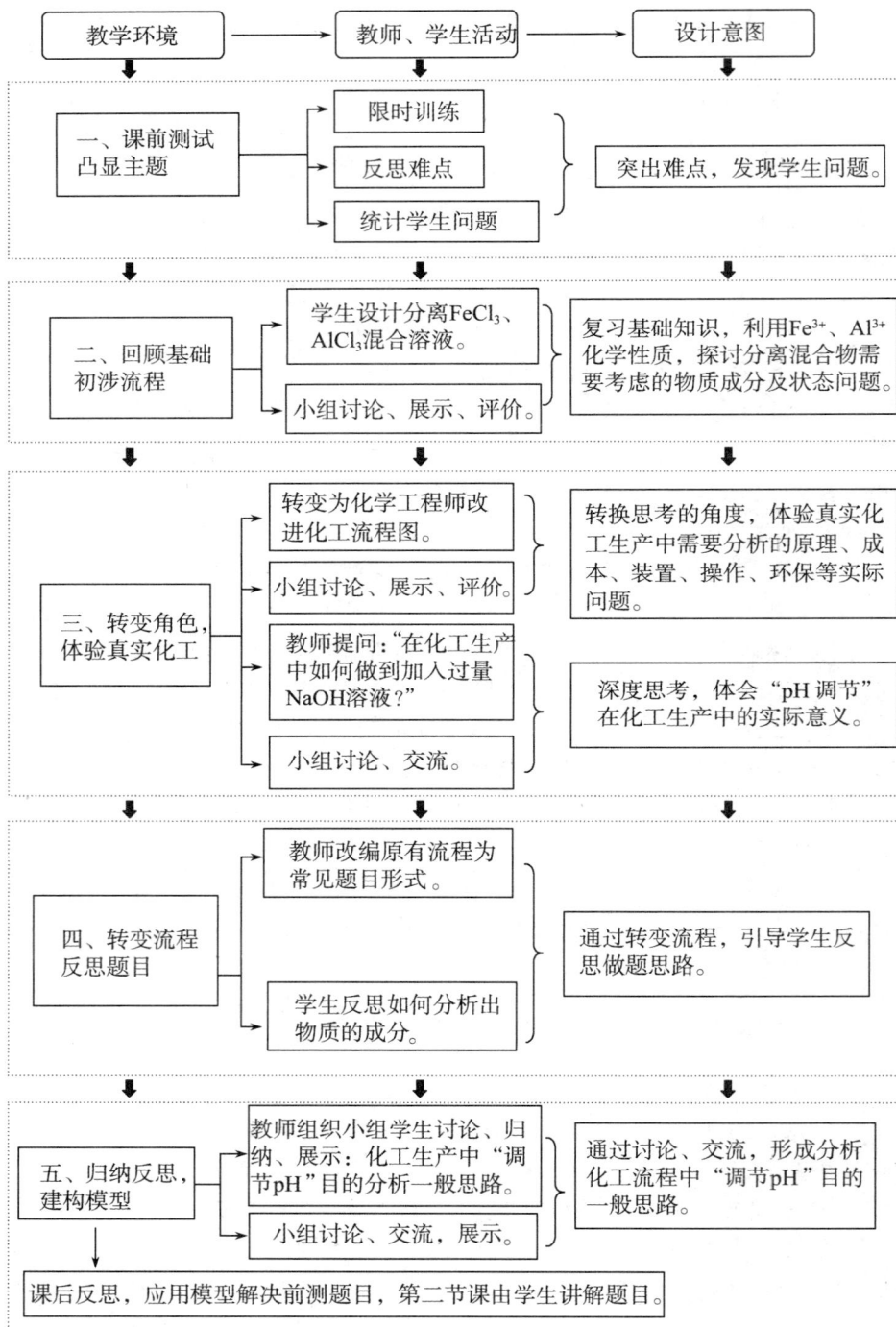

图 3-19-4　理解化工生产中 pH 调节目的的教学流程

具体的课堂教学实践过程如下。

【引入】在化工生产中常常需要进行 pH 的调节。前测数据表明有 70% 同学不理解 pH 调节的目的,本节课就和大家一起探讨在真实工业生产中 pH 调节的目的。

(一) 回顾基础,初涉流程

【教师】我们先来复习一个常见的物质分离方法:分离 $FeCl_3$、$AlCl_3$ 混合溶液中的 $FeCl_3$、$AlCl_3$。(课前学案,学生课前设计)

【学生 1】在黑板上展示第四组的设计思路,见图 3-19-5。

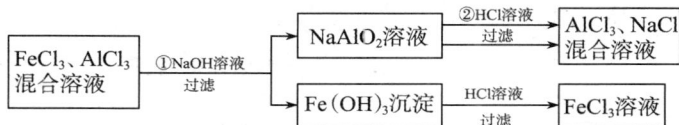

图 3-19-5　第四组学生分离 $FeCl_3$、$AlCl_3$ 混合溶液设计思路

【学生 2】结合流程图展示:

步骤①中需要加入过量 NaOH 溶液使 $AlCl_3$ 转化为 $NaAlO_2$ 溶液,$FeCl_3$ 转化为 $Fe(OH)_3$ 沉淀。通过过滤分离 $NaAlO_2$ 溶液和 $Fe(OH)_3$ 沉淀,从而将 Al、Fe 元素分开。

在步骤②中加入 HCl 溶液将 $NaAlO_2$ 溶液转化为 $AlCl_3$ 溶液。

但是我们有一个困惑:生成 $AlCl_3$ 溶液过程中,也生成了 NaCl,不知道如何分离。

【教师点评】

① 关注到了物质的状态,通过形成沉淀,过滤分离溶液和沉淀。

② 从微观角度看待物质,分离 Fe、Al 元素。

③ 加入试剂时,考虑量的问题(过量 NaOH 溶液)。

【教师提问】对第四小组的困惑,大家有没有更好的办法? 如何分离生成 $AlCl_3$ 溶液过程中生成的 NaCl 杂质?

【学生 3】通过将 $AlCl_3$ 转化为 $Al(OH)_3$ 沉淀除去。

【学生 4】在 $AlCl_3$、NaCl 溶液中通入过量 CO_2 可以产生 $Al(OH)_3$ 沉淀。

【教师总结】根据上述同学发言,调整流程图。

学生自行修正学案中流程图。

(二) 转变角色、体验化工

【教师提问】在真实的工业生产中,上述流程还需要怎样的细化,转变为化工流程图？请你作为化学工程师，讨论、细化流程。

小组讨论、展示。

【学生 5】在步骤①中加入 $NH_3 \cdot H_2O$，替代 NaOH 溶液，因为 NaOH 溶液更贵。

【教师点评】①贵贱是相对的，NaOH 作为一种常见的工业用碱，比纯碱贵，但是比 $NH_3 \cdot H_2O$ 要便宜。②加入 $NH_3 \cdot H_2O$ 能够起到 NaOH 溶液一样的作用吗？

【学生 6】$NH_3 \cdot H_2O$ 不能将 $AlCl_3$ 转化为 $NaAlO_2$ 溶液，$NH_3 \cdot H_2O$ 与 Al^{3+} 反应制备 $Al(OH)_3$ 沉淀是书本上的实验。

【教师总结】Al 元素的性质转化关系如下。

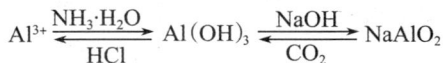

$$Al^{3+} \underset{HCl}{\overset{NH_3 \cdot H_2O}{\rightleftharpoons}} Al(OH)_3 \underset{CO_2}{\overset{NaOH}{\rightleftharpoons}} NaAlO_2$$

【教师点评】学生考虑到真实化工生产中的成本问题，从原料的价格方面考虑试剂的选择。

【教师总结】真实工业生产需要考虑的问题模型，如图 3-19-6 所示。

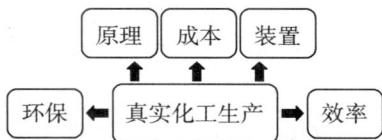

图 3-19-6　真实工业生产需要考虑的问题模型

【学生 7】工业生产中调节 pH，可以保证更有效地转化物质，同时不浪费试剂。

【教师】这就是工业生产中调节 pH 的意义，通过使物质转化为沉淀从而过滤、分离。这种方法操作简单，也是工业生产的常用分离方法。

（三）深入思考、真实情境

【教师】改变原有流程为图 3-19-7。

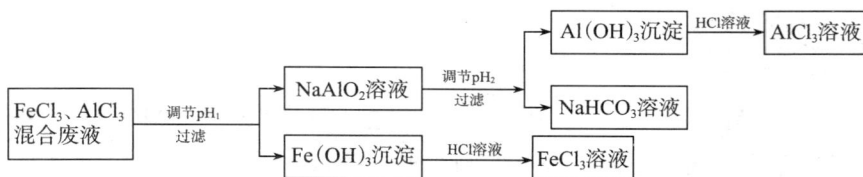

图 3-19-7　改编化工生产流程

给出信息：$Al(OH)_3$ 在碱性条件下开始溶解的 pH 为 7.8，完全溶解时的 pH 为 10.8。$Al(OH)_3$ 在酸性条件开始沉淀时 pH 为 3.3，沉淀完全时的 pH

为 4.0。

【学生讨论】pH 调节的范围。

【学生 8】第一次调节 pH 是为了让 Fe 元素沉淀、Al 元素溶解,所以 pH_1 >10.8。

【学生 9】第二次调节 pH 是为了让 $Al(OH)_3$ 完全沉淀 4.0<pH_2<7.8。

【教师总结】① 如果我们明确了调解 pH 的目的,就能够根据目的来选择 pH 调节的程度。② 根据目的选择 pH 调节的数值:如果我们需要让某种物质转化为沉淀,我们需要 pH 大于该物质完全沉淀时的 pH。如果我们需要让某种物质溶解,需要 pH 小于开始沉淀时的 pH。具体情况具体分析。

(四) 归纳反思,建构模型

【教师】调整现有流程为常见考题形式。这是我们常见的化工流程题目,面对这个题目我们该如何分析两次 pH 调节的目的?

【学生 10】第一步调节 pH 分离出滤液Ⅰ和滤渣Ⅰ,我就不知道调节的目的是什么了。

【教师提示】缺乏对总体流程目的的理解,学会从整体流程中获取信息。

【学生 11】整个流程的目的是分离 $FeCl_3$、$AlCl_3$ 混合废液中的 $FeCl_3$、$AlCl_3$。滤渣Ⅰ经过转化就得到 $FeCl_3$ 溶液,就说明滤渣Ⅰ就是含铁元素的沉淀,即 $Fe(OH)_3$。所以第一步调节 pH 的目的就是将 $FeCl_3$ 转化为 $Fe(OH)_3$,将 $AlCl_3$ 转化为 $NaAlO_2$ 溶液。

【教师提问】反思我们分析的过程,如何分析 pH 调节这个问题?

【学生 12】先看 pH 调节的目的是什么?

【教师总结】pH 调节的目的是从哪些混合物中分离哪种成分。

【教师提问】如何从题目中获取信息,分析 pH 调节的目的?

【学生 13】找化工流程的总目的,结合流程的最后出口。

【学生讨论】讨论对化工题目中 pH 调节目的的一般分析思路。小组讨论,并将讨论结果完成在白纸上,贴在黑板上展示。学生讨论结果展示如图 3-19-8。

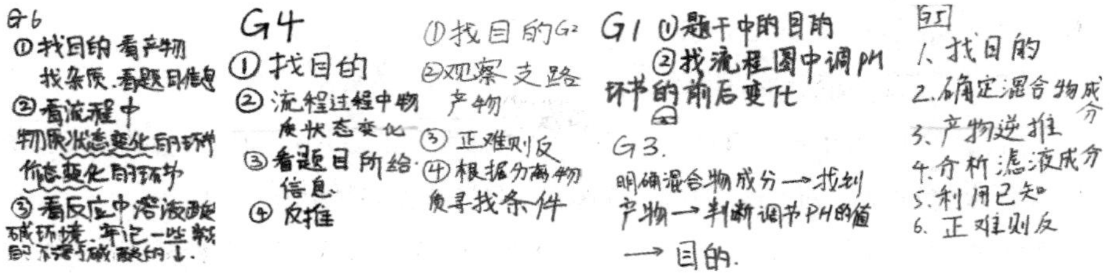

图 3-19-8 学生讨论结果展示

全体同学一致选出第六组来介绍小组分析思路。

【学生14】① 对整个化工流程题,第一要先看题目,明目的,看产物。第二不仅要关注流程中物质的转化,如价态的变化,还要关注物质状态的变化,如产生沉淀等。

② 对于pH调节问题一要看环境,如原有溶液的酸碱性。二要记得常见可溶于酸、碱的物质性质。三要明确pH调节的目的。

学生14的精彩分析赢得了全体同学的掌声。

【教师点评】学生14的分析非常有启发性。学生14不局限于pH调节问题的分析,通过这个小问题,看到了整个化工流程题的解决方法——理解真实情境的工业生产目的。该生提到了pH调节根本就是改变溶液中 H^+、OH^- 的浓度,转化物质的状态,也强调了元素化合物基本知识的重要性。本节课也暴露了学生的基本知识不过关,要加强训练。

四、教学效果及反思

(一) 本节课教学效果及反思

教学效果优秀。在课后的问卷调查中,95%的同学理解了化工题中的pH调节需要在真实情境下理解其目的进行分析。在下一节课的讲评环节中,学生可以正确讲解前测题目中"pH调节"的目的及方法。

本节教学的优点:一是教学过程中与学生深度融合。依据对学生的点评推进环节,暴露学生的错误,发现学生思维的亮点,在逐步修正错误、点评亮点过程中逐步推进教学环节,改变学生认知。二是充分发挥小组团队的力量,集中讨论的过程中产生很多智慧。第六组最后的总结既谈到了本节课的主题pH调节的解题方法,又谈到了对整个化工题的理解,这正是本节课设计的最终目的——小落点,大目标。

本节课教学的缺点:本节课也暴露了学生的元素化合物知识不扎实,对于Al元素间的转化过程不熟悉,应用起来会产生错误的问题。因此前面建构基本分离流程环节反复讨论,耗时较多。

(二) 高三复习课设计体会

笔者结合广州市教育教研院王季常老师听课后对本节课的点评,反思整个教学设计的过程,对今后的高三复习课设计有如下体会。

高三复习课选题要突破学生真实的学困点。反思本节课设计前,笔者对本班学生进行了详细的成绩分析,与所在年级、区内、甚至市内综合平均分进行对比,找到学生普遍薄弱的问题:化工流程中物质成分的分析;再针对这个问题,进行问卷调查,实际了解学生的真实困难;又经过前测,统计数据,发现总样本的 70% 对"调节 pH"目的都不能理解,最终确定教学设计内容。讲学生所困,学生对本节课所突破的内容是感兴趣的,从心理上愿意接受,所以课上能主动分析、讨论,尝试突破学困点,课后能主动尝试应用解题模型解决问题。学生反馈效果好。

高三复习课设计要注重学生原有观念的转变。化工流程题是高考必考题,年年考,年年复习,为什么学生的得分率仍然很低呢?因为学生不能理解真实的化工生产,不能将学过的物质转化知识应用于化工流程中。本节课首先从学生比较熟悉的 $FeCl_3$、$AlCl_3$ 混合溶液的分离原理出发,让学生从化工生产角度改进流程;通过转换角色,改变了学生分析问题的角度,让学生能够从原料、成本、装置等方面理解真实情境下的化工流程,理解通过"调节 pH"生成沉淀,过滤、分离物质在化工生产中是有现实意义的;再让学生从现有物质转化流程出发,遮住具体物质,改编为高考常见题型,促使学生用逆向思维,针对一个已经知道答案的化工流程题,反思如何分析出"pH 调节"目的,进一步体会"pH 调节"在整个化工流程中的目的就是从混合物中转化、分离某种物质。如果能确定混合物的成分、某物质的成分,整个流程的分析就非常容易了。

高三复习课过程要注重外显学生的思维过程。外显学生的思维过程,才能让学生认识到自己的思维过程哪里是对的,哪里是不全面的。因此本节课通过单个学生展示、小组合作讨论、小组合作完成解题模型并展示介绍等形式,外显思维,收到了良好的效果。

高三复习课效果要注重提炼解题模型。通过本节课学习,学生对"pH 调节"的目的在整个化工流程中的作用理解透彻了,但并不能直接应用于其他题目。换一个化工情境,如何分析"pH 调节"的目的对于学生来说又是一个新困难。因此只有提炼出简洁、有效的解题模型,建构、应用小分析模型,解决大问题。既然"pH 调节"在整个化工流程中的目的就是从混合物中分离某种物质,如果能在审题时能够自觉寻找混合物和某物质的成分,"pH 调节"问题就都能迎刃而解。

学科核心素养的培养并不局限于高一、高二的新授课,高三复习课中有大量的真实情境的学科素材、真实的化工生产流程、真实的实验问题等。如果教师能够充分利用这些真实情境创设活动,让学生利用所学过的化学基本知识解决真实情境中的问题,对学生能力的提高是非常有益的。学生在分析、研究的过程中,不仅应用知识解决问题,还能充分体会真实情境的复杂性、综合性,从多个角度认识问题,这个过程也是对化学知识的深度学习。教师只有不断提升自己个人素养,脚踏实地地了解学生,关注基本知识与真实问题的联系,不断提高对课堂的掌控能力,才能带领学生不断突破自我、成就自我。

(该教学实践成果得到广州市第八十六中学丁革兵老师的指导)

专题4

"科学探究与创新意识"素养导向的教学实践

"科学探究与创新意识"素养要求学生发现和提出有探究价值的问题,从问题和假设出发,确定探究目的、设计探究方案,进行科学探究;善于合作,敢于质疑,勇于创新。

具体要求是能发现和提出具有探究价值的化学问题,能依据探究目的设计并优化实验方案,完成实验操作,能对观察记录的实验信息进行加工并获得结论;能结合实验探究的成果,提出进一步探究或改进的设想;能尊重事实和证据,破除迷信,反对伪科学;养成独立思考、敢于质疑和勇于创新的精神。

"科学探究与创新意识"素养的水平要求:

水平1——能根据教材中给出的问题设计简单的实验方案,完成实验操作,观察物质及其变化的现象,客观地进行记录,对实验现象做出解释,发现和提出需要进一步研究的问题。

水平2——能对简单化学问题的解决提出可能的假设,依据假设设计实验方案,组装实验仪器,与同学合作完成实验操作,能运用多种方式收集实验证据,基于实验事实得出结论,提出自己的看法。

水平3——具有较强的问题意识,能在与同学讨论基础上提出探究的问题和假设,依据假设提出实验方案,独立完成实验,收集实验证据。基于现象和数据进行分析并得出结论,交流自己的探究成果。

水平4——能根据文献和实际需要提出综合性的探究课题。根据假设提出多种探究方案,评价和优化方案,能用数据、图表、符号等处理实验信息;能对实验中的"异常"现象和已有结论进行反思、提出质疑和新的实验设想,并进一步付诸实施。

案例 20　溶解度

上海市教育委员会教育技术装备中心　赵　雯

上海市西郊学校　马　力

　　溶液是九年级化学教学的重要内容之一,由于大量的化学反应都是在溶液中进行的,因此溶液的相关知识与后续课程的学习和化学学科素养的形成有直接的关系。例如,高中化学中电解质、离子反应、化学平衡和电化学知识都与溶液知识有关。而在溶液的学习过程中,溶解度的学习是概念最为集中、学生理解最为困难的一部分(张松等,2016)。

　　溶解度是继物质的溶解性后精确衡量不同物质溶解能力的一把"尺子"。它是在学习了影响物质溶解性的因素之后,来探讨物质在一定量溶剂里溶解性的大小,这是一个从定性的角度研究溶液,转化到定量的角度来研究物质在一定量的水中溶解的限度,起到很好的承上作用,此外又为下节课学习如何通过计算式掌握溶质质量、溶剂质量、溶液质量与溶解度之间的关系做好铺垫。

　　然而在实际教学中,研究者发现学生在学习过程中,虽然对于一般物质溶解后形成溶液的现象比较熟悉,但是对从定量的角度认识物质的溶解性以及溶液的种种状态却很少思考,往往会出现难以较好地理解并掌握该部分知识的情况。这也导致溶解度成为教师眼中的重点,学生眼中的难点。本研究认为,造成上述现象的根本原因是我们教师在溶解度教学的过程中通常只是一味强调概念、单方面向学生灌输知识概念要点,让学生进行大量的习题训练,却没有让学生清晰地认识到溶解度概念的内涵和外延,没有引导学生亲自进行探究学习,体会物质的溶解性,没有引导学生主动参与溶解度概念的构建,学生只是从字面上理解溶解度的概念,进行了浅层学习甚至虚假学习。而这些显然都是与学生的认知规律、课程标准及学科素养背道而驰的。其实很多重要的概念性的知识是需要学生自主进行深度学习的。学习任何知识的最佳途径是在真实情境里自己去探究、发现。因为学生对这种发现理解最深,也最容易掌握其中的内在规律和联系(王磊,2014;丁永霞,2010)。

　　基于此,为了加深学生对溶解度的理解,本研究以探究、发现的教学方法为主线,以问题链为主轴,以实验探究为载体贯穿课堂,将溶解度的教学内容设计为 3 个实验和 12 个大问题,以问题链的形式引导学生思考,由学生自主分析、合作探究、解决问题、完成学习。教学中,情境探究式的问题链是围绕溶解度的教学目标有效设计并展开的,结合学生已有的认知水平和生活经验,将教学内容转化成具有系统性和层次性、环环相扣且层层推进、相互独立又相互关联的问题组。教师通过实验探究,引导学生自己去发现真理,获得真理。学生在积极主动地尝试、探索、交流、感悟中体验科学探究的过程,感受控制变量法,培养批判性思维、创新意识和实践能力(周业虹,2016)。

一、教学设计及实施

根据九年级学生的认知规律和已有的知识结构特点,确定了如下的三维教学目标及教学重难点。

知识目标:① 理解溶解度的含义;② 知道溶解度曲线的绘制方法,了解溶解度曲线的意义;③ 理解固体、气体的溶解度变化规律。

能力目标:初步具备概念构建以及设计实验的能力。

情感目标:通过探究学习,形成善于合作、勇于探索的科学态度,激发学习兴趣,感受控制变量法这种科学研究方法。

教学重点:解读概念构建,固体、气体的溶解度变化规律。

教学难点:固体溶解度的测定。

针对九年级学生在学习溶解度相关知识的过程中往往认为溶解度课程枯燥乏味、难以较好理解该部分知识的现象,本研究主要设计了小魔术"消失的文字"、测量固体溶解度、观察气体溶解度变化规律这 3 部分实验。

(一) 小魔术"消失的文字"

教师以小魔术"消失的文字"导入(表 4-20-1),设置蕴含教学目标的真实情境。

表 4-20-1 小魔术"消失的文字"的主要实验流程

实验仪器	实验准备	教学内容
糯米纸、水溶性笔、油溶性笔、高温水溶性笔、水、酒精、水槽	(1) 分别用水溶性笔、油溶性笔、高温水溶性笔在糯米纸上写下"溶解度"三个字。其中"溶"用水溶性笔写,"解"用高温水溶性笔写,"度"用油溶性笔写 (2) 分别将常温水、热水、酒精倒入相应水槽中待用	(1) 设情境:老师最近修炼了一门"神功",可以用意念使文字消失 (2) 将事先准备的常温水、开水、酒精分别倒到已写好"溶解度"三个字的糯米纸上,观察现象 (3) 观察水槽中的 3 种液体,思考原因

实验中,学生观察到倒入常温水时,"溶"字消失了。当使用热水时,"溶"字、"解"字消失了。而倒入酒精时,则是糯米纸上的"溶"字和"度"字消失了。实验通过探究这3种字迹在不同溶剂、不同温度下溶解能力的大小,引导学生在真实情境中自己去构建溶解度的概念,从而真正了解到溶解度必须是在一定温度下,一定溶剂中,达到饱和时所溶解的质量,而这也让学生更深刻地体会到控制变量法这种科学的方法,并激发学生学习溶解度的兴趣和探究热情。

魔术激发学生的求知欲,引发学生思考,为什么完全相同的糯米纸上的"溶解度"3个字,有时会消失,有时不会消失呢? 教师通过此魔术引导学生回忆起之前课程中所学的影响物质溶解性的因素,即不同溶剂、不同温度下,物质的溶解性是不一样的。

(二) 测量硝酸钾固体溶解度

测量硝酸钾固体溶解度的实验设计,是从定量的角度来研究物质溶解能力的大小。虽然教材中给出硝酸钾固体在不同温度下的溶解度数据,但学生往往却只能根据教师口头描述去理解。经常有学生在课堂、课后提出诸多疑问,例如硝酸钾的溶解度究竟是怎么测出来的? 为什么硝酸钾的溶解度随温度降低而降低? 硝酸钾的溶解度曲线又是如何形成的? 测量硝酸钾固体溶解度这个实验(表 4-20-2)就是为了帮助学生解决这些疑问。

表 4-20-2 测量硝酸钾固体溶解度的主要实验流程

实验仪器	实验准备	教学内容
红外测温仪、密封玻璃瓶、水浴锅、胶头滴管、量筒、电子天平、硝酸钾、水	(1) 称量一定量的硝酸钾固体(如 6.5 g),并量取 10 mL 的水在密封玻璃瓶中配制硝酸钾的过饱和溶液 (2) 重复上述操作 2 次,每次在上一次基础上多称量 1 g 硝酸钾固体进行溶解,并记录称量数据	(1) 设情境:每小组的实验桌上都放有 3 瓶硝酸钾溶液,但瓶底都有硝酸钾未溶解,瓶子被密封无法打开。请根据刚才所学溶解度的定义想办法使其完全溶解 (2) 将 3 个瓶子放入水浴锅中加热,观察现象 (3) 室温冷却,用红外测温仪记录各瓶中恰好有硝酸钾晶体析出时的温度 (4) 根据称量数据,计算溶解度,并试着根据晶体析出温度绘制溶解度曲线

实验开始前,教师就设置了真实情境任务,即告知学生 3 瓶装有硝酸钾溶液瓶子的瓶底均有硝酸钾未溶解,但瓶子密封,无法打开,让学生根据之前所学溶解度的概念想办法使其完全溶解。任务设置的主要目的在于通过解决问

题,进一步加深学生对溶解度概念的理解,让学生充分认识到溶解度中一定温度、一定量的溶剂、达到饱和这 3 个重要条件,从而逐步引导学生去测量硝酸钾固体溶解度,在教学中起到承上启下的作用。

学生能通过探究活动深刻体会硝酸钾溶解度的动态变化,并将教材中静止的溶解度曲线的形成过程用浅显易懂的动态实验去演绎。这个实验不仅能加深学生对溶解度曲线含义的理解,还让学生也在活动中体会了降温结晶的过程,还将简单的溶解度计算也渗透到其中。学生根据记录的称量数据,计算硝酸钾固体溶解度,并尝试根据晶体析出温度绘制溶解度曲线。

(三) 测量氯化钠固体溶解度

作为对上述测量硝酸钾固体溶解度实验的延伸与补充,测量氯化钠固体溶解度的实验设计(表 4-20-3),一方面让学生了解到不是所有固体的溶解度都可以用上述的方法测量,充分培养学生辩证思维的能力和科学探究的精神,加深学生对硝酸钾、氯化钠溶解度随温度变化的规律的认识;另一方面则再次让学生运用溶解度概念,再次充分认识到溶解度概念中一定温度、一定量的溶剂、达到饱和这 3 个重要条件,加深对溶解度内涵的理解。

表 4-20-3 测量氯化钠固体溶解度的主要实验流程

实验仪器	实验准备	教学内容
红外测温仪、磁力搅拌器、搅拌子、烧杯、注射器、电子天平、氯化钠、水	在烧杯中称量一定量氯化钠固体(如3.25 g),并量取 5 g 的水,配制氯化钠的过饱和溶液	(1) 设情境:根据之前测硝酸钾溶解度的方法,能否测量氯化钠的溶解度? (2) 将烧杯放入水浴锅中加热,观察现象 (3) 请根据刚才所学溶解度的定义想办法使氯化钠完全溶解 (4) 将烧杯放在磁力搅拌器上,放入搅拌子搅拌,并用注射器加水溶解氯化钠,待恰好完全溶解时记录注射器的读数 (5) 测量温度,并根据数据计算氯化钠在水中的溶解度 (6) 思考:硝酸钾中混有少量氯化钠,可以采用什么提纯方法?

学生先在烧杯中称量一定量氯化钠固体配制过饱和溶液,然后分别进行实验:① 将烧杯放入水浴锅中加热,观察、记录现象;② 将烧杯放在磁力搅拌器上,加入搅拌子搅拌,并用注射器加水,溶解氯化钠,待恰好完全溶解时记录注射器的读数。测量温度,并根据记录数据计算氯化钠在水中的溶解度。实验结束后,教师提问,"如果硝酸钾中混有少量氯化钠,可采用什么提纯方法?"引发学生思考利用溶解度对物质进行提纯与分离的方法。

为提高教学的有效性,本研究也对实验装置做了一些改进。比如以往实验中用玻璃棒搅拌加速溶解时,学生需要一边搅拌一边添加水,使得学生在操作方面存在一定困难。此次实验设计改用了磁力搅拌器。运用磁力搅拌器不仅便于学生操作,缩短实验时间,而且磁力搅拌器可以搅拌得更为充分,现象能够更为明显,误差也因此减小。此外,本实验设计还采用了注射器来添加溶剂水,既可以逐滴加入,又更方便读数,这也在一定程度上缩短了实验时间,减小了误差。

(四) 探究气态物质的溶解度变化规律——以氨气为例

物质有固态的,也有气态的。对气态物质的溶解度变化规律,教材上实际是淡化处理的。但是学生经常会有这样一个疑问,气体溶解度随温度、气压是怎样变化的呢?

针对上述问题,本节课设计了实验观察气体溶解度的变化规律(表4-20-4)。

表 4-20-4   测量气体溶解度的主要实验流程

实验仪器	实验准备	教学过程
干冰喷雾、注射器、橡皮塞、透明一次性杯、浓氨水、酚酞试液、热水	(1) 在浓氨水中加入数滴酚酞试液,并用注射器吸取约 2 mL (2) 将注射器针头处插入橡皮塞中,以形成密封 (3) 在透明杯中加入开水待用	(1) 将插入橡皮塞中的注射器整个放入装有开水的透明杯中观察现象 (2) 取出该注射器装置并用干冰喷雾迅速喷射降温,观察现象 (3) 抽拉该注射器装置,观察现象

通过注射器与橡皮塞这样一个简单的实验装置,学生不仅能够观察到气体溶解度随温度的变化,还可以清楚地观察到气体溶解度随气压的变化。这个实验主要目的在于培养学生观察与自主学习能力,让学生切身体会与理解气体溶解度随温度、压强的变化规律,并进一步激发学生学习溶解度的兴趣。

实验中,学生先用注射器吸取一定量滴有酚酞试液的浓氨水,并将注射器针头处插入橡皮塞中,以形成密封;然后将插入橡皮塞中的注射器整个放入装有热水的透明杯中观察现象。学生观察到随着温度的升高,注射器中产生大量气泡推动活塞,推测出氨气在水中的溶解度随温度的升高而降低。然后学生取出该注射器装置,用干冰喷雾迅速喷射降温。学生观察到随着温度降低,活塞迅速恢复原位,推测出氨气在水中的溶解度随温度的降低而升高。

二、教学反思

在整体的教学过程设计中,本研究主要采用的是基于真实情境探究的问题链导向教学。根据 3 个实验,总共设计了 12 个大问题(表 4-20-5),问题与问题之间相互关联,环环相扣。问题贯穿实验始终,用问题引发思考,用实验解决问题。这也是整个课程的教育指导思想,即陶行知先生的"知识来源于实践"的教育指导思想。学生能更多地参与实验,再由实验收获知识,然后再将收获的知识运用到新的实践中去。通过以上实验设计,学生在溶解度概念学习中遇到的问题都得到了解决。直观的实验现象也能帮助学生将形象思维成功过渡到抽象思维。

表 4-20-5 基于真实情境的问题链设计

小魔术"消失的文字"(实验 1)	测量硝酸钾、氯化钠固体溶解度(实验 2)	气态物质的溶解度变化规律(实验 3)
(1) 为什么文字会消失? (2) 两种不同的笔迹在相同溶剂中溶解是否证明二者溶解能力完全相同,为什么? (3) 溶解度是代表物质溶解能力的物理量,请试着归纳出溶解度的定义是什么	(1) 密封溶液瓶底尚有未溶解的硝酸钾,请根据所学溶解度的定义,思考如何使之完全溶解? (2) 此时溶液是否饱和?你能否测得恰好饱和时的温度? (3) 已知该溶液为此温度下的饱和溶液,能否计算其溶解度,并绘制溶解度曲线,找出变化规律? (4) 能否用前述方法使溶液中未溶解的氯化钠完全溶解? (5) 还能采用什么方法使氯化钠完全溶解? (6) 根据加水的质量是否能测出氯化钠的溶解度? 思考:硝酸钾中混有少量氯化钠,可以采用什么提纯方法?	(1) 氨水中溶有大量氨气,你能否设计实验探究其溶解度随温度的变化规律? (2) 改变气压会对氨气的溶解度产生影响吗? (3) 能举出生活中其他能说明气体溶解度的变化规律的例子吗?

当然,由于整体设计的实验较多,在一定程度上可能造成课堂中信息量较大。若想细致地开展实验也存在课堂时间比较紧张等问题,所以在实验中也考虑运用红外测温仪、干冰喷雾、磁力搅拌器等设备,在一定程度上缩短了实

验时间,提升了课堂教学的有效性,让学生有更多时间思考、探究。

三、结语

本节课的教学试图避免传统溶解度课堂中一味灌输概念的枯燥与呆板,通过"小魔术"引入,让学生并不是单从字面角度理解溶解度的概念,而是参与溶解度概念的构建,使学生能够更加清晰地认识到溶解度概念的内涵,让学生真正成为课堂的主人、学习的主人。在课程设计的整个过程中,本研究希望实现后茶馆式教学与情境探究式教学的结合,关注学生通过实验构建化学知识的方法、过程,并为学生化学学科核心素养的发展奠基。

案例 21　粗盐提纯

广东省深圳市海旺学校　史菊英

　　建构主义认为,学习的实质是学习者的主动建构,知识不是通过教师传授得到,而是学习者通过新旧知识经验间的反复的、双向的相互作用而建构成的。布鲁姆在其著作中将认知分为知识、领会、应用、分析、整合和评价,安德森等人将其修正为记忆、理解、应用、分析、创新等。在这些理念中分析、评价和创新即为高阶思维。建构主义提倡在教师指导下的、以学习者为中心的学习。然而在复习课教学中,不少教师往往比较注重发挥自己的主导作用,课堂教学停留在记忆和理解的低级思维层次,分析和评价等学生的高阶思维发展和培养却被遗忘。如何将"学生主体,教师指导,发展高阶思维"这一理念贯彻落实在日常化学教学中,是化学教师面临的一个新挑战。

　　物质的分离、提纯对于人类的生产、生活和科学研究具有十分重要的意义(徐海并,2015)。分离提纯内容归属于初中化学课程标准科学探究主题,其服务于二级主题发展科学探究能力。课标要求学生能在教师指导下或通过小组讨论,根据所要探究的具体问题设计简单的化学实验方案。在教学中,研究者发现物质的分离提纯在初中化学中学生学习的内容尚少,不完整且不成体系。笔者查阅文献发现以下几个问题:① 大部分的教师都特别重视对分离提纯操作的讲解(李楠,1998),而缺乏对物质分离提纯思想方法上的渗透;② 学生学习后对分离提纯的认识是零散的、没有条理的,考虑不全面(刘文兵等,2012),在设计实验方案对物质进行分离和提纯中存在一定困难,不会有意识、有条理地用实验流程图;③ 粗盐中难溶性杂质的去除是人教版初中化学的一个典型实验,教材设计了学生分组实验以练习实验技能,但实际上学生在实验中经常会遇到粗盐中可溶性杂质的去除等其他问题(麻灿,2015)。

　　本研究旨在通过思想方法的提炼帮助学生搭建解决问题的脚手架,通过发展分析评价等高阶思维能力形成物质分离提纯的一般思路,提高科学探究能力和提升学科素养。主要体现在:① 以学生为主体,根据性质差异来进行分离提纯;② 通过流程图的表达使学生思维外显,结合对比、分析、评价等方法,通过实验方案的反复评析提升学生的探究能力和自我反思、修正等高阶思维能力;③ 在粗盐中难溶性杂质和可溶性杂质的去除上进行融合探索,以期提高学生在真实情境中解决问题的能力。

一、教学理念与设计

本节课全程以学生为主体,由教师引导,采用启发式教学,引导学生对已有知识进行分析,强化物质的提纯要基于物质间的性质差异选择合适方法的认识。在问题的解决过程中引导学生以设计实验流程图为抓手,理顺思路,表达心中所想。本节课通过让学生亲身体会设计物质分离提纯的一般思路,提高学生知识运用、迁移的能力;在反复对多个分离提纯流程图的设计、分析、评价中将学生对物质分离提纯的理解从低阶思维逐渐发展到高阶思维,具体流程见图 4-21-1。

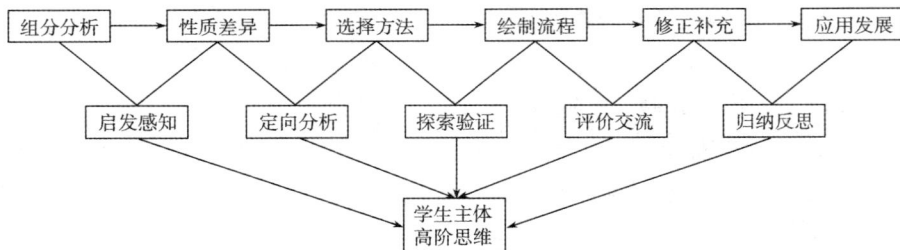

图 4-21-1　粗盐提纯的教学理念

本节课的教学目标:

(1)通过比较分析,理解分离提纯是基于物质性质的差异性的,能根据性质差异选择不同的分离方法对物质进行分离的方法。

(2)通过问题解决,巩固分离提纯物质的基本操作技能,知道物质分离提纯的一般思路和应该遵循的原则;能够设计一些简单的物质分离、提纯的流程图。

(3)在设计实验流程图的过程中,通过讨论交流,体会小组合作的乐趣;在实验方案的评价中,体会思考严密、表达准确的重要性。

(4)通过知识获得标准,利用标准思考并进行自我诊断和修正的一般方法;通过归纳总结,体会应用科学思维方法将零散的知识进行加工整合系统化的方法。

教学流程图如图 4-21-2 所示。

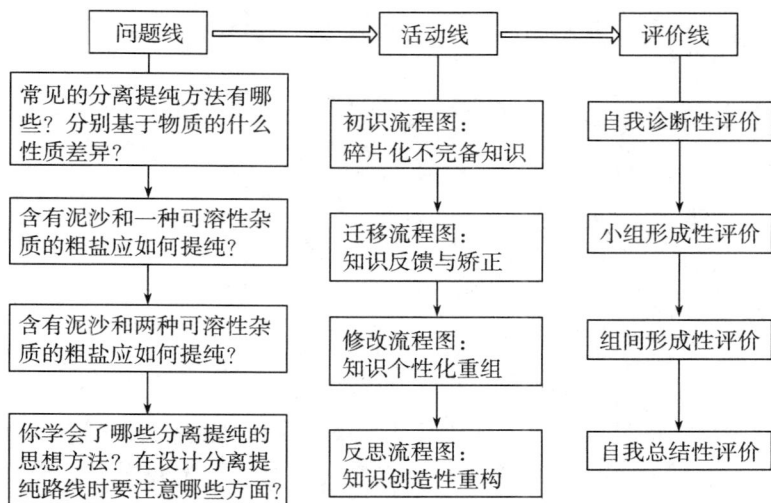

图 4-21-2　粗盐提纯的教学流程

二、教学实施过程

（一）巧设问，以点带面

物质分离提纯的方法一般分为物理方法和化学方法。初中化学中的物理方法包括利用物质溶解性差异的过滤法、利用溶解度差异的降温结晶法和蒸发结晶法、利用沸点差异的蒸馏法等；化学方法包括将杂质转化为物质本身的转化法、将杂质转化为气体的气化法、将杂质转化为沉淀的沉淀法等（张立锋，2017）。本文通过以下几个步骤以点带面让学生一次到位复习初中化学中的分离提纯基本方法，其中氯化钠中杂质的设置是为后面的进一步粗盐分离提纯做铺垫。

【引入】居里夫人一生两次获得诺贝尔奖，一次是因为耗费三年的时间分离提纯镭盐发现了两种新的放射性元素，一次是因为分离出纯镭。分离提纯是我们研究物质性质的基础，因此具有重要的意义。

【学生活动】体会科学家在极其艰苦的条件下，凭着对科学的热爱，孜孜不倦的研究和学习精神。

【设计意图】"化学给人以知识，化学史给人以智慧。"通过化学史教育以期培养学生勤奋刻苦的科学品质。

步骤一：现在有一些物质需要分离提纯，请大家基于物质性质差异的角度思考,设计合适的分离步骤。

提纯(括号内的物质为杂质)	依据性质差异	提纯操作步骤
KCl(MnO$_2$)		
固体 KNO$_3$(NaCl)		
纯净水(自来水)		
NaCl(NaOH)		
NaCl(Na$_2$CO$_3$)		
NaCl(Na$_2$SO$_4$)		

【学生活动】思考:这些物质之间的性质差异是什么? 常见的分离提纯方法有哪些? 分别是物理方法还是化学方法? 根据自身知识储备,自主完成表格。

【设计意图】让学生体会利用物质的性质差异设计分离提纯步骤,从物理方法过渡到化学方法。三个例子分别涵盖了典型的转化法、气化法和沉淀法。氯化钠中杂质的设计为粗盐中可溶性杂质的去除埋下伏笔。

步骤二:选取典型方案展示。

请学生讨论后点评,比较哪种方案对分离提纯步骤表述更清晰? 典型方案中有哪些错误? 应该如何修改? 在点评中规范流程图的一般画法。

【学生活动】用已内化的分离提纯原则对方案进行评价,总结出使用化学方法进行除杂必须遵循的"不增、不减、易分、复原"原则。通过对比,得出可以更清晰地表达分离提纯过程的流程图。

【设计意图】让学生体会流程图的优点,在点评中规范流程图的一般画法。在实验方案的评价中深入内化分离提纯遵循的标准。让学生体会思考严密、表达准确的重要性。

学生在学案中暴露出各种思维不严谨、考虑不全面,在此只选取典型案例进行展示、交流。学生在对实验方案的修改过程中再次思考分离提纯过程中应遵循的原则,初步形成分离提纯的基本思路,并且得到新的启示,继续总结提升。

(二) 做实验,以旧学新

实验是学生学习化学、进行科学探究的重要途径;义务教育阶段的化学课程以提高学生的科学素养为主旨,激发学生学习化学的兴趣,帮助学生了解科学探究的基本过程和方法,发展科学探究能力,获得进一步学习和发展所需要的化学基础知识和基本技能。本环节在简单的旧知识情境"粗盐中难溶性杂质的去除"中增加新任务,不仅要除去难溶性杂质,还要进一步除去粗盐中的可溶性杂质。本环节先由学生自行画出实验流程图,再进行讨论并修改,最后完成整个实验操作流程。教师设计了两个实验小组活动,以期帮助学生养成良好的实验习惯,先做好实验计划再进行实践,形成良好的科学探究意识。

具体环节如下。

步骤一:小组合作。

写出你的分离提纯流程图,小组交流、讨论。

小组 A:若粗盐中除泥沙外还含有可溶性杂质 $MgCl_2$,请设计提纯方案并完成提纯实验。

小组 B:若粗盐中除泥沙外还含有可溶性杂质 $CaCl_2$,请设计提纯方案并完成提纯实验。

提示:除去粗盐中可溶性杂质的思路是把可溶性杂质转变成难溶性杂质,再用过滤的方法除去。为了除杂彻底试剂一般加入过量。

【学生活动】讨论:

(1)根据与可溶性杂质的结构差异,杂质离子是什么?

(2)利用性质差异选用谁做除杂试剂?除杂的原理是什么?

(3)除杂试剂一般稍微过量,过量的试剂如何去除?

【设计意图】将学生基于物质性质差异的认识视角引导到基于结构差异。从初步形成的物质分离提纯的一般思路中,引发对除杂试剂的再次除杂的思考。

步骤二:展示交流,展示典型学案错误。

【学生活动】利用已经内化的标准反思和评价实验方案,再进行修正。

【设计意图】让学生在设计实验流程图的过程中,通过讨论、交流体会小组合作的乐趣;会反思和评价自己和他人的实验方案,进一步内化分离提纯的一般思路和方法。

步骤三:小组合作完成整个完整的实验流程。

实验过程中你们组遇到哪些问题?你们是如何解决的?

【学生活动】完成对含有可溶性和不溶性杂质的粗盐的完整分离提纯实验。

【设计意图】让学生将方案和实验相融合,体会科学探究的一般过程,练习实验操作技能。

此环节结合生活实际中除杂试剂往往过量的问题,引发对除杂试剂的再次除杂的思考。在环节一的例子中,我们已经对此做了铺垫。通过完成整个含有可溶性和不溶性杂质的粗盐提纯课堂实验活动,学生不仅复习了实验技能,锻炼了准确绘制流程图的能力,还亲身体会了将实验方案和实验活动相结合的一般方法。

(三) 层层递进,举一反三

学生在上一个环节已经基本掌握了基于性质差异选择合适的试剂以及如何规范地画出分离提纯流程图。为了进一步提升学生对复杂情况的解析能力,教师又将杂质种类增加,从含有一种可溶性杂质的粗盐的提纯,过渡到含有两种可溶性杂质的粗盐的提纯。

具体活动设计如下。

【任务】设计你的分离提纯流程图。

小组 A:某种经过初提纯的粗盐中还含有两种可溶性杂质 $CaCl_2$ 和 Na_2SO_4 ,请你设计 NaCl 的提纯方案并画出流程图。

小组 B:某经过初提纯的粗盐中还含有两种可溶性杂质 $MgCl_2$ 和 Na_2SO_4 ,请你设计 NaCl 的提纯方案并画出流程图。

【学生活动】根据分离提纯一般思路设计含有两种可溶性杂质的粗盐提纯流程图。

【设计意图】从含有一种可溶性杂质的粗盐的提纯,过渡到稍难的含有两种杂质的物质的提纯。

【交流】典型学案展示,比较多个实验方案有什么不同。这些实验方案都能达到分离提纯的目的吗?实验中多次过滤可以合并吗?你会选择哪个方案进行实验?

【学生活动】经比较发现实验方案中试剂的加入顺序不同,但对结果无影响,殊途同归,最终都可以完成分离提纯。多步过滤可以合并成一步,只要在加入稀盐酸前进行一次过滤就可以了,步骤更简单。

【设计意图】让学生通过对典型方案的对比分析,引发对多种杂质同时存在时除杂试剂的加入顺序的深度思考。让学生从实验可行性和易操作性角度分析,学会优化实验方案,多步合并,殊途同归。

此环节通过对多种实验方案可行性的对比讨论,引发学生对多种杂质同时存在时除杂试剂加入顺序的深度分析思考和评价;从实际实验操作需要尽量步骤简单的角度出发,引导学生思考实验方案是否可以进行多步合并优化。

（四） 拓展提高，学以致用

经过以上环节学生已经掌握了含有难溶性杂质和 1～2 种可溶性杂质的粗盐提纯一般思路，也基本掌握了评价分离提纯实验方案的要点。含有三种及以上可溶性杂质的分离提纯是高中教学的内容，笔者希望在夯实基础的同时能够做好初高中衔接，给学生一些思路上的启发，于是给出以下案例让学生课后思考。

某粗盐中有三种可溶性杂质 $MgCl_2$、$CaCl_2$，Na_2SO_4，有同学设计了如下几种试剂加入顺序，你认为哪些合理，哪些不合理？你的依据是什么？（操作步骤已省略）

1. 过量 $NaOH$，过量 Na_2CO_3，过量 HCl，过量 $BaCl_2$
2. 过量 $NaOH$，过量 Na_2CO_3，过量 $BaCl_2$，过量 HCl
3. 过量 $NaOH$，过量 $BaCl_2$，过量 Na_2CO_3，过量 HCl
4. 过量 $BaCl_2$，过量 $NaOH$，过量 Na_2CO_3，过量 HCl

三、教学效果分析

教学完成后，笔者采用学生问卷调查法调查学生对本节课教学目标完成情况的反馈与评价。笔者发放问卷 46 份，回收率 100％；采用五点量表计分法，选项包括非常同意、同意、一般、不同意和非常不同意，分别记为 5、4、3、2、1 分；获得定量数据，对定量数据采取 SPSS16.0 进行分析。

信度分析结果表明，问卷的 Alpha 值为 0.895，大于 0.8，说明问卷信度尚可，试题内部各题之间具有一致性，统计结果比较可靠。

从调查问卷的统计结果分析，学生对本次教学评价较高，详见表 4-21-1。

表 4-21-1　粗盐提纯教学效果调查问卷与统计

三维目标	具体选项	平均分	维度平均分
知识与技能	1. 我知道分离提纯的基本操作	4.98	4.93
	2. 我知道过滤、结晶、蒸馏的原理	4.96	
	3. 我会画简单的分离提纯流程图	4.87	
	4. 我知道粗盐中难溶性杂质去除的步骤	4.92	
过程与方法	5. 我掌握物质的分离是基于性质的差异	4.86	4.72
	6. 我会设计简单分离提纯实验方案	4.64	
	7. 我知道物质分离提纯的基本原则	4.72	
	8. 我知道分离提纯常见的物理方法和化学方法	4.68	

三维目标	具体选项	平均分	维度平均分
情感态度 与价值观	9. 我喜欢用小组合作、交流并展示的方式进行复习	4.93	4.85
	10. 我喜欢用画流程图的方式表示物质的分离提纯过程	4.75	
	11. 我对本课堂的学习总体满意	4.87	
	12. 我觉得此次教学过于复杂	1.23	1.23

知识和技能的项目平均分在 4.9 以上,说明学生对本节课的知识与技能掌握得比较好,对分离提纯的基本操作和原理以及流程图的画法有较清晰的理解。过程与方法平均分在 4.7 以上,说明教学过程学生容易接受,方法行之有效。其中第 6 题"我会设计简单的分离提纯方案"平均分相对较低,说明学生刚接触流程图,对流程图的运用还没有特别娴熟。情感态度和价值观部分,第 9 题"我喜欢小组合作交流并展示的方式进行复习"达到了 4.93 分,说明学生对"自主学习,小组合作交流"这样的学习方式非常认可,并且受益良多。第 11 题"我对本课堂的学习总体满意"得分 4.87 分,说明学生对本节课的认可度很高。

四、教学反思与建议

(一) 以学生为主体,构建高效复习课堂

新课程更强调以学生为主体,强调学生主动参与、探究发现、交流合作的学习方式,视学生的起点和能力为一切教学活动的出发点。为每一个学生的发展提供多样化的学习评价方式,既要考核学生掌握知识、技能的程度,又要注重评价学生的科学探究能力和实践能力,还要重视考查学生在情感、态度、价值观方面的发展。本节课把学生的思维充分调动起来,让学生主动参与教学过程,自主质疑和交流,在探索的过程中不断发现问题,从多种解决方案中找出最佳的方案。使学生成为受教育的主体,让学生自主评价,使教育转化为自主学习。由于教学模式真正以学生为主体,充分发挥了典型学案的作用和榜样的作用,学生感到上课有意思,能积极主动参与讨论,每个学生都得到了发展。

(二) 以流程图为抓手,由知识课堂到智慧课堂

复习课长期以来是以教师讲解、回顾知识和大量练习作为教学的主要形式,不能有效地调动学生学习的主动性和积极性,不符合新课程标准。本课以

流程图为抓手,锻炼学生的分析、评价等高阶思维能力,从知识本位走向思想方法。化学思想方法是化学知识在更高层次上的抽象和概括,是在熟练掌握基本知识后总结、提炼出一般规律和方法,能结合实际情况来综合分析问题。教学通过设计难易适中的任务层层递进和引导迁移,让学生从"分离提纯的思想方法"这个角度重新审视和梳理已有的知识,创造性地引导和指导复习,体现一定的设计艺术,使学生能抓住重点,全面系统地掌握已学知识并温故知新,由传统知识课堂走向智慧课堂。学生不仅复习了物质分离提纯的方法以及如何准确画分离提纯流程图,还进一步夯实了物质分离提纯应遵循的原则,并且在心中形成了基于物质性质差异进行分离提纯的一般思路。实验能激发学生探究的兴趣。在融合粗盐中难溶性和可溶性杂质去除的教学中学生大胆设计和进行实验,在活动中获得知识和体验,不断反思,提高了思维能力。

案例 22　实验操作技能和实验习惯的测查

北京市顺义牛栏山第一中学　陈福钢

2017 年 9 月,北京市正式进入高考综合改革实施阶段,即进行第 9 次教育改革,实行新的考试选拔方案,教师在教学中要遵从教育部制定的新课程标准(简称新课标)。高中化学以立德树人、发展素质教育为根本任务,新课标更是强调化学是以培养学生的化学学科核心素养为主旨。那么,如何更好地落实新课标提出的基本理念呢? 这就需要教师必须在高一正式教学前对学生在初三的学习情况,尤其是学生学科核心素养的初始情况有比较详细的了解。教师只有充分掌握学生的学情,才能做到有的放矢,做好初高中的衔接,进而制定合理的教学目标,设计合理的教学方案,提高课堂教学的效率,进而有效发展学生的化学学科核心素养。基于此,在北京市教科院基教研中心李伏刚老师的指导下,顺义区六所学校分别承担了学生核心素养不同维度的测查任务,牛栏山第一中学承担的是学生科学探究核心素养中实验操作技能和实验习惯的测查任务。

一、研究背景

众所周知,化学学科核心素养主要包括宏观辨识与微观探析、变化观念与平衡思想、证据推理与模型认知、科学探究与创新意识、科学态度与社会责任这 5 个方面。其中,科学探究是化学学科核心素养的重要组成部分,它是发现与解决问题的重要手段。而实验是化学研究的基础,也是科学探究过程中获得证据的重要手段,所以科学探究的培养首先需要学生具备规范的实验操作技能和良好的实验习惯,这也是本次试题测查的主要内容。测查还有利于学生逐步养成严谨、求实的科学态度。

通过前期对学生的了解,我们发现大多数学生对于化学实验操作并不是特别重视,他们认为只要会做实验探究题目就可以了,却往往忽略了真实的实验才是检验真理正确与否的标准,这也是一名致力于学习化学学科的合格中学生应该具备的基本素养。本次测查的目的不只是测试学生的实验操作技能,还通过测查让学生发现自己在实验操作和实验习惯上存在的真实问题,然后加以改进,并在今后的实验活动中注意实验的细节,逐步养成良好的实验习惯。

基于以上两点测查内容,考虑到新高一学生已经具备的化学知识、技能和在初三接触过的化学实验,研究小组通过讨论,最终确定了测查的具体内容,即"实验室制取氧气"和"粗盐提纯"。"实验室制取氧气"是初中重要的制备气体实验之一,其操作过程涉及仪器的选择和连接、气密性检查、药品添加、试管加热、气体收集等多个方面的化学基本知识和技能,能够比较全面地探查学生的实验基本技能和实验习惯,也为氨气的制备一课教师教学内容的安排和教学方式的改进提供了有力的数据支撑。"粗盐提纯"实验的操作过程涉及溶解、过滤、蒸发等基本操作,有利于测查学生对物质分离提纯原理的认识,并且也能够进一步了解学生已有的基本操作技能和实验习惯,同时也为后续学习"混合物的分离和提纯"奠定基础。

基于以上分析,研究小组最终制定了"实验室制取氧气"和"粗盐提纯"(附录 1)的测查试题,两套试题在设计评分标准时主要遵循规范性原则和细致化原则。比如,仪器的连接一项,从仪器的选择、连接顺序和组装 3 个方面共 5 小点内容进行评价。药品的添加一项,从 9 个小点进行全面考查。

测查的方式主要有以下 4 种:① 学生了解实验考查要点和评分标准,教师进行评分;② 学生了解实验考查要点和评分标准,学生进行评分;③ 学生只了解实验考查要点,教师进行评分;④ 学生只了解实验考查要点,学生进行评分。考虑到学校教师队伍的实际情况,本次测查采取的是第 4 种方式,即提前发放试题,让学生了解实验的基本内容,但评分标准学生不知道,评分组的学生提前由教师进行培训。

二、研究对象

顺义牛栏山第一中学是首批北京市示范性高中,与顺义区同类校相比,学生的学习基础、学习态度和学习习惯都相对较好。研究对象是牛栏山第一中学高一年级 3 个层次(表 4-22-1)的学生,班级内被随机选择的一半学生参与实验测查,另一半学生则参与评分工作。

表 4-22-1　实验操作技能与实验习惯调查对象的基本情况

班级	人数(人)	入学成绩(平均分)	化学成绩(平均分)
高一 A 班	50	563.8	78.52
高一 B 班	48	555.5	78.33
高一 C 班	48	543.8	75.49

三、研究过程及数据分析

为了检验试题评分标准的有效性,研究小组在 2017 年 9 月 6 日、7 日两天对高一某班(人数 48 人,入学成绩平均分为 563.5,化学成绩平均分为 78.42)部分学生进行了实验操作技能和实验习惯的预测查。

虽然研究小组在设计试题的评分标准时非常注意细节化,但是在实验过程中学生还是出现了很多研究小组没有预料到的错误操作(如,斜着夹持试管、双顶丝朝下,试管向下倾斜角度过大,手持滤纸润湿,蒸发皿垫石棉网进行加热等),而这些问题在最初设计评分标准时研究小组并没有充分考虑到,所以研究小组将两个实验中出现的所有"意外"问题进行了汇总(表 4-22-2)。

表 4-22-2　"实验室制取氧气"与"粗盐提纯"实验过程中学生出现的"意外"问题

	实验室制取氧气	粗盐提纯
"意外"问题	(1) 双顶丝朝下固定铁夹 (2) 用酒精灯加热试管中部 (3) 装药品后才检查气密性 (4) 试管位置太高,酒精灯火焰够不到 (5) 试管向下倾斜角度太大 (6) 用排空气法收集氧气时选择玻璃直角短导管 (7) 使用药匙后把药匙随意放在桌面上 (8) 用排水法收集气体未收集满 (9) 用排水法收集气体时只使用橡胶管,未使用玻璃弯管	(1) 用完后药匙未擦净,也未把药匙放回试管架上 (2) 溶解搅拌时玻璃棒发出很大声响 (3) 使用玻璃棒后将其随便放置 (4) 双顶丝朝下固定铁圈 (5) 未按照从下往上的顺序组装仪器 (6) 用手使滤纸紧贴漏斗内壁 (7) 加热蒸发皿时垫石棉网 (8) 蒸发结束后,直接熄灭在铁架台上燃烧的酒精灯

在实验预测查后,研究小组经过讨论,在遵从科学性和细致性的原则下,又重新修订了测查题目的评分标准和细则(附录 1),文字画下划线的部分就是新增加或修订的部分,比如在"实验室制取氧气"这个实验中关于仪器的连接这一内容的测查上,又增添了 3 项内容,修订了 2 项内容。再如,在"粗盐提纯"这个实验中增加了仪器的连接这一项评分标准。

采用完善后的测查试题,研究小组于 9 月 12 日、13 日两天对高一 A、B、C 三个班的学生进行了实验操作技能和实验习惯的测查,并进行了数据统计(表 4-22-3 和表 4-22-4)。

表 4-22-3 "实验室制取氧气"各项目得分情况(平均分)

	准备工作	仪器的连接	气密性检查	药品的添加	试管的加热	气体的收集	仪器的整理	实验记录
A 班	0.88	4.25	1.88	8.13	1.63	5.13	7.21	0.63
B 班	0.96	4.63	1.96	7.83	1.92	5.29	7.38	0.71
C 班	0.74	3.70	1.35	7.43	1.65	4.26	6.48	0.30
满分	1	5	2	9	2	6	8	1

表 4-22-4 "粗盐提纯"各项目得分情况(平均分)

	准备工作	溶解	过滤	蒸发	仪器的整理	实验记录
A 班	0.96	1.83	6.38	4.25	3.83	0.63
B 班	0.96	1.96	6.21	4.5	3.75	0.71
C 班	0.92	2.00	6.38	4.00	3.54	0.38
满分	1	2	7	5	4	1

在"实验室制取氧气"这个实验中,若班级之间进行横向对比(图 4-22-1),各个班级之间的差距并不是特别大,但层次较弱的 C 班较 A 班、B 班,在各项数据上还是有一定差距的,尤其是在实验记录这一项得分很低,说明化学成绩的优良和实验操作技能,特别是实验习惯的养成还是有一定关系的。

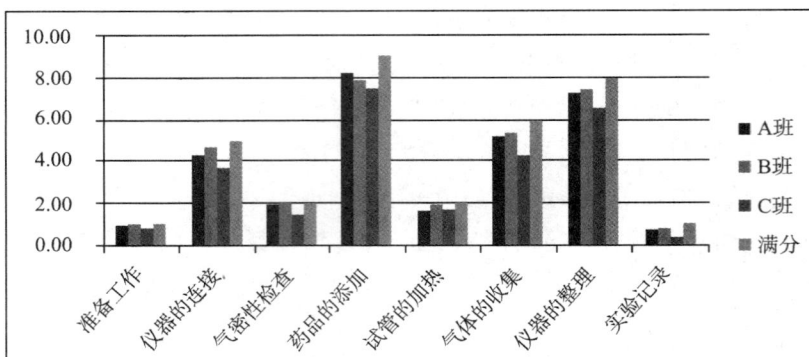

图 4-22-1 "实验室制取氧气"各项目得分情况（平均分）

再来看一下得分率的情况（图 4-22-2），三个班在实验操作技能方面的得分率普遍比较高，但在实验习惯方面，比如实验记录这一项的得分率并不是太高，说明大多数学生对于化学实验的认识还比较浅显，仅停留在简单的重复实验或顺利完成实验操作方面，对实验现象尤其是异常现象的关注度明显不足，缺乏问题意识、反思意识和探究意识，需要教师在后续实验教学中逐步培养学生良好的实验习惯，为实验的深入探究打下坚实的基础。

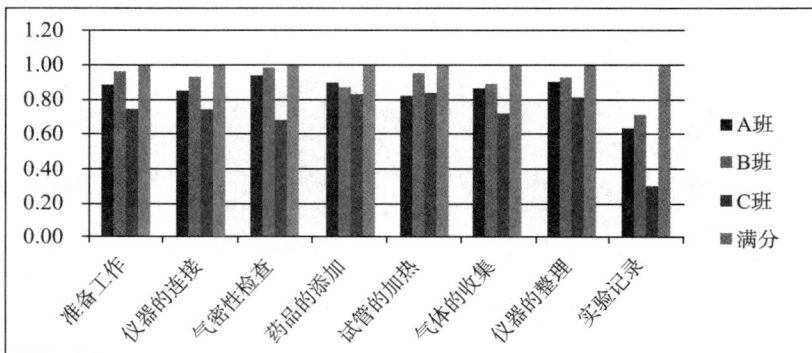

图 4-22-2 "实验室制取氧气"各项目得分率

而 C 班在仪器的连接、气密性检查、气体的收集等方面得分率较低（图4-22-2）。在仪器连接这一项（图 4-22-3），学生在胶塞大小和试管高度这两项上得分较低，说明 C 班一部分学生在实验前缺少思考的过程，想到哪就做到哪，不太注意实验操作的细节问题，因此教师在今后的教学中要注意培养学生严谨科学的实验思维。在稍微复杂的实验操作方面，对于层次较低的学生，教师要进行集中讲授，尤其是在操作细节方面要多引导，多让这些学生进行实践,以便进一步提高他们的实验操作技能。

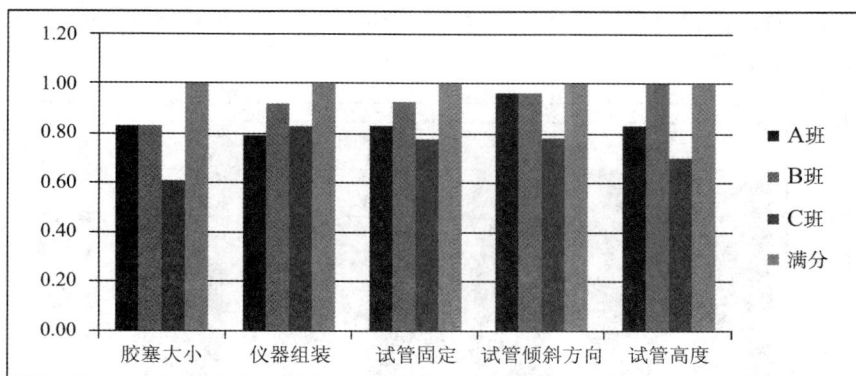

图 4-22-3 "实验室制取氧气"仪器连接各项得分率

在"粗盐提纯"这个实验中,横向进行比较可以看到(图 4-22-4),班级之间的差距变小了,原因可能是经过前一天实验室制取氧气的实验测查后,一部分学生对于实验测查的重视程度有了明显的提高,甚至有些学生开始反思自己在"实验室制取氧气"实验中所犯的实验操作技能和实验习惯的错误,因此学生在实验操作技能,尤其是实验习惯方面有了明显的进步,特别是层次较低的C 班。这充分说明只要让学生有准备地多进实验室进行实验,学生对化学实验就不会陌生。如果教师再多引导学生进行反思,及时纠正他们在实验过程中出现的错误,培养他们良好的实验习惯,他们的实验操作技能和实验习惯一定会得到有效发展的。

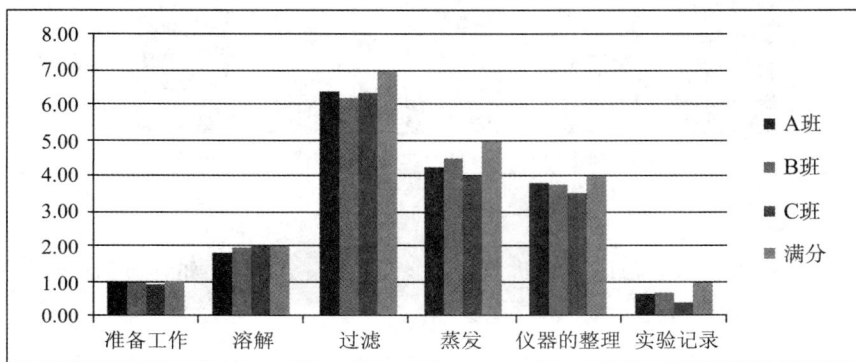

图 4-22-4 "粗盐提纯"各项目得分情况(平均分)

在得分率方面(图 4-22-5),三个班级在各个项目上的得分率普遍比较高,但在实验记录项目上的得分率还是较低。其中,C班在各个项目上进步幅度最大,在某些项目上的得分率甚至超过了层次较高的A班和B班,但在蒸发操作上的得分率还是稍低一些。

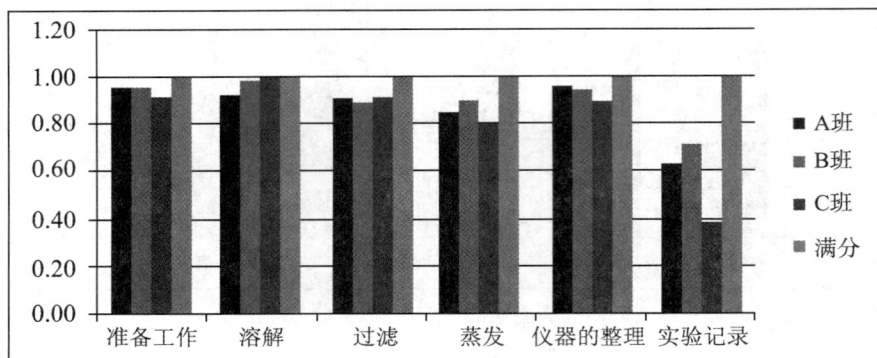

图 4-22-5 "粗盐提纯"各项目得分率

具体来看(图4-22-6),C班学生在滤液量和粗盐回收上得分率较低,说明C班一部分学生对于蒸发原理的理解并不是特别到位,缺乏物质回收利用的意识,所以教师在后续讲解过滤与蒸发内容时一定要注意对蒸发原理的深入讲解与分析。

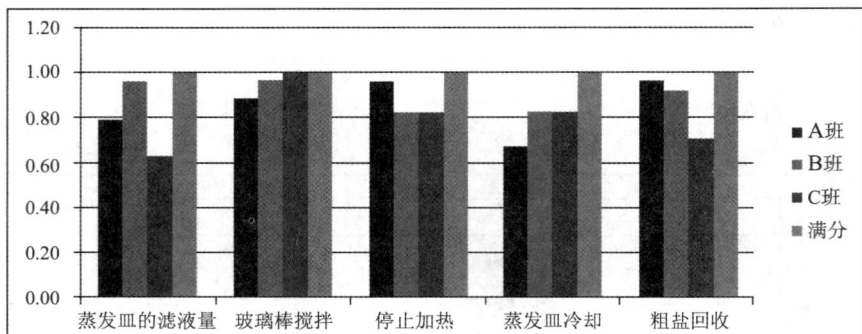

图 4-22-6 "粗盐提纯"蒸发各项得分率

利用上述数据教师还可以进行点对点的个人分析,比如,C班李同学,明显在过滤、蒸发操作上有欠缺(图4-22-7)。

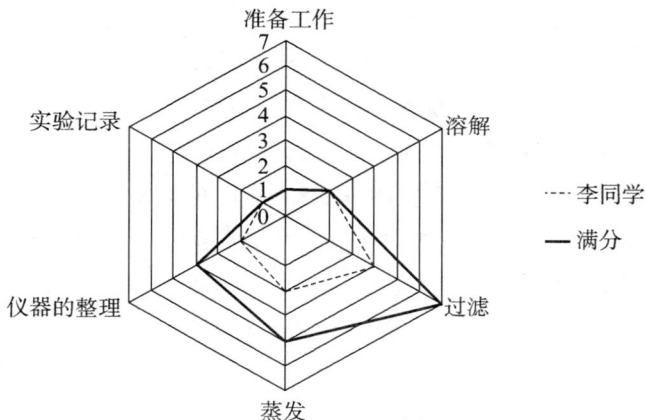

图 4-22-7　李同学"粗盐提纯"得分雷达图

　　具体来看,过滤操作有 3 点不足(图 4-22-8),教师可以利用大数据将雷达图发送给每个学生,这样学生可以及时了解自己在实验过程中实验操作技能和实验习惯方面出现的问题,便于及时改正错误。当然,教师利用雷达图也可以在课余时间对部分学生进行个性化辅导,甚至可以让学生发现问题后再次进行相关实验的测查,以便进一步提高学生的实验操作技能,培养其良好的实验习惯。

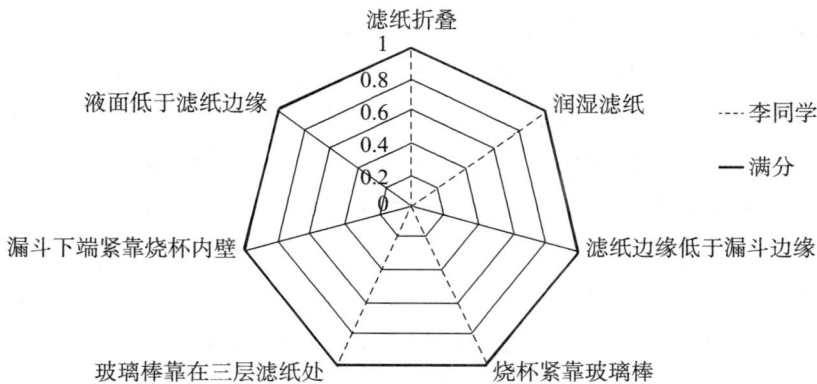

图 4-22-8　李同学"过滤操作"得分雷达图

　　在实验测查完毕的一周后,即 2017 年 9 月 19 日,研究小组还进行了测查试题的讲评工作。教师展示了学生在实验过程中出现的主要问题,然后让实验组学生和评分组学生进行了交流,让实验组学生充分了解自己在实验过程中出现的问题,便于其今后正视这些问题,及时改正,同时进一步提高学生的实验操作技能,培养良好的实验习惯。而评分组学生也可以分享在这次实验过程中的体会和收获,强化对"实验室制取氧气"和"粗盐提纯"实验操作和习惯的认识,避免自己在今后的实验中犯同样的错误。

为了了解学生对于这次测查活动的真实感受,在实验测查结束后,研究小组还找了一些实验组和评分组的学生进行了访谈(附录2)。被采访的大多数学生都认为应该多举办这种实验测查活动,这样的活动一方面能够提高他们的实验操作技能,另一方面也能加深他们对课本相关实验知识的理解及记忆。让研究小组印象最深刻的是对高一 A 班程同学的访谈,在访谈中,他说道:"我觉得多举办这种活动,就可以给我带来一种习惯。就是一种在做事时注意细节的习惯。这种注重细节的习惯可以让一件事情变得更完美。做实验可以带来一种成就感。"可以看出,他确实在这次实验测查活动中收获了许多,这也正是研究小组进行本次活动的初衷。测查不是目的,让学生在实验中有所感悟,有所成长,尤其是在实验习惯的养成上有所提升才是测查的最终目的。

四、研究结论及启示

经过了为期一周的实验测查及后续讲评、访谈活动,研究小组及时了解了新高一学生关于实验操作技能和实验习惯的学情。在后续的实验教学中,研究小组惊喜地发现,大多数学生在实验室进行实验(如萃取分液操作、配制一定物质的量浓度的溶液)时,在实验前更加认真地准备(即提前进行预习),在实验中全神贯注,仔细观察实验现象,进行实验记录,做完实验后能够及时清洗仪器、整理桌面。因此,化学学科核心素养测试工具(关于实验操作技能和实验习惯的探查试题)确实能够让学生及时认识到自身在实验操作技能和实验习惯方面存在的问题,可以为后续科学探究学科核心素养的培养打下坚实的基础。

本次研究的启示主要有以下四点:① 测查只是手段,改进才是目的;② 注重实验教学,促进教学相长;③ 规范实验操作,关注实验细节;④ 养成良好习惯,对实验要常反思。

附录 1　实验操作技能和实验习惯的探查试题

注：画下划线的文字为新增加或修订的部分

【基本操作 1】按照化学实验标准操作，请你在实验室完成制备氧气的实验。

考查要点	操作细节	评定标准和细则	评分
1. 准备工作（共 1 分）	检查实验所需仪器和药品	根据原理选择仪器规格和药品的种类（1 分）	
2. 仪器的连接（共 8 分）	Ⅰ. 仪器的选择（试管口径、胶塞大小） Ⅱ. 仪器的连接的顺序 Ⅲ. 仪器的组装	Ⅰ. 深入试管口的胶塞约为胶塞的 2/3（1 分） Ⅱ. 应从下往上、从左往右组装仪器（1 分） Ⅲ. <u>拧紧双顶丝的螺丝（1 分）</u> Ⅳ. <u>双顶丝朝上固定铁夹（1 分）</u> Ⅴ. 铁夹应夹持在距试管口约 1/3 处，<u>且试管必须摆正（1 分）</u> Ⅵ. <u>拧紧固定试管的铁夹上的螺丝（1 分）</u> Ⅶ. 试管略向下倾斜，<u>不大于 15°（1 分）</u> Ⅷ. 依据酒精灯火焰的高度来确定试管的高度（1 分）	
3. 气密性检查（共 4 分）	气密性检查的规范操作	Ⅰ. 导管口末端先插入液面下 1～2 cm（1 分） Ⅱ. 用手或酒精灯微热试管（1 分） Ⅲ. <u>导管口有气泡产生（1 分）</u> Ⅳ. <u>手移开或撤掉酒精灯后，一段时间后导管内倒吸一段水柱，且在一段时间内不回落（1 分）</u>	

考查要点	操作细节	评定标准和细则	评分
4. 药品的添加（共 11 分）	固体药品的取用	Ⅰ. 检查气密性后再装入药品（1分） Ⅱ. 取用药品时，试剂瓶的瓶塞倒放在桌面上（1分） Ⅲ. 横放试管（1分） Ⅳ. 用药匙或纸槽装入药品（1分） Ⅴ. 将试管缓慢地竖起来（1分） Ⅵ. 固体的用量以盖满试管底部为宜（1分） Ⅶ. 把固体平铺在试管底部（1分） Ⅷ. 取完药品后，将试剂瓶的瓶塞盖上，标签朝外，放置原处（1分） Ⅸ. 用完药匙后，用滤纸擦净药匙（1分） Ⅺ. 将药匙倒置于试管架中（1分） Ⅻ. 添加完药品后，在试管口处用镊子放棉花（1分）	
5. 试管的加热（共 2 分）	酒精灯的使用	Ⅰ. 用外焰加热（1分） Ⅱ. 先整体预热后局部加热试管底部（1分）	
6. 气体的收集（共 6 分）	气体收集的规范操作	若用排水法收集， Ⅰ. 先将集气瓶充满水至凸起（1分） Ⅱ. 毛玻璃片朝下（1分） Ⅲ. 慢慢往里推毛玻璃片（1分） Ⅳ. 倒扣在水槽中至无气泡（1分） Ⅴ. 气体冒出连续并匀速时，再将玻璃弯管导管口插入集气瓶口处（1分） Ⅵ. 收集满时，将盖有毛玻璃片的集气瓶正立放在桌面上，若未收集满，至少保证气体的体积占集气瓶容积的1/2（1分） 若用向上排空气法收集， Ⅰ. 选择玻璃直角长导管（2分） Ⅱ. 导管伸入集气瓶的底部（2分） Ⅲ. 用带火星的木条在集气瓶口处验满（2分）	

续表

考查要点	操作细节	评定标准和细则	评分
7. 仪器的整理(共 8 分)	仪器的整理规范操作	Ⅰ. 若用排水法收集,实验结束后先撤导管后撤酒精灯;若用向上排空气法收集,实验结束后先撤酒精灯后拆分仪器(1 分) Ⅱ. 熄灭酒精灯时,用灯帽盖灭(1 分) Ⅲ. 仪器应从右往左、从上往下拆分(1 分) Ⅳ. 试管中的剩余固体倒入废液杯中(1 分) Ⅴ. 洗涤试管,直至内壁附着的水既不聚成水滴,也不成股流下(1 分) Ⅵ. 把洗净的试管倒扣在试管架上(1 分) Ⅶ. 将仪器恢复到原位(1 分) Ⅷ. 擦净实验台(1 分)	
8. 实验记录(共 1 分)	实验记录	原理和实验结果的记录(1 分)	

【基本操作 2】请你在实验室完成粗盐提纯的实验

考查要点	评定标准和细则	评分
1. 准备工作(共 1 分)	根据原理选择仪器规格和药品的种类(1 分)	
2. 溶解(共 5 分)	Ⅰ. 用药匙取少量粗盐于烧杯中(1 分) Ⅱ. 用完药匙后,用滤纸擦净药匙(1 分) Ⅲ. 将药匙倒扣在试管架上(1 分) Ⅳ. 手持玻璃棒上端,转动手腕,使玻璃棒在液体里旋转,不能碰触烧杯内壁和底部(1 分) Ⅴ. 把玻璃棒放于烧杯或试管架上,若放于试管架上,需洗净(1 分)	
3. 仪器的连接(共 5 分)	Ⅰ. 从下往上组装仪器(1 分) Ⅱ. 过滤时,依据烧杯的高度确定铁圈的高度(1 分) Ⅲ. 拧紧双顶丝的螺丝(1 分) Ⅳ. 双顶丝朝上固定铁圈(1 分) Ⅴ. 蒸发时依据酒精灯的火焰高度确定蒸发皿的高度(1 分)	

续表

考查要点	评定标准和细则	评分
4. 过滤(共10分)	Ⅰ.将一张圆形滤纸对折两次,打开使之呈圆锥形(1分) Ⅱ.把滤纸放入漏斗中,使滤纸的边缘稍低于漏斗的边缘(1分) Ⅲ.用洗瓶中的水将滤纸润湿(1分) Ⅳ.用玻璃棒使滤纸紧贴漏斗内壁(1分) Ⅴ.玻璃棒的末端轻轻斜靠在三层滤纸的一边(1分) Ⅵ.倾倒液体,烧杯紧靠引流的玻璃棒(1分) Ⅶ.漏斗下端管口紧靠烧杯内壁(1分) Ⅷ.漏斗中的液面要稍低于滤纸的边缘(1分) Ⅸ.引流后将玻璃棒放于烧杯或试管架上,若放于试管架上,需洗净(1分) Ⅹ.过滤后将漏斗洗净,倒放于实验盒中(1分)	
5. 蒸发(共7分)	Ⅰ.把得到的滤液倒入蒸发皿中,不超过蒸发皿容积的2/3(1分) Ⅱ.用酒精灯直接加热蒸发皿(1分) Ⅲ.用玻璃棒不断搅拌(1分) Ⅳ.当加热至大量固体出现时,停止加热,利用余热将液体蒸干(1分) Ⅴ.将玻璃棒洗净,放于试管架上(1分) Ⅵ.用坩埚钳夹持蒸发皿,放置在石棉网上,冷却(1分) Ⅶ.将冷却后的固体放在指定的容器中(1分)	
6. 仪器的整理(共4分)	Ⅰ.蒸发结束后,先将酒精灯从铁架台移放到桌面上,再用灯帽盖灭(1分) Ⅱ.洗涤仪器,直至内壁附着的水既不聚成水滴,也不成股流下(1分) Ⅲ.将仪器恢复到原位(1分) Ⅳ.擦净实验台(1分)	
7. 实验记录(共1分)	原理和实验结果的记录(1分)	

附录 2:访谈记录

访谈时间:2017 年 9 月 16 日

访谈地点:高一化学办公室

程同学(高一 A 班):实验人员

首先我觉得实验这种活动的出现是很有必要的。平时我写作业的时候经常会遇到这种写实验步骤的题,那时候填写非常容易,因为是在课本上出现过的,但是在这回做实验的时候,我发现实际做起来并没有那么顺利。我总会遗忘掉一些小的问题,虽然这些问题很小,但在整个实验过程中却是起关键作用的,所以我觉得多举办这种活动,就可以给我带来一种习惯,就是一种在做事时注意细节的习惯。这种注重细节的习惯可以让一件事情变得更完美。做实验可以带来一种成就感当你做完了之后,发现自己一个人独立动手完成的实验一点差错都没有,就会有一种油然而生的自豪感,而这种自豪感对于学习特别有帮助,它能鼓励你继续更好地学习下去。

刘同学(高一 A 班):评分人员

我在评分的时候看同学做实验,这边漏一步,那边漏一步,就特别想提醒他,但是在实验室不能说话,然后就特别冷漠地看着他,等他出了实验室之后再跟他说扣哪步分了。他就一脸怨念地跟我说为什么考试的时候不提醒他。评分其实没有做实验好玩,但旁边看着挺逗的。下次再考的时候我一定要做实验,不评分了。

苏同学(高一 A 班):实验人员

由于我初中没怎么进过实验室,就没有什么实验的经验,所以说特别向往做实验的那种快感,在手里边发生的一系列的化学变化。但是,正因为没有这些基础,在我上了实验台的那一刹那,我特别紧张,害怕做错了某些步骤,遗漏了某些细节,更害怕会发生试管爆炸之类的事情,所以我觉得还是评判员好一些。下次我一定要做评判员。

张同学(高一 A 班):实验人员

我觉得这次的实验操作测试让我更好地理解了陆放翁的一句诗:"纸上得来终觉浅,绝知此事要躬行。"在当时做实验之前那段时间,我在脑海里把粗盐提纯的整个过程都过了一遍,我觉得自己想得特别严谨、天衣无缝。但是当操作的时候,我看到铁架台是没有组装好的,顿时有点懵。铁架台到底怎么安呢？我就有点"抓瞎"了，废了半天的劲才把它安上。有时候你的大脑里边的逻辑可能很严谨，但是你实际动手做的时候，可能会出现一些小的纰漏。所以大家在做一些事情的时候，不要总觉得自己想得很对，一定要动手去做。我觉得这也是学校让我们做这个测试的一个目的，来检测一下学生的动手能力和实验规范。我希望学校以后多安排一些这样的活动，这样就可以让我们掌握自己所具有能力的水平，还可以提高我们做实验的规范以及动手能力。

陈同学（高一 B 班）：实验人员

这次实验给我的启发很大。书本上的知识都是死的，我们平时记忆起来也比较困难，但是在实验中，比如，我在做粗盐提纯的时候，三次用到了玻璃棒，每一次用到玻璃棒，我就会不由自主地想到了它在这个实验里边的作用，这帮助我记忆了玻璃棒的作用，所以我觉得实验可以很好地帮助我们记忆书本上的知识。这次实验给我最大的启发就是我们应该多实践，把书本上的知识应用起来。书本上的知识是理论上的，但是实际操作可能并不是那么容易。每一次做实验都可以带给我很深的感受。

张同学（高一 B 班）：评分人员

在这次实验中我做了评委。在听到老师在实验前给我们讲评分细则的时候，我觉得很吃惊，因为细则特别严苛，很多细节都是我们平时没有注意到的，但在细则里面都讲到了。像仪器的组装和实验以后的整理工作，我们平时就是觉得并不是很重要，但是它又占很大一部分分值。还有水的用量、药品要加多少，平时如果没有实验过的话，就真的不会注意到。我还有些感想，我们如果不亲手去做化学实验，只是在课上听一些理论的话，可能真的是做不好实验的。

李同学（高一 B 班）：评分人员

这次实验中我做的是评委，其实挺难的。一开始老师先发我们一张单，上面有一些评分细则。其实里面有好多细则我们也不知道，像毛玻璃片啊、朝向啊，我们平时都没有注意过这些细节。真正做实验的时候，我同桌好多地方都挺不规范的。一开始要放铁夹，他放了个铁圈上去，放了半天也没发现问题，也没拧紧螺丝，最后也没做实验记录。我发现了自己的不足，之后还得好好学。

赵同学（高一 B 班）：实验人员

知道要到实验室做实验的时候，我是很开心的，因为我们很少有这样的机会,所以我提前做了充足的准备。首先我看了初三的笔记,把这些实验从头到尾又看了一遍,所以我在做实验的时候并没有很慌张。这次实验给我印象最深的地方就是在最后一个蒸发过程的时候,很多人的食盐水加得比较多,所以他们蒸发得特别慢。在搅拌的时候,有的人搅拌不均匀容易外溅。这个实验给我的感受就是平时在书本上学的东西都是死的,我们很难记住,只有到了实验室,做了实验之后才能记住。

张同学(高一 C 班):评分人员

我作为评分组组员,第一次站到评委这个角度来观看各种实验的操作,就是他们的粗盐提纯和高锰酸钾制氧气。为了给他们打好分,我要关注这两个实验的各种细节操作,比如,胶塞要插进试管口的三分之二,这是我以前没有注意到的。因为当时我的注意力非常集中,所以我对这些细节印象非常深刻,这也提升了我对于这两个实验的了解。我相信在以后的实验题中我会有很大的进步。

龚同学(高一 C 班):实验人员

我是做实验组的组员。这次我们做了两个实验,一个是高锰酸钾制氧气,还有一个是粗盐的提纯。这两个实验中给我印象最深刻的是高锰酸钾制氧气。在收集氧气的时候,我的器材里没有直角导管,但是我没有找老师要,而是使用了橡胶管收集氧气,就导致了实验出现错误。这给了我很深的教训,希望我以后在做化学实验的时候能更加严谨,实验对我以后的化学学习有所帮助。

李同学(高一 C 班):实验人员

我是这次化学技能测试做实验的学生之一。这次我们做了两个实验,第一个实验是实验室制氧气,第二个实验是粗盐提纯。在初三学习这些课本知识的时候,我认为这些实验是非常简单的。但是通过这次的化学实验,我感觉自己亲自动手操作还是很困难的。在这些实验当中我也学到了很多课本上学不到的东西,特别是在粗盐提纯的时候,在蒸发这一步,需要用到蒸发皿。我是在这次实验才知道蒸发皿可以直接在酒精灯上加热而不用石棉网。我也相信这次实验对于我今后在高中的化学学习会打下一个好的基础。

苏同学(高一 C 班):实验人员

这次做实验,我感受特别深。我们这次做两个实验,一个是实验室制氧气,一个是粗盐提纯。让我感受最深的就是实验室制氧气。我感觉给我一张卷子的话我能写得挺好的。但是等真正做实验的时候,确实是漏洞百出。我记得最深刻的就是试管要往下略微倾斜一些,但是我做实验的时候并没有把它倾斜,导致在往后的一些操作中还差点把自己烫着了。总之,这次做实验给我一个很深刻的教训,就是让我知道了以后我需要多做一些实验来掌握自己所学的知识。

张同学(高一 C 班):评分人员

我作为这次评分组的一个评分员,对于这次实验我有些感想。同学们在实验操作中经常会发生一些失误,比如,酒精灯立不稳,很容易造成很危险的事故,所以下次我自己操作的时候就会避免犯这些错误。另外在评分的时候,我会在同学情和公平、公正之间挣扎,但是一想到老师说必须公平、公正,我还是给失误的同学扣了分。另外我觉得作为一个评委,要有一定的实验素养,还要有洞察力,要不然无法给同学精准地评好分,所以我觉得评委也是不简单的。

张同学(高一 C 班):评分人员

我是这次实验的评分员,虽然没有亲身参与这次实验,但是当我看到别人的操作时,尤其是错误的操作时,我一下子就记住了正确的操作,加深了对这个实验的印象,以后不会再犯类似的错误。希望以后我有机会可以亲身参与实验,来验证自己课堂上的学习成果。

(该教学实践成果得到北京市教科院基教研中心李伏刚老师的指导)

案例 23　氨气的吸收和转化制备氮肥

北京中学　赵亚楠　王长艳

元素化合物知识是构成中学化学知识的基础和骨架,是中学化学教学内容的重要组成部分。元素化合物知识从知识类别上属于事实性或陈述性知识,而且与生产、生活中的问题如"雷雨发庄稼"、工业合成氨、氮肥的生产与合理利用等息息相关。元素化合物知识立足学生适应现代生活和未来发展需要,对于充分发挥化学学科的育人功能,全面发展学生化学学科核心素养有重要作用(姜言霞等,2012)。

在一般教学过程中,教师的思路是根据具体的元素化合物,引导学生从组成、性质、制备、用途等方面进行系统教学。虽然这种教学方法能够使学生在短时间内对氨气的相关内容掌握较好,但是,这种教学模式下也存在一定的不足之处:① 在有限的时间,学生只能掌握知识,很难自主地将这些知识串联起来,形成自己的知识网络;② 学生按照老师的引导思路学习,很难内化形成自己的学习思路,导致所学知识的延展性、迁移性不足。在第四章第二节、第三节的学习中,学生在老师的指导下初步形成了自己的学习物质的分析思路:组成、性质、制备、用途,同时也具备初步的"分析问题—提出假设—设计实验—实验验证—得出结论"的科学探究思路方法。但是,这些化学知识与学习方法的迁移性不足,需帮助学生形成科学探究的一般思路与方法。因此,我们以第四节"氨 硝酸 硫酸"为案例,说明如何整合知识体系,培养学生的科学探究能力,发展创造、批判的高阶思维。

一、教学内容分析

(一) 课标分析

《普通高中化学课程标准(2017 年版)》指出:结合人类探索物质及其变化的历史与化学科学发展的趋势,引导学生进一步学习化学的基本原理和方法,形成化学学科核心观念(中华人民共和国教育部,2018)。我们的教学应当立足人类对物质及其变化的发展,结合学生已有经验和社会实际,引导学生关注这些与化学有关的社会性问题,培养社会责任。新课程提倡真实问题情境的创设,开展以化学实验为主的多种探究活动,发展学生的分析问题和创新迁移的能力。

(二) 教材分析

本节课是普通高中化学必修1(人教版)第四章"非金属及其化合物"第四节"氨 硝酸 硫酸",主要介绍氨的性质及其应用,是典型元素化合物知识。本节教学结合人类探索发展氮肥的发展历程引入真实问题情境,开展以实验为主的探究活动,引导学生进一步学习化学知识,完善知识框架,并运用化学知识解决社会问题。本节采用项目教学的方法,以氨和铵盐性质为载体,介绍了氮肥的生产和使用,重现氮肥发展的历程,让学生体验到化学知识与社会进步的密切关系。

(三) 学情分析

为了实现本节内容对学生的认识发展作用,教师需要梳理学生已有知识、能力水平以及发展的障碍点。

学生通过初中的学习已对化学肥料有一定程度的了解,知道氮肥的作用,知道常见的氮肥有氨水、铵盐、硝酸盐;通过之前离子反应的学习,能从微观角度分析反应本质;能从化合价角度分析物质的氧化性、还原性,能够从化合价角度预测物质可能的变化和性质。

学生具备初步的科学探究能力,能够简单的从组成、性质、制备、用途等方面分析物质,同时具备一定的小组合作学习能力,有一定搜集资料、寻找证据、处理信息的能力。

但是学生主要的困难有两点:① 如何依据物质性质设计完整的实验方案。对于物质具有的性质可以通过阅读资料找到,但是基于反应原理设计实验证明的第一步是实验方案的设计,在这方面学生是有不足的。在方案设计过程中需要师生间的交流、沟通,教师要引导学生运用所学的知识完善方案;② 如何进行科学探究。虽然学生具备初步探究能力,但是自主探究能力仍有待提高。通过实验探究环节,学生自主实验,正确对待实验现象(预期的、异常的),分析实验现象,得出结论。

二、教学目标和策略

本研究的教学目标包括:

（1）通过"氨气的吸收和转化"项目学习，学生能够知道并运用氨气的物理性质或化学性质进行氨气的吸收转化实验，找到合适的制备氮肥的方案。学生在独立设计实验并不断改进、优化完成实验的过程中，体会绿色化学的理念，发展证据推理与模型认知的化学学科核心素养。

（2）通过氨气吸收剂的选择，学生从不同角度出发选择多种方法实现氨气的吸收和转化制备氮肥，用辩证的角度认识、看待问题，丰富学生认识物质的视角，发展科学探究与创新意识的化学学科核心素养。

（3）通过对氨气吸收和转化生成氮肥的展示介绍及本次项目学习，学生能够知道在科研过程中选择思考问题的方式，像研究者一样思考，提高科学态度与社会责任的化学学科核心素养。

教学重难点：基于氨气的性质选择合适的吸收剂，开展项目学习任务；设计、改进实验；从辩证的角度分析、评价项目。

板书设计：

氨气的吸收和转化——氮肥

$$N_2 \xrightarrow{\quad H_2 \quad} NH_3 \xrightarrow{\quad H_2O, H^+, O_2 \quad} 氮肥$$

$$N_2 + 3H_2 \underset{催化剂}{\overset{高温高压}{\rightleftharpoons}} 2NH_3$$

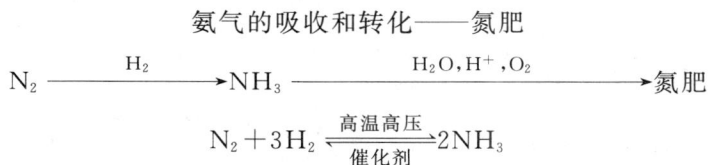

无色有刺激性气味的气体，易溶于水，密度比空气小。　　　　液态氮肥

（1）与水反应：　　　　　　　　　　$NH_3 \cdot H_2O = NH_3 + H_2O$

$NH_3 + H_2O \rightleftharpoons NH_3 \cdot H_2O$　　　　　　　　铵态氮肥

$NH_3 \cdot H_2O \rightleftharpoons NH_4^+ + OH^-$　　　$NH_4HCO_3 \xrightarrow{\triangle} NH_3\uparrow + H_2O + CO_2\uparrow$

（2）与酸反应：　　　　　　　　$NH_4Cl \xrightarrow{\triangle} NH_3\uparrow + HCl\uparrow$

$NH_3 + H^+ = NH_4^+$　　　　　　　　　　　　硝酸态氮肥

（3）还原性：

$4NH_3 + 5O_2 \xrightarrow[\triangle]{催化剂} 4NO + 6H_2O$　　　　　　　　尿素

三、教学设计与实践

本研究确定的教学设计如表 4-23-1 所示。

表 4-23-1　教学设计

环节	任务线	学生活动线	素养发展线
环节一 项目背景介绍	资料展示,创设情境,引出项目任务——制备氮肥		对社会热点问题分析评价,培养社会责任
环节二 项目概述	利用元素守恒,设计从氮气到植物可吸收氮肥的转化,深入分析项目主题	(1) 通过元素守恒,思考如何实现 $N_2 \rightarrow NH_4^+$？ (2) 思考如何获得纯净的氮气和氢气？ (3) 思考合成的氨气如何被植物吸收	学生运用化学知识分析问题,设计方案解决问题,建立基于物质性质的分析视角
环节三 项目探究	确定项目分组,实验探究实现氨气转化为植物可吸收的氮肥	学生分组,制定氨气吸收转化制氮肥的方案,实验探究,制作海报	学生自主合作设计方案,实验探究,完成从氨气到氮肥的项目,发展科学探究精神,培养创新意识
环节四 项目展示	项目展示分享,给予评价总结,听取汇报,提供反馈	(1) 汇报展示 (2) 重现项目探究过程思路,解释困惑,分析实验过程中遇到的问题以及解决策略,说明感受、反思 (3) 进行学习总结(知识层面和能力层面)	基于氨气实验现象,分析论证,建立基于性质的认知模型,发展学生证据意识
环节五 项目评价与反思	评价项目小组基于项目提出更深层次的问题,引发思考	(1) 查资料,总结我国氮肥产品 (2) 宏观分析氮肥使用的注意事项 (3) 明确当前氮肥工业的发展前景及未来方向	从辩证的角度分析、评价项目,用发展的眼光看待问题

具体的实施过程如下。

(一) 项目背景介绍

时间分配:3分钟。

【交流】施氮肥和不施氮肥作物生产对比情况,我国 1949—2000 年粮食产量。

【问题】氮元素是植物生长的必需元素。自然界是如何给作物提供氮元素的？自然固氮作用已经不能满足日益增长的需求,如何解决这个问题？

【讨论】提出人工制备氮肥的必要性。

【问题链】

（1）自然界中最丰富、最廉价的氮源是什么？

（2）氮气能直接被植物吸收吗？

（3）植物能吸收什么状态的氮元素？

（4）若你是科学家,你会怎么办呢？

【讨论】以空气为氮源,实现游离态氮气到植物可吸收氮的转化,实现人工固氮。

【分析】科学家也是这么想的,这种将游离氮气转化为化合态氮的方法叫作人工固氮。

【设计意图】实物与图片相结合,引入主题,通过数据证据,让学生切实感受到氮肥对于农作物生产的重要作用。了解到自然固氮作用的有限性,学生感受到人工固氮制备氮肥的重要意义并提出人工固氮的策略。

（二）项目概述

时间分配:4 分钟。

【问题链】

（1）如何实现 $N_2 \longrightarrow NH_4^+$ 呢？请设计方案。

（2）空气直接和氧气反应吗？为什么？

（3）如何制得纯净的氮气和氢气？

【讨论】分离液化空气,制得纯净氮气与氢气反应。

【分析】科学家也是这么想的,采用这样的方法成功实现氮气和氢气的反应,合成氨气。

【问题】氨气可以用作方便使用的氮肥吗？为什么？应该怎么办？

【讨论】确定项目主题。

【项目主题】将氨气转化为可吸收的 NH_4^+、NO_3^-。

【设计意图】以问题链的形式,引发学生思考如何人工固氮。让学生重复科学家思考历程,制备纯净的氢气和氮气用以反应合成氨气。介绍在合成氨反应中做出突出贡献的科学家以及他们获得的诺贝尔奖,让学生感受到合成氨的重要性。通过对氨气物理性质的学习,引出氨气需转化制备氮肥的项目主题。

(三) 项目探究

时间分配:课下探究。

项目探究的内容是依据氨气的性质选吸收剂实现氮肥的制备。学生分为四个研究小组:水吸收小组,酸吸收小组,联合吸收小组,催化氧化小组。四个研究小组以氨气为原料,基于氨气的性质,通过氨气的吸收转化实现氮肥的生产,提高农作物产量。

研究小组代表就项目探究过程进行分享,并呈现他们小组的项目作品。作品是一张包含产品制备方法、实验装置演变过程、实验结果分析、产品应用的海报。

【设计意图】让学生用化学知识解决实际问题。

(四) 项目展示

时间分配:34 分钟。

【学生展示 1】氨气极易溶于水,用水做吸收剂,得到氨水,作为液态氮肥。我国早期曾经用氨水作为氮肥。

【问题】

(1) 分析氨水的性质。

(2) 请结合氨水的性质评价氨水氮肥。

【学生活动】依据素材侧重分析氨气的水溶性、氨水的碱性,从性质出发讨论液态氮肥的适用性,并提出改进策略。

【学生展示 2】氨与酸直接反应生成铵盐,这个方法实现了气态氨到固态铵盐的转化,生成的铵盐如硫酸铵、氯化铵、硝酸铵等都可以作为氮肥。

【问题】

(1) 氨气与盐酸反应的现象是什么? 有什么应用?

(2) 氨气与酸反应的本质是什么?

【学生活动】依据素材侧重分析氨气与酸反应及反应本质,从性质出发讨论铵态氮肥的适用性。结合社会背景,设计具有中国特色的氮肥生产方案。

【社会背景】20 世纪五六十年代,生产氮肥需要焦炭做原料,需要昂贵的不锈钢和铅。西方发达国家的技术封锁,我国氮肥生产不能满足需要。加快氮肥的生产迫在眉睫。

【问题】

(1) 生产中上述铵盐的问题是什么?

（2）如何改进？酸中最廉价易得的是什么酸？

【学生展示 3】联合法制氮肥，使用二氧化碳与氨气联合方法制取氮肥。

【问题】请依据铵盐性质，评价不同铵态氮肥的优缺点。

【学生活动】依据素材分析铵态氮肥使用的注意事项，分析铵盐的性质。总结上述三种设计的维度，考虑氨气可能具有的其他性质。

【学生展示 4】从氧化还原角度，实现氨气的催化氧化，制作硝酸态氮肥。

【设计意图】在项目展示中落实氨气和铵盐的性质探究。让学生伴随着项目的展示感受氮肥发展进程，像科学家一样思考，分析问题，解决问题。在学生展示后，让学生依据实验分析氨水的性质，氨水中微粒存在形式，分析总结氨水作为氮肥的不足之处，并提出改进策略。以现实中国作为背景，提出问题，让学生运用化学知识解决问题。让学生通过实验的不断创新改进，与科学家同步，体会创新思维；依据资料数据，总结铵盐的性质；通过不同铵盐的性质，分析氮肥使用注意事项；运用化学的知识解决生活问题；从化合价角度分析氨气的性质，运用氧化还原反应实现氨气到硝酸盐的转化。

（五）项目评价与反思

时间分配：4 分钟。

【问题】

（1）铵态氮肥、硝酸态氮肥、液体氮肥都有不足之处，那有没有一种高效、不板结、不易挥发的氮肥？

（2）氮肥这么多，我们应该如何选择呢？

（3）过度使用氮肥对环境有什么影响？

（4）有没有兼顾产量与环境的方法呢？

【交流讨论】展示我国现代氮肥产业结构，体会化学知识的运用及不断创新的技术给我们的生活带来的改变。

【设计意图】展示氮肥的研究进展及未来发展方向。让学生综合内容辩证分析氮肥的选择因素以及氮肥对人类社会的影响，体会化学带来的技术上的便利，科学使生活更加美好。

四、教学效果与反思

通过对常规教学班与项目教学班后测，我们可以很明显地发现通过项目式学习的学生对于氨气性质的物理性质以及从化合价角度分析氨气的性质比常规班学生掌握得好。值得一提的是，"氨气极易溶于水"题目正答率高于常规班30％，"从化合价角度分析认识氨气还原性"的题目，特别是"方程式书写"题目，正确率高于常规班15％。

项目式学习对于学生的影响不仅体现在做题考试，还体现在能力的发展上。

（一）项目学习方式，发展高阶思维

本节课采用项目式学习的方法，以"氨气吸收和转化制氮肥"为主题，学生小组合作，查阅资料，讨论设计方案，实验探究。其间，有很多的问题及困难，比如氨气极易溶于水的程度如何用实验证明，酸吸收中存在异常现象，碳酸氢铵如何鉴别，催化氧化氨气中催化剂选择，实验装置的选择等。在这个过程中学生团结合作，整理并运用化学知识分析问题，解决实际问题。这个过程提升了学生分析、创造的能力，发展了学生的高阶思维。

（二）设计有效课堂问题，引导学生深度思考

本节课的问题设置层层递进，逐步提升，引发学生深度思考。本节课先是从人类发展角度分析自然固氮作用的有限性，引发学生关于人工固氮作用的关注，进而推进合成氨的发现；接着，结合我国氮肥发展进程，从建国时期氨水作为氮肥，但是氨水由于刺激性气味易挥发等原因不能推广而引发问题冲突，引起学生思考；再结合我国具体国情，自主研发联合吸收法制备碳酸氢铵作为氮肥，由于氮肥不足，引发学生对其他制备氮肥方法的思考。整个过程通过设置问题链，推动学生积极思考，运用知识解决课堂问题。

（三）提供教学支架，感悟科技发展

本节课在两条暗线（人工固氮发展、我国氮肥工业发展）的带动下建立教学体系，教师设置驱动性问题，学生解决问题。从分析固氮作用到实现人工固氮，从合成氨到可利用的氮肥的生产。整个过程中，学生像研究者一般思考问题，解决问题，感悟知识的力量、科技的力量。

（该教学实践成果得到北京市朝阳区教研中心兰俊耀、郭玉林老师的指导，属于北京市青年骨干个人项目成果）

专题5

"科学态度与社会责任"素养导向的教学实践

　　"科学态度与社会责任"素养要求学生具有严谨求实的科学态度,赞赏化学对社会发展的重大贡献,具有可持续发展意识和绿色化学观念,能对与化学有关的社会热点问题做出正确的价值判断。

　　具体要求是具有安全意识和严谨求实的科学态度;形成真理面前人人平等的意识;增强探究物质性质和变化的兴趣,关注与化学有关的社会热点问题,认识环境保护与资源合理开发的重要性,具有"绿色化学"观念和可持续发展意识;能较深刻地理解化学、技术、社会和环境之间的相互关系,认识化学对社会发展的重大贡献,能运用已有知识和方法综合分析化学过程对自然可能带来的各种影响,权衡利弊,增强社会责任意识,积极参与有关化学问题的社会决策。

　　"科学态度与社会责任"素养的水平要求:

　　水平1——具有安全意识,逐步养成严谨求实的科学态度,不迷信,能自觉抵制伪科学;能列举事实说明化学对人类文明的伟大贡献,主动关心与环境保护、资源开发等有关的社会热点问题,形成与环境和谐共处、合理利用自然资源的观念。

　　水平2——崇尚科学真理,不迷信书本和权威;具有"绿色化学"观念,能运用所学知识分析和探讨某些化学过程对人类健康、社会可持续发展可能带来的双重影响,并对这些影响从多个方面进行评估。

　　水平3——具有理论联系实际的观念,有将化学成果应用于生产、生活的意识,能依据实际条件并运用所学的化学知识和方法解决生产、生活中简单的化学问题;在实践中逐步形成节约成本、循环利用、保护环境等观念。

　　水平4——尊重科学伦理道德,能依据"绿色化学"思想和科学伦理对某一个化学过程进行分析,权衡利弊,做出合理的决策;能针对某些化学工艺设计存在的各种问题,提出处理或解决问题的具体方案。

案例 24　初中化学绪言课

北京市中关村中学　李　娜

化学学科的本质是在研究物质的宏观性质和微观结构、创造新物质以及形成和发展新理论的过程中,体现出的化学基本观念和思想、科学探究方法及科学态度和精神(胡红杏,2018)。

在初中阶段,学生第一次系统地认识化学这门科学。初中阶段化学为学生提供未来发展所需要的、最基础的化学知识和技能,帮助学生从化学的角度初步认识物质世界,提高学生运用化学知识和科学方法分析、解决简单问题的能力,为学生的发展奠定必要的基础(曹慧,2016)。

一、教学设计基础

(一) 教学内容分析

初中的第一节化学课需要向学生解释什么是化学。化学是在分子、原子层次上研究物质的性质、组成、结构与变化规律的科学。化学绪言课需要学生了解化学与生活的紧密联系,让学生认识到学习化学的价值以及对自己生活的指导意义(李军,2007)。

化学绪言课是学生第一次用化学的角度认识世界,教学要配合有趣的实验、贴近生活的素材,引导学生以愉快的心情去学习化学,激励学生积极探究化学变化的奥秘,增强学生学习化学的兴趣和学好化学的信心(中华人民共和国教育部,2012)。

(二) 学生发展分析

初三年级是人生道路的"选择期"。学生生理发展水平已经接近成年人水平,学生的感知、记忆、注意力系统已经基本发展完善,而抽象思维、逻辑思维仍在进行经验化向理论化的转变。这都为化学学科的学习奠定了必备基础,为后续学生形成化学思维视角认识世界做准备。

初中学生仍处于感性阶段,他们对生活中的问题更加感兴趣。初中的化学课程应该从学生熟悉的生活问题出发,循序善诱,逐步深入,逐步向学生展示化学的知识以及变化规律,让学生了解化学科学对生活的价值。另外,化学课程通过向学生展示化学科学在科技前沿中的影响,使学生认识到化学对社会发展的作用。

（三） 素材选择依据

本课选取了"法老之蛇""变色花朵""分析宇航服分子结构""学会选择矿泉水"这些丰富、趣味性强的实验和活动,引发学生的好奇心,激发学生的兴趣。

本课以实验、活动为思考源头,引发学生运用化学的角度思考原有的认知,使学生意识到运用化学的知识、思维、方法可以更加科学、深刻地理解生活和世界的变化。

笔者通过对教学内容、学情分析,结合已有的教学素材参考建议,确定了如下的教学目标。

（1）在观看实验"法老之蛇"的过程中,从化学的视角重新审视古埃及法老"神力",从化学科学的角度解释世界的现象与变化,使学生具备基本的科学素质。

（2）在"变色花朵"实验中使学生学会从微观的角度认识物质性质的本质,从宏观和微观的双重角度看待物质的变化。

（3）在解析航天服材料结构过程中,以自主构建、辩论评价的方式认识其分子结构,初步认识物质"结构－性质－性能－用途"的关系,能够运用化学的思维理解社会前沿技术,认识学习化学的科学价值。

（4）在分析不同品牌矿泉水的过程中,通过识别商品包装成分表,学会运用化学的知识解释生活问题,认识学习化学的生活价值。

（5）通过真实的实验、前沿科技、生活问题等不同素材,使学生了解化学科学的研究内容和学习意义,初步培养学生运用化学的思维认识世界的意识。

教学重点是认识化学学科的研究内容和学习意义;从表象的实验现象内化成对化学科学本质的认识。

基于以上分析,本课分别从"化学与科学""化学与科技""化学与生活"三个角度向学生展示化学的研究内容、方法及思维过程,借助实验"法老之蛇"和"变色花朵",活动"解析宇航服材料分子结构"和"学会选择不同品牌矿泉水"引导学生学会运用化学知识解释世界现象,学会运用化学角度理解生活,学会用化学的思维改变生活(图 5-24-1)。

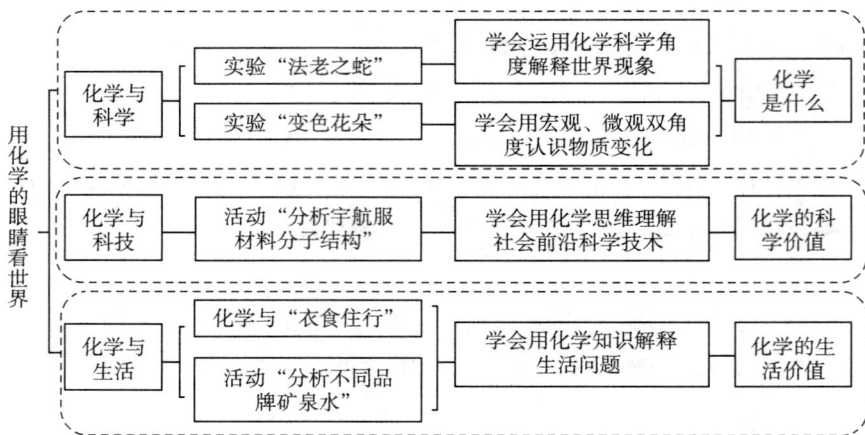

图 5-24-1 "用化学的眼睛看世界"教学流程

二、教学实践过程

环节一:化学与科学

【教师活动】同学们,你们知道什么是化学吗? 我们为什么要学习化学呢?

【学生表现】不太清楚。初三需要。

【教师活动】古埃及法老,具有神奇的力量,可以从异世界召唤出神秘生物,受到子民的崇拜。今天我也可以召唤出神秘生物,你们相信吗?

【学生表现】不可能吧。

【教师演示实验】法老之蛇。

【学生表现】观看实验,哇,有"黑蛇"出来啦,越来越大。

【教师活动】老师也具有神秘的力量吗? 这是一种什么变化呢,是什么物质在变化呢?

【学生表现】一定有/没有。这是化学变化。

【教师揭秘】蔗糖和小苏打受热后生成碳和二氧化碳气体,膨胀产生"黑蛇"。

【学生表现】原来如此,原来"黑蛇"不是老师召唤的,是白糖炭化。

【教师活动】化学的知识可以帮助我们解开一些神秘的现象,用科学的方法正确地认识世界。

【学生表现】学会运用化学科学的角度解释世界的现象。

【教师小结】化学作为一门科学,其实研究的就是世界上各种各样的物质,研究这些物质具有何种性质。

【学生小结】认识到化学的研究对象：物质及其性质。

【教师活动】我们仅了解到物质的性质就足以解释万物的变化吗？当然不能，我们还需要知道变化的本质和变化的规律。

【教师、学生互动实验】变色花朵。

【教师活动】送给学生一朵无色的花。这朵花太普通了，改变一下吧。

【互动实验】向无色花朵上喷洒氢氧化钠溶液。

【学生表现】花朵瞬间变红了，太神奇了。

【教师活动】送给另外一名学生淡紫色花朵。

【互动实验】向淡紫色花朵上喷洒氢氧化钠溶液。

【学生表现】花朵变成了淡蓝色，为什么喷洒同样的液体，出现不同的颜色？

【互动实验】向淡紫色花朵喷洒稀盐酸溶液。

【学生表现】这回明明喷洒的是不同液体，花朵怎么也变成红色？

【教师活动】为什么花朵会变色？为什么花朵变成不同颜色？解释这个问题需要认识物质的本质——微观构成。H^+ 和 OH^- 都是构成物质的微观离子，因此，微观是我们认识物质本质的重要角度。

【学生表现】结合老师的解释，了解酸类物质（稀盐酸）含有 H^+，遇紫色石蕊变红，遇酚酞变蓝色，碱类物质（氢氧化钠）含有 OH^-，遇酚酞变红。

【教师小结】什么是化学？化学会告诉我们它是什么？为什么会是这样的？通过什么方法可以证明？你认为什么是化学？

【学生小结】甲：化学研究的是物质的性质。乙：化学研究的是物质的结构、变化规律。丙：我们可以从宏观和微观两个角度认识物质。

【设计意图】观看实验"法老之蛇"，让学生从化学的视角重新审视古埃及法老"神力"，从化学科学的角度解释世界的现象与变化，使学生具备基本的科学素质。体验"变色花朵"实验，使学生学会从微观的角度认识物质性质的本质，从宏观和微观的双重角度看待物质的变化。

环节二：化学与科技

【教师活动】化学科学是一门"赶时髦"的科学，社会的前沿科技中总缺少不了化学科学的存在，如航天事业中不可或缺的宇航服材料。

【学生表现】太酷了，宇航服是由什么物质制作的呢？

【教师活动】构成宇航服的材料需要满足哪些要求才可以承担航天任务呢？

【学生表现】坚固、耐磨、隔热、保温……

【教师活动】今天主要研究宇航服材料的坚固特性。宇航服材料具有什么样的结构才能如此坚固呢？解决此问题，首先要了解物质的基本构成单位——分子、原子。

【介绍分子连接方式】甲烷分子和丙烷分子的结构图。

【学生表现】通过教师讲解，理解分子的连接方式：一个碳原子有四个"连接点"，像四只手一样能够和四种不同的原子进行连接，丙烷分子就是由三个碳原子连接而成。

【教师活动】布置活动任务：各小组构建宇航服材料的分子结构模型。

【学生活动】各小组构建模型，讨论，否定，再讨论，重新建构模型。

【教师活动】展示模型评价标准，告诉学生其他小组成员判断模型的可行性；本小组成员可以进行反驳，但要有理有据。

【学生活动】各小组展示模型。

【第 1 小组展示】"麻花式"结构，两人手臂交叉连接。

【教师活动】其他小组认为他们的结构稳定坚固吗？请你们做出评价。

【其他小组质疑】原子的连接方式应以满足"低能耗"的原则，所以这方案不成立。

【第 2 小组展示】"三角式"结构，两手臂相连。

【其他小组质疑】上前用力破坏后，分子结构断裂，此结构连接方式正确，但是不坚固。

【教师活动】你们小组要反驳吗？

【第 2 小组反驳】从数学的角度"三角形"就是最稳定的结构。

【其他小组反驳】最稳定并不一定最坚固，分子本身连接薄弱，就会被破坏。

【教师活动】第 2 小组成员，你们认为这样的结构坚固吗？适合做宇航服吗？

【第 2 小组】赞同其他小组的观点。

【第 3 小组展示】"螺旋式"结构，混乱连接。

【其他小组反驳】模型都站不稳，都不需要其他小组"破坏"。

【第 3 小组反驳】"螺旋式"结构能够保护中心原子，同时一层层包裹的结构可以加固分子结构的稳定。

【教师活动】思路符合研究要求,但是现实条件达不到。这种结构势必会造成原子的成键角度很小,而这种小角度的分子结构会很不稳定,分子容易自己分裂。

【第 4 小组展示】"网状"结构。组员认为不同碳原子以交叉方式连接形成网状结构,最坚固。

【教师活动】大家比较第 2 小组的"线状"与第 4 小组的"网状",自己判断哪种结构更坚固。

【学生活动】自主判断"网状"结构更坚固。

【教师活动】展示宇航服分子结构,验证学生的观点,支撑学生的判断。

【教师活动】展示宇航服的发展历史:第 1 代"水星计划"——氯丁橡胶与过氧化铝处理的强化尼龙;第 2 代"双子座计划"——特氟纶混纺材料;第 3 代"阿波罗计划"——聚四氟乙烯与玻璃纤维;中国航天服采用多种复合材料。

【学生活动】思考:宇航服材料是如何不断改进的?

【教师活动】展示宇航服材料改进的过程,运用化学思维解决问题。

【学生表现】认识物质不断更新的内在思维过程:目的→物质→结构→性质→性能→用途;优化结构→寻找新结构→优化性能→综合用途。

【教师活动】化学给我们带来了什么? 我们为什么要学习化学?

【学生小结】化学与科学技术紧密相连,化学的思维方式可以帮助我们改良、寻找更有价值的物质,而研究物质的本质需要从分子、原子微观角度寻找。

【设计意图】让学生以自主构建、辩论评价的方式认识宇航服材料分子结构,初步认识物质"结构-性质-性能-用途"的关系,能够运用化学的思维理解社会前沿技术,认识学习化学的科学价值。

环节三:化学与生活

【教师】化学是一门"接地气"的科学,我们的生活都离不开化学。你的生活中哪些方面有化学的影子?

【学生表现】有吗? 好像没有吧。我们的生活中怎么会有化学实验呢?

【教师活动】化学不一定是化学实验,它出现在生活中的每一个角落。

介绍衣食住行。衣:材料、各色颜色染料;食:营养膳食,健康饮食;住:环保材料;行:能源。

【布置任务】与自己的生活链接,寻找实例。

【小组讨论】与自己的生活链接。

【学生表现】衣:衣服染料的结构保证颜色的持久性;食:食物具有营养元素;住:环保材料低甲醛,低污染;行:公共能源,可持续能源,不污染环境。

【教师活动】生活中,化学还能帮助我们什么呢?

【布置任务】比较不同品牌的矿泉水,你会买哪种? 理由是什么?

【小组活动】比较不同品牌矿泉水。

【学生表现】价格高的矿泉水质量好,含有的微量元素多。

【教师小结】微量元素是我们人体必需的营养元素,适量的微量元素对人体有益。

【布置任务】再比较不同品牌的矿泉水,你发现了什么?

【学生活动】比较不同品牌微量元素含量。

【学生表现】有些品牌不含微量元素,而有些品牌含有微量元素,而且价格越贵,微量元素越高。

【教师小结】化学给我们带来了什么? 我们为什么要学习化学?

【学生小结】依据化学知识我们可以理性地认识生活,做出科学的判断。

【设计意图】让学生分析不同品牌矿泉水,识别商品成分表,学会运用化学的知识解释生活问题,认识学习化学的生活价值。

三、教学效果分析

教学结束后,笔者邀请了几位学生进行访谈,将访谈内容和学生的主要观点整理如下。

问题 1:本课结束后,你印象最深的是什么?

学生观点 1:化学好厉害呀! 原来好多高科技技术都离不开化学,科学的进步离不开化学。化学还挺"高大上"。

学生观点 2:这节课挺好玩的。化学课上有好多的实验,而且从这些实验中我揭开了表象,看到了本质。通过这节课,我今后会更多地从理性的角度看待社会、生活中问题。

学生观点 3:"结构决定性质,性质决定性能、用途",我觉得这挺高深的,我觉得了解物质和物质的结构对学习化学挺重要的。

问题 2:用一个词描述化学。

学生观点 1:贴近生活,接地气。

学生观点 2:高科技,高大上。

学生观点 3:物质及其结构、变化,微观。

学生观点 4:破解谎言的一把宝剑。

问题 3:你对即将开启的化学学习有什么规划?

学生观点 1:从基础入手,了解化学的基本用语:元素符号、化学式等。

学生观点 2:走出去,去化工博物馆看看,了解社会前沿科技;走进来,多了解身边生活问题。

学生观点 3:按照学习指导,我可以在家做一些简单小实验,学着观察现象、用标准的话进行表述。

学生观点 4:看看化学教科书,对后期的学习内容先做好预习。

在与学生交谈后,笔者发现学生在本次课后收获的远比课本知识更多。他们对化学的认识在改变、清晰、深刻。同时,学生对自己即将开启的化学学习生活有了更加明确的规划。这也是本课的教学目标。

四、教学反思

初中化学的第一节课可以为学生带来什么?应该为学生带来什么?其实这两个问题一直困扰着我。从知识的价值而言,绪言课承载了宏大的化学研究内容、研究方式和研究思维过程,这些抽象、专业的内容怎么才能顺畅地传达到学生的心中?在十多年的教学经历中我一直很迷茫。但是,在不断的教学过程中,我逐渐感受到绪言课对整个中学化学教学乃至学生化学学习生涯的重要性。学生需要从第一课中知道"化学科学是什么"以及"为什么要学习化学"。而基本的认知是推动学生继续后面学习化学的原动力,而这个原动力会推动学生进一步思考"如何学习化学,如何学好化学",这其实就是教师一直期望学生应该掌握的学科核心素养的真正源头。因此,"合抱之木,生于毫末;九层之台,起于垒土"。绪言课应成为中学化学教学的基石,成为中学化学教学的领航标。绪言课应当展示出化学的基本观念和思想、科学探究方法及科学态度和精神,向学生展现出与生活密切相联的化学核心问题,引导学生初步运用化学的角度认识生活、社会,学会运用更加理智、科学的思维模式思考社会问题。在初中阶段,教师应利用社会热点、前沿科技、趣味实验吸引学生的兴趣,激励学生积极研究化学问题。

课堂上的师生互动是本节课另一个想突出表现的观点,即在课堂的有限空间和时间内尽可能地展示学生的思维过程，给他们留有思考的空间，让他们思维生长。在本节课中有几个帮助学生搭建思维进阶的片段，其中一个片段是学生在解析宇航服分子结构的过程时经历了"先设想—建构—否定—再建构—小组交流—反驳—再次交流—比较不同方案—认知统一"一系列过程。学生在这样的过程中经历的不是"结果归一"的知识，而是"百家争鸣"的思维过程。从教师角度看，这种讨论、争辩的意义远远大于知识本身，它能够展现学生运用高阶思维构建知识的过程。学生在这个开放空间内，发展合理猜测、寻找证据、分析解释、推理预测、交流解释的能力，而这个恰恰就是我们教师一直所推崇的化学学科中"基于证据进行推理"的核心素养。这么看来，其实在平时的教学中我们真的有些"舍近求远"了，学生们的思维发展、能力进阶所需要的助力就在我们每一节的课堂上，而我们是否把握住这个宝贵的时间，是否认识到这个宝贵的财富了呢？

案例 25　水资源

天津市南开中学　牛　政

　　党的十八大首次把"立德树人"写入全国代表大会报告,将其明确为现代教育的根本任务;十九大报告中再次强调"落实立德树人根本任务"。《教育部关于全面深化课程改革落实立德树人根本任务的意见》中指出,"教育部将组织研究提出学生发展核心素养体系,明确学生应具备的必备品格与关键能力。"因此,建立学科内容与核心素养的关联,是当前教育的大势所趋。

　　项目式学习是一种教学模式。它选取现实生活中真实的情境激发学生学习课程内容,学习者以小组的形式解决基于课程的跨学科且具有一定挑战性的真实问题,它更加注重学生的实践性和参与性。我认为,将这种学习模式引入日常教学过程中,学生通过参与复杂问题的解决过程,不仅能获得基本学科知识,还能够提升批判思维、创新意识、归纳分析等综合能力,也会提高科学精神与社会责任的学科核心素养。整个环节中教师充当着指导者与评价者的角色,学生需要发挥主观能动性(周冬冬,2016)。化学教师在日常教学中要将"教知识"转变为"教素养",要将学科的教育教学置于人的全面发展的大系统中进行定位,实现化学学科的育人功能。

　　项目式学习中的项目可以根据认识性和实践性所占比例的差异进一步分为基于问题的项目和基于设计的项目(黄鸣春,2016),因此对初高中学段所涉及的水资源课例在设计方面需要根据学生的能力以及知识水平采用合适的项目式学习的教学手段,这样能够更加高效地开展教学。对于初中学段的学生而言他们渐渐由具体直觉占主导过渡至抽象思维占主导。他们对于化学这门学科第一反应就是好奇,对于正处在旺盛的思维成长时期的初三学生,他们的求知欲强烈,要认识世界的心情十分迫切(李文亭,1988),因此开展基于问题的项目式学习会更加适合他们。而对于高中学段的学生而言,他们对于身边的物质世界的了解不再停留在认识阶段,开始思考如何更好地改造物质世界。因此开展基于设计的项目会更加适合。那么教师应如何在该教学过程中实施恰当的教学策略来培养学生的化学学科核心素养呢?我在王磊教授团队研究成果"项目式教学设计的关键点和水平"（图 5-25-1）的指导下，结合自身教学特点以及我校学生水平进行了初高中学段衔接的项目式教学课例研究，下面我将介绍一下我的具体做法与教学成果。

知识学习目标与能力发展目标深度融合，体现学科核心素养	基于真实问题激发学生学习兴趣，与学科本体知识深度融合	基于真实问题解决的过程由学生进行任务拆解	把素材作为研究对象，进行深度的加工和创新开发	有个性化过程评价及综合、精准的终结性评价
关注知识目标及学科核心能力目标	基于真实问题激发学生学习兴趣，与学科本体知识融合度差	基于真实问题解决的过程由教师进行任务拆解	把素材作为研究对象，进行简单挑选和加工	有简单的过程性评价，综合、精准的终结性评价
关注知识目标的同时体现一定能力发展目标	基于简单学科问题，驱动性差	活动任务的拆解与真实问题解决过程的逻辑匹配性差	仅把素材作为信息载体不进行加工	仅在整个项目结束时进行简单的终结性评价
仅关注知识学习目标	忽视驱动性问题	讲解简单知识	忽视素材	忽视项目评价
项目目标的设定	驱动性问题的选取	学生活动任务拆解	素材的理解和使用	项目评价的设计
项目目标的设定	驱动性问题的选取	学生活动任务拆解	素材的理解和使用	项目评价的设计

图 5-25-1　项目式教学设计的关键点和水平（王磊）

一、爱护水资源

"爱护水资源"课是人教版九年级上册第四单元的第一课时。它属于化学与社会发展的一级主题，较其他课不同的是它所承担的化学核心知识不多，更多的是起到培养学生社会责任意识的作用。因此本节课的项目目标能够按照其最高水平进行设定，即知识学习目标与能力发展目标深度融合，体现学科核心素养。

我校学生的生源较好，有能力也有水平进行高质量的项目式学习。因此在驱动性问题的选取方面，教师可以将问题的选取权交给学生，让他们能够基于真实问题激发自身的学习兴趣，与学科本体知识深度融合。学生在进行充分的思考后，把本课所涉及的问题分为四类：水资源概况、水体污染、水体防护及社会责任。学生通过化学思想解决实际问题，是社会及国家给予化学教师的重要使命。在这节课中教师没有过多地进行知识的灌输，而是把更多的主动权交于学生,而教师自身充当学生学习的指导者与促进者的角色。

对于本课的教学,教师可以适时地为学生创设问题、任务和环境,让学生打开思维。开展项目式学习时,教师既要有较强的教学和组织能力,还要能够辅助和管理学生的学习过程。为了能够使本课题所承载的学科核心素养被充分发掘,本课被设计为课下、课上两部分,具体过程如图 5-25-2 所示。课下部分以项目式学习研究为主;课上部分以学生充分展示、交流为主。

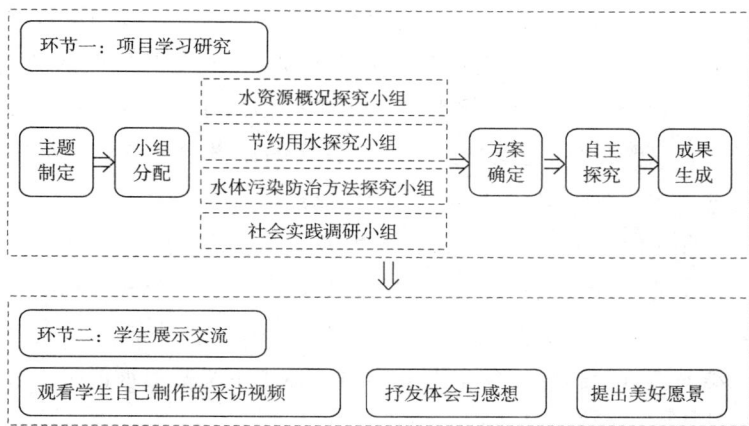

图 5-25-2 "爱护水资源"课实施流程

以自主探究环节为例,学生初步了解本组项目式学习的主题后进行主动的探究学习。在项目式学习过程中教师可以帮助学生发散思维,根据学生的学情特点帮助学生设置问题。学生在探究的过程中能够自主地对基于真实问题解决的过程进行任务拆解,而且做得很好。当然学生自己在学习的过程中同样也会有诸多疑惑,例如对于探究方式、方法的困惑,前沿知识的获取方式等问题。此时教师应鼓励学生积极努力地解决问题,充当好学生学习的促进者,指导学生通过对网络信息的加工、与专家沟通、对现实场景的调研等方式体验真实的学习过程,感受学习带来的快乐。

具体的做法如下。

(1)教师为学生创建需要的学习场地,例如:学生在探究节水方法时,对学校游泳馆中水的利用情况产生了兴趣,并提出问题:游泳馆是如何开展节水措施的呢?教师协助学生与游泳馆的后勤人员进行沟通,带领他们走进学校的游泳馆,探究水循环系统的秘密,并把此次采访活动作为最为真实的学习素材进行深入加工和开发,学生自主使用软件编辑视频让更多的同学进行观看。

通过现实场景的调研学生清楚地了解到水循环系统能够极大地增加水的利用率进而达到节约用水的目的。让我倍感欣慰的是有的学生受到这次探究的启发，提出了设想：能否将这种水循环系统应用于我们的住宅中呢？看似不经意的想法，却是学生在这个过程中所萌发的创新意识，体现了科学精神。

（2）教师可以构建学生与专家学者的对话，例如：一些学生在探究水污染防治方法时不禁发出疑问，当前的科学家正在致力于怎样的关于水污染防治的科学研究呢？此时教师指导学生先自行查阅文献初步了解，随后带领学生走进南开大学元素有机国家重点实验室等科研机构，与相关学者进行沟通。学生在这一过程中初步感受到了科学研究的一般方法，体验了问题解决的过程，并获得了问题解决的经验。让学生在真实的场景中学习一定会比用语言传递模式的体验更加深刻，这种学习更有深度。

（3）项目评价的设定。基于课前学生在真实的情境中对自己设定的驱动性项目进行了充分的研究学习，教师就应该为学生创设充分的时间与空间，让他们发表自己有理有据的观点。在课上学习环节，每个小组进行组内项目式学习的总结交流，随后进行"答辩"，教师与其他小组成员根据汇报内容进行提问。提问结束后，"答辩组"成员会对小组研究成果进行客观、公正的评价，待所有小组成员汇报完毕后，教师与4个小组长再次更加有针对性地对每一位参与项目式学习的同学进行综合、精准的终结性评价，包括对学习能力、协作能力、创新能力、实践能力的评价，指出每位学生优点的同时也会指出学生的问题。

二、海水资源的开发利用

本节课选自人教版必修2第四章"化学与自然资源的开发利用"第一节。该课题属于"化学与社会发展"一级主题下的"化学在自然资源和能源综合利用方面的重要价值"的二级主题，涉及海水资源、化学资源的综合开发利用。包括工业中以海水中的重要化合物氯化钠为研究对象的氯碱工业、纯碱工业以及从海水中提取镁、溴、碘等工艺流程技术，既是对学生初中学段所涉及的水资源课程的一个重要提升，也是对所学知识的归纳与总结。

学生在九年级经历过"爱护水资源"的项目式学习模式。对于本课的教学，教师应立足高中学段学生的学情特点，开展更加具有研究性的以实践为主导的项目式学习。这样能够使学生在现有能力的基础上通过参与项目式学习,对所学的知识体系有更加系统的了解,在研究过程中通过与化学工作者的深入交流,了解作为一名化学工作者,应当如何更好地解决化学问题,从而为学生后续设计化学工业流程设计图打下基础,也会为学生日后的职业规划提供些许帮助。具体的课程实施流程如图 5-25-3 所示。

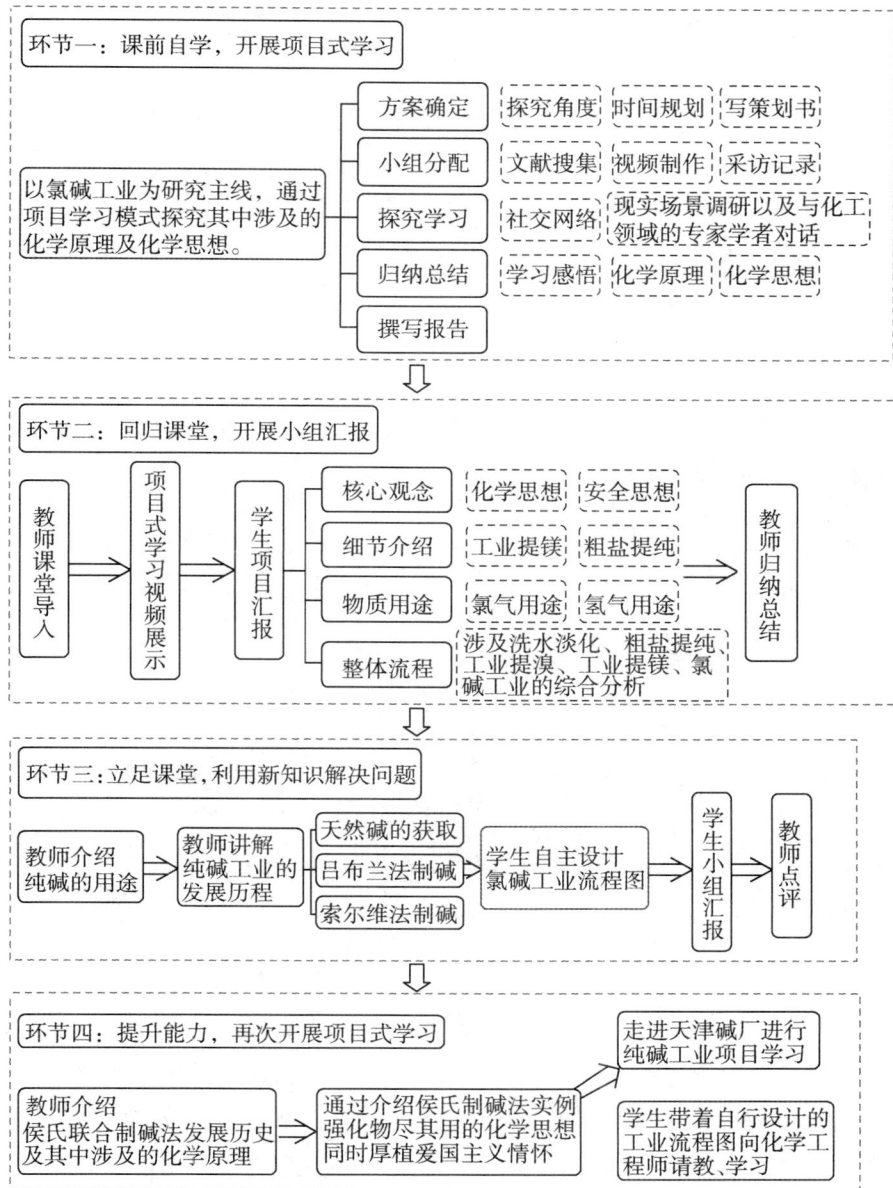

图 5-25-3 "海水资源的开发利用"课实施流程

课前开展关于知识点在初中尚未涉及的氯碱工业的项目式学习。学生通过自学初步掌握相关基础知识,在自学过程中发现问题,并带着问题认真进行全面的探究学习,随后学生利用在项目式学习中获得的经验与知识在课上进行有理有据的项目式学习汇报。教师在课上带领学生进行纯碱工业的知识点梳理,让学生进行纯碱工业流程图的设计。最后教师为学生创设真实的情景,带领学生进行新一轮的项目式学习。

(一) 为学生确立"物尽其用"的核心观念并树立安全意识

学生在自学氯碱工业的过程中,对于简单的化学原理是可以很容易接受的,但是对于整个工业流程却不甚了解。为了让学生更加清楚地了解整个氯碱工业的流程体系,教师带领学生先后来到了位于天津汉沽的天津渤天化工有限公司以及位于天津塘沽的大沽化工股份有限公司进行实地调研,通过与两所工厂的工程师进行交流,学生们自行绘制了一张工业流程图,如图 5-25-4所示。

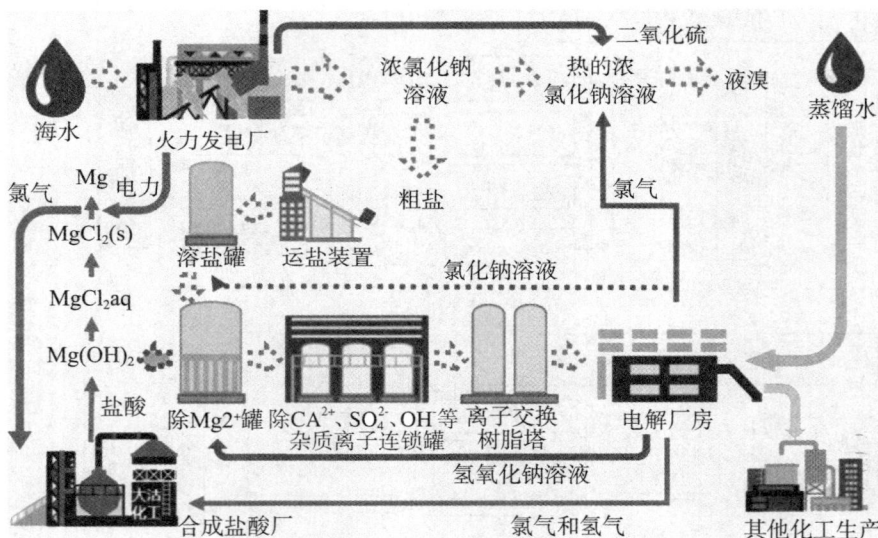

图 5-25-4　学生绘制的氯碱工业流程图

学生在学习过程中发现,真正的化工生产与课本上的理论知识还是有着很大的差距。两位化工厂的工程师分别从老式的一锅法制备固体烧碱及国际上较为常用的浓碱液的制备两个角度为学生进行讲解。不同角度的学习给予学生不同方向的思考。但两位工程师都会提及"物尽其用"的化学核心观念。

一个看似简单的电解饱和食盐水的氯碱工业却联合着火力发电、海水的淡化与浓缩、粗盐提纯、海水提溴、海水提镁、盐酸的制备等众多的产业,而这些产业链之间将学生所学的基础化学知识结合在了一起。学生在参与项目式学习的过程中提升了对本章所学知识和方法进行综合应用的能力以及利用新信息分析问题、解决问题的素养。在此过程中不要求学生记住和掌握项目任务本身的结论,而是通过工程师的讲解,在他们内心深深地烙下了"在化学领域中没有废物"这种核心观念,将"物尽其用"深入人心,培养了学生科学态度与社会责任的学科核心素养。

此外,我们在进行项目式学习的过程中多次进行安全检查以及安全教育,并通过观看事故案例视频让学生对化工生产产生敬畏之心,切身体会到学习化学学科应具有安全意识和严谨求实的科学态度。对于一个综合的化工生产过程,有时差之毫厘会谬以千里,参与全程项目式学习的学生不禁发出感慨:"这样的安全教育让我终生难忘! 一个小小的阀门没有检查到位就有可能对全厂职工造成安全威胁,研究化学来不得半点马虎!"这无形中也培养了学生的科学态度与社会责任学科核心素养。

(二) 开展基于设计的项目式学习

高一的学生较初三相比,有着较为丰富的化学知识,也有对于新知识获取的渴望,他们更希望通过自己的方式证明自己。教师应给予学生一定的情境,让他们利用所学的化学知识与化工思想进行以设计为主导的项目式学习。在此过程中,教师能够了解学生的知识掌握情况,也能够提升学生的化学学科核心素养,学生得到极大的收获。

课堂上教师给予学生化工设计师的任务情境,让学生根据制碱法的理论设计出工业流程图。于我们的学生生活在天津,以天津的历史背景和地理位置为依托,能够更加有效地激发学生的探索欲。基于真实问题激发学生学习兴趣,与学科本体知识深度融合,这些设计思路也给教师日后的教学带来一定的启发。

图 5-25-5 和 5-25-6 中展示的流程图 A 和 B 是学生的讨论成果,这两组设计的共同点就是学生利用教师在课堂上所讲的知识点与氯碱工业项目式学习中获得的"物尽其用"的思想高效地结合在一起。A 图中展示的是结合课堂中教师教授的索尔维利用煤气厂产生的氨气为制备碳酸氢钠提供氨源的知识点,而且他们创新地设计了一个能量收集器将煤气厂生产过程中所释放的能量进行收集,并用此能量为煅烧炉煅烧碳酸氢钠提供必要能量。虽然现实情

境中很难实现学生的设想,但是这种想法是非常值得表扬的。而 B 图中学生通过合成氨工厂提供了氨气,此时学生并不了解合成氨工厂除了能够提供氨气,还能够提供二氧化碳,这也为后续的侯氏联合制碱法的学习埋下伏笔。他们组选择利用煅烧炉分解产生的氧化钙与海水反应生成氢氧化钙,再与过滤沉淀器中过滤的氯化铵滤液反应获得氨气,从而再次通入吸氨塔中。学生的目的是为了让氨气能够被循环利用,从而达到物尽其用的目的,思路是很好的,但是如果此时学生能够利用碳酸氢钠能够以沉淀的形式析出的原理对氯化铵进行分离就更好了,这样一个矛盾冲突也为教师后续开展教学奠定了良好的基础。而对于如何能够让学生在课堂上更加高效地掌握并熟练运用新知识,还需要不断探索。

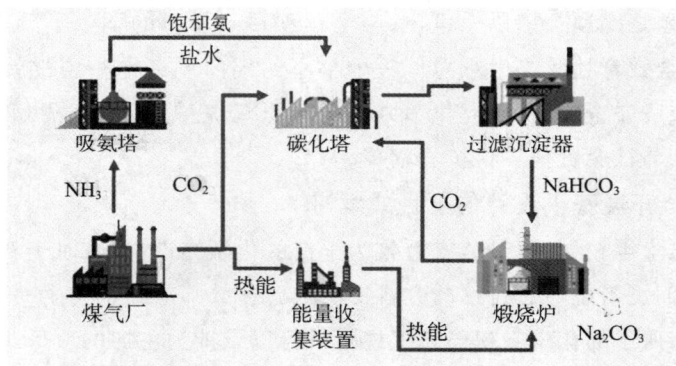

图 5-25-5 学生小组的流程图 A

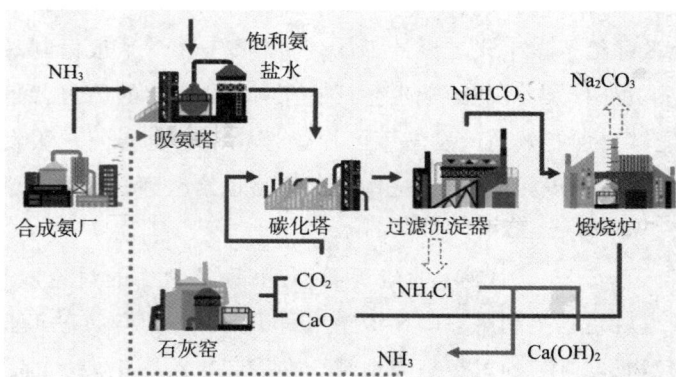

图 5-25-6 学生小组的流程图 B

图 5-25-7 和 5-25-8 中展示的流程图 C 和 D 是学生的讨论成果,这两组设计的共同点在于学生除拥有图 5-25-4 所涉及的优点外,还创新地采用了天津

地区独特的地理环境,为纯碱工业提供了电力来源,这一闪光点也格外让教师感到欣喜。将不同学科的知识进行高效结合,这同样是项目式学习所能给予学生的独到学习经验。虽然学生不能够真的像工程师一样设计出真实的流程图,但是学生在设计流程图的过程中不断收获与超越自我。

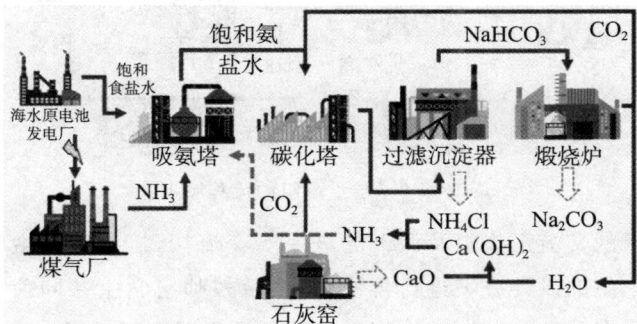

图 5-25-7　学生小组的流程图 C

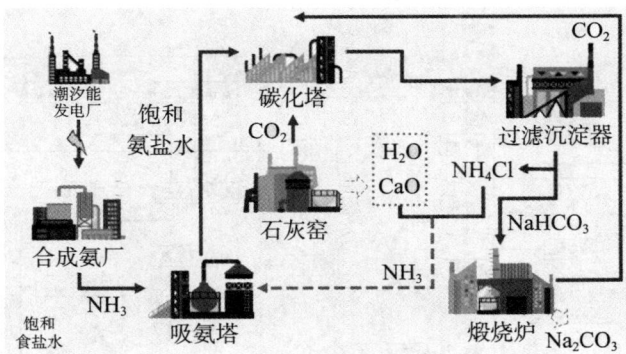

图 5-25-8　学生小组的流程图 D

从图 5-25-9 展示的流程图 E 可以看出学生综合了图 A～D 的优点,进行了纯碱工业的流程设计,虽然不能够思虑周全,但是为教师在日后教学工作中如何更加高效地进行教学带来一定的启示。教师应在安排任务的时候适当给予学生一定的暗示或指导,让学生有思考的方向。给学生设置障碍不是目的,而是让学生在思考的过程中,尽可能地将已有的知识进行充分的整合、利用。

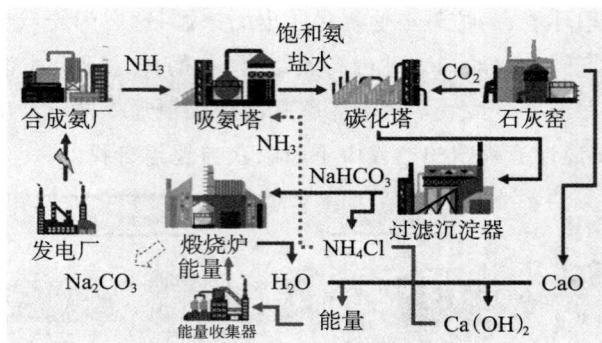

图 5-25-9　学生小组的流程图 E

通过课上的交流汇报以及课下的进一步交流探讨,最终学生们通过综合分析对自己小组的设计方案进行再优化,然后教师与学生共同前往天津渤化永利化工股份有限公司与江德发高级工程师进行了调研学习。最终在江工程师的指导下,学生完成了纯碱工业流程图(图 5-25-10)。

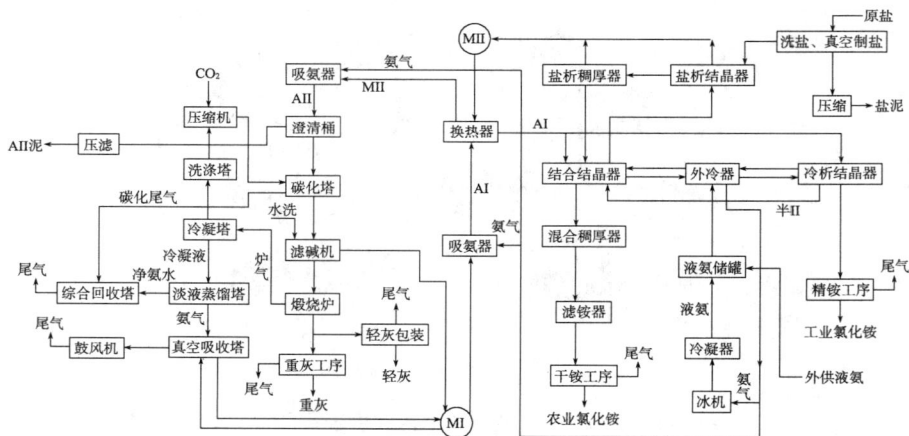

图 5-25-10　学生通过项目式学习在工程师指导下完成的流程图

三、实施建议与思考

在水资源主题的教学中,选择项目式学习模式开展,能够极大地激发学生学习的主动性。每位学生都能够在做中学,在参与项目式学习的过程中,体验问题解决的过程,获得问题解决的经验,最终形成有理有据的项目式学习结论。

具有一定能力素养的挑战性"项目式学习",重在考察学生对本章所学知识和方法综合应用的能力以及利用新信息分析问题、解决问题的素养,而不要求记住和掌握项目任务本身的结论。"微项目"既可以作为复习课,又可以用于新课,还可以作为素养导向的习题,在教学中具体如何定位,取决于教师的已有实践基础。教师可以依据项目教学设计的关键点和水平,开展教学工作,特别是从项目目标设定、驱动性问题选取、学习活动任务拆解、素材的理解和使用及项目评价设计几个方面,对于不同能力水平的学生应给予不同关键点和水平的设定。

学科素养是学生经过学科学习逐渐形成的,面对陌生不确定的问题情境所表现出的关键能力和必备品格,对应知识经验的迁移创能力表现水平;学科知识需要经过学习和理解、应用和实践、迁移和创新等关键能力活动,才能完成从具体知识到认识方式的外部定向、独立操作和自觉内化;知识只有变为自觉主动的认识角度和认识思路,才能转化为学科能力和学科素养;学科知识要经过从陈述性知识到程序性知识到观念化再到自觉主动的认识方式,才可能转化为学科核心素养,从而外显为能力表现(王磊,2016)。发展学生的能力素养,让学进去的知识有效和高水平的输出,需要学生经历不同水平层次的丰富多样的学科认识活动和问题解决活动。同一主题下的相同课例采用了不同的教学手段,也是为了能够让学生在初高中衔接过程中,能够更好地适应化学思考方式转变,培养学生对核心观念的综合应用能力。

教师在进行基础知识教学的过程中,通过同时落实南开学校的"公能"的育人理念从而彰显"立德树人"的根本任务,进一步培养学生的"科学探究与创新意识"及"科学精神与社会责任"等学科核心素养。这些素养不是仅在做题中得以实现的,而是在教师与学生共同完成特定任务、解决实际问题的过程中实现的。新时代下的新教学对于教师专业发展既是系统性挑战也是重大机遇。从教知识到基于知识教能力素养,这需要教师从学科教学知识(PCK)水平逐步通过项目式教学模式提升为素养导向的学科教学知识(PCCK)。该课例为实现初高中化学高效衔接及探索课内外跨越时间与空间的教学模式提供了范例。

(该教学实践成果得到天津市南开区教育中心王立老师、天津市南开中学徐宝华老师的指导)

案例 26　利用项目学习推动教师群体发展

北京教育学院丰台分院　孔德靖　支　梅

北京大成学校　丛　琳　张志春

北京丰台二中　董　华

　　2019 年 11 月 22 日发布的《教育部关于加强初中学业水平考试命题工作的意见》提出"引导教师积极探索基于情境、问题导向、深度思维、高度参与的教育教学模式,引导学生自主、合作、探究学习……试题命制既要注重考查基础知识、基本技能,还要注重考查思维过程、创新意识和分析问题、解决问题的能力。减少机械记忆试题和客观性试题比例,提高探究性、开放性、综合性试题比例,积极探索跨学科命题",这对初中的教育教学有重要引导作用。很多初中化学老师常年在初三任教,多年以来,形成"半年新课半年复习"的教学现状,如果没有教育理念、教学行为上的更新、改进,常年面对逐渐失去挑战性的工作,很容易形成职业麻木,走上单纯基于经验、基于知识解析、基于解题技巧传授的教学之路,不利于培养学生的核心素养。

　　项目学习是一套系统的教学方法,是对真实、复杂、有挑战性问题的持续探究过程,也是精心设计项目作品、规划和实施项目任务的过程,在这个过程中学生能够掌握所需的知识和技能(周冬冬,2016)。在初三化学教学中实施项目学习,通过师生共同实施一个完整的项目,把理论与实践有机地结合起来,能够充分调动学生的主观能动性、挖掘学生的创造潜能,对培养学生的应用实践及迁移创新能力、发展学生的核心素养有着独特的功能和价值(王淑娟等,2019)。

　　由于研究对象的真实性、复杂性,项目学习通常不是靠一个学科就能顺利解决,需要跨学科合作,这对习惯于分科教学的中学教师是一个挑战。学生通过项目学习所获得的知识、技能和方法是能够适应学生终身发展和社会发展的,但它们能否满足课程标准和中考的要求,也是我们必须考虑的实际问题。基于以上思考,在北京市丰台区支梅特级教师工作室成员的支持下,我们尝试进行了项目学习。

一、项目学习的设计与实践

在北京师范大学高端备课团队的指导下,在参考《项目学习实验教材》(王磊等,2017)的基础上,我们初步形成了项目式学习的基本框架,主要包括梳理项目逻辑、确定学习目标和难点、设计学生活动、规划项目成果。项目主题是基于课程标准、学业质量标准设计的,能承载初三化学核心思想方法、知识和技能,既有社会性议题,也有学生身边需要解决的实际问题等(孔德靖等,2019)。工作室的实验校结合本学校的特色分别确定了项目主题并完整实施。

北京丰台二中选定"土壤的改良"项目(表 5-26-1),因为他们每个班级有一块自留地,学生有实践的机会。

表 5-26-1 "土壤的改良"项目框架

项目逻辑	学习目标	学习难点	学习活动	项目成果
如何表征土壤的酸碱性?	会用 pH 试纸和酸碱指示剂检验溶液的酸碱性	溶液酸碱性的定性、定量表征	实验探究(测量溶液、土壤的酸碱性,自制酸碱指示剂)	测得班级菜园土壤的酸碱性
土壤的酸碱性会影响植物生长吗?	知道酸碱性对农作物生长的影响	控制变量思想在实验设计中的应用	实验探究(溶液酸碱性对绿豆生长影响)	找到适合班级菜园生长的农作物
如何改良土壤的酸碱性?	认识酸碱的主要性质	证明无明显现象的化学反应的发生	实验探究调查分析	知道如何改良土壤的酸碱性
如何增加土壤的肥力?	了解常见盐、化肥的名称和作用,认识复分解反应	从化学的视角解释化肥的合理施用	查阅资料实验探究	能合理施用化肥
				规划班级菜园养好盆栽长程作业

清华附中丰台学校选定社会性议题"低碳行动"项目(表 5-26-2),作为美

术特色校,想把项目成果与学生的特长建立联系。

表 5-26-2 "低碳行动"项目框架

项目逻辑	学习目标	学习难点	学习活动	项目成果
周围环境中 CO_2 含量是多少?	认识定量测定混合气体中某气体含量的一般方法	利用 CO_2 与碱液的反应原理设计实验装置	设计实验装置,用传感器测周围环境中 CO_2 含量	测定 CO_2 含量的实验方案,了解环境中 CO_2 含量
CO_2 是怎么产生的?	认识产生 CO_2 的方法及反应	基于元素观和转化观认识产生 CO_2 的途径	自主梳理产生 CO_2 的方法,小组讨论、查阅资料、展示交流	了解家校生活中产生 CO_2 的行为及原理
如何降低空气中 CO_2 的含量?	掌握 CO_2 的主要性质和用途,构建含碳物质的转化关系	运用化学知识分析解决实际问题	自主思考吸收 CO_2 的方法,小组讨论、查阅资料、展示交流	了解自然界、实验室、工业中转化 CO_2 方法及原理
				制定班级低碳公约和Logo,走进社区

北京教育学院附属丰台实验学校分校结合学生在学习过程中反映出的问题,选定实施"从海水中获得餐桌上的食盐"项目(表 5-26-3)。

表 5-26-3 "从海水中获得餐桌上的食盐"项目框架

项目逻辑	学习目标	学习难点	学习活动	项目成果
如何从海水中得到粗盐,粗盐中有哪些物质?	复习溶液的组成、分离混合物的方法	分离提纯思路方法的建立	思考、讨论、汇报交流	确定从海水中得到粗盐的方案,知道粗盐中含可溶性杂质

续表

项目逻辑	学习目标	学习难点	学习活动	项目成果
如何从模拟海水中尽可能多地得到较纯的氯化钠产品？	综合应用溶解度、饱和溶液、结晶、复分解反应等知识，变式应用物质的鉴别和提纯思路	设计并评价从模拟海水中尽可能多地得到氯化钠并检验纯度的方案	设计方案汇报交流评价优化实验探究	从模拟海水中得到较纯的氯化钠产品
如何得到加钙盐？	创新应用溶液知识，解决实际问题	利用化学式、溶液浓度的有关计算确定一定量食盐中加入含钙物质的质量	思考、讨论、计算、实验	从模拟海水中得到餐桌上的加钙食盐

北京大成学校结合每年由学校出资毕业生送老师一份贴心毕业礼的传统，选定实施"合理使用金属保温杯"项目（表 5-26-4）。

表 5-26-4　"合理使用金属保温杯"项目框架

项目逻辑	学习目标	学习难点	学习活动	项目成果
调查发现金属保温杯使用中的常见问题	了解保温杯如何正确的使用	从化学视角分析保温杯使用中存在的问题	设计"合理使用金属保温杯"公益宣传活动	明确宣传内容及所需的金属知识支撑
认识金属制品	了解金属的分类，物理性质的共性和差异性	关注物质的化学成分，初步形成观察物质的化学视角	观察和实验，总结金属物理性质的共性和差异性，感受金属和合金物理性质的差异	了解金属保温杯的功能特征和成分及其含量

项目逻辑	学习目标	学习难点	学习活动	项目成果
金属制品的性能	实验探究了解金属化学性质的共性和差异性	认识并应用金属活动性顺序表，提升学生设计实验能力和动手能力	提出假设并设计实验探究，总结金属的化学性质	根据金属的性质结合金属保温杯的成分对金属保温杯的合理使用提出建议
金属制品的腐蚀、制法和回收	铁生锈条件及防腐措施，金属制备及回收方法	发展学生运用控制变量思想进行实验再设计的能力	实验分析，提出铁生锈条件的猜想，设计并完成实验。查阅资料了解铁的制备和回收	对金属保温杯的制备和回收提出合理化的建议
为金属保温杯的合理使用献计献策	应用已学知识，完成小组宣传活动设计方案	应用化学知识支撑海报内容及宣传过程	完成小组宣传活动设计，为宣传活动做好准备	宣传活动前期准备及校内模拟宣传、进社区宣传

　　教师引导学生自主建构项目逻辑，让学习目标能够满足课程标准、学业质量标准对于该部分教学内容的要求。学习活动主要采用小组合作的方式，以实验探究、查阅资料、调查分析、交流汇报为主，充分体现学生的主体性，有效地突破了学习难点。项目成果（图5-26-1和图5-26-2）使学生充分体会了化学学科的有趣有用，感受到了化学的学科魅力和应用价值。

图 5-26-1　学生制作的部分低碳 Logo 及印有低碳 Logo 的购物袋

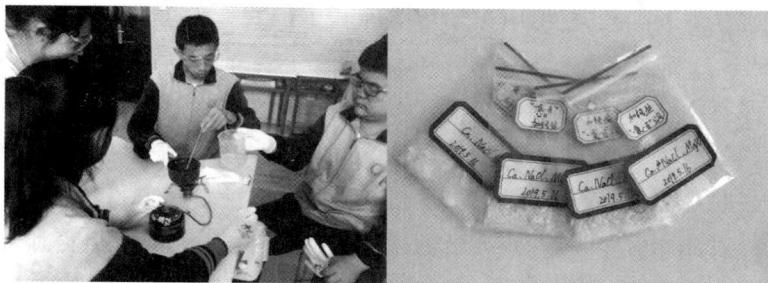

图 5-26-2　学生在制备"加钙食盐"及产品展示

二、教师专业素养的提升

2018 年 11 月～2019 年 11 月区域内有 26 名教师深度参与实施项目学习,120 余名老师多次参加项目学习的听课和评课,教师群体的专业素养有了明显的提升,主要体现在以下几个方面。

（一）教师分析和解决实际问题的能力得到提升

很多初中化学教师无论是在上学时期还是在工作后,"纸上练兵"的时候多,应用学科知识解决真实复杂问题的机会比较少。项目学习,对于授课教师,最难的是梳理项目逻辑,即对项目主题进行拆解,拆解成几个核心问题或核心任务,学生在解决这些核心问题或完成这些核心任务的过程中所获得的知识技能等要能够满足课程标准和学业标准的要求,对应的项目成果要有意思、有意义、有价值。而且梳理好的项目逻辑不能直接抛给学生,要引导学生自主进行问题的拆解,所以第一课时,即项目导引课,就是引导学生自主建构项目逻辑,对整个项目教学有一个整体的理解。

以"土壤的改良"项目为例,在导引课上,教师先展示了北京不同区的不同特产,再展示班级菜园的生长状况。然后学生讨论分析植物在土壤中健康生活的影响因素,有光照、温度、水、土壤等因素,而土壤的酸碱性和所含的营养元素即肥沃程度是土壤的重要性质。学生围绕项目主题改良土壤来规划项目任务。土壤的酸碱性怎么测量？土壤的酸碱性对植物生长有影响吗？如何改良土壤的酸碱性？如何提高土壤的肥力？在这个过程中,教师要牢记自己是引导者,不越位。梳理项目逻辑、规划项目任务的过程就是形成有序解决实际问题的思路和方法的过程,对于培养学生的高阶思维做事能力至关重要。最终的项目成果是规划班级菜园,养好自己的盆栽。还有一项长程作业,让学生利用假期外出的机会,了解当地种植的农作物,收集当地的土壤样品,可以回

• 265 •

到学校实验室测其酸碱性,引导学生关注我国的农业发展。我国能用占世界约7%的耕地养活了占世界约22%的人口,就是一个世界奇迹。

授课教师在反思中提到"对项目学习,从开始接触时的痛苦迷茫,到备课、磨课时的逐渐清晰明了,再到看到学生上课时乐在其中、下课后乐此不疲而产生的强烈职业幸福感,让我爱上了项目学习""通过项目学习,我思考问题的角度比之前更加全面了,只有我自己的思维更有序,才能教给学生更加清晰化、系统化、结构化的知识"。听课的教师在讨论时也多次提到"很受冲击,分析解决真实复杂问题的思路和视角更加清晰""学生在做中学,活动充分,主体地位十分突出""非常有利于培养学生的核心素养"等。

(二) 教师对小组合作学习的理解更加"准确"

很多教师对小组合作有一定的"误解":怕学生瞎聊天、担心学生讨论不出成果、浪费有限的课堂时间等。实施项目学习后对学生进行访谈时,学生的两段话让教师对小组合作学习有了更准确的理解。

"平时上课时,一看到老师进班就感觉要犯困了,条件反射似的。知道老师讲的是重点,很重要,可我就是会犯困。但是在今天这样的课堂上,基本上都是我们自己在讨论,自己在做、在讲,不可能犯困,也不敢不认真,因为一会儿自己要到前面给大家讲。""我们喜欢小组讨论,因为大家可以互相启发。"

听到学生的心里话,教师也就理解了,为什么有时他们辛辛苦苦激情洋溢的强调了好几遍,学生依然不会。

举个例子,在"低碳行动"项目导引课上,一组同学围绕主题"低碳行动,我们应该怎么做",进行了如下的讨论。

学生1:绿色出行,少开车,多骑车步行。

学生2:多种树,多养花。

学生3:节水节电。

该学生刚说完,就受到组内其他学生的集体质疑,他也很不好意思。但是很快,学生2就提出,国内主要还是火力发电,化石燃料燃烧会放出CO_2,节电就能减少CO_2的排放,大家都表示认同。

学生4:生产自来水的过程也会用到电。

学生5:少留作业,少考试,节约用纸。造纸肯定耗电,还会消耗树木等。

该学生的发言让大家很高兴。

学生1:一会儿要汇报,咱们是不是要把咱们说的做个分类?

该提议很有价值,大家都同意,通过分类,大家发现低碳行动主要有两种渠道,即减少 CO_2 的产生和吸收已有的 CO_2。

学生 3:都说咱北京的空气质量不好,也不知道咱周围空气中 CO_2 有多少。

在讨论的尾声,该学生说了这句话,他可能都没想到这句话会引发大家的思考。大家最后一致觉得应该测一测,都说 CO_2 增多了,到底现在是多少,要有证据,要有质疑精神,不能人云亦云。

就这样,在小组讨论中,组员之间互相启发,达到了之前自己未曾达到的高度。

学生发展核心素养,主要指学生应具备的能够适应终身发展和社会发展需要的必备品格和关键能力。什么是关键能力?2017 年 9 月 24,中共中央办公厅、国务院办公厅印发的《关于深化教育体制机制改革的意见》对关键能力做了重要的阐释:认知、合作、创新、职业。合作与创新,好理解,但难做,需要平台和空间。项目学习以学生的活动为主,小组在梳理项目逻辑、规划项目任务、确定汇报内容等过程中,合作必然不会缺席;在实验探究、设计汇报活动、思考怎样汇报能更加吸引人等过程中,创新意识和实践能力一定能得到培养。在认知能力部分被专门提到的语言表达,对学生的终身发展至关重要。项目学习不仅培养学生会做,还培养学生会说,给学生创建机会在众人面前宣讲、对别人的观点提出质疑、面对别人的质疑能有理有据地表达自己的想法、接纳融合别人的合理建议等。如何让小组合作更高效,如何通过追问、评价等让小组讨论、汇报展示更深入、更有内涵,是我们需要进一步探究的问题。

（该教学实践成果得到首都师范大学黄燕宁副教授、北京师范大学胡文华教授的指导,属于北京市丰台区"十三五"教育科学规划课题"基于学业标准促进学生核心素养发展的初中化学项目式学习的实践研究〔课题编号:ZJ2019008〕"项目、北京师范大学"高端备课"项目成果）

案例 27　高中化学引言课

湖南省长沙市长郡梅溪湖中学　杨　焱
湖南省湘乡市教育发展中心　旷湘平

学科核心素养是中学教学研究的热点,如何在课堂教学中落实核心素养,发展学生的关键能力是每一位化学教师应该思索的问题。

"引言"是人教版高中化学必修 1 的开篇之作,在整个中学化学教学中有承上启下的作用,旨在引导学生从新的视角进一步认识化学是一门充满神奇色彩的、实用性很强的科学;让学生体会化学与社会发展及人们生活质量提高的密切关系。高中教材与初中教材相比,深广度明显增加,由描述向推理发展的特点逐渐明显,知识的横向联系和综合程度有所提高,研究问题常常涉及本质,出现了形象思维向抽象思维的飞跃。如何从开学第一课让学生赏析化学、理解化学和乐享化学,对高中化学教学是一种挑战。

本研究通过构建基于深度培育化学学科核心素养的绿色教学共同体,开展"高中引言"的教学实践。本研究注重情境、活动和问题解决的整体一致性,合理选择和组织内容,精心设计教学环节;注重学生自主建构、实验探究和问题解决等学习活动,促进学生学习方式的转变;注重化学与生命、生活、生态和社会的联系,重视学科之间的交叉与融合。问题驱动,任务引导,激发学生高阶思维,促进学生自主发展,取得了良好的教学效果。

一、教学理论基础

(一) 化学学科核心素养

学科核心素养强调对学科知识整体理解,即学科知识结构化,而不是对孤立知识点(概念与原理)的理解和掌握;强调在真实的情境中综合运用所学知识提出问题、分析问题和解决问题。

高中化学学科核心素养是学生发展核心素养的重要组成部分,是高中生综合素质的具体体现,反映了社会主义核心价值观下化学学科育人的基本要求,全面展现了学生通过化学课程学习形成的关键能力和必备品格。

化学学科核心素养包括"宏观辨识与微观探析""变化观念与平衡思想"

"证据推理与模型认知""科学探究与创新意识""科学精神与社会责任"五个维度（中华人民共和国教育部,2018）。

（二） 绿色教学理念

现代教育应是科学求真与人文求善相融而成的绿色教育。绿色教育是一种促进学生全面、协调发展的"生态教育"；也是一种开启思维、培养兴趣的"可持续教育"（杨叔子,2002）。绿色教育以促进学生可持续发展为根本目标,在尊重生命的基础上提升学生生命质量,最终实现学生的"绿色"健康发展（余清臣,2011）。绿色教育的三个基本特征是两型、幸福和高效。创建以文化、情境、活动、合作、探究为基础的有活力的课堂,开展优质、和谐、尊重多样性和差异性、鼓励参与的教学是践行绿色教育理念的有效途径（康永久,2011）。

（三） 深度教学共同体

学科视域下的深度教学应与学科核心素养有机融合。培育学生的学科核心素养,强调学生自主发展的绿色教育理念与深度教学的核心思想不谋而合。基于学科核心素养的绿色深度教学是"符号教学、逻辑教学与意义教学"的统一体（郭元祥,2015；安富海等,2017；李松林,2014）。旨在激发学生的学习动力,启发学生的高阶思维,引发学生的情感共鸣,培养学生的创新精神与实践能力,重塑学生的知识结构,实现学生真正理解和自主发展。

深度教学包含三个维度。

知识维度（学科深度）：深度教学乃是触及学科本质和知识内核的教学。

教师维度（教学深度）：深度教学是启发学生高阶思维、引发情感共鸣的教学。

学生维度（学习深度）：深度教学是实现学生的真正理解和自主发展的教学。

深度教学的三个维度有机整合,形成培育化学学科核心素养的深度教学共同体（DTLC）,如图 5-27-1 所示。

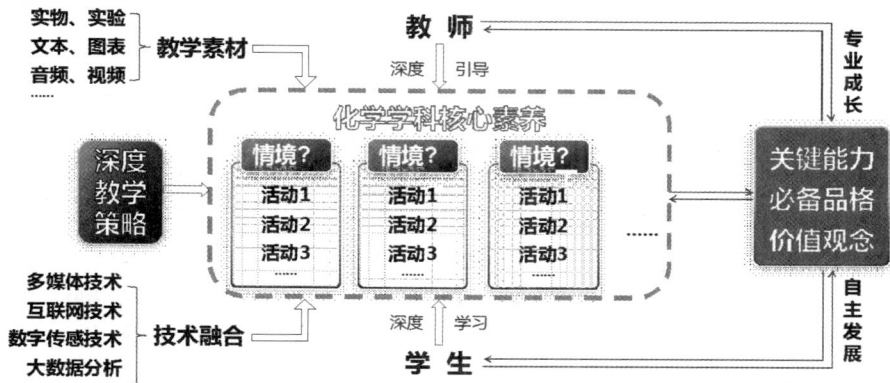

图 5-27-1 深度教学共同体（DTLC）模型

通过精心创设情境、营造绿色教学环境,通过开展生生互动、师生互动、人机互动、人人动口、人人动笔、人人动心的教学活动,引发驱动性问题,深度倾听、深度思考、深度探究、深度体验,使学生对知识有全面、准确、深刻和关系清晰的建构迁移(郭元祥,2009),培养核心素养,形成关键能力。

二、教学设计与实施

通过对教学内容的分析,结合化学学科核心素养的内涵,本研究确定了如下的教学目标。

(1)认识化学是在分子、原子层次上研究物质的性质、组成、结构与变化规律的科学;了解化学在生产、生活中的广泛应用。

(2)通过建构知识网络、科学探究和"宏-微-符"相结合的方法感悟化学学科的独特魅力;能从物质变化和事实中提取证据,从"宏-微-符"三个视角分析问题,推出合理结论并对复杂化学问题情境中的关键要素进行分析以建构相应模型。

(3)体验化学与生命、生活、生态的联系,在实践中逐步形成节约成本、循环利用、保护环境的"绿色化学"理念。

教学思路如图 5-27-2 所示。

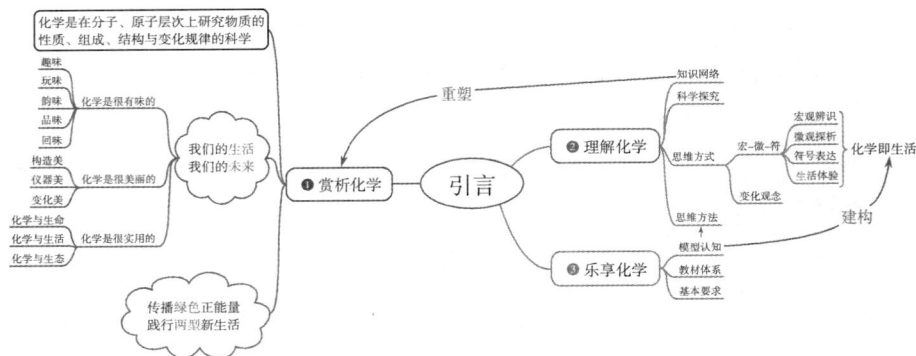

图 5-27-2　高中化学引言课的教学思路导图

整个教学设计以化学学科核心素养表现的三个情境载体:赏析化学、理解化学和乐享化学展开;设计三个学习任务和评价任务,实现"教、学、评"一体化,通过问题驱动使七个活动有机融合在一起,形成系统化的教学体系,教学流程如图 5-27-3 所示。

化学学科核心素养

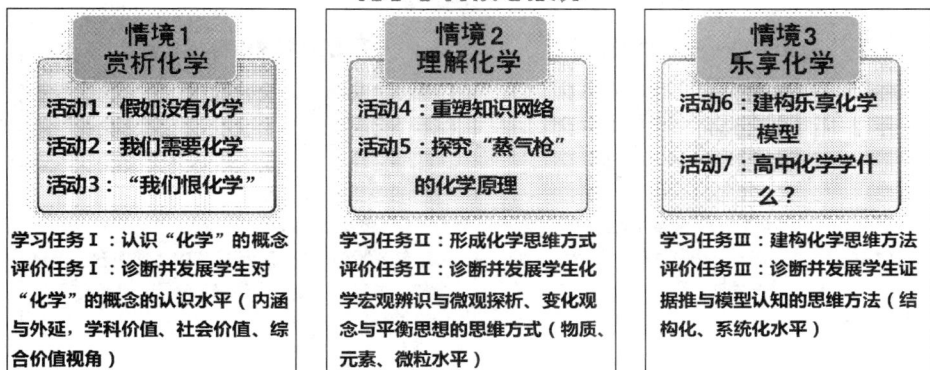

情境1 赏析化学	情境2 理解化学	情境3 乐享化学
活动1：假如没有化学 活动2：我们需要化学 活动3："我们恨化学"	活动4：重塑知识网络 活动5：探究"蒸气枪" 的化学原理	活动6：建构乐享化学 模型 活动7：高中化学学什 么？
学习任务Ⅰ：认识"化学"的概念 评价任务Ⅰ：诊断并发展学生对"化学"的概念的认识水平（内涵与外延，学科价值、社会价值、综合价值视角）	学习任务Ⅱ：形成化学思维方式 评价任务Ⅱ：诊断并发展学生化学宏观辨识与微观探析、变化观念与平衡思想的思维方式（物质、元素、微粒水平）	学习任务Ⅲ：建构化学思维方法 评价任务Ⅲ：诊断并发展学生证据推与模型认知的思维方法（结构化、系统化水平）

图 5-27-3　高中化学引言课的教学流程

具体的教学活动如下。

【情境1】：赏析化学（图 5-27-4）

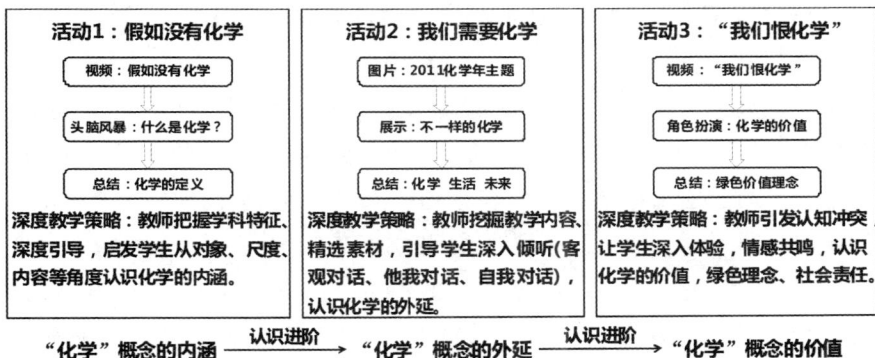

活动1：假如没有化学	活动2：我们需要化学	活动3："我们恨化学"
视频：假如没有化学 头脑风暴：什么是化学？ 总结：化学的定义	图片：2011化学年主题 展示：不一样的化学 总结：化学 生活 未来	视频："我们恨化学" 角色扮演：化学的价值 总结：绿色价值理念
深度教学策略：教师把握学科特征、深度引导，启发学生从对象、尺度、内容等角度认识化学的内涵。	深度教学策略：教师挖掘教学内容，精选素材，引导学生深入倾听(客观对话、他我对话、自我对话)，认识化学的外延。	深度教学策略：教师引发认知冲突，让学生深入体验，情感共鸣，认识化学的价值，绿色理念、社会责任。

"化学"概念的内涵 ──认识进阶──→ "化学"概念的外延 ──认识进阶──→ "化学"概念的价值

图 5-27-4　"赏析化学"教学活动

【情境2】：理解化学（图 5-27-5）

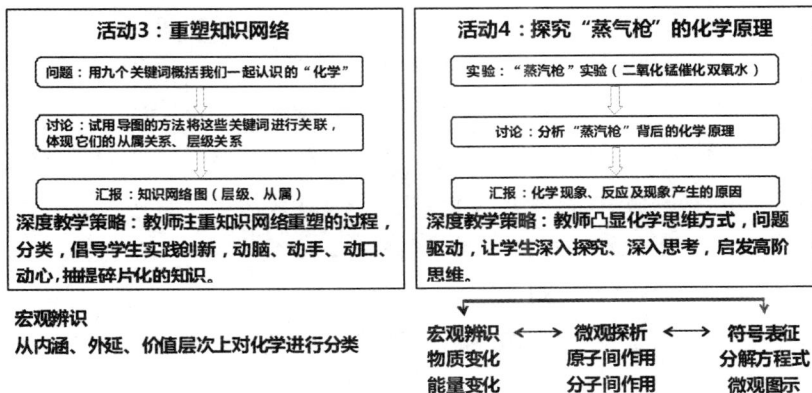

活动3：重塑知识网络	活动4：探究"蒸气枪"的化学原理
问题：用九个关键词概括我们一起认识的"化学" 讨论：试用导图的方法将这些关键词进行关联，体现它们的从属关系、层级关系 汇报：知识网络图（层级、从属）	实验："蒸汽枪"实验（二氧化锰催化双氧水） 讨论：分析"蒸汽枪"背后的化学原理 汇报：化学现象、反应及现象产生的原因
深度教学策略：教师注重知识网络重塑的过程，分类，倡导学生实践创新，动脑、动手、动口、动心，抽提碎片化的知识。	深度教学策略：教师凸显化学思维方式，问题驱动，让学生深入探究、深入思考，启发高阶思维。

宏观辨识
从内涵、外延、价值层次上对化学进行分类

宏观辨识 ←→ 微观探析 ←→ 符号表征
物质变化　　原子间作用　　分解方程式
能量变化　　分子间作用　　微观图示

图 5-27-5　"理解化学"教学活动

【情境3】:乐享化学(图 5-27-6)

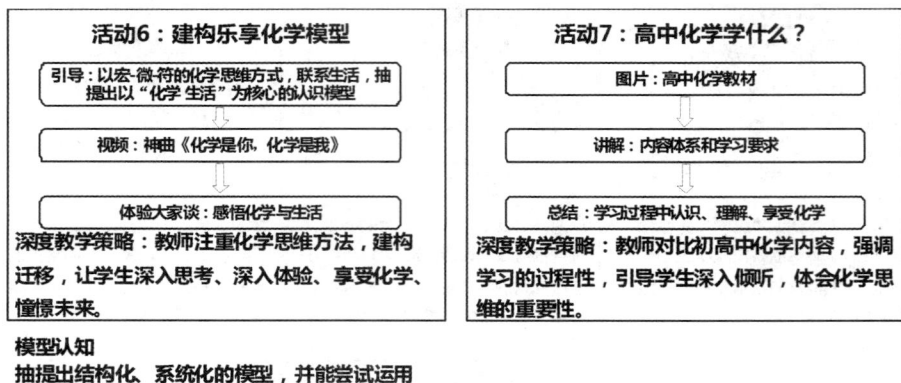

图 5-27-6 "乐享化学"教学活动

三、教学启示

(一)凸显化学学科的核心素养,精选素材,培育绿色理念

精选化学与生命、生活、生态、科技和社会联系紧密的素材,重视学科之间的交叉与融合。巧妙地将化学学科基本概念、原理和事实性知识融入其中,为学生物质观、元素观、微粒观、转化观和守恒观等核心观念的形成奠定基础。重视 STSE 内容主题和跨学科内容主题的选择和组织,例如在课例"赏析化学"环节中,引入学科前沿的科技成果:智能释药(生物学、医学、材料学),桌面工厂(工程技术、物理学),绿色化学挑战奖(STSE)等;引发化学与社会议题:"假如没有化学""我们恨化学""我们需要化学"的深入探讨,让学生充分认识化学学科的价值,培育核心素养,树立绿色生活理念。

(二)创设富有价值的真实情境,深度引导,激发高阶思维

注重情境、活动和问题解决的整体一致性,合理选择和组织化学教学内容,精心设计自主建构、实验探究和问题解决等学习活动,围绕核心知识积极开展建构学习、探究学习、问题解决学习,引导学生化学学习方式的转变,激发高阶思维,让学生自己成为发现者、研究者、探索者。例如在课例"理解化学"情境中,基于化学知识关联的结构化,联想关键词,让学生自主构建化学知识网络,重塑知识结构;基于认识思路的结构化,从"宏—微—符"三个维度对"化学即生活"进行本质概括;突出化学实验独特的价值,设计"从化学的视角谈谈你对蒸汽枪实验的认识",探究实验背后的化学原理,最终解决复杂情境中的真问题,体验学习过程,收获了良好的教学效果。

（三）系统设计梯度化学习任务，问题驱动，促进深度学习

真实、具体的问题情境是学生化学学科核心素养形成和发展的重要载体，也为学生化学学科核心素养提供了真实表现的机会。通过问题驱动，设计系统化、多样化、梯度化、层次化的活动任务，让学生深度倾听、深度思考、深度体验。让核心知识全面、准确、深刻和关系清晰地建构与重塑，培育学生的化学学科核心素养，形成关键能力。例如在误例中进行观察记忆型、实验探究型、分析论证型、模型论证型等一系列具有梯度的任务驱动，逐层深入。通过理论与实践，让学生逐步建构并使用模型、掌握运用模型解决不同问题的思路，也能让不同水平和不同基础的学生在教学过程中都能得到有效提升和自主发展。

（该教学实践成果属于湖南省一般资助课题"基于中学化学学科核心素养培育的深度教学研究〔课题编号：XJK015BZXX036〕"项目成果）

案例 28 从化学视角看 DNA

北京中学 杨 鹏

2017 年版《普通高中化学课程标准》(以下简称"新课标")提出:化学教学中要结合人类探索物质及其变化的历史与科学发展的趋势,引导学生进一步学习化学的基本原理和方法(中华人民共和国教育部,2018)。因此特别强调在教学中应重视创设真实且富有价值的问题情境,促使学生化学学科核心素养的形成和发展。同时,鼓励教师重视跨学科内容的选择与组织,加强化学与物理、生物等学科的联系,引导学生在更宽广的学科背景下认知物质及其变化的规律,帮助学生拓展视野,开阔思路,综合运用化学与其他学科的知识分析解决有关问题,发展学生的科学素养。

本节课对新课标中修订的"生物大分子"部分的学习方式进行了探索和实践。本节课联系物理、生物等学科知识,以脱氧核糖核酸(以下简称"DNA")的结构分析为知识载体,将"DNA 结构的发现史"作为情境线索,将再现、模拟"DNA 结构确定过程中的关键历史环节"作为活动素材,引导学生形成认识生物大分子结构的一般方法;让学生在活动中体验和感悟科学家在科学探究过程中采用的一般方法,体会化学科学在生命科学发展中所起的重要作用,如图5-28-1 所示,发展学生"宏观辨识与微观探析""证据推理与科学探究""科学态度与社会责任"的化学学科核心素养。

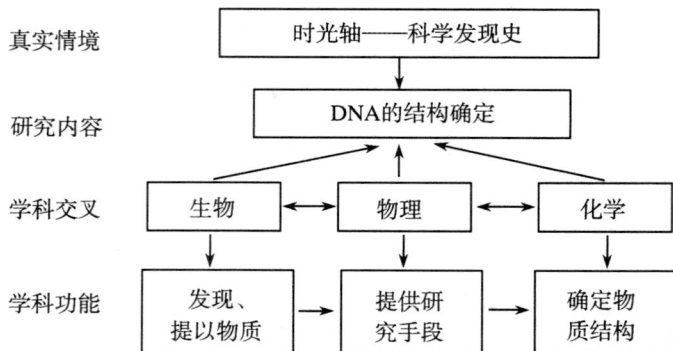

图 5-28-1 跨学科整合教学的整体框架

一、教学内容分析及目标确定

（一）新旧两版《普通高中化学课程标准》对该内容教学要求的对比

将 2003 年版《普通高中化学课程标准（实验）》（中华人民共和国教育部，2003）（以下简称"旧课标"）与《新课标》中有关《有机化学基础》模块主题的内容进行对比（表 5-28-1），可知《新课标》下"核酸"部分（表 5-28-2）的教学功能与价值发生了变化：一是强调从结构角度认识 DNA 的结构，二是强调了以科学发展史作为教学的情境线索或活动素材。

表 5-28-1　《有机化学基础》模块主题在新旧课标中的对比

修订前	修订后
主题 1：有机化合物的组成与结构 主题 2：烃及其衍生物的性质与应用 主题 3：糖类、氨基酸和蛋白质 主题 4：合成高分子化合物	主题 1：有机化合物的组成与结构 主题 2：烃及其衍生物的性质与应用 主题 3：生物大分子及合成高分子

表 5-28-2　"核酸"部分要求在新旧课标中的对比

	内容要求	学业要求	教学策略建议
修订前	认识人工合成核酸的意义，体会化学科学在生命科学发展中所起的重要作用。		
修订后	了解脱氧核糖核酸的结构特点	能辨识脱氧核糖核酸中的磷酯键，能基于氢键分析碱基的配对原理	对生物大分子进行结构分析
	认识人工合成核酸的意义，体会化学科学在生命科学发展中所起的重要作用	能说明脱氧核糖核酸对于生命遗传的意义	尽可能联系学科发展过程中的重大事件，作为教学的情境线索或活动素材，使学生在学习过程中体会化学对科学发展的重要价值

（二）教学的核心功能与价值分析

DNA 是学生非常"熟悉"的一种生物大分子。这种"熟悉"是基于生物学科的学习——对 DNA 组成的认识。DNA 的基本结构单元是含氮碱基、磷酸、脱氧核糖所组成的核苷酸,多核苷酸链之间通过氢键形成了双螺旋结构。含氮碱基、磷酸、脱氧核糖之间是通过何种连接方式形成核苷酸? 如何基于氢键分析碱基的配对原理? 学生并不清楚。学生对化学键的认识仅停留在生物中所学过的羧基与氨基脱水缩合形成肽键这样的单一认识层面,缺乏从化学视角——分子结构的层面分析生物大分子结构的认识角度。同时学生需要加深对化学学科作为基础学科对科学发展有着重要贡献的认识,加深对化学学科价值的理解和认同,详见表 5-28-3。

表 5-28-3 "DNA"教学中学生认识、能力、素养的待增长点

已具有的认知和能力	待发展的认知、能力、素养
从生物中学过的羧基与氨基脱水缩合形成肽键——单一认识	只要含有氢原子和羟基,就有可能脱水形成化学键——更普遍的认识
两条单核苷酸链的碱基之间通过氢键连接起来,碱基的配对方式为 A 配 T,C 配 G	氢键的形成原理、基于原理分析碱基之间可能的配对方式为何为 A 配 T,C 配 G
能从微观视角认识物质结构	能够利用宏观方法认识微观结构的手段来学习和研究有机物结构
初步了解科学探究的一般方法	形成对科学家进行科学探究的具体思维过程的认识
初步提取信息、分析和解决问题的能力	迁移和应用已有认识解决陌生问题的能力
对学科价值和发展的初步认识	学科的交叉和融合推动科学的进步,化学作为基础学科对科学发展有重要价值

DNA 作为生命遗传物质的大分子,其结构的确定是 20 世纪自然科学界最伟大的发现之一。DNA 结构发现过程中融合了物理、化学、生物等学科知识,是跨学科知识整合非常好的载体和切入点,所以追随科学发现史,体会科学家探究 DNA 分子结构的历程具有十分重要的意义。基于此,教师设计了以 DNA 的"秘密"为主题的跨学科整合主题式教学,如表 5-28-4 所示。

表 5-28-4　DNA 的"秘密"内容编排

	主题	内容
第一部分:生物	初识 DNA	观察 DNA 在细胞中的分布,提取、鉴定香蕉中的 DNA
第二部分:物理	认识 DNA 结构推断的手段	X 光衍射实验及原理分析
第三部分:化学	从化学视角看 DNA	以"DNA 的结构分析"为知识载体,将"DNA 结构的发现史"作为情境线索,将再现、模拟"DNA 结构确定过程中的关键历史环节"作为活动素材,引导学生形成认识生物大分子结构的一般方法

　　基于学生的实际情况和《新课标》的教学要求、功能与价值的定位确立本节课的教学目标。

　　(1) 通过分析 DNA 基本结构单元之间的连接方式、基于氢键分析碱基之间的配对原理,学生能够用模型(球棍模型、纸板模型)拼接的方法拼接核苷酸链,配对碱基,最终形成双螺旋模型。在此过程中学生运用迁移和应用的方法,认识到借助宏观方法认识微观结构的手段是学习和研究有机物结构的一种重要的认识手段,发展宏观辨识与微观探析的化学学科核心素养。

　　(2) 通过将"DNA 结构确定过程中的关键历史环节"抽提为具体的化学知识而设计成的活动,学生能够体会科学家在科学探究中所运用的一般方法——从物质及其变化的事实中提取证据,对有关的化学问题提出假设,能依据证据证实或证伪假设,推出合理的结论,发展证据推理与科学探究的化学学科核心素养。

　　(3) 通过活动重现科学发现史中的重大事件及关键环节,学生能够体会化学作为基础学科对科学发展的重要价值,发展科学态度与社会责任的化学学科核心素养。

　　教学重难点:

　　(1) 分析 DNA 基本结构单元之间的连接方式,基于氢键分析碱基之间的配对原理。

　　(2) 认识到借助宏观方法认识微观结构的手段是学习和研究有机物结构的一种重要的认识手段,体会科学家在科学探究中所运用的一般方法,体会化学的学科价值。

二、教学过程

(一) 解析基本结构单元间的连接方式

【教师】DNA 结构的发现是 20 世纪最伟大的自然科学发现之一。在 DNA 结构的发现过程中,化学家的贡献是至关重要的,今天我们就跟随沃森和克里克的脚步一起重温 DNA 结构的发现历程,体会化学家的重要贡献。

【PPT 展示】1910 年柯塞尔在《细胞核的化学成分》一文中总结研究成果时指出,DNA 中有 4 种含氮基团(碱基),即胞嘧啶、胸腺嘧啶、腺嘌呤以及鸟嘌呤;DNA 是由最基本的结构单元核苷酸组成的大分子。核苷酸是碱基、脱氧核糖、磷酸共同构成的。

【教师】但是遗传学家并不知道碱基、脱氧核糖、磷酸之间的连接方式,有机化学家告诉我们了答案。

任务一:假如你是有机化学家,解决下列问题。

问题 1:阅读"资料一",四组分别代表不同的碱基,请分析碱基、脱氧核糖、磷酸之间的连接方式?

【资料一】

(1) H_2O(H—OH)由—H(氢原子)和—OH(羟基)组成,当有机物中某组分含有—H、另一组分含有—OH,就有可能发生脱水反应而将两部分连接在一起。

(2)

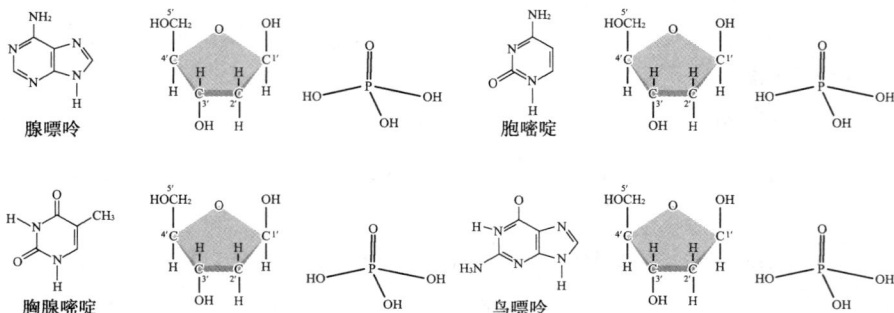

腺嘌呤　　　　　　　　　　　　胞嘧啶

胸腺嘧啶　　　　　　　　　　　鸟嘌呤

【学生 1】碱基中氨基上有氢原子,与脱氧核糖中的羟基、磷酸中的羟基都有可能发生脱水形成化学键从而链接在一起。

【设计意图】引导学生初步认识有机物分子中基团或原子间一种常见的连接方式,从生物学中学过的"羧基与氨基脱水缩合形成肽键"这样的单一认识,发展为"只要含有氢原子和羟基,就有可能脱水形成化学键"这样更普遍的认识。提升对有机物断键、成键的认识和理解。

(二) 探析核苷酸链的分子结构

【教师】人类认识的发展有赖于科学技术的进步。40 年后人们利用 X 射线衍射技术验证了对于 DNA 螺旋结构的猜想。1950 年,沃森和克里克开始致力于研究 DNA 的分子结构。

他们的研究方法迁移了鲍林在研究蛋白质 α – 螺旋结构时的方法,即结构化学中一种拼插分子模型的简单方法。

任务二:重现科学家研究的过程,拼插四组核苷酸的结构模型。

【学生】小组合作、分组拼接模型。

【教师】给出"资料二"四种核苷酸链的结构,大家的分析和有机化学家研究的结果是否一致?

【资料二】

腺嘌呤脱氧核糖核苷酸

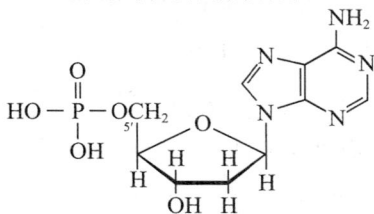

胞嘧啶脱氧核糖核苷酸

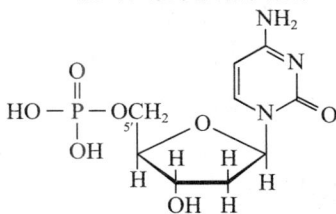

鸟嘌呤脱氧核糖核苷酸

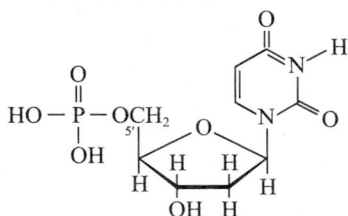

胸腺嘧啶脱氧核糖核苷酸

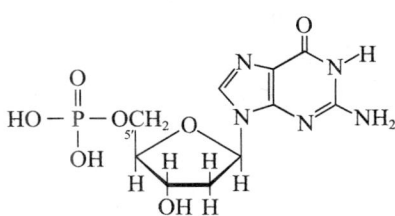

【学生】对照资料二核对自己的分析。

问题 2:四种核苷酸链的连接方式有什么共同之处吗?

【学生】四种结合方式碱基均接在脱氧核糖的 1 号碳上,磷酸接在脱氧核糖的 5 号碳上。

【设计意图】通过拼插核苷酸链的分子结构模型,帮助学生借助宏观方法认识微观的有机物分子结构。引导学生认识到借助宏观方法认识微观结构的手段是学习和研究有机物结构的一种重要的认识手段。在此过程中,发展了学生宏观辨识与微观探析的化学学科核心素养。

(三) 建构 DNA 的分子结构

【教师】DNA 是一种生物大分子,在确定了单核苷酸的结构后,科学家们接下来要思考什么问题?

【学生 1】从纵向和横向两个角度考虑核苷酸链之间的连接方式,如何形成大分子结构。

问题 3:纵向——多核苷酸链之间如何连接起来?

【学生 1】我觉得可能也是脱水缩合的原理。

【学生 2】是磷酸中的羟基与脱氧核糖中的氢原子通过脱水缩合将多条核苷酸链连接起来。

问题 4:横向——由衍射数据可知,DNA 分子的直径比一条多核苷酸链的直径要大,这说明什么?

【学生】可知 DNA 不是单链结构。

问题 5:如果你是科学家,你认为多核苷酸链之间又是怎样连接起来的呢?

【学生 1】通过讨论我们组认为在 DNA 含水的环境下磷酸会电离,使磷酸基团带负电,磷酸基团就可以作为主链在分子的内侧,而碱基在分子的外侧。

【学生 2】由于两个负电荷的存在我们认为可以利用+2 价的金属离子连接两条核苷酸连。

【教师】展示 1951 年沃森和克里克提出的 DNA 的"三螺旋"模型 ,正是同学们的猜想。

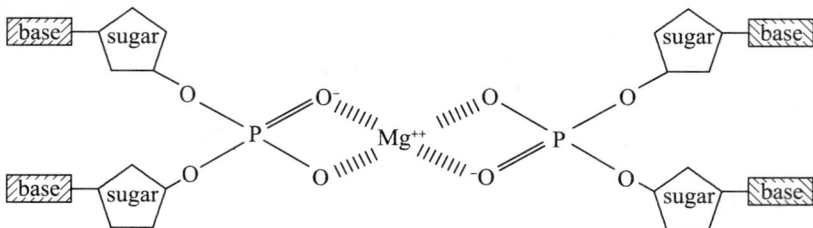

在螺旋结构的中心,带有负电荷的磷酸基团很可能是通过
镁离子结合起来的,其结合方式如上图所示

【教师】当沃森和克里克提出"三螺旋"模型后,他们非常高兴,认为自己已

经解决了 DNA 的结构问题,可是当他们将模型展示给化学家时,化学家们提出这个模型中存在明显的化学错误。给出资料三。

【资料三】

1. 我羞恼地认识到,我记错了富兰克林测定的 DNA 样品的含水量。正确的 DNA 分子模型的含水量比我们的模型多十倍。——沃森《双螺旋》(詹姆斯·沃森,2017)。

2. 氯化钠在水中溶解和电离的模型

NaCl加入水中　　　　水分子与NaCl晶体作用　　　　NaCl溶解并电离

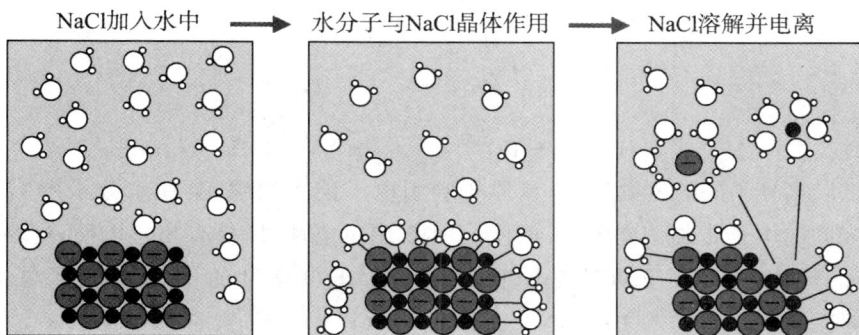

图 5-28-2　NaCl 在水中的溶解和电离示意图

问题 6:根据已有的化学知识你认为这个模型有什么科学错误? 你的依据是什么?

模型是否合理要寻找证据来证实!

【学生】我从这些资料中得到启发,我认为在 DNA 结构高含水量的环境下,镁离子会被水和,离子键会被破坏,不能将两条核苷酸链连接起来。

【教师】任何一种假设或猜想的提出都要遵循事实的依据! 由此得出结论:"三螺旋"模型不成立!

【教师】"三螺旋"模型的错误让沃森和克里克非常沮丧,研究一度停滞不前,但是他们并没有气馁,重新开始假设。他们翻阅文献,查找资料,发现在1949 年奥地利科学家查加夫发表的一篇文章:DNA 中,腺嘌呤分子数量(A)与胸腺嘧啶(T)分子的数量非常接近;鸟嘌呤分子数量(G)与胞嘧啶(C)分子的数量极其接近。这就是查加夫定律。

在 1952 年,富兰克林拍摄出更加清晰的 X 射线衍射照片,证明糖和磷酸作为骨架在外部,而碱基在内部。沃森和克里克开始了新一轮的探究,重新提出假设:碱基之间通过氢键将多核苷酸链连接在一起。

【教师】请阅读"资料四",谈谈你对氢键含义的理解。

【资料四】

氢键:氢键是一种分子间作用力,这种作用力比化学键弱很多,一般用虚线表示。

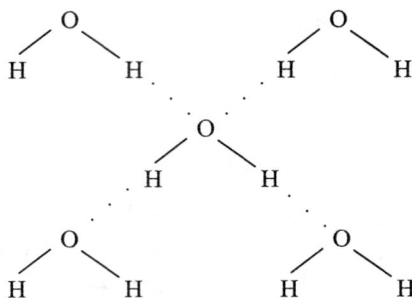

以水分子间的氢键为例,氧原子吸引电子能力很强,会使水分子中 O 与 H 之间的电子更加偏向于 O,而使 O 体现出负电性、H 体现出正电性,这时另一水分子中的 O 由于体现负电性就会吸引体现正电性的 H,就形成了氢键。氢键通常表示为 X—H⋯Y,X、Y 通常是 F、O、N、Cl 等原子。

氢键可以影响物质的熔沸点、溶解度、黏度等。一般氢键越多物质的黏度越大。

【学生1】我觉得如果将化学键比作钢筋的话,那么氢键就是麻绳。

【学生2】虽然氢键比较弱,但是很多氢键的作用也是不可小觑的。

【教师】给出四种碱基结构的纸板模型,让学生基于氢键分析他们之间可能的配对方式。

四种碱基的结构如下,其中波浪线"〰"代表碱基已经与脱氧核糖、磷酸成键的部位。

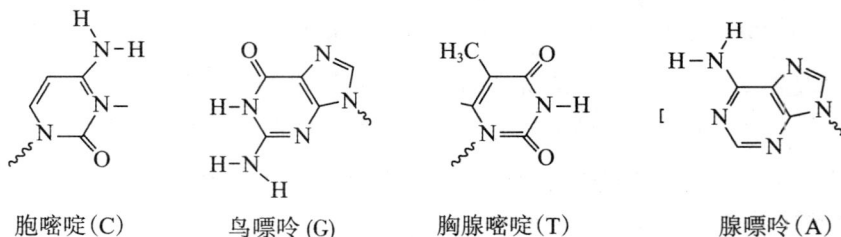

胞嘧啶(C)　　　鸟嘌呤(G)　　　胸腺嘧啶(T)　　　腺嘌呤(A)

【学生活动】通过拼接纸板模型分析碱基之间可能的配对方式。

【教师】请学生汇报分析结果。

【学生1】我发现同种碱基之间可以通过氢键相连,比如A配A,T配T,C

配 C,G 配 G。

【学生 2】我发现不同碱基之间也可以通过氢键相连,比如 A 配 T,C 配 T,C 配 G,G 配 A。

问题 8:根据"资料五",结合碱基纸板,说明为何碱基之间的配对方式只能为生物中学过的 A 配 T,C 配 G?

【资料五】

整个 DNA 分子的直径相同,螺旋直径为 2 nm。自然界普遍存在能量最低原理,能量越低越稳定,DNA 的双螺旋结构也必然是其存在条件下最稳定的结构。如果是平行链,则相邻碱基面的距离为 0.6 nm,而采用螺旋结构则此距离变为 0.34 nm,碱基平面距离的减少更有利于体系能量的降低,结构的稳定性也相应增强(张丽萍等,2015)。

【学生】结合资料可以知道,整个 DNA 分子的直径相同,运用碱基纸板进行拼接发现只有 A 配 T,C 配 G,碱基之间的距离才是相等的,DNA 的螺旋直径才是相等的。

【教师】刚刚我们分析的过程正是科学家所经历的。1953 年 1 月沃森曾提出同种碱基配对的构型,碱基之间的配对方式到底是哪种?要寻找证据来证实!他结合事实证据——整个 DNA 的分子直径相同,由此得出结论:"同种碱基配对"模型不成立!得出错误结论后沃森进行了反思,在 1953 年 5 月修正为"碱基互补配对"模型。最后 DNA 的"双螺旋"模型得以确立并发表在《Science》杂志。

【教师】回忆整个探究过程,思考科学探究的一般方法是什么?

【学生】科学家在科学探究过程中的思维方法是基于问题—提出假设—寻找证据—得出结论—反思—再进行新一轮的探究。

任务 3:每个小组找到自己的配对碱基组:① 利用白色塑料胶带模拟氢键,找到每组配对的碱基,将核苷酸链连接起来。② 利用磷酸二酯键,将两条多核苷酸链连接起来。

【学生】小组活动,形成模型。

【设计意图】回顾 DNA 分子结构的构建过程:① 根据已有的认识提出了理论;② 随着科技的进步、认识的发展,提出理论;③ 寻找证据、修正认识、重新提出理论;④ 结合事实证据最终形成了正确的认识理论。人类认识物质世界的过程正是在这样循环往复的过程中建立起来的,并最终趋向于真实的构成。发展学生证据推理与模型认知的核心素养。

（四）小结

【教师】通过本节课的学习，再来看 DNA 的分子模型，你有了什么新的认识？

【学生1】通过主题的学习我发现生物的学习让我知其然（DNA 的组成），而化学的学习能让我知其所以然（为何这样组成），物理为我知其所以然提供了手段。

【学生2】通过学习我了解到科学家在科学研究过程中的艰辛，他们不断地经历提出假设—寻找证据—得出结论—反思—再重新假设的过程。

【学生3】通过学习我知道可以通过分子模型、纸板模型（宏观手段）把看不见的 DNA 分子结构（微观架构）确定出来。

【学生4】通过学习我知道了科学的进步和发展不是某一学科科学家的努力，而是多个学科的交叉和融合造就的。

【教师】通过学习 DNA 发展史中科学家的认识，我们丰富了自己的认识，通过体会科学家的探究历程学习了科学家进行科学探究的一般方法。

DNA 结构的确定，是物理、化学、生物学家们共同努力的成果，正是学科的融合和交叉，正是科学家之间毫无保留地互相探讨和学习，才有了科学的进步！

那么 DNA 发展的时光轴结束了吗？

【学生5】随着科学技术手段的不断进步，一定会出现更多关于 DNA、生物体、人类的未知谜团等待我们去破解，未来有更多的可能性，我们就是为未来做出贡献的一员！

【教师】我们为什么要探究 DNA 的秘密呢？

【学生6】人类不断地探索未知世界是为了改善生存环境、减少疾病的困扰，为了人类更好的发展、更美好的生活！

三、教学反思

本节课为跨学科主题教学设计，DNA 是人体内重要的遗传物质，同时也是化学与物理、生物等学科联系的载体，本节课的学习有利于引导学生在更宽广的学科背景下认知物质及其变化的规律，有助于学生拓展视野，开阔思路，综合运用化学与其他学科的知识分析解决有关问题，发展学生的科学素养。

（一） 创设真实、有价值的问题情境

本节课将"DNA 结构的发现史"作为情境线索，通过将"DNA 结构确定过程中的关键历史环节"抽提为具体的化学知识，设计为一系列具体的问题并作为核心活动这些真实的问题促使学生阅读资料、讨论交流，并在这一过程中体会化学学科对科学发展做出的巨大贡献。

（二） 注重基于"活动任务"开展"素养为本"的教学

活动任务是连接核心活动与具体知识的桥梁和纽带，是实现课堂结构化的重要环节。本节课共设计了 5 个活动任务，重视和发挥活动任务的素养导向功能。任务 1 将单一认识发展为普遍认识；任务 2 借助宏观方法认识微观结构，将宏观与微观有机结合在一起；注重认识思路的显性化；任务 3、任务 4 基于证据辨析模型，将认识科学研究方法的思路外显化，强化了证据意识和科学探究；任务 5 在化学知识的帮助下形成完整模型，体现化学学科价值。

（三） 注重思路方法显性化

本节课的学习任务需要学生不断阅读和理解资料、独立思考或以小组为单位交流合作，用分子模型或纸板模型等方式呈现任务的完成结果。上述结果实际上是学生认识物质结构、进行真实情境下问题解决的思路方法的外显，这种外显的思路方法需要学生间的紧密合作、师生间的深入追问。外显的思路方法有助于学生在面对陌生情境、陌生问题时能进行情境关联，利用已有化学知识和认识方法去解决问题。

（四） 注重"教、学、评"一体化

日常学习评价不能游离于化学教与学之外，应与教与学活动有机融合在一起。本节课紧紧围绕发展学生化学学科核心素养这一主旨，通过学生在小组讨论、拼接模型、信息解读等活动中的表现，运用提问、点评等方式，对学生 DNA 结构认识的学习和核心素养的发展水平给予了准确把握，充分发挥了化学日常学习评价的诊断与发展功能。

结语

指向化学学科核心素养的课堂教学特征

　　素养的形成是一个漫长的过程,也有不同的养成路径。化学学科核心素养的落地与实施,需要以具体教学内容为载体,更需要依托教学活动的开展得以具化。教学是一个复杂的系统,涉及多个教学要素。核心素养导向的课堂教学是一个长期的多变过程,没有某一个固定的范式,但会有项目式教学、主题式教学、探究式教学等多种操作模式。不同教学模式的开展都离不开教学目标的设定、教学素材的选择、教学资源的挖掘、教学效果的评价以及对整个课堂教学的评价。透过这些教学要素,可以看到化学学科核心素养导向的课堂教学特征。发挥化学学科大概念、核心化学知识的素养价值,按照整体性思维制定教学主题、单元的整体教学目标;在明确教学素材的情境功能后选择适切的教学素材,充分挖掘课程标准的内容,设计教学活动;参照情境素材的水平,依据教学行为的关键特征,划分课堂水平,实践指向化学学科核心素养的课堂教学;把握内容要求、学业要求、学业质量标准间的关联进行"教、学、评"一体化的顶层设计,才可以更好地开展体现化学学科核心素养要求的教学改进实践。

第一节　发挥核心知识的素养价值,制定教学目标

如何制定化学学科核心素养的教学目标,是落实核心素养导向教学的关键。

根据课程标准在教学建议部分的内容来看,理解化学学科核心素养的内涵,理解化学教学内容的组织原则,认识化学实验的独特价值,创设真实问题情境,实施"教、学、评"一体化,增进化学学科理解,都是促进化学学科核心素养落地的重要措施(中华人民共和国教育部,2018)。概括而言,要想开展化学学科核心素养导向的教学,就需要理解对应教学内容的素养价值,认识教学内容所体现的化学学科核心素养要素,建构化学教学内容与化学学科核心素养之间的联系。

那么,如何真正理解化学教学内容的素养价值呢?

首先,要抓住化学学科本质,增进对化学学科思想方法的理解。

"化学是在原子、分子水平上研究物质的组成、结构、性质、转化及其应用的一门基础学科,其特征是从微观层次认识物质,以符号形式描述物质,在不同层面创造物质(中华人民共和国教育部,2018)。"因此,原子、分子是化学学科的研究对象,认识物质、描述物质和创造物质是化学学科的本质特征。在其本质特征前面的"微观""符号""不同层面"等限定词,是对化学特征的科学、准确描述,这是在哲学本体论层面对化学学科与其他学科区别的一种本原性认识(郑长龙,2018)。抓住了化学学科的特色,就可以较好地理解化学学科知识体系与其他科学学科知识体系的不同,就可以清晰阐释化学学科知识体系的建立过程就是化学家在认识、描述、创造物质时所形成的特有话语体系,就可以理解化学家独立的思维方式和看待世界的独特视角。

知识的传授,仅仅是教育的第一个层次,传承知识背后所蕴含的独特思维价值和研究视角,才是"授人以渔"式教育的核心。所以,理解化学学科本质和特有的认识方式,是传承化学学科育人价值的重要抓手。理解化学学科特质的思维方式和方法,可以有效帮助人们理解化学学科知识体系,而对这两者的本原性、结构化的认识,就是"化学学科理解"(中华人民共和国教育部,2018)。

因此,从化学本质的视角抓住化学学科的独特思维方法和认识方式,增进化学学科理解能力,才能够认识到化学学科特有的育人价值,才能切实理解化学教学内容的功能和价值。

其次,要理解不同教学内容的组织原则,明确不同知识的逻辑关系。

任何教学内容都有其自身的逻辑体系,并按照相应的逻辑体系进行组织的。明确不同教学内容的逻辑关系和组织原则,可以较为清楚地认识到教学内容与化学学科核心素养之间的关系,理解化学知识转化为化学学科核心素养的过程。

根据修订后的化学课程标准的内容来看,不同教学内容或概念之间的关联关系、知识所体现的认识思路、知识体系中的核心观念三个方面的结构化,是化学教学内容的基本组织原则。知识关联的结构化,是按照知识构成的逻辑关系组织的,比如,化学键概念包括离子键、共价键,而共价键又包括极性键和非极性键。认识思路的结构化,是从学科本原对物质及其变化的认识过程的一种概括,如元素"位""构""性"的关系。核心观念的结构化,是对物质及其变化的本质和其认识过程的进一步抽象,以促使学生建构和形成化学学科的核心观念。例如,对元素"位""构""性"三者的关系,从学科本原可以进一步概括为"结构决定性质,性质反映结构"这一化学学科的统摄性观念,这一观念是"宏观辨识与微观探析"等化学学科核心素养的具体体现。因此,教师在组织教学内容时应高度重视化学知识的结构化设计,充分认识知识结构化对于学生化学学科核心素养发展的重要性,尤其是应有目的、有计划地进行"认识思路"和"核心观念"的结构化设计,逐步提升学生的化学知识结构化水平,发展化学学科核心素养(中华人民共和国教育部,2018)。

再次,要具有整体认识观和进阶发展观,把握教学内容的核心地位和价值。

没有孤立的教学内容,也没有突然出现的化学知识。任一教学内容或化学知识都是对整个化学教学体系或化学知识体系的丰富与发展,都有其根源。初中的教学内容为高中做铺垫,高一必修课程中的化学知识,为高二、高三的选修和选择性必修课程打基础。对于相同、相似的教学内容,要从知识的进阶与发展视角,整体认识这些知识在不同学段、不同课型中应该体现的功能和价值。比如,对于化学平衡内容,在必修阶段需要知道化学平衡的基本含义,理解达到化学平衡的标准,化学平衡移动的原理,到选修或选择性必修课程中就需要在具体的不同认识对象体系中应用一般性的化学平衡概念理解特殊体系中的化学平衡,如,难溶电解质的沉淀溶解平衡,弱电解质的电离平衡和水解平衡。在认识到不同教学内容的发展进阶后,才可以理解其对化学学科核心素养的独特贡献,比如,必修阶段的化学平衡主要发展学生的"变化观念与平衡思想"素养,而在选修阶段不同体系的化学平衡除了进一步发展学生的"变化观念与平衡思想"素养外,还借助学生对水溶液体系中各微粒之间的相互作用,发展学生"宏观辨识与微观探析"素养,甚至是要求学生建构自己对水溶液体系问题的解决思路模型,以发展学生"证据推理与模型认知"素养。

在关注相同或相似内容对不同素养的贡献外,也要从化学学科核心素养的发展视角理解同一个素养在不同阶段所需要的教学内容。例如,"结构决定性质"是化学学科的核心观念,是"宏观辨识与微观探析"思维方式的具体表现形式。对于这一观念的学习,就可以整体设计为四个阶段:在必修阶段元素周期律的学习中,要求认识元素"位""构""性"之间的内在联系,能根据元素"位""构"的特点预测和解释元素的性质;在选择性必修课程"化学键与物质的性质"的学习中,要求能根据化学键的特点,解释和预测化合物的性质;在选择性必修课程"分子间作用力与物质的性质"的学习中,要求能解释和说明分子间作用力、氢键对物质性质的影响;在选择性必修课程"有机化学基础"模块的学习中,要求能根据有机化合物官能团的结构特点解释和预测有机化合物的性质(中华人民共和国教育部,2018)。

从知识结构上来看,能够切实反映化学学科本质的化学学科大概念是教学内容的素养价值的外在表现。抓住能够切实反映学科本质和大概念的核心主题、稳定的认识领域和认识对象,促使零散的化学知识更加结构化、功能化和素养化,有利于学生构建化学学科的认识模型和经验图示,使得化学学科核心素养具体化、整合化,形成具有迁移价值的特定图式,避免素养泛化。这就意味着学科大概念有利于知识的结构化和功能化,是知识转化为素养的关键(王磊,魏锐,2018)。

那么,什么样的知识内容才具有学科大概念的性质呢?不同的核心素养下都有哪些学科大概念呢?新一版的课程标准以主题为单位,明确学习内容和学业要求。每个主题的学习内容标准的第一条是本主题的大概念,突出具有统摄性的核心观念。比如,能够促进"宏观辨识与微观探析"素养发展的核心知识内容包括:价类(化合价—物质类别)二维元素观、基于电离和离子的微粒观、基于化学键的微粒作用观;"变化观念与平衡思想"素养的核心知识内容包括:氧化还原反应、离子反应、化学反应与能量转化、化学反应限度和速率等;无机元素化合物的性质、变化和应用对于"证据推理与模型认知"素养的要求很高,元素周期律(表)模型及其应用、化学键模型及其应用非常有利于培养学生的"证据推理与模型认知"素养。在选择性必修阶段,"化学反应原理"模块帮助学生建立体系与能量,化学反应的方向、限度、速率和调控等大概念;"物质结构与性质"模块强调认识物质结构的不同尺度、基本角度和基本思路;"有机化学基础"模块从分子结构、官能团、化学键三个层次建立对有机化合物分子的认识,引入合成有机化合物的基本思路等(王磊,魏锐,2018)。

总而言之,在制定教学目标的过程中,不能孤立地认识某个知识点,确定某课时的教学目标。而是应该根据课程标准对学科主题的内容要求,从学科知识内容的功能和价值出发,深入理解教学内容的素养价值,整体认识不同教学内容在学科大概念建构过程中的意义,抓住学科核心知识,逐步对学段、模块、主题、单元教学目标进行整体规划和设计,再根据单元内每课时的教学内容和主要的教学活动,确定课时教学目标。而且,在教学目标制定过程中要根据具体教学内容的特点和学生的已有实际经验来确定,不必将5个化学学科核心素养面面俱到,防止教学目标制定表面化和形式化。

下面以氮及其化合物教学目标的制定为例进行介绍。

(一) 依据课程标准中的内容主题和教科书,确定内容主题及其具体教学内容

与氮及其化合物知识紧密相关的化学课程标准中的内容主题是主题2"常见的无机物及其应用"。

具体内容包括:认识元素可以组成不同种类的物质,根据物质的组成和性质可以对物质进行分类;同类物质具有相似的性质,一定条件下各类物质可以相互转化;认识元素在物质中可以具有不同价态,可通过氧化还原反应实现含有不同价态同种元素的物质的相互转化;结合真实情境中的应用实例或通过实验探究,了解氯、氮、硫及其重要化合物的主要性质,认识这些物质在生产中的应用和对生态环境的影响;结合实例认识金属、非金属及其化合物的多样性,了解通过化学反应可以探索物质性质、实现物质转化,认识物质及其转化在自然资源综合利用和环境保护中的重要价值。

除此之外,与氮及其化合物相关的内容主题还包括主题1"化学科学与实验探究"和主题 5"化学与社会发展"。结合三个内容主题的课程内容,再结合教科书"氮的循环"(山东科技出版社,以下简称为"鲁科版")的正文及其"概括·整合"(图 6-1-1)栏目内容,将氮及其化合物的主题确定为氮的循环。氮及其化合物整个主题教学内容就比较明确而具体了。

概括·整合

1. 归纳总结氮气、一氧化氮、二氧化氮、氨、铵盐、硝酸的性质。构建氮及其化合物的转化示意图,示例如下:

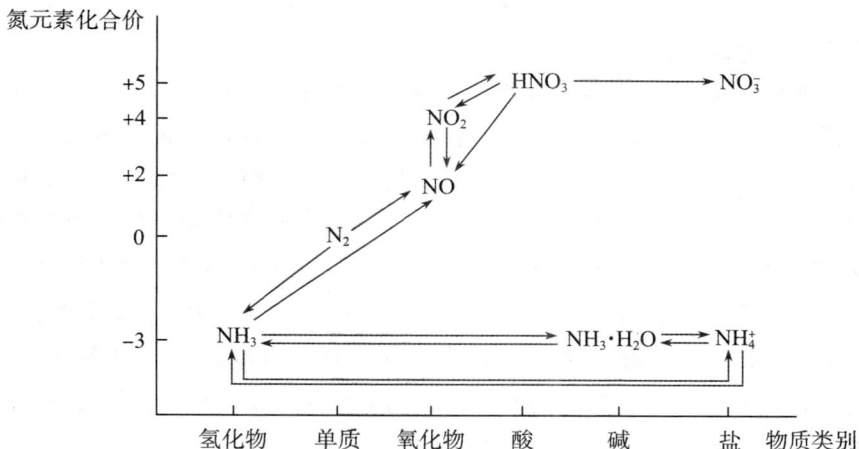

2. 分别绘制自然界中产生硝酸、人工制备硝酸的路径,写出相关反应的化学方程式。
3. 总结氮及其化合物在生产和生活中的应用,分析它们对自然环境的影响。

图 6-1-1 鲁科版化学必修教材"氮的循环"章节下"概括·整合"栏目内容

"氮的循环"属于高中必修化学的核心内容,体现了以氮元素为中心的知识框架,因为氮循环本身就是含氮物质间的转化关系;蕴含了物质转化观念和物质转化的思路方法,充分体现了不同类别间物质转化和元素价态改变的角度和思路;氮循环的存在实现了自然界中生物的生机勃勃、生命不息,人类活动参与了自然界中的氮循环,解决了人类生存问题,但过度向自然界中排放含氮化合物,导致了环境问题,化学学科正在为防治环境问题和保护环境发挥积极作用,这些充分体现了化学学科的价值;面对人类生产、生活问题,面对环境问题,我们该采取怎样的态度和行为,这正是"科学态度和社会责任"教育的时机。由此可见,"氮的循环"学习主题具有丰富的教学价值。

(二) 挖掘主题教学内容在承载化学学科核心素养方面的价值和功能

依据课程标准中的主题学业要求和学业质量标准,初步确定以核心素养导向的单元主题教学目标和评价要求。

新课程标准中,关于氮及其化合物的主题学业要求包括:能依据物质类别和元素价态列举某种元素的典型代表物;能够列举、描述、辨识典型物质重要的物理和化学性质及实验现象;能用化学方程式、离子方程式正确表示典型物质的主要化学性质;能从物质类别、元素价态的角度,依据复分解反应和氧化还原反应原理,预测物质的化学性质和变化,设计实验进行初步验证,并能分析、解释有关实验现象;能从物质类别和元素价态变化的视角说明物质的转化路径;能说明常见元素及其化合物的应用(如金属冶炼、合成氨等)对社会发展的价值、对环境的影响等。

新课程标准中,关于氮及其化合物的学业质量标准包括:能从不同视角对典型的物质及其主要变化进行分类;能从构成物质微粒说明常见物质的主要性质,能分析物质性质与用途的关系;能设计物质转化的方案,能应用质量守恒定律分析物质转化对资源利用的影响;能通过实验探究物质的性质和变化规律,能提出有意义的实验探究问题,根据已有经验和资料做出预测和假设,能设计简单实验方案,能运用适当的方法控制反应条件并顺利完成实验;能分析化学科学在开发利用自然资源、合成新物质、保护环境、保障人类健康、促进科技发展和社会文明等方面的价值和贡献;能从化学视角理解食品安全、环境保护等法律法规,关注化学产品和技术在生产、生活应用中可能产生的负面影响等。

通过对以上课程标准中的内容进行综合分析,氮及其化合物教学内容应该培养和落实的关键能力和必备品格就已经比较清楚了。

（三）　充分应用教科书，将初步确定的单元主题教学目标进一步具体化

鲁科版必修新教材在"本章自我评价"(图 6-1-2)中新增了该章化学学科核心素养的发展重点和学业要求,其意图是让教师和学生清楚每章化学核心知识重点培养和发展了学生的哪些核心素养,具体的行为表现是什么,让学生明确学习目标。

本章自我评价

本章学习主要促进"科学探究与创新意识"和"科学态度与社会责任"化学学科核心素养的发展。请通过下表检查本章的学习情况。

核心素养	核心素养发展重点	学业要求
科学探究与创新意识	发展物质性质及物质转化的实验探究能力,从单一物质的多角度性质探究到一组物质的多角度性质及物质转化的探究。 能针对物质性质及物质转化的探究问题,提出有依据的假设,选取试剂,设计实验方案并实施,基于实验事实得出结论。	1. 能依据物质类别和元素化合价列举铁、硫、氮元素的典型代表物。能列举、描述、辨识含有铁、硫、氮元素的典型物质重要的物理性质和化学性质及有关的实验现象,能用化学方程式、离子方程式正确表示典型物质的主要化学性质。 2. 能从物质类别、元素化合价的角度,依据复分解反应规律和氧化还原反应原理,预测铁及其化合物、硫或氮及其化合物的性质及物质之间的转化,设计实验进行初步验证,并能分析、解释有关实验现象。 3. 能分别利用铁及其化合物、硫或氮及其化合物的性质和转化关系,设计制备、分离、检验等简单任务的方案;能从物质类别和元素化合价变化的视角说明有关物质之间的转化路径。
科学态度与社会责任	能应用物质性质及物质转化关系,分析和探讨某些化学过程对人类健康、社会可持续发展可能带来的双重影响,并对这些影响从多个方面进行评估,从而更加科学、合理地选择和应用物质及其变化。	4. 能分别根据铁及其化合物、硫或氮及其化合物的性质,分析科学实验、生产、生活以及环境中的某些常见问题,说明妥善保存、合理使用化学品的常见方法。 5. 能分别说明硫或氮及其化合物的应用对社会发展的价值和对环境的影响;能有意识地运用所学的知识或寻求相关证据,参与社会性科学议题的讨论(如酸雨和雾霾防治、水体保护、食品安全等)。

图 6-1-2　鲁科版化学必修教材"常见的无机物及其应用"章节自我评价

除了教学栏目外,新教材中的习题也发生了较大改变,这些新变化是一种导向,非常符合新课标中培养学生化学学科核心素养的要求,也真正发挥了习题在教材中的功能与价值。习题设计了基于"学习理解—应用实践—迁移创新"的能力任务,凸显了学生核心素养的发展。

将上述内容与习题进行结合,就更加清楚了氮及其化合物在发展学生化学学科核心素养方面的具体表现及其要求。

(四)结合学情分析,综合考虑学生发展空间,多方论证,确定单元主题的教学目标

制定教学目标务必要结合学生的学情,需要了解学生的已有认识能力、素养水平,才能确定通过单元主题教学期望学生发展到的水平。由于以往教师更多关注的是学生在具体知识方面的学情,因此需要通过访谈、问卷等方法确定学生在能力、方法、素养方面的已有基础。最后,再综合考虑学生发展空间,确定方法性与素养性目标的水平,进而确定单元主题的教学目标。

初步示例:氮的循环的单元主题教学目标。

☞ 通过对氮循环中涉及物质的初步认识,了解氮元素的常见价态和含氮物质的类别。

☞ 通过对氮循环过程中雷电固氮、人工固氮路径的分析探索,掌握过程中涉及的主要化学反应,并归纳出 N_2、NO、NO_2、NH_3、铵盐、硝酸等物质的主要性质。

☞ 通过探究含氮物质的性质及其转化,进一步建立类别、价态两个维度研究物质性质及其转化的方法,并从这两个维度构建氮及其化合物的转化关系。

☞ 运用实验模拟自然固氮过程,并用实验来验证氨气转化为氮肥的基本方法,巩固观察、分析实验现象的基本方法。

☞ 通过解释自然界的固氮过程,初步体会到科学家通过分析、模拟自然界的过程来认识和解释世界,从而通过模仿自然界来解决人类面临的问题。

☞ 通过氮的固定、含氮化肥的制备与使用过程的体验,赞赏化学对解决人类生存问题的重大贡献,并体会到有合理的思考角度才能为创新解决问题找到思考的切入点。

☞ 通过人类活动对氮循环影响的认识和体验,了解含氮物质的使用对环境的影响,认识到合理使用含氮物质的必要性和重要性,以及合理使用的具体措施。

（五）依据单元主题教学目标，结合每课时的教学内容及其教学活动，明确每课时的教学目标

这是将单元教学目标拆解的过程，主要依据单元的整体教学安排，明确每课时的教学内容和主要教学活动，进而确定知识目标、能力目标和态度情感目标。教学活动的类型，决定了是否有"科学探究与创新意识""科学态度与社会责任"素养维度的具体教学目标。

第二节　理解情境素材的素养功能，设计教学活动

关于教学活动的设计和教学资源的开发，需要密切结合核心素养导向的教学目标，不要仅凭以往的教学经验，避免过度追求教学资源的新颖、教学活动的开放，依据核心素养导向的教学目标，设计适宜形式的教学活动，开发相关教学资源。在这个过程中，需要用好化学课程标准和教材，因为里面已经有较多经过充分论证的、有利于核心素养培育的教学活动和教学素材。例如，在"金属及其化合物的性质与应用"中提供的情境素材有补铁剂、打印机使用的墨粉中铁的氧化物、菠菜中铁元素的检验等；在"非金属及其化合物的性质与应用"中提供的情境素材有火山喷发中含硫物质的转化、含氯消毒剂及其合理使用、酸雨的成因与防治等。这些情境素材绝不是在课堂引入时为了激发学生兴趣而可有可无、可随意替代的素材。这些情境素材是在这些年的新课程教学实践中，优秀的一线教师在自己的课堂中开发、实践、完善的，它既具备核心素养培养功能，又具备实践意义，值得认真研究和实践。要正确理解这些情境素材的独特功能，需要教师对情境素材在从知识到能力，再到素养发展过程中的作用有深刻的认识（王磊，于少华，2018）。

例如，面对草酸亚铁这种物质，教师通过罗列实验、学生通过观察现象得到草酸亚铁的性质，这是知识导向的教学。而教师紧密围绕着菠菜能否补铁这个情境素材，通过如下的流程展开教学：

（1）查阅资料：菠菜中含有草酸亚铁；

（2）如何验证菠菜中的草酸亚铁的存在；

（3）不断修改完善方案；

(4) 得出结论:菠菜中含有极少量的铁元素,不足以补充人体所需铁元素。

在这个过程中,学生经历的是真实、复杂问题的解决过程,其中最困难的在于如何把这个生活问题拆解成化学问题,从哪些角度来解决这些问题,而一旦将生活问题变为化学问题,并且明确了其中应用的是氧化还原反应、亚铁盐和铁盐的性质时,问题的解决就变得顺畅。这对教师的重要启示是同样的知识(氧化还原反应、亚铁盐和铁盐的性质),在不同的问题情境中如何能够自主调用体现学生能力水平、素养水平高低的重要差异,有无问题情境、问题情境的综合复杂程度以及熟悉陌生度等,将对学生核心素养的能力表现水平有重要影响。

在明确情境素材的素养教育功能和价值后,再依据课程标准中的教学策略、学习活动和情景素材建议,根据不同类别知识的教学路径及其教学活动的类型,进行教学活动的具体设计和教学资源的开发。

下面以"氮及其化合物"单元的教学活动设计为例进行介绍。

(一) 依据课程标准中的教学策略、学习活动和情景素材建议,进行教学活动的设计和教学资源的开发

化学课程标准明确常见无机物主题的教学应该发挥核心概念对元素化合物学习的指导作用;重视开展高水平的实验探究活动;紧密联系生产和生活实际,创设丰富多样的真实问题情境;鼓励使用多样化的教学方式和学习途径。

化学课程标准中提供的学习活动建议包括:实验及探究活动,如氨气的制备及性质;铵盐的性质;浓、稀硝酸的性质;氮氧化物的性质与转化。调查与交流讨论,如从含硫、氮物质的性质及转化的视角分析酸雨和雾霾的成因、危害与防治;分析调查水体中重金属污染及富营养化的危害与防治;讨论日常生活中含氯化合物的保存与使用。

化学课程标准中提供的情境素材建议包括:"雷雨发庄稼";氮的循环与氮的固定;工业合成氨、工业制硫酸(或硝酸)。

(二) 分析教材中的活动和素材的意图,进行教学活动的具体设计和教学资源的开发

鲁科版必修教材上册第三章第三节"氮的循环",通过真实复杂问题构建含氮物质间的转化关系,学习含氮物质的性质。通过分析自然界中的氮循环认识含氮物质;通过研究固氮过程、氨气的转化与生成、硝酸的性质,构建含有氮元素的物质间的转化关系;最后探讨人类活动对氮循环和环境的影响,使学生体会到人类与自然和谐相处的重要性、科学合理使用化学物质的必要性、化学科学在防治环境污染中起到的积极作用。

主要的教学资源包括：自然界中氮的循环、氮的固定、模拟闪电固氮、工业合成氨、生物固氮、氮肥的制备与合理使用、含氮物质的应用、人类活动对氮循环的影响、含氮物质对环境的影响、绿色化学等。

主要通过"交流·研讨""活动·探究""观察·思考"栏目提供教学活动设计：交流研讨自然界中氮循环涉及的含氮物质、含氮物质间的转化；实验探究氨气的转化与生成；观察思考模拟闪电固定、硝酸的性质。

在"交流·研讨"栏目中的活动有：① 自然界中的氮循环涉及许多氮及其化合物，请指出它们的物质类别和其中氮元素的化合价；② 自然界中的氮循环包括多种形式的氮及其化合物的转化，这些转化有的对人类的生产、生活有益，有的则产生了负面影响，请举例说明。

在"活动·探究"栏目的活动是以氨气为原料，如何将其转化为在农业生产中有着广泛应用的氨水、氯化铵和硝酸？另外，哪些含有氮元素的物质能够转化为氨气？请设计完整的实验方案，实施部分实验，实现氨气的转化与生成。

在"观察·思考"栏目的活动有：① 请预测硝酸具有哪些性质，并说明预测的依据；② 观察实验，为预测寻求证据；③ 观察"在放电条件下，氮气与氧气反应生成一氧化氮""一氧化氮转化为二氧化氮""二氧化氮溶于水"的实验，全面描述实验现象，分析所发生的化学反应，总结氮气、一氧化氮、二氧化氮的性质。

（三）以学生核心素养发展为宗旨，根据不同类别知识的教学路径及其教学活动的类型，有针对性地自主设计教学活动和开发教学资源

自主研发的前提是非常明确化学学科核心素养导向的教学目标，为了让学生具备相关的关键能力和必备品格，需要给学生提供什么样的活动机会和空间，怎样的教学资源能够更好地服务于这些活动。

"氮的循环"要培养学生的关键能力是从物质类别、氮元素化合价视角研究物质的性质和实现物质的转化，必备品格是充分认识到含氮物质对人类的重要性及其对环境的影响，形成自主合理使用含氮物质的意识。针对这些核心素养的发展点，开发设计了一个教学活动：在带着学生分析雷电固氮的基础上，让学生设计人工固氮路径，具体内容见表6-2-1。

表 6-2-1 "人工固氮"教学活动设计

教学环节	教学活动	设计意图
设计人工固氮	【资料】每年全球固氮微生物可以固定大约 2 亿吨氮。闪电固定大约 900 万吨氮。直到 20 世纪初,细菌和闪电是仅有的两种生物体可以利用氮气的方法。富氮的肥料以及炸药的制作基本来源于鸟类粪便形成的矿物(鸟粪石),但供应相当紧张。科学家们开始担心农业生产无法满足迅速增长的世界人口对食物的要求,因而开始模仿自然固氮的思维方式来进行人工固氮:应用轮耕技术固氮来改善土质;培养更多固氮菌;制造或吸引闪电,如在农田上方立三根长杆,顶端装金属闪器,吸引闪电,改善收成。但是,这些做法无法规模化生产,不能用于其他含氮物质的合成,依赖天气,而且不安全 【讨论】如果你是化学家,你会从何处着手研究人工固氮问题? 【路径设计】从氨气到氮肥的转化路径 【实验验证】① 氨气溶于水;② 氨气与氯化氢气体;③ 视频——氨的催化氧化 【讨论】这些实验中氨气分别转化成了哪些物质?证据是什么? **讲解**:合成氨的伟大意义;氮气中氮元素降价合成氨,进而合成铵根离子的途径研究;合成氨的伟大创举 **小结**:① 该过程中的含氮物质转化方程式;② 涉及的含氮物质性质归纳	赞赏化学对社会发展的重大贡献,能应用二维图,思考人工固氮的新途径。能书写合成氨、氨到铵盐转化的方程式,并总结氨气的相关性质

活动的目的是让学生自主应用物质类别、化合价角度解决问题。活动既培养了学生应用角度和转化思路解决问题的能力,又让学生从态度情感上体会到了含氮物质对人类的重要意义以及人类解决问题的创新,培养了学生的科学探究与创新意识。

在设计教学活动的过程中,还可以结合不同类别知识的教学路径及其教学活动类型,进行自主的设计。元素化合物知识有不同的教学路径。例如:以单一物质为中心——以元素为核心的物质群;以物质性质为主要的研究问题——以物质转化为主要的研究问题;直接观察实验现象获得物质性质——先从理论上预测物质可能具有的性质,然后设计实验,获得实验事实,总结得出物质性质;直面物质性质的研究——直面实际问题解决,在问题解决过程中获得物质的性质;先认识一个个孤立的物质,再建立物质之间的关系,形成知识框架——先建立物质间的整体认识,形成初步知识框架,再去认识框架中的单个物质,最后形成深入理解的知识框架。这些元素化合物的教学路径都有存在的必要性,体现了元素化合物教学的丰富性,但后者更属于高水平的元素化合物教学。

第三节　依据教学行为的关键特征,划分课堂水平

　　教学行为是教师教学能力的重要外显之一。王磊、王全等(2020)通过对国内外课堂教学行为观察的相关文献与指向核心素养教学的本质、特点、要求的综合考虑,提出了素养为本的课堂教学行为理论框架;选取了基于水溶液主题的四个典型课例,用素养为本的教学行为理论框架对其进行编码分析,通过分析讨论每个教学行为的时间、频次以及情景素材证据的选取,将素养为本的课堂划分成了四个水平,总结出每个水平的关键特征及其对应的定性描述,并概括出不同水平之间进阶的核心教学行为。

(一)　指向化学学科核心素养的课堂教学行为理论框架

　　Shulman、Grossman 等人对 PCK 的研究表明,教师的教学能力对学生的发展起到了重要作用(杨薇等,2008)。但教师的教学能力是一个庞大的系统(申继亮等,2000),孟育群的《现代教师论》、赵立伯的《教师心理学》、林崇德的《教育的智慧》等著作都对其内涵及构成做出了解读。但对教师的教学能力表现评价则处于刚刚起步的阶段,缺乏相应的研究,而对于教师指向核心素养的教学能力表现评价则更是少之又少。结合"高端备课"教学实践情况来看,教师的教学能力在教师的课堂教学行为及情境素材的选取上能够得到很好的外显。

　　国内外对于教学行为的研究大体分为无取向性和有取向性两种:国外Flanders 的 FIAS(高巍,2007)、TIMSS 录像研究项目(郑晓丽,2009),国内陕西师范大学闫君(2010)、北京师范大学赵静(2012)在无取向的教学行为研究中做出了重要贡献。这些不带取向性的课堂行为编码研究文献为本研究框架的维度设计、指标选取提供了重要参考。而带有取向性的课堂教学行为研究甚少,研究者以北京师范大学曹一鸣(2011)、殷欢(2009)、任娟汶(2013),东北

师范大学宁波（2006）、翼芳（2007），天津师范大学冯媛媛（2013）为主要代表。通过对已有的课堂教学行为框架进行比对、分析发现，任娟汶（2013）的高中化学课堂教学行为研究模型包容度较大，能够更好地将课堂行为包含进去，但该模型的提出是针对促进学生认识发展的课堂。要想解决化学学科核心素养导向的课堂教学行为表征，需要在这个模型的基础上进行适当修改。

情境素材虽然不是对教学行为的编码，但是在指向核心素养的化学课堂中起到了重要的作用（刘红，2003），好的情境素材能够帮助学生建立学习的积极性，培养学生在面对陌生的情境时处理复杂问题的能力（王磊，2017）。就现阶段的高中化学教学情况和"高端备课"项目的成果来看，指向核心素养的高水平的化学课堂中情境素材线必不可少，对于教学能力的评价有着重要作用。

聚焦核心素养取向的课堂教学行为，在任娟汶（2013）的《高中化学课堂教学行为研究——基于促进学生认识发展的视角》一文中提出的教学行为观察框架的基础上，在二级框架（亚类行为）中新增了 A7（评价型问题）、B7（反思性追问）、B6（认识性追问）、B5（请其他同学分析或评价）、C9（创设情境、介绍史实或背景）、D5（学生独立建模）、E3（学生思路外显）、G10（建模活动）这几个新增的亚类行为。本研究认为，框架中的"D. 模型化"和"E. 思路外显"是发展学生核心素养的课堂关键教学行为。

教学行为与情境素材的选取都和教学取向有关，情境素材的选取水平一定程度上能影响教学行为，而不同教学行为的背后也可能是因为情境素材选取情况的不同。

按照教师对情境素材证据的选取情况，做出如下四个水平划分，见表 6-3-1。

表 6-3-1　情境素材选取水平划分

水平	水平特征描述
四	（深度加工、创设情景）能够发挥素材的多种功能，广泛选择和使用素材，对素材进行深度加工、创设情景帮助学生建构相应核心主题的认知模型，转变偏差认识，发展学生核心素养
三	（有意识选取）了解本主题常用的情景素材类型，能够根据教学功能选取和使用素材
二	（照搬素材）运用教科书中的素材和例子，帮助学生理解本主题的相关知识
一	（缺乏素材）主要是讲解知识要点，缺少素材和例证，或教材例证与概括性结论割裂

具体的课堂教学行为观察框架型如表 6-3-2 所示。

表 6-3-2　指向核心素养的化学课堂教学行为理论框架

行为类别	亚类行为
A. 教师提问	10 鼓励学生自主提问;9 制造认知冲突;8 探查认识方式;7 评价型;6 设计型;5 预测型;4 分析比较型;3 开放型;2 解释型;1 回忆、判断型
B. 回答利用	8 探查与运用学生想法;7 反思性追问;6 认识性追问;5 请其他同学分析或评价;4 询问不同答案;3 精致复述;2 评价对错;1 忽视
C. 教师讲解	9 创设情境、介绍史实或背景;8 知识总结;7 教师演示实验;6 自问自答;5 分析、解释;4 描述、呈现事实/数据/知识/答案等;3 下指令或描述任务;2 认识型引入/过渡;1 知识型引入/过渡
D. 模型化	6 学生独立用模;5 教师引导学生用模;4 教师示范用模;3 学生独立建模;2 教师引导学生建模;1 教师独自建模
E. 思路外显	4 学生用外显的思路解决问题;3 学生思路外显;2 教师用黑板或 PPT 思路外显;1 教师口述使思路外显
F. 学生回答	6 主动向教师提问;5 系统、完整描述思维过程;4 独立进行证据反驳;3 学生解释性回答但不系统;2 提供简短答案(填空式回答);1 沉默或独立思考
G. 学生活动	10 建模;9 评价论证;8 用模;7 设计验证;6 系统分析;5 预测;4 解释;3 判断比较;2 操作;1 回忆

其中,新增亚类行为的界定如表 6-3-3 所示。

表 6-3-3　理论框架中新增的亚类行为界定说明

A. 教师提问			
亚类编号	提问类型	描述说明	举例说明
A7	评价型	教师提评价型问题,可以是对工业合成路线、实验方案、实验装置设计、其他人的想法或者模型等的评价	T:你认为这个实验方案怎么样?可行性高不高? T:你认为其他组设计得纯碱制造流程有哪些突出之处?

	A. 教师提问		
亚类编号	提问类型	描述说明	举例说明
B7	反思性追问	教师对学生的回答进行反思性追问,追问内容可能涉及到推理证据、推理的依据/思路、制造认知冲突、自己的想法和他人有什么不同/创新之处等	S:氮气可能会和氢气反应生成氨气 T:你是怎么提出这个观点的,你的依据是什么? S:氮气是 0 价,想变成 -3 价,需要加还原剂
B6	认识性追问	教师对学生的回答进行认识性追问,追问内容可能涉及回忆知识、指出下一步产物、具体结论、实验步骤/方案等	S:自然界中有氯化钠 T:自然界中有氯化钠,所以? S:我们当时想的就是自然界中有氢氧化钠,然后氢氧化钠在自然界中就会变质生成碳酸钠 T:自然界中有氢氧化钠吗?
C9	创设情境、介绍史实或背景等	教师创设情境、讲述史实或背景等,培养学生的情感、态度、价值观,发展学生"科学精神与社会责任"的核心素养	T:我给大家聊一段历史:1921年有一位年轻的化学家从美国学成回国,我们都知道他叫侯德榜。他回国之后,目睹了也经历了我们国家当时那种苦难的生活,老百姓连一块可口的馒头都吃不上,因为当时我们国家还没有一个纯碱工业制造的工厂。碳酸钠当时被老百姓叫作洋碱,直到 20 世纪 80 年代的时候我们都还叫他洋碱。于是这位化学家立志,必须把它做出来

续表

A. 教师提问			
亚类编号	提问类型	描述说明	举例说明
D3	教师让学生独自建模	教师让学生独自建模，教师负责提炼、修正或评价。属于建模中的最高水平	T：基于上述实际问题的解决，你们以后将如何解决水溶液体系中的问题？你有哪些角度或者是思路方法？ S：看微粒种类，看可能发生的反应……
G10	建模活动	教师让学生进行通过思考和讨论独立建立模型的活动，学生试图通过教师提供的素材、问题，尝试利用已有知识和认识思路、角度独立建立模型	T：今后面对水溶液的问题，你要从哪些方面思考问题？需要注意到什么要素？ S：（学生建模活动）

（二）典型"水溶液"主题教学案例中的课堂教学行为对比

水溶液主题是高中化学学习的重点内容，也是公认的难点。认识复杂体系中的多种物质和多种平衡，对学生而言是很大的挑战。研究者选取了水溶液主题四节典型案例：案例1——《世纪回眸看制碱》、案例2——《从平衡视角看工业制碱》、案例3——《海水酸碱性及其应用》、案例4——《电解质溶液》。其中，案例1、2、3均出自北京师范大学"高端备课"项目，案例1、2在2017年第十二届全国基础教育化学新课程实施成果交流大会中分别获得了"特等奖""一等奖"的好成绩，案例3未被选入成果会，案例4是一节知识解析取向的复习课。换言之，这四节典型课例被研究者及专家认为是具有一定区分度的不同水平课例。

将以上四个高三水溶液主题的复习课典型教学案例录像用指向核心素养的化学课堂教学行为模型分别按照"单一编码"的方式进行分析。当出现某个教学行为同时满足某一类教学行为中两个或多个亚类行为的特点时，优先编编号较大的代码（所对应的水平较高，更能促进学生发展核心素养）。

对整节课编码完成后，这些编码的原始数据包含了这节课中课堂教学行为最原始的信息。在此基础上，统计出每个教学行为所用的时间和频次，再对各个课堂教学行为（大类、亚类）总用时和发生频率进行统计。

按大类所用时间占百分比及出现频率进行统计,结果如图 6-3-1 所示。

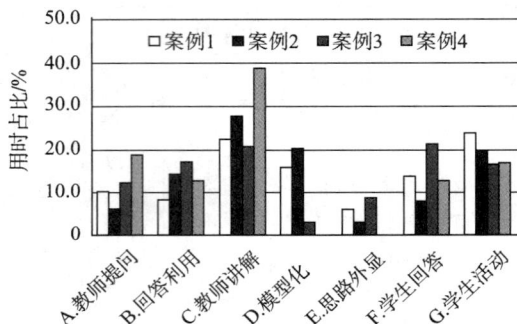

(a) 各大类行为用时占比图

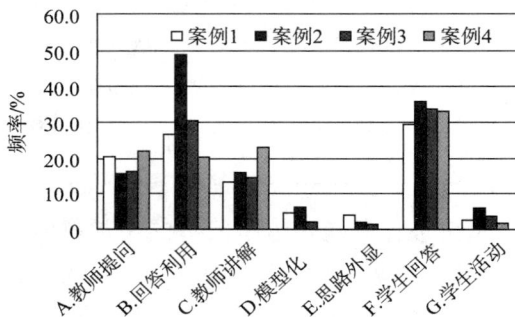

(b) 各大类行为频率图

图 6-3-1　4 个典型课例各大类行为用时占比(a)及频率(b)图

在化学学习中,建立模型具有很强的正效应(张美芳,2015)。由图 6-3-1 可见,案例 1 和案例 2 模型化用时较长,模型水平较高,素养味较浓。案例 3 虽然模型化水平不高,却有一定的思路外显,但思路外显更关注单维的、有顺序的问题解决方法,其认识维度和深度要低于模型化。案例 4 缺少"D. 模型化"和"E. 思路外显",且教师讲解时间远超其他 3 个案例,属于典型的知识解析型课例,此外,在情境素材的选取上教师仅处于水平 1(缺乏素材),并不能有效发展学生的化学学科核心素养,初步判定其为素养为本教学中的低水平案例。而案例 1、案例 2、案例 3 各类教学行为都有所涉及,且在情境素材的选取上,案例 1 和案例 2 都能够做到水平 4(深度加工、创设情境),案例 3 能够达到水平 3(有选取意识),这 3 个典型课例的水平划分,仅依靠大类行为时间占比是很难比较的,需要具体到亚类才能得到具体结果。

(1)教师提问亚类行为对比分析讨论。

对 4 个案例中"A. 教师提问"的亚类行为频率进行统计,结果见图 6-3-2。

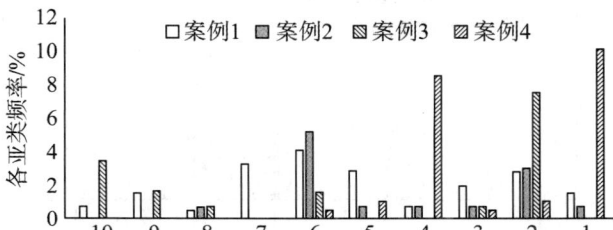

1. 回忆/判断型　2. 解释型　3. 开放型　4. 分析比较型　5. 预测型　6. 设计型
7. 评价型　8. 探查认知方式型　9. 制造认识冲突　10. 鼓励学生自主提问

图 6-3-2 "A. 教师提问"亚类行为频率对比图

由图 6-3-2 可以看出,案例 1——世纪回眸看纯碱中所有提问类型均有涉及,且频次分布均匀,做到了多层次、多水平、多样化提问,可以照顾到不同水平的学生,难度分布适中。频率最高的是 A5(预测型)、A6(设计型)、A7(评价型),均为较高水平的设问,充分挑战了学生的原有认识方式和思维品质,给学生提供了更多思考和能力上升的空间,促使学生改变固有认识,发展化学学科核心素养。从教师提问这个维度上来考量,案例 1 无疑是最高水平。

案例 2——从平衡视角看工业制碱涉及 7 个亚类,缺少 A7(评价型)、A9(制造认知冲突)、A10(鼓励学生自主提问),其他的设问类型相对平均,其最高频次的提问是 A6(设计型),属较高水平的教师提问。

案例 3——海水酸碱性及其应用教师提问类型为 A2,A3,A6,A8,A9,A10 共 6 大类,大量集中在 A2(解释型)这样一中低水平的提问方式,A10(鼓励学生自主提问)虽频次高,但用时很少,且未得到相应的学生反馈。A9(制造认知冲突)多次出现,可见教师有意识地制造认知冲突,发掘学生学习动力,促进学生的认识发展。总的来看,教师提问类型略有层次性,整体提问难度并不高,注重学生的认识发展,在指向核心素养的化学课堂中属于中等水平的提问设计。

案例 4——电解质溶液这节高三化学复习课则非常直观,只有 A1—A6 水平偏中低的设问方式,且分布集中在 A1(判断、回忆型)和 A4(分析比较型)任务上,整体难度较低,肢解任务,不利于学生核心素养的发展。这可能和教师课堂的定位有关,缺乏素材,以习题类型为主要线索,是一节知识解析型课堂,因此其设问方式在本研究中被认为是低水平的设问。

(2)回答利用亚类行为对比分析讨论。

对 4 个案例中"B. 回答利用"的亚类行为频率进行统计,结果见图 6-3-3。

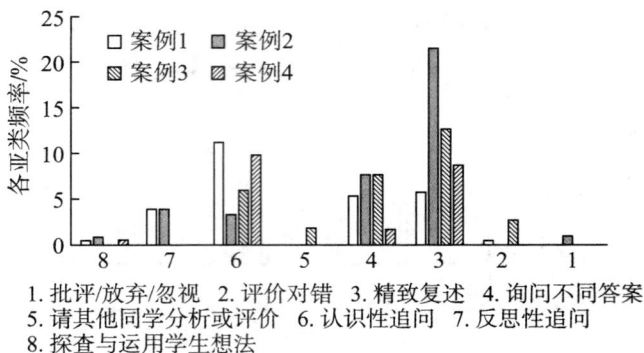

1. 批评/放弃/忽视 2. 评价对错 3. 精致复述 4. 询问不同答案
5. 请其他同学分析或评价 6. 认识性追问 7. 反思性追问
8. 探查与运用学生想法

图 6-3-3 "B. 回答利用"亚类行为频率对比图

由上图可以看出,这 4 节课例在回答利用方面各有千秋,几乎都没有出现 B1(批评、放弃或忽视学生的想法)和 B2(评价对错但未纳入教学中),说明教师在上课过程中是充分尊重学生的回答和表现的,而且对学生回答的利用率较高。

案例 1 和案例 2 出现 B7(反思性追问)的频次较高,反思性追问的内容可能涉及到推理证据、推理的依据/思路、制造认知冲突、自己的想法和他人有什么不同/创新之处等等,属于高水平的回答利用。教师能够通过反思性追问对学生的认识进行探查和诊断,得到有效的反馈,而教师的诊断是素养导向的关键行为,能够进行反思性追问的教师即是素养导向教学中高水平的教师。因此,B7(反思性追问)是回答利用中素养导向的关键亚类行为。基于此,可以认定案例 1、案例 2 中回答利用的水平高于案例 3 和案例 4。案例 1 和案例 2 在这一类中水平相近,而案例 2 中 B3(精致复述)出现的频率较高,究其原因是在上课过程中容易打断学生回答或思路,抢话现象严重,带来的后果则是学生回答的完整性较低(这一点在 F 学生回答中再做讨论),因此可以说在回答利用这一大类上,案例 1 仍旧是最出色的。而案例 3 虽然缺失了 B7(反思性追问)这一关键行为,却在 B5(请其他同学分析或评价)这一亚类中有所建树,广义上讲也属于反思性追问的一种,因此案例 3 的回答利用水平高于案例 4。而因为案例 4 教学取向是知识解析型课堂,因此回答利用大量集中在 B3(精致复述)和 B6(认识性追问)上,依赖于此推动教学进程。总的来看,按照指向核心素养的理论框架来观察,案例 1 的回答利用水平属高水平,案例 2 属较高水平,案例 3 属中等水平,案例 4 属低水平。

(3)教师讲解亚类行为对比分析讨论。

对 4 个案例中"C. 教师讲解"的亚类行为频率进行统计,结果见图 6-3-4。

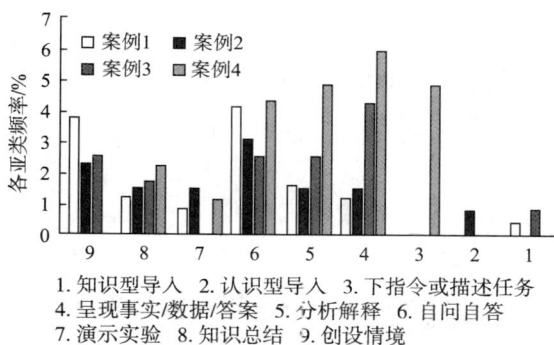

1. 知识型导入　2. 认识型导入　3. 下指令或描述任务
4. 呈现事实/数据/答案　5. 分析解释　6. 自问自答
7. 演示实验　8. 知识总结　9. 创设情境

图 6-3-4　"C. 教师讲解"亚类行为频率对比图

由上图可以看出,案例 4 的教师讲解总频次明显高于其余 3 个案例,但其却缺少了素养导向的课堂中教师讲解的关键行为 C9(创设情境),导致其虽然最为重视教师讲解,其水平却在素养为本的框架中处于低水平。案例 1、案例 2、案例 3 都出现了指向核心素养框架中的关键行为 C9(创设情境),且案例 1 和案例 2 在 C4—C9 各个中高水平亚类上表现均衡,属于高水平教师讲解。案例 3 缺少 C7(演示实验),与其惯用 C4(呈现事实/数据/答案)推动教学进程有较大关系,且讲解亚类行为水平较 1 和案例 2 整体偏低一些(C4,C5 明显偏高),因此可以定位为较高水平的教师讲解。

综上所述,按照指向核心素养的教学行为观察框架分析,案例 1、案例 2 为高水平教师讲解,案例 3 属较高水平,案例 4 属低水平或者中等水平。

(4)模型化、思路外显亚类行为对比分析讨论。

对 4 个案例中"D. 模型化""E. 思路外显"的亚类行为频率进行统计,结果见图 6-3-5。

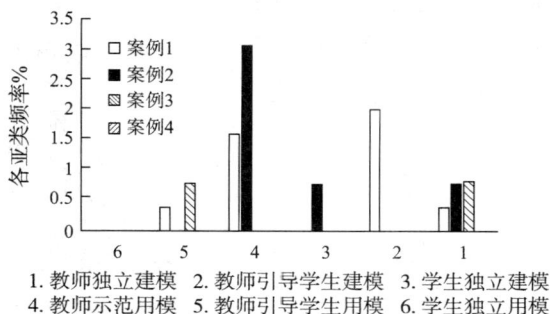

1. 教师独立建模　2. 教师引导学生建模　3. 学生独立建模
4. 教师示范用模　5. 教师引导学生用模　6. 学生独立用模

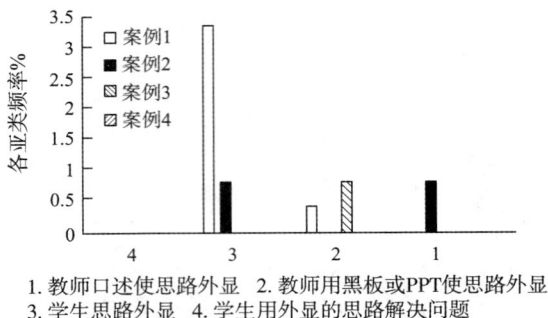

1. 教师口述使思路外显　2. 教师用黑板或PPT使思路外显
3. 学生思路外显　4. 学生用外显的思路解决问题

图 6-3-5　"D. 模型化"亚类行为频率对比图(上)和

"E. 思路外显"亚类行为频率对比图(下)

在指向核心素养的课堂中,希望学生能够自主地对建立起来的核心知识概念进行概括关联,能够自主地运用核心知识概念进行分析解释、推论预测、简单设计,甚至迁移创新(王磊,2017),着重培养学生的概念输出能力。因此,"D. 模型化"和"E. 思路外显"是培养学生核心素养的关键行为。而案例 4 在这 2 个大类上面的整体缺失已经宣告其在模型化大类的低水平。案例 1～3 均有建模(D1—D3)、用模过程(D4—D6),案例 1 能够以师生为共同主体多维度地建模、用模,且整体频率较高;案例 2 多维度、高水平建模,低水平用模(仅有教师示范用模);案例 3 低水平建模,较高水平用模。因此,案例 1 属高水平模型化,案例 2、3 属较高水平模型化。思路外显按照出现频率和能否让学生思路外显(D3),直观地看到案例 3、2、1 水平依次升高。

综上所述,在模型化和思路外显这两类关键大类行为中,案例 1 属高水平,案例 2 属较高水平,案例 3 属中等或较高水平,案例 4 属低水平。

(5)学生回答亚类行为对比分析讨论。

对 4 个案例中"F·学生回答"的亚类行为频率进行统计,结果见图 6-3-6。

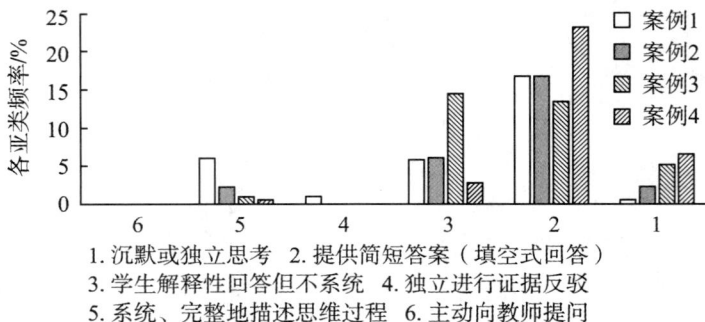

1. 沉默或独立思考　2. 提供简短答案(填空式回答)
3. 学生解释性回答但不系统　4. 独立进行证据反驳
5. 系统、完整地描述思维过程　6. 主动向教师提问

图 6-3-6　"F·学生回答"亚类行为频率对比图

学生回答的完整性、系统性越好,描述自己思路的过程越全面,则表示学生回答的水平越高,除此之外,素养导向的课堂更强调学生面对未知复杂问题时解决问题的思路,因此 F5(学生系统、完整地描述思维过程)无疑是学生回答的高水平回答,F3(学生解释性回答但不系统)虽不系统、完整,但学生也有描述自己思路的意识,可看作是弱化版的 F5。由图 6-3-6 可以看出,4 节典型课例在学生回答水平上区分度是非常高的:案例 1、2、3、4 在 F5 的发生频率上递减,而在 F1(学生沉默或独立思考)频率递增,说明 4 个案例完整性依次降低,在"F. 学生回答"这个维度上,水平呈现倒序水平(案例 1 为高水平)。

(6) 学生活动亚类行为对比分析讨论。

对 4 个案例中"G. 学生活动"的亚类行为频率、时间占比进行统计,结果见图 6-3-7。

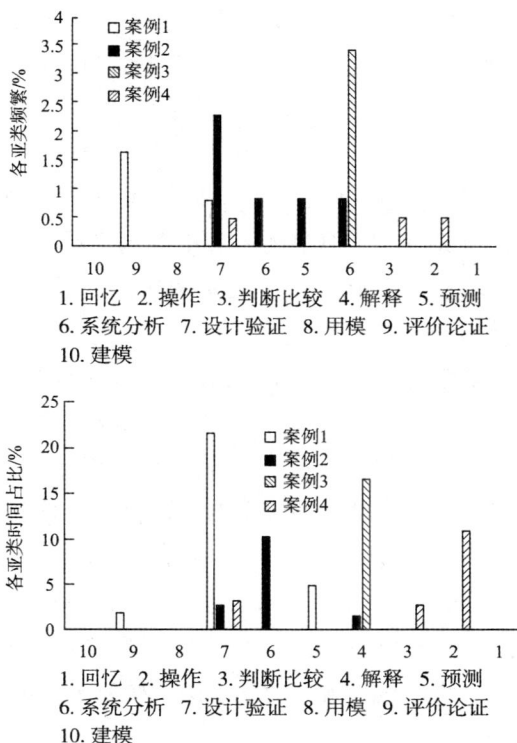

1. 回忆 2. 操作 3. 判断比较 4. 解释 5. 预测
6. 系统分析 7. 设计验证 8. 用模 9. 评价论证
10. 建模

1. 回忆 2. 操作 3. 判断比较 4. 解释 5. 预测
6. 系统分析 7. 设计验证 8. 用模 9. 评价论证
10. 建模

图 6-3-7 "G. 学生活动"亚类行为频率(上)和
时间占比(下)图

基于以上学生活动亚类的频率和时间占比图,可以肯定的是各位教师都设计了学生活动。案例 1 的学生活动集中在 G7(设计验证)和 G9(评价论证)

两个水平很高的学生活动上。还有一个显著特点,G7的频率很低,用时却非常高,这说明了这是一个非常高水平的学生活动(实际教学具体活动是让学生小组设计工业制备碳酸钠的整体流程、步骤、操作,并将方案外显在提前准备好的小黑板上),属于高水平学生活动;案例2学生活动分布较广,G4—G7这种中高水平活动均有所涉及,G6(系统分析)表现出了频率较小、时间较长的较高水平学生活动特征,其余学生活动时间频率分布柱状图形状类似,活动开放度中等。整体来看学生活动水平也属较高水平;案例3学生活动全部集中在G4(解释),这与教师的教学取向——促进学生认识发展有关,通过大量的分析、解释型活动,让学生们深化对于知识的理解能力,但也仅此而已,属于中等水平的学生活动;案例4整体在学生活动上面的频率都较低,总共只有1.5%,在有限的学生活动中,在G2(操作)、G3(判断比较)这种相对简单的活动上面占用了较长教学时长,对于学生的素养发展帮助不大,虽然也有G7(设计验证),但用时较少,任务碎片化,整体来看学生活动属低水平。

由上述大类对比和亚类细分对比可以总结出,案例1无论在各个大类和亚类上表现均非常突出,属于高水平案例;案例2在部分大类上表现属高水平,部分为较高水平,在各个类别上表现均衡,总体来看属于较高水平课例;案例3虽在个别大类上表现优秀,但整体来看中等水平居多,属中等水平案例;案例4则表现平平,大多数属于低水平,整体属于低水平课例。这一分析结果恰好符合专家评议结果。

(三) 指向化学学科核心素养的关键课堂教学行为

最具特征的行为依旧有"D. 模型化"和"E. 思路外显",此外,B7(反思性追问)、C9(创设情境、介绍史实或背景)、F5(学生系统、完整地描述思考、推理过程)是中高水平的素养为本课堂的关键行为。较高水平的提问(A4 分析比较型、A5 预测型、A6 设计型、A7 评价型、A8 探查认识方式、A9 制造认知冲突)以及较高水平的学生活动(G4 解释、G5 预测、G6 系统分析、G7 设计验证、G8用模、G9 评价论证、G10 建模)对发展学生的核心素养具有积极作用。

基于上述讨论,对指向核心素养的化学课堂按照不同维度进行水平划分、定性描述,结果见表 6-3-4。

表 6-3-4　指向核心素养的化学课堂水平划分

水平	描述
四	课堂总用时在各个类型的行为中表现均衡,教师提问能够做到多类型、多层次、多水平、多样化。可以照顾到不同水平的学生,难度分布均匀适中,既能有效推动课堂进程,亦能促进学生核心素养的发展;教师重视学生回答并能够多样性地利用学生回答,能够进行多次有效的反思性追问,对学生的认知、思路方法进行探查和诊断,得到有效的反馈并对课堂进行调整;教师讲解过程中善于知识总结,能够充分创设情境、讲述史实或背景来培养学生的情感、态度、价值观,发展学生的核心素养;教学过程中存在思路外显或模型化的活动,且注重学生的知识概念输出能力,能够让学生建模/用模/思路外显/用外显的思路解决问题;学生回答的关键特征是能够高频次、长用时地出现 F5(学生系统、完整描述思考、推理过程);具有多种类、高水平的学生活动,且学生活动完整(频次低,用时长);教师对于情景素材的选取水平应该达到水平四(深度加工、创设情境),至少为水平三(有意识选取)
三	课堂总用时在各个类型的行为中表现均衡,教师提问能够涉及较多的类型,有较好的层次感,可以照顾到不同水平的学生,难度分布均匀适中;教师重视学生回答并能够多样性地利用学生回答,能够进行一定的反思性追问,对学生的认知、思路方法进行探查和诊断,得到有效的反馈;教师讲解各类均衡,向高水平讲解倾斜,有一定的情境创设、讲述史实或背景(C9)类讲解;教学过程中存在思路外显或模型化的活动,用时较长,且注重学生的知识概念输出能力,能够让学生建模/用模/思路外显/用外显的思路解决问题;学生回答能够出现一定量的 F5(学生系统、完整描述思考、推理过程)、F3(学生不系统、不完整地表述自己的思考、推理过程);具有多种类、不同水平的学生活动,且学生活动相对完整(频次较低、用时较长);教师对于情景素材的选取水平应该达到水平三(有意识选取),甚至为水平四(深度加工、创设情境)
二	课堂中能够涉及各个类型的教学行为,但用时可能在某大类相对较多;教师提问能够涉及不同的类型,但问题的难度集中在中低水平的问题;教师重视学生回答并能够进行中低水平的利用,缺少 B7(反思性追问)或反思性追问的频次低;教师讲解能够涉及不同类型,但可能重点集中在某个亚类,整体讲解水平属中等水平,有一定的 C9(创设情境、讲述史实或背景);教学过程中能够出现思路外显或者模型化的活动,用时较短,缺乏对学生概念输出能力的重视,而重在教师建模或思路外显;学生回答集中在 F2(填空式回答)和 F3(不系统、不完整地表述自己的思考、推理过程),鲜有 F5(学生系统、完整描述思考、推理过程);有学生活动,但学生活动可能集中在某一类任务上,相对单一,且活动的水平和完整度一般;教师能够有意识地选取情景素材,至少能够达到水平二(照搬素材)

水平	描述
一	课堂中缺少促进学生核心素养发展的关键教学行为,如"D.模型化""E.思路外显"等,且"C.教师讲解"的用时明显高于其他大类。教师提问集中在低水平的提问类型上;对学生的回答利用水平不高,缺少B7(反思性追问);教师讲解虽用时很长,但却缺少指向核心素养的化学课堂中教师讲解最重要的一环C9(创设情境、讲述史实或背景);教师在课程设计中缺少模型化和思路外显的过程或出现频率极低;学生回答碎片化,明显集中在F2(填空式回答)和F1(学生沉默或独立思考);学生活动碎片化,每次学生活动的用时短或学生活动的效率很低;教师的授课过程中缺乏素材(水平一),或者只从教科书中照搬素材(水平二)

　　在各个教学行为大类中,其关键行为和从低水平向高水平的关键特征如图 6-3-8 所示。

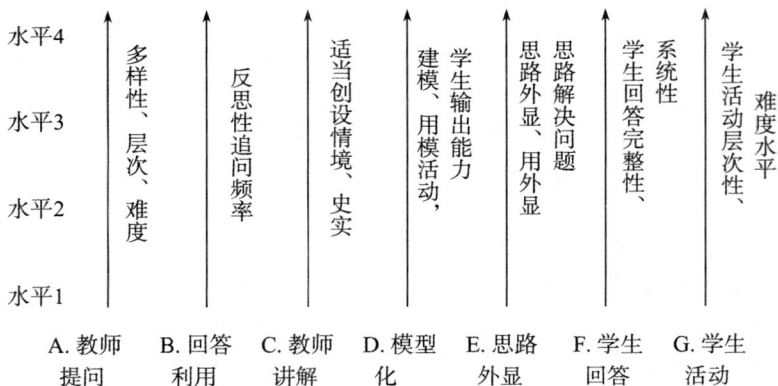

图 6-3-8　指向化学学科核心素养的课堂教学水平进阶的关键特征

　　指向化学学科核心素养的关键教学行为、课堂水平划分可以用来进行教师诊断与评价,诊断出教师的教学水平现状。水平进阶的关键特征则可对教师的专业发展起到帮助,提供发展点与基本策略。

第四节　顶层设计教、学、评一体化,改进教学方案

教学目标、学习目标、评价目标本身就是相辅相成的。课堂教学目标是指教学活动预期达到的结果,是教育目的、课程目标的具体化,是教师开展教学活动、设计学习活动的依据,也是教师完成教学任务所要达到的要求和标准。学习目标是学生通过学习所期望达到的目标。评价目标则是对学生知识掌握情况以及达到什么程度等问题的回应。但是,在现实情况中,却存在着教学目标、学习目标、评价目标脱节的现象。导致"教""学""评"脱节的原因主要有以下几个方面。

第一,教师对教学内容的学科核心素养(包括关键能力、必备品格、价值观念)发展价值认识不够清晰、具体,导致教学目标的素养发展目标泛化。例如,对不同内容、不同年级教学设计的教学目标都会空泛地提到"培养学生科学探究能力、培养学生分析解决问题能力"。教师在设计评价目标时,也很难将关于能力、素养的评价目标具体化。因此,在考试大纲、考试说明等文件的评价目标中,只能看到指向具体知识的评价目标。

第二,教学目标、评价目标的表述普遍采用"知道""理解""掌握""应用""综合应用"等描述,对其内涵阐释不清,缺少输出性行为动词的界定。教师在教学中,不清楚学生学到什么程度、能做什么事情就达到了"理解"或"掌握"水平,必然会导致教学目标模糊,教学目标与评价目标脱节。

第三,教师在设计教学目标、评价目标时,与核心能力活动的价值关联不够,因此导致教学目标、学习目标、评价目标脱节。

为了解决上述问题,将教学目标转化为评价目标,实现"教、学、评"一致性,可以从以下三个方面着手。

(1)建立内容要求、学业要求、学业质量标准间的关联。

修订后的高中化学课程标准基于学科核心素养设计内容要求、学业要求、学业质量标准,各主题的内容要求、学业要求充分体现该主题的学科核心素养发展要求,同时,内容标准、学业要求、学业质量标准也具有较好的一致性。例

如,在必修模块主题 2"常见的无机物及其应用"内容要求中,提出"认识元素可以组成不同种类的物质,根据物质的组成和性质可以对物质进行分类""同类物质具有相似的性质,一定条件下各类物质可以相互转化""认识元素在物质中可以具有不同价态,可通过氧化还原反应实现含有不同价态同种元素的物质的相互转化"。在学业要求中,提出"能依据物质类别和元素价态列举某种元素的典型代表物""能从物质类别、元素价态的角度,依据复分解反应和氧化还原反应原理,预测物质的化学性质和变化,设计实验进行初步验证,并能分析、解释有关实验现象"。将二者关联研读,可以发现:在设计物质分类、氧化还原反应等内容的教学目标时,要落实相关概念对于学生从物质类别、元素价态角度认识物质、物质性质的功能价值;在设计元素化合物内容的教学目标时,要落实学生从物质类别、元素价态角度认识物质、物质性质的能力。在教学中落实了上述目标,才能达到"能依据物质类别和元素价态列举某种元素的典型代表物""能从物质类别、元素价态的角度,依据复分解反应和氧化还原反应原理,预测物质的化学性质和变化,设计实验进行初步验证,并能分析、解释有关实验现象"的学业要求。而依据学业要求设计评价目标,自然可以实现"教、学、评"的一致性。

（2）以学科能力构成及其活动表现模型为核心设计教学和评价目标。

借鉴北京师范大学"中小学生学科能力表现研究"课题研究成果,基于化学学科能力素养内涵构成及其活动表现模型（王磊,支瑶,2016）,建立核心学科知识、学科活动经验、学科认识方式、学科关键能力和核心素养的外在表现间的关联,设计教学目标和评价目标。

王磊教授从学习理解、应用实践和迁移创新三个层面建立化学学科能力表现框架,从核心学科知识、核心学科活动经验和化学认识方式三个维度解释化学学科能力的内涵构成,建构起化学学科能力内涵构成及其活动表现的系统模型（如图 6-4-1 所示）。其中,学科核心知识和活动经验是学科能力发展的基础,学科认识方式是学科能力发展的内涵实质,学科能力活动类型是学科能力发展水平的外在表现。

结语
指向化学学科核心素养的课堂教学行为

水平

| 定性—定量 / 孤立—系统 / 静态—动态 / 宏观—微观 | 认识方式类别 | | | 物质性质检验 | 反应规律探究 | 物质构成探究 | 物质检验 | 物质分离 | 物质制备 | | 迁移创新 | 创新思维 |
| 系统研究 |
| 复杂推理 |

认识思路

学科核心活动经验

| 途径 / 改变 / 类型 | 能量 | 学科认识方式 | | | 应用实践 | 简单设计 |
| 推论预测 |
| 分析解释 |

| 条件 / 速率 / 限度 / 方向 | 反应 | 认识角度 | | | |

| 价键 / 周期性 / 化合价 / 类别 | 物质 | | | 学科核心知识（认识域） | 无机物 | 有机物 | 化学反应 | 化学与生活 | | 学科能力活动及其表现 | 学习理解 | 说明论证 |
| 概括关联 |
| 辨识记忆 |

课程、教学、年级

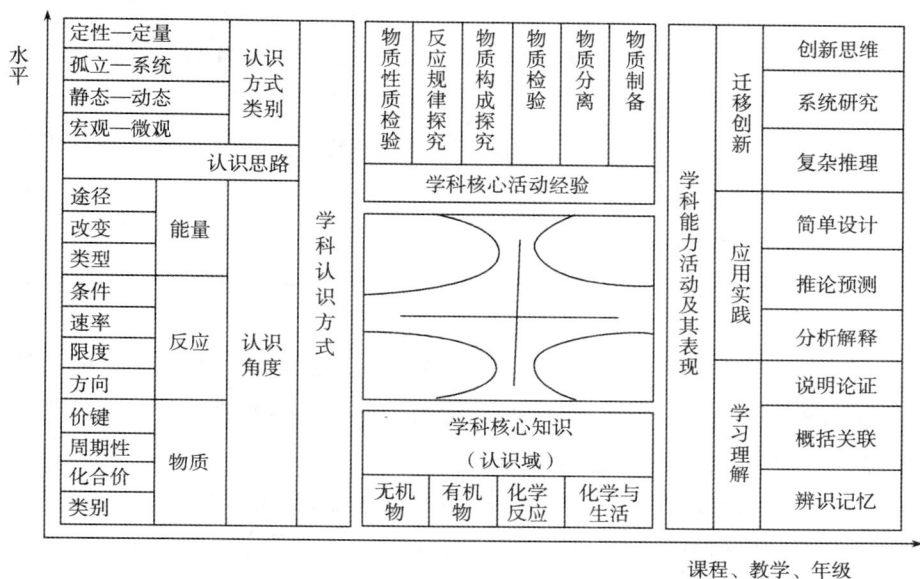

图 6-4-1 化学学科能力内涵构成及其活动表现模型

基于上述模型,在设计教学目标和评价目标时,可以先分析核心知识、核心能力活动的化学认识方式内涵,明确其能力素养发展价值,再根据不同的教学阶段,确定学生在该阶段应完成的学科能力活动、应达到的表现水平。例如,在铁及其化合物新授课的教学中,学生主要达到学习理解层面的目标,通过寻找含铁物质、探究含铁物质性质等活动,首先习得具体知识,能说出系列含铁化合物即铁的氧化物、氢氧化物、铁盐、亚铁盐的具体性质、相应的化学方程式、实验现象等;其次,初步形成基于类别和价态认识物质、物质化学性质的基本思路,能建立物质类别与含铁物质及其性质的关联,能建立铁元素的化合价与含铁物质及其性质的关联;第三,初步形成利用实验研究物质性质的思路,即能通过实验事实论证含铁物质的性质。新授课后的评价目标一方面指向学习理解层面,上述教学目标即为评价目标;另一方面可以指向应用实践层面,设计"能运用铁及其化合物的性质分析解释生产、生活、实验室中的现象,如久置的硫酸亚铁呈黄色""能预测、推断陌生含铁物质的性质,如预测碳酸亚铁的性质"等评价目标。由此可见,基于化学学科能力内涵构成及其活动表现模型进行教学目标、评价目标设计,二者本身就是一致的。

（3）用输出性行为动词描述教学目标、评价目标。

为了便于把握教学目标和评价目标,建议用"能预测""建立…关联""形成

• 315 •

···思路"等输出性行为动词描述教学目标和评价目标。比如,在修订后的鲁科版必修下册化学教材"汽车中的化学"微项目部分,就对项目学习目标做了如下描述:

☞ 了解汽车燃料,尝试选择、优化车用燃料,建立化学反应中的物质变化与能量变化的关联,初步形成利用化学反应中的物质变化和能量变化,指导生产实践的基本思路。

☞ 通过设计安全气囊,初步形成从化学反应中的物质变化和能量变化及反应速率的视角科学解决问题的思路。

顶层设计一体化的"教、学、评",有助于开展基于主题—单元—课时的精准教学改进。下面以于少华等(2020)的"化学学科核心素养背景下的元素化合物教学改进"研究为例进行具体阐释。

由于元素化合物知识属于事实性知识或陈述性知识,知识本身具有庞杂、琐碎的特点,需要记忆的内容较多,容易混淆,因此元素化合物是教和学的难点之一(张俊华等,2015)。为解决元素化合物这一教学难点,北京师范大学化学教育研究所王磊教授的研究团队对此进行了深入的实践研究,于2015年提出并在实践中逐步完善了如下的无机化合物认识模型,见图6-4-2。

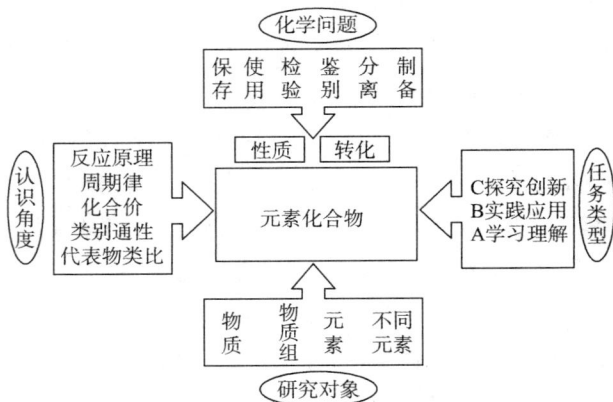

图 6-4-2　无机化合物认识模型(王磊等,2015)

《普通高中化学课程标准(2017年版)》在主题2"常见的无机物及其应用"中,对常见无机物及其应用的学业要求从7个方面进行了规定(中华人民共和国教育部,2018)。概括来说,要求学生具备如下的元素化合物的认识进阶,见表6-4-1。

表 6-4-1　元素化合物认识进阶

水平	高中生对元素化合物的认识
水平 1	依据物质类别和元素价态列举元素的典型代表物
水平 2	列举、描述、辨识典型物质重要的物理和化学性质及现象,能用方程式表示
水平 3	从物质类别、元素价态角度,依据复分解反应和氧化还原反应原理,预测物质性质并进行实验初步验证,能分析、解释有关实验现象
水平 4	利用典型代表物性质和反应,完成制备、分离、提纯、检验、保存、使用等问题
水平 5	利用元素化合物性质说明对社会及环境的影响,参与社会性议题的讨论

由此可以看出,无论是无机化合物认识模型还是新课标,都明确了元素化合物的教学绝不仅是要求学生记忆物质性质、背诵方程式,这只是元素化合物教学要求的最低水平。无机化合物认识模型和新课标都要求学生绝不仅是被动接受物质的性质,而应该具备以认识物质为基础,预测、分析解释物质性质,根据性质进一步完成实际问题解决等不同水平的能力,其核心是:从物质类别、元素价态角度,依据复分解反应和氧化还原反应原理,预测物质性质并进行实验初步验证;能分析、解释有关实验现象,即具备研究无机物性质的思路方法。具体来说,学生在面对物质性质预测任务时,需要经历的思路,见图 6-4-3。

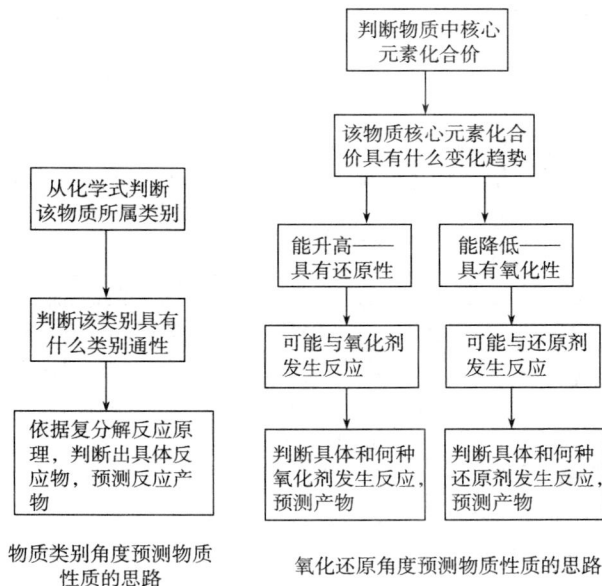

图 6-4-3　预测无机物性质的思路

为落实这样的思路方法,北京师范大学化学教育研究所指导教师进行了多年的实践探索,取得了很大的进展;教师也看到,在很多地方学生的实际水平与预期还存在不小的差距。为了解元素化合物教学现状,明确进一步改进方向,从 2017 年 9 月至 2018 年 1 月,王磊、于少华等(2020)对北京市 4 区 4 校的 8 位教师、245 名学生进行了跟踪调查研究。通过学生访谈、纸笔测试等手段,了解在进行铁及其化合物教学之前这一重要教学节点,能够从氧化或还原角度、物质类别通性角度,或从多角度研究无机物性质的学生占比,得到测评数据,见图 6-4-4。

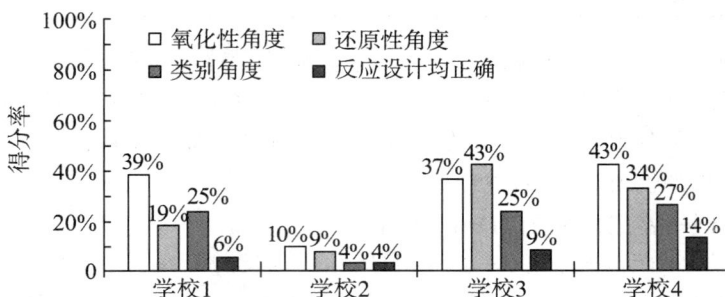

图 6-4-4　在铁及其化合物教学前的研究无机物性质的测评数据柱状图

通过实践调研数据可以发现无机物教学的现状与课标要求还有较大差距,引发对如下问题的进一步思考:教学实践中,如何将研究无机物性质的思路方法落地?什么样的教学环节必不可少?教师应注意哪些必备的关键措施?基于此,选取学校 2 作为改进重点,选取"铁及其化合物的性质"这一教学内容,对其进行教学干预,进行了无机化合物教学改进研究。

教学改进过程分为 4 个阶段展开:备课—试讲—正式讲—反思。具体过程见表 6-4-2。

表 6-4-2　教学改进具体过程

阶段	具体过程
备课	指导专家与两位授课教师就教学定位、教学过程以及关键的教学环节进行深入讨论
试讲	指导专家进入课堂观察教师及学生表现,并在课后对学生及教师进行了访谈。学生在课前及课后分别完成前测及后测纸笔测试题,根据访谈及数据结果,指导专家对教师教学的具体实施提出改进意见

续表

阶段	具体过程
正式讲	指导专家进入课堂,观察教师及学生表现变化,并在课后对学生及教师进行访谈。学生在课前及课后分别完成前测及后测纸笔测试题。指导专家根据访谈及数据结果,对教学改进效果进行论证
反思	包括教师反思及专家反思。确认教学改进的重点及效果,为进一步研究提供方向

此次教学选取植物营养液性质探究和制备保存分别作为第 1 课时和第 2 课时,落实硫酸亚铁的性质预测、验证、制备、保存等新课标所要求的教学内容。从试讲到正式讲,教学环节并没有发生大的变化,具体教学环节见表 6-4-3、表 6-4-4。

表 6-4-3　第 1 课时　"含铁植物营养液的性质"教学环节

	环节 1	环节 2	环节 3	环节 4
试讲	在给出二维图中尽可能全地写出含铁物质的化学式	猜想植物营养液中铁元素可能的存在形式,聚焦 Fe^{2+}、Fe^{3+}	预测 Fe^{2+}、Fe^{3+} 的性质,设计实验方案验证性质	学生根据铁盐、亚铁盐的性质设计营养液鉴别方案并实验
正式讲	尽可能全地写出含铁物质的化学式	预测营养液中铁元素可能的存在形式。认识铁及其重要化合物的物理性质	以硫酸亚铁为例,探究研究物质性质的一般思路(实验设计及实施)	对给出的检验营养液的最优方案进行分析解释

表 6-4-4　第 2 课时"含铁植物营养液的制备及保存"教学环节

	环节 1	环节 2	环节 3	环节 4	环节 5
试讲	根据二维图,设计获得硫酸亚铁的所有路径和方法	根据设计,选择路径,设计实验方案并实施	验证产物中是否含有硫酸亚铁	讨论硫酸亚铁溶液的保存	小结
正式讲	设计获得硫酸亚铁的所有路径和方法(2 轮任务)	以铁与稀硫酸制备得到的硫酸亚铁为例,设计实施实验,检验其中 Fe^{2+} 的存在	讨论硫酸亚铁溶液的保存	小结	

由此可以看出,在试讲时,教师已经能够比较自觉地从元素角度开始进入到物质性质的学习,也重视了从物质类别及氧化还原角度预测物质性质并实验验证的思路,但是试讲后的学生访谈及数据均显示这套思路方法并没有落实到学生头脑中,教学效果与教师预期有较大差距。因此在肯定了教师教学设计思路的同时,将教学改进的重点放在教学实施环节。

(一) 研究对象的调整

在试讲环节,选取了 Fe^{2+}、Fe^{3+} 进行性质预测及方案设计实施,教师的目的是复习刚学习过的电离及离子反应内容,同时试图通过两种物质来落实思路方法;在正式讲时,研究对象调整为仅选取 $FeSO_4$ 进行性质预测、设计方案及实施。这样做的目的在于:① 因为需要培养学生从物质类别及元素价态角度预测物质性质的思路方法,因此具体物质(例如 $FeSO_4$)无疑更适合学生判断类别及元素价态;② 因为教学时间有限,通过对一种物质深入、完整的探究过程,才能够保证核心任务有充分的时间落实。

(二) 教学时间的重新分配

如何将有限的教学时间进行合理分配,直接决定核心教学环节是否能够落实,直接决定教学效果。从试讲到正式讲,教学环节分配进行了重要调整,见表 6-4-5。

表 6-4-5　教学环节的时间分配调整

	试讲环节	正式讲环节	变化
第 1 课时	Fe^{2+}、Fe^{3+} 性质预测及方案设计实施	$FeSO_4$ 性质预测,设计方案及实施	减少
第 2 课时	二维图上讨论 $FeSO_4$ 制备的方案	学生自主考虑 $FeSO_4$ 的制备方法,再基于二维图讨论 $FeSO_4$ 的多种制备方案	增加
	$FeSO_4$ 制备多种方案的设计及实施	理论讨论 $FeSO_4$ 的多种制备方案,实施铁与稀硫酸这一制备方案	减少

教师在有些环节上减少了时间,其目的是聚焦于一种物质完整地预测探究,这是教学的关键,需要足够的实践予以保证;在有些环节上增加了时间,是因为越来越多的证据显示,越是宝贵的认识事物的角度(例如二维角度)越不能当作知识传授,越需要教师创设情境,给学生机会以自主调用角度,只有这样,认识事物的角度才能成为学生自主解决问题的角度,教师的思路才能真正传递为学生的思路。

（三）教学过程中教师对话重点的改变

教师对话重点的改变是教学改进的关键变化。通过对话中教师的追问，学生不但逐步明晰了自己思考问题的角度、思路，同时也将思考过程外显，师生深度对话的过程也是学生的认识思维发展外显的过程（阎芬等，2015）。因此，对话重点的改变对于教学效果的改变具有极其重要的影响。

第1课时"预测物质性质"环节，在试讲时的师生对话场景如下。

教师：根据铁及其化合物的二维图，预测亚铁离子性质。给2分钟思考时间，两个人可以讨论一下。

学生：与碱反应。

教师：你的依据是什么？

学生：与氢氧根离子反应。

教师：你看刚才那个模型，你运用的是？

学生：横向。

教师：横向的什么性质？

学生：盐。

教师：盐，那是不是复分解反应？

学生：沉默。

教师：规律是什么？

学生：沉默。

教师：你想加什么？

学生：氢氧化钠。

教师：是不是生成新碱和新盐？也就是说二价铁，现在运用的是它的盐的通性。写一下离子方程式，二价铁离子加上氢氧根离子，生成氢氧化亚铁。

学生：写离子方程式。

正式讲时，师生对话场景。

教师：鉴别营养液的成分，需要有物质性质的知识作支持，那么如何研究物质的化学性质呢？以 $FeSO_4$ 为例。同学们预测硫酸亚铁的化学性质，填一下学案，没有想法的同学互相讨论一下。

学生：（小组讨论）。

教师：我发现很多同学都没有想法，这时看二维图，你用上了吗？从类别上看，硫酸亚铁属于？

学生：盐。

教师：再看纵向硫酸亚铁中亚铁离子的价态是？

学生：二价。

教师：再次预测硫酸亚铁的化学性质。

学生：与铁前的金属发生置换反应。

教师：请个同学开个头。

学生：金属活动性顺序表。

教师：那你的依据是什么？

学生：金属的置换，符合盐的通性。

教师：那么想一下盐的通性有哪些？

学生：与某些酸反应，与某些碱反应，与某些盐反应，还有与某些金属反应。

教师：老师补充了"某些"，你想一下这个某些什么意思，硫酸亚铁能跟酸反应吗？

学生：能吗？

教师：是否有发生的条件呢？

学生：生成沉淀、气体、水。

教师：那，硫酸亚铁能跟酸反应吗？

学生：不能。

教师：为什么不能？

学生：不生成沉淀、气体、水。

教师：它能跟某些碱反应吗？

学生：可以。

教师：能跟某些盐反应吗？

学生：可以。

教师：能跟某些金属反应吗？

学生：可以。

教师：这些反应属于什么？

学生：盐的通性。

对比从试讲到正式讲对话内容的变化，可以发现：试讲的对话是针对具体知识展开的，学生只需要填空即可；正式讲的对话是针对从类别通性角度预测物质性质的思路方法展开的,教师的追问针对的是物质属于什么类别,该类别物质具有什么通性,具体能和什么物质反应等这样的思路方法,因此在师生问答过程中,教师向学生完整示范了基于类别通性预测物质性质的思路方法。正是因为有这样的对话环节,在正式讲的课后访谈中,当对学生提出"你这节课的收获是什么"这样的问题时,学生才有了如下表现。

教师:请你复述课上研究硫酸亚铁的性质的具体思路。

学生 A:从两个角度去学习物质的性质,思路更完整了。

学生 B:先从类别来说,硫酸亚铁是盐,研究盐的化学性质就先想盐的通性,这个方面就去研究盐跟某些碱、某些盐、某些金属是否能发生化学反应;再来就是看金属元素的化合价,因为硫酸亚铁中铁是正二价,位于中间价态,所以它既有氧化性又有还原性。

教师:为什么是与"某些"盐、碱反应?

学生:因为(反应)是有条件的,产物要有沉淀、气体、水,而且反应物都是不溶物也不行。

教师:盐的通性不是有 4 条吗(跟某些酸、某些碱、某些盐、某些金属发生化学反应),为什么刚才你没说盐与某些酸的反应呢?

学生:因为找不到(硫酸亚铁)跟酸发生的反应(不符合复分解反应发生的条件)。

讨论硫酸亚铁制备方法环节,试讲时的师生对话场景。

教师:已经储存了这么多铁的知识,这节课利用二维坐标图,分析一下咱们实验室中能不能获得硫酸亚铁,有多少种途径,可以在学案上把二维图再写一遍,然后可以用连线的方式,看看有多少种获得硫酸亚铁的方式,待会儿找同学汇报,开始。

学生:铁跟稀硫酸反应等方程式。

教师:每个反应是什么类型?

学生:氧化还原反应/复分解反应。

正式讲时师生对话如下。

教师:分析设计生成硫酸亚铁所有可能的路径,完成学案。

很多同学在写完两三个就没有思路了,再来看一下二维图,是否能够给你启发。

没拿出二维图时,你们只能写两三个,有了二维图后,能写出来黑板所示的这么多……

　　铁与硫酸反应生成硫酸亚铁这个体现铁的什么性质?

　　学生:学生讨论,整理,表达。

　　教师:铁的化合价?

　　学生:升高。

　　教师:发生什么反应?

　　学生:氧化。

　　教师:做什么?

　　学生:还原剂。

　　教师:碰到设计路径制备硫酸亚铁时,你应该如何思考?

　　学生:首先要考虑铁元素在硫酸亚铁中的化合价+2处于铁的价态的中间位置,所以化合可以升高,可以降低。

　　对比试讲到正式讲的对话改变,可以看出,试讲时的对话焦点在于学生能写出多少种制备方程式本身,而正式讲时对话重点调整为:① 展示出二维图的功能、价值;② 每一个制备反应背后所体现的思路方法,尤其是补充了从氧化还原角度预测物质性质的思路方法,和第 1 课时形成互补,帮助学生构建了完整的、从两个角度预测物质性质的思路方法。 正是因为对话重点有了这样重要的调整,在正式讲后的学生访谈中,学生才有了如下表现。

　　教师:你最大的收获是什么?

　　学生:以前觉得化合价比较烦,但是通过老师的引导,感觉能预测二价铁的化学性质,思路就清晰了,没那么乱,第 2 节去运用的时候就特别方便、特别快。

　　教师:硫酸铁能不能跟碘离子反应?

　　学生:可以,因为碘离子……(说不出理由)

　　教师:需要什么可以问我。

　　学生:碘离子的化合价是多少?

　　教师:这里的碘是-1 价。

　　学生:想知道碘的所有价态。

　　教师:你的这个问题非常有价值,我告诉你碘常见的价态有-1,0,+1,+3,+5,+7。

　　学生:那碘离子的化合价是-1 价,(化合价)只能升高,具有还原性。

　　教师:那么跟铁离子的反应时,铁离子体现什么性质呢?

学生:体现氧化性。化合价降低。

教师:最后梳理,从化合价角度预测陌生的两种物质能否反应,预测思路是什么?

学生:先看这个物质的价态,看它哪个可以升哪个可以降,基本可以确定它具有还原性还是氧化性。

教师:碘有哪些价态,这个问题很有价值,你问这个问题的目的是什么呢?

学生:我想知道这个碘离子是不是可以升高或者降低。

教师:因此知道物质中核心元素的化合价处于该元素价态体系的哪个位置,这是很关键的。

为确证改进效果,选取了水平相当的试讲班和正式讲班并保证了每一课时固定授课教师,对试讲班和正式讲班的前后测数据进行对比。正式讲班和试讲班后测、前测数据对比见图 6-4-5、图 6-4-6。

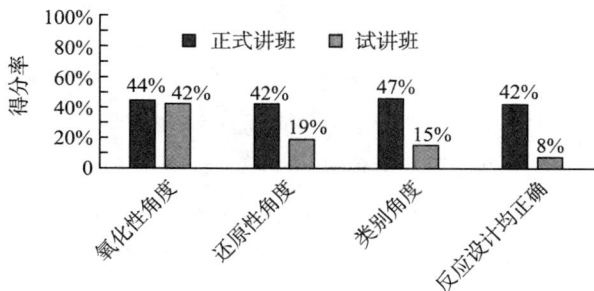

图 6-4-5 正式讲班和试讲班后测数据对比

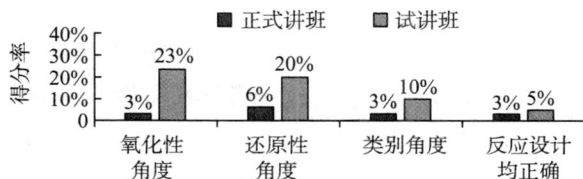

图 6-4-6 正式讲班和试讲班前测数据对比

对数据做进一步比对见表 6-4-6。

表 6-4-6 价态角度及类别通性角度数据比较

班级	价态角度(氧化还原角度)/得分率(%)			物质类别通性角度/得分率(%)		
	前测	后测	涨幅	前测	后测	涨幅
正式讲	27.2	57.4	↑30.2	32.5	62.8	↑30.3
试讲	38.2	46.1	↑8.0	36.5	53.0	↑16.5
对比	54.0	43.5	↓10.5	31.3	45.0	↑13.8

由此可得出结论:教学改进确实取得了较为突出的效果。

"教、学、评"一体化的设计,是指向化学学科核心素养的课堂教学的重要特征。对于化学课堂教学是否体现了化学学科核心素养的特征,还需要依据相关的指导性文件和已有研究,依据化学学科核心素养的要素内涵进行初步的感性判断;从教学目标、教学内容、教学活动、教学行为、教学结果等教学要素进行全面具体的分析。

(1)依据化学学科核心素养的要素内涵进行初步的感性判断。

化学课程标准在实施建议中明确要求重视开展"素养为本"的教学,并有进一步的阐述:倡导真实问题情境的创设,开展以化学实验为主的多种探究活动,重视教学内容的结构化设计,激发学生学习化学的兴趣,促进学生学习方式的转变(中华人民共和国教育部,2018)。

已有的相关研究,也对素养为本的教学进行了一些特点的描述,例如,任何学科的教学都不是仅仅为了获得学科的若干知识、技能和能力,而是要同时指向人的精神、思想情感、思维方式、生活方式和价值观的生成与提升。学科教学要有文化意义、思维意义、价值意义,即人的意义!任何一门学科的目标定位和教学活动都要从素养的高度来进行。价值引领、思维启迪、品格塑造是学校和教师的三大核心任务。要积极倡导原生态的教学(学习),让学生有更多的机会直接面对原生态的问题情境和文本本身,从而有更多自己原生态的思维介入;要积极倡导有高阶思维的深度教学,实现知识教学的丰富价值,是学生知识学习与思维能力实现同步发展的必经之路(余文森,2016)。

综合关于核心素养教学的已有研究和指导性文件,可以进一步明确:化学学科核心素养为本的教学,是在教师引领下,学生围绕着具有挑战性的主题,开展以化学实验为主的多种探究活动,从宏微结合、变化守恒的视角,运用证据推理与模型认知的思维方式,解决综合复杂问题,获得结构化的化学核心知识,建立运用化学学科思想解决问题的思路方法,培养科学探究与创新意识、科学态度与社会责任。可以据此,对课堂教学进行初步的感性分析,判断是否以"核心素养"为本。

(2)从目标、内容、活动、行为、结果等教学要素进行全面具体的分析。

教学目标是课堂教学的灵魂,决定了教学内容、教学活动、教学行为的价值取向。教学内容是课堂教学的重要载体,承载着人类认识世界的精髓,体现了化学学科对于学生未来发展的重要贡献。教学活动是课堂教学实践得以顺利、连贯实施的重要推动力,蕴含着驱动性化学教学问题和学习任务的解决步骤。教学行为是教师和学生在课堂教学过程中的具体表现,体现了高阶化学思维的要求。教学结果是课堂教学效果的重要表征方式,集中展现了学生化学学习的成效。因此,在初步判断的基础上,需要从教学目标、教学内容、教学活动、教学行为、教学结果等教学要素进行全面具体的分析,进而判断某个教学案例是否符合指向化学学科核心素养的课堂要求。

☞ 教学目标——是否体现了化学课程标准和教科书的主要知识,符合学生实际情况;是否以化学核心知识为载体,指向学生对化学学科思想和方法的理解;是否指向迁移应用化学知识解决问题能力的发展;是否具体可探查,体现期望学生达到的程度。

☞ 教学内容——是否属于化学核心知识,是否进行了教学内容的整合,实现了教学内容的结构化,体现了教学内容的教育价值与功能。

☞ 教学活动——是否让学生进行了具有挑战性的活动,学生是否高度参与、深度思维、情感内化;活动形式、内容与教学目标是否相契合,是否落实了化学学科思想方法与核心素养;在有教师指导的实践性活动中,学生是否有更多表达观点的机会,外显其内隐的思维过程。

☞ 教学行为——教师是否能够合理配置课堂教学时间,使各个类型的教学行为表现均衡;是否做到了提问多类型、多层次;是否重视学生回答并多样性地利用学生回答进行反思性追问;是否重视思路外显或模型化活动对学生素养发展的重要价值;是否在讲解中善于进行知识总结;是否重视给学生充分的时间来开展系统、完整的论证和探究活动。

☞ 教学结果——学生是否能自主说出化学学科思想方法、化学学科关键能力和必备品格等方面的收获。

总而言之,核心素养导向的课程设计已经逐步开始在实践层面落地,相应的教学评价也需要同步发展,以便不断推进和探索更加符合学生发展规律的素养教学。教学有法,教无定法。实践创造真知,创新推动发展。路漫漫其修远兮,我们愿与所有化学教育研究者和一线教师一道上下求索。

参考文献

［1］ KOBRIN J L. Learning progressions in action in a middle school：a case study［J］. Professional Development in Education，2014，42(1):1-3.

［2］ SMITH C L，WISER M，ANDERSON C W，et al. Implications of research on children's learning for standards and assessment：a proposed learning progression for matter and the atomic-molecular theory［J］. Measurement，2006,4(1/2):1-98.

［3］ 艾涛,何彩霞. 运用微粒观解决电化学问题——以高三"电化学复习"教学为例［J］. 教学仪器与实验,2015,31(7):3-7.

［4］ 安富海,陈玉莲. 深度教学及其路径研究［J］. 教育探索,2017 (5):6—10.

［5］ 白晓凤,李子富,闫园园,等. 吹脱与鸟粪石沉淀组合工艺处理中温厌氧发酵沼液研究［J］. 农业机械学报,2015,46(12):218-225.

［6］ 北京市海淀区教师进修学校. 海淀区义务教育学业标准与教学指导［M］. 北京:北京师范大学出版社,2018.

［7］ 毕华林. 初中化学概念教学的几点思考［J］. 化学教育,1996 (9):23-25.

［8］ 曹慧,张贤金,吴新建. 九年级化学绪言课教学现状与实践反思［J］. 教学与管理,2016 (25):65-67.

［9］ 曹一鸣,李俊扬,大卫•克拉克. 数学课堂中启发式教学行为分析——基于两位数学教师的课堂教学录像研究［J］. 中国电化教育,2011 (10):100-102.

［10］ 陈颖,王磊,徐敏,等. 高中化学项目教学案例——探秘神奇的医用胶［J］. 化学教育,2018,39(19):8-14.

［11］ 丁永霞. 化学探究教学问题情境创设的实践与策略［J］. 中学化学教学参考,2010 (8):32-33.

[12] 房喻,徐端钧.《普通高中化学课程标准(2017年版)》解读[M].北京:高等教育出版社,2018.

[13] 冯媛媛.生成性的化学课堂教学行为研究[D].天津:天津师范大学,2013.

[14] 高巍.课堂教学师生言语行为互动分析——基于弗兰德斯教学言语行为互动分析系统的实证研究[D].武汉:华中师范大学,2007.

[15] 威金斯,麦克泰格.追求理解的教学设计(第2版)[M].闫寒冰,宋雪莲,赖平译.上海:华东师范大学出版社,2017.

[16] 顾孝志."溶液的酸碱性"说课[J].中学化学,2016(4):11-12.

[17] 郭腾飞.化学教学中"化工流程专题"的突破策略[J].安庆师范学院学报,2015(2):140-142.

[18] 郭元祥.课堂教学改革的基础与方向——兼论深度教学[J].教育研究与实验,2015(6):50-52.

[19] 郭元祥.知识的性质、结构与深度教学[J].课程·教材·教法,2009(11):17-23.

[20] 何银华,肖中荣.证据推理:化学高考试题评价的新视角[J].中学化学教学参考,2018(9):51-54.

[21] 胡红杏.化学学科本质与教学策略[J].当代教育评论,2018(8):116-121.

[22] 胡久华,罗滨,陈颖.指向"深度学习"的化学教学实践改进[J].课程·教材·教法,2017(3):90-96.

[23] 胡久华.以深度学习促核心素养发展的化学教学[J].基础教育课程,2019(2):70-78.

[24] 胡美玲,等.化学九年级(上、下册)[M].北京:人民教育出版社,2011.

[25] 胡先锦,胡天保.基于发展学科核心素养的高中化学教学实践与思考[J].中学化学参考,2016(7):4-7.

[26] 华彤文,陈景祖.普通化学原理[M].北京:北京大学出版社,2002.

[27] 黄敏玲.马扎诺教育目标分类学在高中化学教学中的应用研究[D].贵阳:贵州师范大学,2015.

[28] 黄毓展,蔡立媚,李震宇.从核心素养中"微粒观"和"模型认知"角度出发分析电化学装置——高三电化学专题复习课[J].化学教与学,2018(5):52-57.

［29］冀芳.不同课程形态的课堂教学中学生学习行为现状的个案研究［D］.长春：东北师范大学，2007.

［30］姜言霞，王磊，支瑶.元素化合物知识的教学价值分析及教学策略研究［J］.课程·教材·教法，2012（9）：106-112.

［31］康永久.绿色教育的意蕴与纲领［J］.教育学报，2011,7（6）：59-65.

［32］孔德靖，姜润飞，李鹏.项目式学习在初三化学教学中的应用实践［J］.中国教师，2019（10）：100-101.

［33］黎加厚.新教育目标分类学概论［M］.上海：上海教育出版社，2010.

［34］李军.化学序言教学的不良现象与应对策略［J］.教学与管理，2007（34）：62-64.

［35］李楠.初中化学物质的分离和提纯方法例析［J］.中学化学教学参考，1998（Z1）：112－113.

［36］李松林.深度教学的四个实践着力点——兼论推进课堂教学纵深改革的实质与方向［J］.教育理论与实践，2014（31）：53-56.

［37］刘传生，陈锡恩，齐传民.思想模型在化学教学和培养学生能力中的作用［J］.化学教育，1990（4）：9-11.

［38］刘红.高中化学教学中"情境素材"的开发和应用［D］.上海：华东师范大学，2003.

［39］刘瑞东，祁雪莉.中学化学概念教学新探［J］.化学教学，2004（11）：13-15.

［40］刘文兵，韩善芳.基于问题解决的"物质的分离与提纯"教学设计［J］.化学教育，2012,33（10）：16-19.

［41］卢姗姗，毕华林.从"概念转变"到"概念理解"——科学概念学习研究的转向［J］.化学教育，2018,39（1）：15-18.

［42］罗滨，王磊.初中化学教学关键问题指导［M］.北京：高等教育出版社，2015.

［43］罗月旺，李珍.促进初中学生定量观建构的课堂评价——以"溶液的溶质质量分数概念的建立"（沪教版）为例［J］.化学教与学，2017（8）：31-33＋20.

［44］麻灿.浅谈化学中考热点——物质分离与提纯的方法［J］.中学数理化，2015（9）：31.

［45］毛宇，陈博，顾宁.口服补铁剂的研发现状与发展趋势［J］.药学研究，2017,36（11）：621-626.

[46] 倪娟.论基于学科观念的化学概念教学——以离子反应教学设计为案例[J].化学教育,2014,35(1):1-3.

[47] 宁波.启发式与探究式化学课堂教学中教师提问比较的个案研究[D].长春:东北师范大学,2006.

[48] 钱扬义.化学概念与化学"学科关键词"的学习与认知[M].北京:龙门书局,2015.

[49] 邱美虹,刘俊庚.模型与建模在科学研究中的角色扮演[J].台湾化学教育,2016(9):1.

[50] 任娟汶.高中化学课堂教学行为研究——基于促进学生认识发展的视角[D].北京:北京师范大学,2013.

[51] 上海教育出版社.义务教育教科书化学九年级(上、下)[M].上海:上海教育出版社,2012.

[52] 申继亮,王凯荣.论教师的教学能力[J].北京师范大学学报(社会科学版),2000(1):64-71.

[53] 沈兆刚.与波义耳同行——"溶液的酸碱性"的教学设计与专家点评[J].中学化学教学参考,2009(4):32-33.

[54] 宋心琦等.化学必修1[M].北京:人民教育出版社,2014.

[55] 宋心琦等.化学必修2[M].北京:人民教育出版社,2014.

[56] 宋心琦等.化学选修3 物质结构与性质[M].北京:人民教育出版社,2014.

[57] 宋心琦等.化学选修4 化学反应原理[M].北京:人民教育出版社,2014.

[58] 孙重阳,魏爱民.大观念、大主题、大过程——指向化学学科核心素养的单元教学设计与实践[J].中学化学教学参考,2018(21):6-9.

[59] 童文昭.物质结构核心概念及其学习进阶研究[D].武汉:华中师范大学,2015.

[60] 王爱富.基于发展学生核心素养的单元教学设计实践探索[J].化学教学,2017(9):55-59.

[61] 王晨敏."重组教材,创新实验"的教学实践研究——以"溶液的酸碱性和酸碱度"教学为例[J].实验教学与仪器,2015(5):17-18.

[62] 王桂桃.高中学生的化学平衡学习进阶研究[D].西安:陕西师范大学,2017.

[63] 王磊,郭晓丽,王澜,等.元素化合物认识模型及其在复习教学中的应用——以高中《化学1》"金属元素及其化合物"单元复习为例[J].化学教育,2015,36(5):15-21.

[64] 王磊,魏锐,胡久华,等.化学九年级（上、下册）[M].太原:山西教育出版社,2018.

[65] 王磊,魏锐.学科核心素养发展导向的高中化学课程内容和学业要求——《普通高中化学课程标准（2017年版）》解读[J].化学教育（中英文）,2018,39(9):48-53.

[66] 王磊,于少华.对"核心素养"下的高中化学课程标准若干问题的理论阐释及实践解读[J].中学化学教学参考,2018(7):3-9.

[67] 王磊,支瑶.化学学科能力及其表现研究[J].教育学报,2016,12(4):46-56.

[68] 王磊.基于培养学生高级思维和创新能力的化学探究教学发展趋势[J].化学教育,2014(7):5-9.

[69] 王磊.基于学生核心素养的化学学科能力研究[M].北京:北京师范大学出版社,2017.

[70] 王灵柱,柳兆华.关于金属活动性的若干问题[J].化学教与学,2012(8):23-24.

[71] 王全,王磊.指向核心素养的课堂教学行为分析及水平特征研究——基于高中化学水溶液主题[J].化学教育（中英文）,2020,41(5):45-52.

[72] 王淑娟,陈颖,郭富丽,等."探秘含氯消毒剂NaClO"项目教学含氯物质的转化及应用[J].教育,2019(13):54-59.

[73] 王婉洋,王磊,于少华,等.元素周期律复习教学中认识模型建构的有效策略[J].化学教育（中英文）,2018,39(7):18-26.

[74] 王维臻,王磊,支瑶,等.电化学认识模型及其在高三原电池复习教学中的应用[J].化学教育,2014,35(1):34-40.

[75] 王伟,王后雄.《普通高中化学课程标准（2017年版）》中"情境素材建议"内容特点及使用建议[J].化学教学,2018(10):15－19＋26.

[76] 王新鹏.认知模型的研究和应用[D].兰州:兰州理工大学,2007.

[77] 王云生.构建基于学科核心素养培养的教学单元[J].化学教学,2017(3):8-12.

[78] 吴海萍.促进"深度学习"的教学实践与思考[J].化学教育,2018,39(19):23-27.

[79] 吴娟琦.从2017年高考题再议工艺流程题的解题方法及启示[J].科技视界,2017(12):112,132.

[80] 吴星,吕琳,张天若.中学化学疑难辨析[M].南京:江苏教育出版社,2012.

[81] 吴燕.以情境为依托打造知识建构型化学课堂——以"基础实验7 溶液的酸碱性"教学为例[J].化学教与学,2018(6):28-43.

[82] 徐海并.浅谈初中化学中物质的提纯和分离[J].中学化学,2015(10):22-23.

[83] 闫君.化学教学中师生互动语言及行为分析编码系统的研究[D].西安:陕西师范大学,2010.

[84] 阎芬,于少华,王磊.中学化学教学中促进学生认识发展的问题设置有效性研究——以"基于代表物学习铁及其化合物的性质"为例[J].化学教育,2015,36(13):32-35.

[85] 杨磊.化学概念的有效教学策略探讨[J].化学教与学,2015(5):26-28.

[86] 杨叔子.现代高等教育:绿色·科学·人文[C].高等教育国际论坛,2002.

[87] 杨薇,郭玉英.PCK对美国科学教师教育的影响及启示[J].当代教师教育,2008(3):6-10.

[88] 殷欢.高中优秀化学教师探究教学行为分析研究[D].北京:北京师范大学,2009.

[89] 游泓.化繁为简 成竹在胸——例谈"教"与"学"方式转变中的高三电化学复习课[J].中学化学教学参考,2014(18):37-38.

[90] 于乃佳,王磊,范晓琼,等.基于主题式教学进行模块复习的教学实践研究——以"汽车中的化学"为例[J].化学教育,2017,38(9):13-19.

[91] 于少华,林博娇,王磊,等.化学学科核心素养背景下的元素化合物教学改进[J].化学教育,2020,41(5):60-65.

[92] 余彩芳.基于UbD理论的高中化学分层教学设计研究[J].教育参考,2018(2):12-18.

[93] 余清臣.绿色教育在中国:思想与行动[J].教育学报,2011,7(6):73-76.

［94］余文森.核心素养的教学意义及其培育［J］.今日教育,2016（3）:11-14.

［95］俞建峰.基于宏微结合导向下的"离子反应"单元整体教学设计［J］.化学教育,2018（1）:43-47.

［96］沃森.双螺旋［M］.贾拥民,译.杭州:浙江人民出版社,2017.

［97］展筱林,王凤山,王京端,等.缺铁性贫血治疗药物研究进展［J］.齐鲁医学杂志,2008（5）:467－468＋470.

［98］张功然,李在杰."溶液的酸碱性"教学设计与分析［J］.实验教学与仪器,2013（4）:16-19.

［99］张海波.PBL 教学模式在化学教学中的实践探索——"溶液的酸碱性"教学设计［J］.初中生世界,2016（40）:60-62.

［100］张辉.浅谈高考化学工业流程试题的解决策略［J］.学周刊,2017（2）:180-181.

［101］张晋,毕华林.模型建构与建模教学的理论分析［J］.化学教育,2017,38（13）:27-32.

［102］张俊华,王澜,王磊.引导学生运用元素化合物认识模型解决实际问题的教学研究——以"菠菜补铁是真的吗"探究教学为例［J］.化学教育,2015,36（5）:22-25.

［103］张雷,刘松艳等.无机化学实验［M］.北京:科学出版社,2017.

［104］张立锋.中考化学物质的分离与提纯解题策略［J］.中学化学,2017（2）:52-54.

［105］张丽华,杨玉琴."原电池"教学 30 年演进研究［J］.化学教育,2019,40（15）:41-47.

［106］张丽萍,杨建雄.生物化学简明教程［M］.北京:高等教育出版社,2015.

［107］张美芳.建模思想在高中化学教学中的应用［D］.苏州:苏州大学,2015.

［108］张青杨,张括志.掌控电能 绿色出行——基于培育学科核心素养的"电化学"复习教学设计［J］.中学化学教学参考,2018,Z1:15-17.

［109］张松,赵拯,马振萍."溶解度"概念的教学探讨［J］.化学教与学,2016（4）:8-9.

［110］张云丽.关注过程体验 突出能力培养——《溶质的质量分数》（第一课时）教学片段赏析［J］.云南教育（中学教师）,2009（4）:19-20.

［111］张珍平.思想模型在化学教学和培养学生能力中的作用［J］.课程教育

研究,2013（7）:24-25.

[112] 张志勇.立德树人是教育的根本任务——深入学习习近平总书记教育思想（三）[N].中国教育报,2017,2017-08-09(1).

[113] 赵静.中学化学优秀教师课堂教学行为分析研究[D].北京:北京师范大学,2012.

[114] 郑少绵,衷明华.高考的"爱子"——无机化工流程题[J].江西化工,2014（2）:230-231.

[115] 郑晓丽,夏一飞.基于 Transana 平台的教师专业发展可视化分析案例研究[J].现代教育技术,2009,19(7):29-34.

[116] 郑长龙.2017 年版普通高中化学课程标准的重大变化及解析[J].化学教育（中英文）,2018,39(9):41-47.

[117] 中华人民共和国教育部.义务教育化学课程标准（2011 年版）[M].北京:北京师范大学出版社,2012.

[118] 中华人民共和国教育部.普通高中化学课程标准（实验）[M].北京:人民教育出版社,2003.

[119] 中华人民共和国教育部.义务教育初中科学课程标准（2011 版）[M].北京:北京师范大学出版社,2011.

[120] 中华人民共和国教育部.普通高中化学课程标准（2017 年版）[M].北京:人民教育出版社,2018.

[121] 钟启泉.学会"单元设计"[N].中国教育报,2015,2015-06-12(9).

[122] 周冬冬.开启我的项目之旅——项目学习的入门课[J].教育·项目学习,2016（9）:8-11.

[123] 周惠忠.基于真实体验的模型认知教学实践——以"晶体的密堆积结构"教学为例[J].福建基础教育研究,2017（10）:123-126.

[124] 周静."溶液的酸碱性"教学资源的准备[J].中学化学教学参考,2015（9）:33-35.

[125] 周信军,黄爱民,吴俊明."溶液的酸碱性"（第 1 课时）教学设计[J].化学教学,2011（9）:33-36.

[126] 周业虹.浅谈学科核心素养视角下的高中化学教学策略[J].中国考试,2017（2）:47-51.

[127] 周业虹.基于发展化学学科核心素养的教学设计案例分析[J].化学教学,2016（8）:36-39.

附录Ⅰ:第十三届成果会会议报道

橘子洲头,湘江水畔,共享项目式教学视听饕餮盛宴

——中国化学会第十三届全国基础教育化学新课程实施成果交流
大会在湖南长沙举行

探索化学学科核心素养导向的教育教学实践,以培养适合未来发展所需的社会公民,已经逐步在全国范围内开展起来,并取得了一定的成绩。项目式教学被认为是促进学生核心素养融合发展的有效的新型教学方式。因此,由中国化学会主办,中国化学会化学教育委员会、北京师范大学化学教育研究所、《化学教育》编辑部、湖南省长沙市明德中学承办,于 2018 年 10 月 31 日—11 月 3 日在湖南省长沙市明德中学成功举办了"中国化学会第十三届全国基础教育化学新课程实施成果交流大会"。大会主要聚焦"核心素养视域下的化学项目式教学理论与实践研究"来组织和安排会议内容,以更好地展示、分享、交流促进化学学科核心素养发展的教育教学实践研究成果。

本次会议在筹备过程中,得到湖南省教育科学研究院、湖南省长沙市教育科学研究院的大力支持。共有来自全国 31 个省市自治区的 600 余位中学化学教师参加,在参与人数和省份来源上为近几届会议的又一个顶峰。

在开幕式上,中国化学会化学教育委员会主任委员、北京师范大学王磊教授,湖南省教育科学研究院杨敏副院长,湖南省长沙市教育科学研究院孙智明院长,湖南省长沙市明德中学刘林祥校长分别致辞。

王磊教授首先向与会代表介绍了中国化学会化学教育委员会的基本情况、工作职能和定位以及新一届委员会的重要工作内容和发展方向,阐述了全国基础教育化学新课程实施成果交流大会的创办初心、发展历程以及对化学基础教育改革与发展的推动和促进价值,并详细说明了本次会议的筹备过程、意义,围绕化学学科核心素养导向的项目式教学实践成果展示与交流的内容安排和目的。王教授希望参会代表广交志同道合之朋友,共同携手,探索、分享、交流、展示、研讨项目式教学,共同开启核心素养导向的化学教学新时代,共同开辟化学教育新时代。

杨敏副院长表示本次会议是用实践进一步贯彻习近平总书记在 2018 年 9 月的全国教育大会上的讲话精神，对于推进湖南省的化学基础教育改革具有重要的借鉴价值和意义。

孙智明院长从核心素养时代下的教育改革阐释了本次会议在长沙市化学基础教育改革进程中的作用，希望长沙市的参会代表能够与全国同仁学习、交流，共同探讨如何更好地落地课堂教学，从而促进学生核心素养发展。

刘林祥校长对长沙市明德中学的基本情况和办学特色进行了简要介绍，并代表学校承诺做好接待和服务工作，展现明德人的精气神，为与会者提供更好的相互交流、学习的环境和条件。

在大会开幕式后，为了帮助与会教师更好地理解项目式教学的内涵，了解项目式教学的设计与实施，本次大会特别邀请国际知名科学教育专家、项目教学倡导者、美国密歇根大学 Joseph Krajcik 教授介绍"国际科学教育中的项目式教学"，邀请北京师范大学王磊教授结合北京师范大学化学教育研究团队近年来有关于项目式教学实践的研究成果、教材研发历程分享"核心素养导向的化学项目式教学的理论与实践研究"，并邀请北京市丰台区第二中学尚荣荣老师基于他们学校的高端备课教学改进实践分享"项目教学的行动研究"。

在理论与实践的饕餮盛宴之后，本次大会特意在 6 个分会场，安排了诸如社会性科学议题教学、低碳行动、探秘消毒剂、探秘膨松剂、给纪念币穿铜衣等项目式教学案例展示，共计 12 节现场课和 56 位教师的说课比赛。除了项目式教学成果之外，此次大会展示的现场课和说课涵盖初中、高中必修、高中选择性必修和高三复习各模块主要教学内容。丰富多样的教学设计，充分展现了近一年来各地老师基于新课标体现学科核心素养的教学创新实践成果。

为更好地帮助参会教师理解项目式教学与教材，本次大会还充分利用晚上的时间，邀请初中化学项目式教材（由山西教育出版社出版发行）主编，正在送审、修订、即将出版发行的高中化学教材（由山东科技出版社出版发行）微项目研发与设计的核心成员，以及这些项目式教学案例的设计者，共同交流、研讨如何更好地设计、实施项目式教学。

此外，本次大会还特别邀请湖南省教育科学研究院理科室主任、中国化学会化学教育委员会委员邹海龙老师分享湖南省化学新课程教学改革的经验，并邀请部分荣获 2017 年度全国基础教育化学新课程实施"先进单位""优秀教学团队"和"优秀个人"的代表进行经验分享。比如，先进单位代表——湖南省长沙市明德中学化学教研组组长彭云武老师分享了如何"打造务实创新的化学教研团队",优秀教学团队代表——汤阴县第一中学王秀荣化学研究工作室、四川省成都市名教师郭小渠工作室分别分享了他们团队"在路上"的发展历程以及"研教结合,创新大数据建模高考化学的教学策略"成果,优秀个人代表——重庆市巴蜀中学田博文老师、浙江省台州中学李宏春老师分别以"如履薄冰,坚韧精进——我的成长反思"和"追梦·耕耘·收获——遇见更好的自己"为题分享了各自的成长轨迹和专业发展道路。

在会议的最后环节,颁发了 2017 年度全国基础教育化学新课程实施"先进单位""优秀教学团队"和"优秀个人"证书以及本次交流大会现场课、说比比赛的特等奖和一等奖证书。

大雪时节,昌盛安乐之地,共筑化学教育新时代

—— 中国化学会第十四届全国基础教育化学新课程实施成果交流
大会在山东昌乐举行

　　伴随着大雪节气的到来,由中国化学会主办,中国化学会化学教育委员会、北京师范大学化学学院化学教育研究所、《化学教育》编辑部、山东省昌乐一中承办,"中国化学会第十四届全国基础教育化学新课程实施成果交流大会"于2019年12月6日—12月9日在山东省昌乐一中成功举办。

　　本次会议共有来自全国29个省市自治区的659位中学化学教师、化学教研员以及师范院校的教师和研究生报名参加。大会聚焦以立德树人和发展学科核心素养为导向的新高考、新课标、新教材、新教学、新评价,分享、总结新成果和新经验,共同面对新问题和新挑战,展示、交流促进学生化学学科核心素养发展的化学教育教学实践研究成果。会议筹备过程中,得到山东省教育科学研究院、山东省潍坊市教育局、山东省潍坊市昌乐县人民政府、昌乐县教育和体育局的大力支持。

　　12月6日晚上,组委会以高端工作坊的方式重磅奏响大会的前奏,由中国化学会化学教育委员会主导,基于北京、山东、广东等多个省市跨区域合作研究项目,开展了"基于核心素养的高中生化学学科能力评价工作坊",交流、讨论有关命题评价工作的新思考、新模式。

　　在12月7日上午的开幕式上,中国化学会化学教育委员会主任委员、北京师范大学王磊教授,化工资深专家、清华大学化工系杨基础教授,化学新课程改革及深度学习研究专家、北京师范大学化学学院胡久华教授,山东省教育科学研究院李文军副院长,山东省潍坊市教育局刘海涛副局长,山东省潍坊市昌乐县曹建国副县长,山东省潍坊市昌乐县教育和体育局党组成员、县教研室韩文录主任,山东省昌乐一中党委书记黄发国校长等专家、领导出席。开幕式由中国化学会化学教育委员会秘书长、北京师范大学魏锐副教授主持。

　　北京师范大学王磊教授首先向与会代表介绍了中国化学会化学教育委员

会的基本情况,回顾了这一品牌活动伴随新课程改革的发展历程,介绍了本次会议在筹备过程中的重要举措,以积极响应党中央、国务院、教育部关于全面提高义务教育质量、推进普通高中育人方式改革、加强初中学业水平考试命题工作、改进中小学实验教学、改进新时代基础教育教研工作的指导意见。王教授希望广大参会教师能够积极思考如何搭建化学学科核心素养要素内涵与化学教学内容之间的关系,如何基于化学教学内容,聚焦化学学科核心素养要素,采取合适的教学策略设计教学问题、设置教学情境、选择教学素材、组织教学活动,如何探索化学学科核心素养导向的课堂教学特征,共同在中国化学会举办的各种学术交流平台上交流、展示、研讨化学学科核心素养发展导向的课程、教材、教学、评价和教师专业发展,共同铸造化学学科核心素养导向的化学教学新时代。

山东省教育科学研究院李文军副院长代表山东省教育科学研究院、山东省教育学会感谢王磊教授团队对山东省基础教育改革与发展的大力支持,希望双方进一步加强合作与交流,共同助力山东省化学教师的专业发展和职业成长,共同推进山东省基础教育质量的提升。

潍坊市教育局刘海涛副局长从潍坊教育的现实发展需求视角介绍了化学教育对于未来人才培养的重要价值,希望化学教师能够切实从课程标准出发深入理解化学学科核心素养的功能,切实开齐、开好、开足化学实验。

昌乐一中黄发国校长简单介绍山东省昌乐一中的发展历程后,重点介绍了学校的翻转课堂、海军学员培养等特色建设,并代表学校承诺切实做好服务工作,为与会者提供更好的相互交流、学习的环境和条件。

在大会开幕式后,化工资深专家、清华大学化工系杨基础教授以"探索化学化工未来世界"为题作大会主旨报告。杨基础教授分享了一个化学科技工作者如何基于中学生就可以理解的基本化学反应原理设计前沿化工生产技术,介绍了化工世界值得我们不断追寻、为之付出一生的魅力,为中学化学课程、教学、评价改革提供了良好的素材和情境。之后,北京师范大学王磊教授作题为"新课标、新教材、新教学"的大会主旨报告,在简单解读化学学科核心素养导向的课程标准变化以后,详细阐述了教材编写过程中如何进一步体现化学学科核心素养的要求和立德树人根本任务的落实,整体介绍了他们团队通过项目式教学方式变革促进学生化学学科能力及化学学科核心素养发展的实践探索。

　　大会报告后,大会精心安排了 6 个分会场共计 14 节现场课、33 节说课的交流活动,展示了化学教师在探索化学学科核心素养发展教学进程中的新思考,分享了他们基于项目式教学、主题式学习、单元整体教学、跨学科教学、跨领域教学等不同学习方式、教学方式,在初中化学、高中必修、高中选择性必修模块中开展的教学实践与探索。

　　寒冷的大雪节气难以掩盖参会教师的学习热情。昌乐一中的翻转课堂教学改革在国内具有广泛的影响力。12 月 7 日晚间,两节常态化翻转课堂教学展示揭开了昌乐一中的神秘面纱。其后,大会设置的 7 个分论坛和 1 个期刊杂志工作坊的精彩活动将学术交流推向又一个高潮。组委会从 698 件成果中选出的 42 件优秀成果代表分别在 3 个核心素养导向的课堂教学研究论坛和 1 个促进核心素养发展的课程、学习环境、教师发展研究论坛,以口头汇报与墙报展示相结合的方式进行交流;来自北京、四川成都、福建厦门的团队分别在 3 个论坛交流他们的项目式教学成果;《化学教育》《高中数理化》《教育》3 个编辑部的代表共同组织、完成了期刊杂志工作坊的交流和研讨。与会代表热情交流、不愿离开,8 个分会场的活动持续到晚上 10 点多才陆续结束。

　　12 月 8 日上午,大会邀请山东省教育科学研究院孔令鹏老师作题为"新高考背景下山东省高中化学新课程的设计及实施探索"的报告,邀请山东省昌乐一中副校长张福涛老师介绍了他们学校在"促进学科核心素养发展的翻转课堂教学实践与探索"中的经验。以"结构模块""有机模块"的两节大会现场课,展示了选择性必修模块的教学实践要求,让参与者现场体验如何利用电负性分析与预测物质性质探秘甲醛的危害和去除方法,共同感受如何基于学科融合视角探秘核酸。大会还邀请北京师范大学魏锐副教授结合两节课展望了"中学化学教学如何体现学科发展的新要求、新思路"。在大会闭幕式上,向参与代表颁发了口头报告和墙报展示、说课展示、现场课展示的纪念证书,并举行会旗由第十四届大会承办方(昌乐一中)向第十五届大会承办方(厦门六中)传递的交接仪式。王朝晖和张建阳老师代表第十五届大会的承办方厦门六中向全国的化学教育工作者发出邀约。本届大会圆满闭幕。

　　本次会议紧密结合党和国家的教育改革思想、举措,积极借鉴国际化学教育、科学教育会议模式,在常规性的现场课、说课展示外,增设命题评价、期刊论文写作工作坊,增加口头报告与墙报展示相结合的方式,展示中学化学教师的化学教学实践成果、教学支持系统建设成果、教师教育及培训成果,为推动我国中学化学教育改革的进一步深化发挥了积极作用。